清江浦年鉴
2017

清江浦区地方志办公室　编

方志出版社
Publishing House of Local Records

图书在版编目（CIP）数据

清江浦年鉴. 2017 / 清江浦区地方志办公室编. —
北京：方志出版社，2017.12
ISBN 978-7-5144-2908-4

Ⅰ.①清… Ⅱ.①清… Ⅲ.①区（城市）—淮安—
2017—年鉴 Ⅳ.①Z525.34

中国版本图书馆CIP数据核字（2017）第321972号

清江浦年鉴（2017）

编　　者：清江浦区地方志办公室
责任编辑：陈　效

出 版 人：冀祥德
出 版 者：方志出版社
地址　北京市朝阳区潘家园东里9号（国家方志馆4层）
邮编　100021
网址　http：//www.fzph.org
发　　行：方志出版社图书经销中心
电话（010）67110500
经　　销：各地新华书店
印　　刷：江苏农垦机关印刷厂有限公司

开　　本：889×1194　1/16
印　　张：20
字　　数：682千字
版　　次：2017年12月第1版　2017年12月第1次印刷
印　　数：0001—1200册

ISBN 978 - 7 - 5144 - 2908 - 4　定价：150.00元

《清江浦记》

荀德麟 / 作

吴邗沟入淮处曰末口，淮、泗水交汇处曰清口，皆大运河穿淮涉黄之噤喉也。连接末口与清口之淮河山阳湾之险，向为往来舟楫之畏途。宋雍熙中，淮南转运使乔维岳辟沙河运河，创二斗门船闸，免风涛沉溺之患。然历久而河淤闸废，船载复由末口盘坝以履险，公私忧惙。

明永乐十三年，漕运总兵陈瑄循沙河故道，自淮安城西管家湖凿渠，引水至清口对岸入淮，命名清江浦。上置四闸，清江闸即其一也。复于清江闸南堍建常盈仓，中转漕粮，皇仓巨制，坚基广厚，凡七百间，以户部分司监之；设清江督造船厂，修造八十卫所漕运舟船，广域二十余里，年产五百余艘，以工部分司理之。昔日濒淮旷土，转瞬为漕运中枢。是以清江浦两岸，五方辐辏，百货山列，酒肆旆联，街市栉比，贩夫走卒蚁聚，豪门巨室鳞次。清江浦，亦由运渠之名而为通埠之称矣。

明中叶以降，黄、淮、运频繁纠葛于清口上下，动关宸虑。河漕重臣，咸躬行而图治。既而河督建衙，属官列署，牙节相招，俨如省会。当其盛时，夹河二十里，居民十万户，肩摩毂击，袂帷汗雨，南船北马，九省通衢，虽汉口、金陵不能过也。其间国帑挥洒如土，脂膏流于街衢，尤为清江浦之繁华，涂抹奢靡之色彩。

清咸丰五年黄河北徙，漕运易途，旋遭捻军一炬，华屋尽为焦土。然百足之虫，气息如缕，百年弹指，欣欣复苏，今更呈空前之盛况也。因为之铭曰：

寻踪顾影兮，比勘舆图。胜迹凋零兮，珍惜残余。

发幽阐微兮，彰我运都。抚铭温史兮，当惊世殊。

繁华的淮海路

《清江浦记》

荀德麟 / 作

吴邗沟入淮处曰末口，淮、泗水交汇处曰清口，皆大运河穿淮涉黄之噤喉也。连接末口与清口之淮河山阳湾之险，向为往来舟楫之畏途。宋雍熙中，淮南转运使乔维岳辟沙河运河，创二斗门船闸，免风涛沉溺之患。然历久而河淤闸废，船载复由末口盘坝以履险，公私忧惙。

明永乐十三年，漕运总兵陈瑄循沙河故道，自淮安城西管家湖凿渠，引水至清口对岸入淮，命名清江浦。上置四闸，清江闸即其一也。复于清江闸南堍建常盈仓，中转漕粮，皇仓巨制，坚基广厚，凡七百间，以户部分司监之；设清江督造船厂，修造八十卫所漕运舟船，厂域二十余里，年产五百余艘，以工部分司理之。昔日濒淮旷土，转瞬为漕运中枢。是以清江浦两岸，五方辐辏，百货山列，酒肆旆联，街市栉比，贩夫走卒蚁聚，豪门巨室鳞次。清江浦，亦由运渠之名而为通埠之称矣。

明中叶以降，黄、淮、运频繁纠葛于清口上下，动关宸虑。河漕重臣，咸躬行而图治。既而河督建衙，属官列署，牙节相招，俨如省会。当其盛时，夹河二十里，居民十万户，肩摩毂击，袂帷汗雨，南船北马，九省通衢，虽汉口、金陵不能过也。其间国帑挥洒如土，脂膏流于街衢，尤为清江浦之繁华，涂抹奢靡之色彩。

清咸丰五年黄河北徙，漕运易途，旋遭捻军一炬，华屋尽为焦土。然百足之虫，气息如缕，百年弹指，欣欣复苏，今更呈空前之盛况也。因为之铭曰：

寻踪顾影兮，比勘舆图。胜迹凋零兮，珍惜残余。

发幽阐微兮，彰我运都。抚铭温史兮，当惊世殊。

繁荣　幸福 美丽　文明　清江浦

【区　　位】江苏省淮安市中心城区

【区域性质】淮安市城市功能核心区、苏北中心城市标志地

【土地面积】420平方公里

【常住人口】67.4万人

【乡镇街道】城南街道　清浦街道　浦楼街道　闸口街道
长东街道　长西街道　淮海街道　府前街道
清江街道　柳树湾街道　清河街道　水渡口街道
黄码乡　武墩镇　盐河镇　和平镇

【规　　划】领先淮安　崛起江淮　融入苏南

【目　　标】淮安市高水平全面小康社会先行区　示范区
苏北重要中心城市功能核心区　形象展示区

【战　　略】创新驱动　产业强区　开放引领
城乡一体　民生共享　生态优先

2016年清江浦区经济总况

地区生产总值400.30亿元

人均地区生产总值112624元

财政总收入60.77亿元

公共财政预算收入50.08亿元，

农林牧渔业总产值18.73亿元

规模以上工业总产值405.4亿元

建筑业增加值24.55亿元

服务业增加值295.78亿元，占GDP比重73.9%

规模以上固定资产投资376.05亿元

社会消费品零售总额285.87亿元

实际利用外资6869.5万美元

完成进出口总额3.6亿美元

居民人均可支配收入36543 .8元

地区生产总值分行业情况

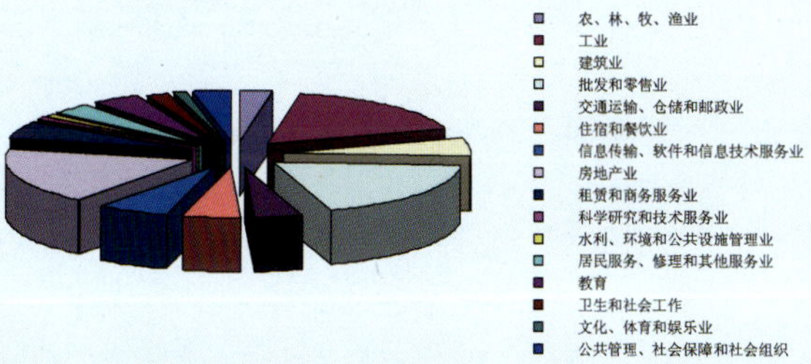

地区生产总值分产业情况

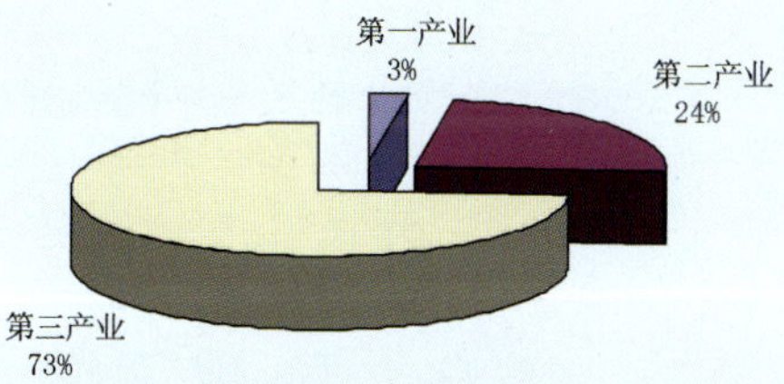

城乡居民收入构成（元）

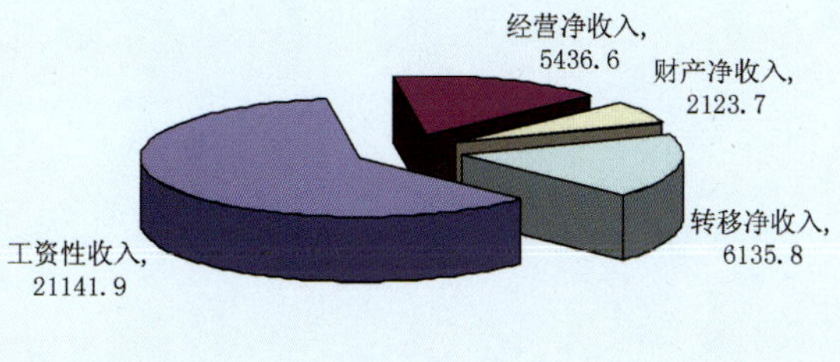

城乡居民生活消费支出构成（元）

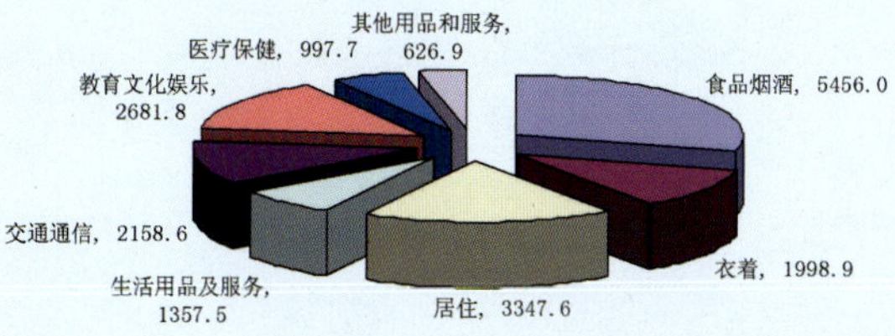

清江浦区地方志编纂委员会组成人员

清江浦区地方志编纂委员会办公室

主　　任　厉大勇
副 主 任　孙　敏

《清江浦年鉴（2017）》编纂人员

顾　　问　孙三俊
主　　编　厉大勇
执行主编　章树林
编　　辑　李相如　章树林　赵丽群
图片编辑　赵丽群
装帧设计　章树林
编　　务　孙　敏　杨婷婷

清江浦区地方志编纂委员会办公室
地　　址：淮安市淮海南路268号　清江浦区行政中心1119室
邮政编码：223002
电　　话：0517-83515628
电子邮箱：qingjiangpudfz@126.com ）

编辑说明

一、《清江浦年鉴》旨在以马克思列宁主义、毛泽东思想、邓小平理论、“三个代表”重要思想、科学发展观、习近平新时代中国特色社会主义思想为指导，坚持辩证唯物主义和历史唯物主义的立场、观点和方法，逐年记载清江浦区自然、经济、政治、文化、社会和生态建设基本情况与发展变化，区境各行业年度发生的大事、要事、新事以及出现的新问题、新矛盾、新探索。为社会各界了解清江浦、关注清江浦、建设清江浦提供准确权威的信息资料。

二、《清江浦年鉴(2017)》为清江浦区地方综合年鉴创刊号，主要记载2016年1月1日至12月31日清江浦区境内各项事业发展的基本情况及重要事件。鉴于清江浦区成立于2016年10月，该年度1—9月份的事件多以原清河与清浦两个行政区分述。

三、清江浦区区域总面积420平方公里，实际行使行政管辖权面积309平方公里，《清江浦年鉴(2017)》所述事件均在实际行使行政管辖权范围内。

四、《清江浦年鉴(2017)》采取分类编辑法，以栏目、分目、条目三个层次形成框架结构主体。少数分目下设子分目，标题用不同字体和题头表示。条目为记载资料信息的基本单元，标题用黑体字加“【】”表示，大事记中同日记述的事件以“▲”表示。本卷年鉴设彩页专辑，专辑中除署名作者外均为本编辑部编辑提供。

五、《清江浦年鉴(2017)》中所涉统计数据均以区统计局公布的数据为准。量和单位的使用执行国家标准。为保持“特载”、“专文”中的文件原貌，其所涉及的数据、量与单位等未作变动。

编　　者

2017年10月

淮海中心商业区

水渡口中央商务区

繁华的淮海路

若飞桥

石码头桥

常盈桥

水门桥

北门桥

长征桥

夜色清江浦

现代轨道交通

中央国际新亚广场
CENTRAL INTERNATIONAL XINYA PLAZA
中央新亚

ESTEE LAUDER
雅诗兰黛
护肤世家 盛装登场
LANCOME
金鹰国际

华润苏果 购物中心
CHINA RESOURCES SUGUO SHOPPING MALL
诺贝尔口腔医院
连锁品质 服务淮安
种牙
整牙
美牙
儿牙
0517-8032 6666
清江浦区北京北路36号
中国中投证券
CHINA INVESTMENT SECURITIES
大娘水饺
麦当劳
McDonald's

华润苏果

万达广场
WANDA PLAZA

万达广场

苏宁生活广场

金马广场

联盛广场

府山大厦
财富广场电脑城

财富广场

清江商场
执掌城央 城市公园秘境
莫泰酒店
星程酒店
医疗器械节
冬季滋补节
震撼来袭
活动时间：12月17日-1月7日
慕思
私人定制
健康睡眠
5STAR.CN
五星电器
五星电器入口

清江商场

神旺大酒店

开元名都大酒店

繁荣清江浦

白鹭湖山庄

曙光国际

嘉华酒店

金蝶苑

迎宾馆

淮州宾馆

东大街

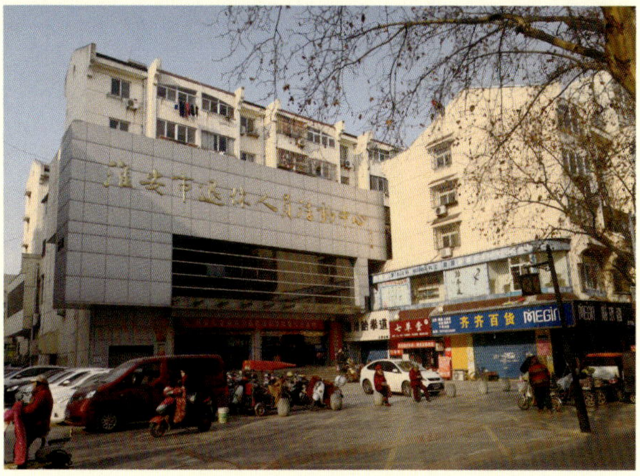

西大街

中国人民银行

淮安监管分局

中国银行

ICBC
中国工商银行

中国农业银行

浦发银行 SPD BANK
浦发银行
SPD BANK

驻区市级金融机构（一）

兴业银行

国美电器
江苏银行 BANK OF JIANGSU

交通银行
BANK OF COMMUNICATIONS

淮安农村商业银行

中国建设银行
China Construction Bank

驻区市级金融机构（二）

荣誉证书

HONORARY CREDENTIAL

江苏古庄牛生态农业开发有限公司：

你（单位）选送的 宁玉 品种草莓，在首届中国江苏“宜兴陶都杯”草莓评比活动中，被评为 银 奖。

江苏省草莓协会

二〇一五年一月二十一日

荣誉证书

HONORARY CREDENTIAL

江苏古庄牛生态农业开发有限公司：

你（单位）选送的 红颜 品种草莓，在首届中国江苏“宜兴陶都杯”草莓评比活动中，被评为 金 奖。

江苏省草莓协会

二〇一五年一月二十一日

古庄牛采摘园

农、畜产业现代化

淮海第一城

四季金辉

水韵天成

亿力未来城

恒大名都

香格里拉

枫丹白露

富春花园

清江华府

清新花苑

融侨华府

前进小区

江苏省淮阴中学

江苏省清江中学

江苏省清浦中学

江苏省清河中学

幸福担当

为了发挥实验示范、辐射引领功能，促进区域教育均衡发展，学校秉承“大教育”的情怀，实施集团化办学，形成了“六区布点、幼小联动、资源共享、特色发展”的超万人规模的办学格局。“办好一所学校，成就一方孩子，造福一方百姓，促进一方文明”，这是我们幸福的担当。

淮安市实验小学教育集团

- 小学部：实小校区、长征校区、新城校区、开发区天津路小学、清江浦区清河实验小学、生态文旅区实验小学、苏淮高新区范集、张码小学、洪泽实小湖滨校区、清江浦区延安路小学
- 幼儿园：实小幼儿园、实小幼儿园富康分园、实小幼儿园长征分园、天津路小学幼儿园、新城实验幼儿园
- 发展共同体：淮阴区徐溜中心小学、淮阴区西宋集小学、淮阴区刘老庄小学、开发区富士康实验小学、清江浦区和平中心小学、清江浦区黄码中心小学、淮安区南闸中心小学、金湖县银集中心小学、涟水县高沟中心小学

市实验小学新城教育集团成立签约仪式

市幸福教育研究会成立大会

“幸福教育乡村行”启动仪式

市幸福教育研究会改选

特级教师顾琴在淮阴区徐溜小学执教《儿童诗》

特级教师刘须锦参加安徽省五河县幸福课堂交流活动

“幸福教育乡村行”领导、专家与城南乡新闸小学孩子们合影

幸福教育研究会领导专家到甘肃静宁县上课讲学、交流研讨

“幸福教育西部行”在四川乐山开展活动

办幸福教育　建幸福学校　当幸福老师　育幸福学生

张良文　供稿

淮安市实验小学

淮安市人民小学

淮阴师范学院第一附属小学

淮阴师范学院附属小学

淮安市第二人民医院

淮安市第三人民医院

淮安市妇幼保健院

淮安市中医院

解放军第八二医院

24小时社区图书阅览室

社区文化活动室

里运河文化风光带

净潭广场

鸟瞰中洲岛

美丽清江浦

公園

柳树湾风景区

桃花坞风景区

钵池山公园

清晏园

白鹭湖

阳光湖

青龙湖

区境部分永久性绿地

全国重点文物保护单位
京杭大运河·江苏段
（清江闸）
中华人民共和国国务院
二〇〇六年五月二十五日公布
淮安市人民政府立

世界遗产
WORLD HERITAGE PATRIMOINE MONDIAL
清江闸

清江闸

清江古清真寺

慈云禅寺

国师塔

御碼頭
孙晓云题

周恩来童年读书处

苏皖边区政府旧址

郎静山故居

程莘农故居

王瑶卿故居

周信芳故居

淮安名人馆

淮安市运河楹联馆

淮安戏曲博物馆

淮安市博物馆

长荣大剧院

中国西游记博览馆

文明清江浦

中国淮扬菜文化博物馆

中国城市化史馆

清江浦图书馆

伏顺元正在吹糖人

华禹谟正在传授技艺

张春运正在表演游身八卦连环长剑

古连俊正在制作杆秤

非物质文化遗存（一）

扇画《自渡渡人》

手编草鞋

木雕作品《奔马》

丝网花

糖艺

撕纸画《晨曲》

剪纸《喂鸡取乐》

非物质文化遗存（二）

《清江浦年鉴(2017)》要目

CATALOGUE

特　　载

专　　文

大 事 记

南船北马清江浦

生态家园

基础设施与项目建设

产业经济

公共服务

社会保障

法治建设

公共管理

地方组织机构

乡镇 街道

人　物

统计资料

附　录

索　引

QINGJIANG PUNIAN JIAN

特　　载

TE ZAI

- 江苏省人民政府关于调整淮安市部分行政区划的通知
- 清江浦区召开成立大会
- 中共清江浦区召开首届党代会
- 王瑶卿诞辰135周年纪念会在京举行
- 地名变更

江苏省人民政府关于调整淮安市部分行政区划的通知

苏政发〔2016〕87号

各市、县(市、区)人民政府,省各委办厅局,省各直属单位:

经国务院批准,对淮安市行政区划作如下调整:

一、撤销淮安市清河区、清浦区,设立淮安市清江浦区,以原清河区、清浦区的行政区域为清江浦区的行政区域,清江浦区人民政府驻城南乡淮海南路268号。

二、撤销洪泽县,设立淮安市洪泽区,以原洪泽县的行政区域为洪泽区的行政区域,洪泽区人民政府驻高良涧街道东九道26号。

上述行政区划调整涉及的各类机构要按照“精简、统一、效能”的原则设置,涉及的行政区域界线要按规定及时勘定,所需人员编制和经费等由淮安市自行解决。淮安市要牢固树立创新、协调、绿色、开放、共享的发展理念,坚持走以人为本、四化同步、优化布局、文化传承的中国特色新型城镇化道路,创新体制机制,进一步提高城市规划、建设、管理水平,提高城市综合承载能力。要严格按照国务院“约法三章”的要求,不新建政府性楼堂馆所,不增加财政供养人员,不增加“三公”经费。要严格执行中央关于厉行节约的规定和国家土地管理法规政策,加大区域资源整合力度,促进区域经济社会协调健康发展。要强化组织领导,明确工作责任,加强行政区划调整的社会稳定风险评估,统筹做好各项工作,确保行政区划调整平稳有序实施,切实维护社会稳定。

江苏省人民政府
2016年7月7日

清江浦区召开成立大会

2016年10月8日,淮安市清江浦区召开成立大会。市领导姚晓东、李晓雷分别为中共清江浦区委、区纪委揭牌,市委常委、组织部部长张彤宣布市委有关决定,市委常委、常务副市长戚寿余宣读省、市有关文件。会上,市委书记姚晓东对清江浦区的挂牌成立表示热烈的祝贺,向为清河区、清浦区建设发展付出智慧汗水的广大干部群众和社会各界表示崇高的敬意,希望清江浦区乘着区划调整的东风,确立新定位、找准新标杆,把各项事业不断推向前进。中共清江浦区首任书记仲风笔代表新组建的清江浦区四套班子领导表示:新成立的清江浦区将在市委、市政府的领导和市直部门的关心支持下,以万众一心的士气、奋勇拼搏的锐气、勇立潮头的豪气,奋力谱写清江浦精彩的时代华章,为建设繁荣安康宜居文明的美好淮安作出新的更大贡献!

此前,依照《中华人民共和国地方组织法》《中华人民共和国选举法》规定,中共淮安市委分别建立清江浦区人大、政府、政协筹备组。史卫东任清江浦区人民代表大会筹备组组长,张笑任清江浦区人民政府筹备组组长,梁学文任清江浦区政协筹备组组长。

中共清江浦区召开首届党代会

2016年11月28日，中国共产党淮安市清江浦区第一次代表大会胜利召开。262名代表听取、审议仲风笔代表一届区委所作的题为《紧扣两大目标 矢志三步跨越 奋力打造区域中心城市标志地》的工作报告，听取、审议区纪委工作报告，选举产生中国共产党淮安市清江浦区第一届委员会委员、候补委员、纪委委员。大会认为中国共产党淮安市清江浦区第一次代表大会，是在行政区划调整开局良好、各项事业蓬勃发展的关键时刻，召开的一次具有里程碑意义的重要会议。大会全面落实党的十八大和十八届三中、四中、五中、六中全会精神，深入贯彻习近平总书记系列重要讲话特别是视察江苏重要讲话精神，以及省第十三次党代会、市第七次党代会精神，按照省委确立的"两聚一高"发展新导向和市委对清江浦区提出的"五首"发展新要求，科学谋划清江浦区未来五年的目标任务、思路举措，动员全区上下立足新起点、抢抓新机遇，紧扣两大目标、矢志三步跨越，全力开创清江浦各项事业发展新局面，奋力打造区域中心城市标志地。

王瑶卿诞辰135周年纪念会在京举行

2016年12月28日，祖籍清江浦，博采众长、弟子逾百的京剧表演艺术家、教育家，一代宗师王瑶卿诞辰135周年座谈会在北京人民大会堂上海厅举行。座谈会以"京剧艺术的传承与创新"为题，由中国戏曲学院，中共淮安市委、市政府主办，中共清江浦区委、区政府承办。全国政协原副主席、中国文联原主席孙家正，文化部艺术司副司长吕育忠，中国戏曲学院党委书记龚裕、院长巴图，淮安市政协主席王维凯、市人大常委会原副主任范学恕，中共清江浦区委书记仲风笔，以及戏曲界专家学者代表，王瑶卿先生弟子和家人代表，王瑶卿戏曲艺术馆研究专家和团队代表等参加活动。中国戏曲学院原院长周育德，京剧表演艺术家杜近芳、刘长荣、谢锐青等在座谈会上发言。副市长王红红主持活动。

当晚，"京剧一代宗师王瑶卿先生诞辰135周年京剧演唱会"在人民大会堂隆重举行。

地名变更

2016年年底，为适应新设立的清江浦区行政工作，经淮安市政府批准：原清浦区城南乡改为城南街道；原清浦区清安街道更名为清浦街道；原清河区白鹭湖街道更名为清河街道；原清河区柳树湾街道办事处城西社区更名为城北社区；原清浦区清江街道办事处人民社区更名为城中社区，城南社区更名为新民路社区。

QINGJIANGPUNIANJIAN

专　　文

ZHUAN WEN

- 在中国共产党淮安市清江浦区第一次代表大会上的讲话

- 政府工作报告

  ——2016年2月25日在淮安市清河区第八届人民代表大会第五次会议上

- 政府工作报告

  ——2016年1月23日在淮安市清浦区第八届人民代表大会第五次会议上

紧扣两大目标　矢志三步跨越
奋力打造区域中心城市标志地

——在中国共产党淮安市清江浦区第一次代表大会上的讲话

仲凤笔
（2016年11月28日）

同志们：

中国共产党淮安市清江浦区第一次代表大会，是在行政区划调整开局良好、各项事业蓬勃发展的关键时刻，召开的一次具有里程碑意义的重要会议。会议的主要任务是，全面落实党的十八大和十八届三中、四中、五中、六中全会精神，深入贯彻习近平总书记系列重要讲话特别是视察江苏重要讲话精神，以及省第十三次党代会、市第七次党代会精神，科学谋划清江浦区未来五年的目标任务、思路举措，动员全区上下立足新起点、抢抓新机遇，紧扣两大目标、矢志三步跨越，全力开创清江浦各项事业发展新局面，奋力打造区域中心城市标志地。

下面，根据区委常委扩大会议讨论的精神，讲四点意见。

一、把握大势抢抓机遇，广泛凝聚打造区域中心城市标志地的思想共识

清江浦是淮安的城市底片，曾是南船北马、九省通衢的要冲，集漕运指挥、河道治理、淮盐集散、漕粮储运、榷关税征、漕船制造“六大中心”于一体，明清鼎盛时期是运河沿线四大都市之一、极具影响力的政治经济文化军事重镇，在600多年的历史长河中留下了浓墨重彩的一笔。特别是改革开放以来，原本同根同源、同属中心城区的清河、清浦两区，商贸活跃、产业兴盛、资源富集，以全市3%的土地，集聚了近14%的人口，贡献了超过28%的财力和20%的服务业产值，在全市首批达到省定2003版小康社会标准，是淮安核心功能的“承载地”、展现中心城市形象的“主窗口”。进入新的发展阶段，市委市政府立足长远、审时度势、顺应民意，作出了两区合并成立清江浦区的重大战略决策，清江浦区成为全市真正意义上的主城核心区，淮安建设苏北重要中心城市的主体板块，肩负着提升中心城区首位度和引领力、奠定苏北重要中心城市地位的光荣使命。站在新的起点上，面对市委市政府的殷切希望，面对全区人民的美好向往，我们必须立足更高站位、树立更高标杆，以“主力军”的担当、“走前列”的自觉，全力打造区域中心城市标志地，努力创造与历史地位相称、与现实基础相符、与时代节拍同步的崭新业绩。

当前，清江浦正处于加快转型发展、展开全新布局的关键阶段。我们必须准确把握宏观大势，全力抢抓机遇，沉着应对挑战，牢牢把握发展主动权。从机遇条件看，一带一路、长江经济带、长三角一体化、沿海开发、淮河生态经济带等重大战略在淮交汇叠加，有利于我们在更广领域集聚要素资源；省委省政府全力推动宁淮一体化，市委市政府加快推进“纳湖入城”，有利于我们在更大空间优化发展布局；市区快速路、棚户区改造、里运河文化长廊、淮河出海航道等重大工程密集实施，城市轨道交通加速推进，有利于我们在更高层次提升城市能级。从优势基础看，区划调整后，清江浦的教育医疗、人才科技、文化旅游、商业商务等优质资源高度集聚，城市功能更优；现代服务业占比、都市型工业质态、高新技术产业产值、农业现代化水平、上市企业总数、亿元项目数等领先全市，发展后劲更足；清河经济开发区（筹）、清浦工业园、淮安现代商务集聚区、宁淮现代服务业集聚区、盐河生态科技城等平台载体加快建设，两大百亿级商圈加速形成，发展支撑更强。从面临挑战看，宏观经济走势继续分化，经济运行中的矛盾和问题依然较多；区域竞争态势更加激烈，电商对传统商贸业的冲击不断加大，传统发展动能逐步减弱，新的发展动能尚未完全形成；区划调整后续任务依然繁重，城市空间布局、功能布局、产业布局需要进一步优化，体制机制、机构人员、民生政策等有待进一步融合，少数党员干部的思维理念、能力作风亟需进一步提升。对此，全区上下务必按照“功在基层、功在基础、功在平时、久久为功”的要求，以急不得的科学精神，多做打基础、管根本、利长远的实事，多做补短板、强功能、增优势的工作，一任接着一任干，一张蓝图绘到底，一锤接着一锤敲，一个目标干到底；以慢不得的责任担当，牢牢把使命记在心里，把责任扛在肩上，把任务抓在手中，不负重托，不辱使命，团结一致抓落实、全力以赴求实效；以等不得的忧患意识，把时间和精力集中到思发展、谋发展、促发展上来，奋力谱写清江浦科学跨越发展新篇章，以优异的成绩向市委市政府和全区人民交上一份满意的答卷。

二、与时俱进丰富内涵，精心描绘打造区域中心城市标志地的美好蓝图

新起点赋予新使命，新使命要有新作为。我们要在继承“两区”既往思路、总结成功经验的基础上，按照省委确立的“两聚一高”发展新导向和市委对清江浦区提出的“五首”发展新要求，因势而谋、乘势而上，努力走出一条富有时代气息、具有鲜明特色的科学跨越发展之路。

未来五年，全区工作的指导思想是：在以习近平同志为核心的党中央坚强领导下，高举中国特色社会主义伟大旗帜，以邓小平理论、“三个代表”重要思想、科学发展观为指导，深入贯彻习近平总书记系列重要讲话精神，围绕“五位一体”总体布局和“四个全面”战略布局，践行新发展理念，突出“打造区域中心城市标志地”总定位，紧扣“淮安高水平全面建成小康社会的先行区、示范区，苏北重要中心城市的功能核心区、形象展示区”两大目标，矢志“领先淮安、崛起江淮、融入苏南”三步跨越，深入实施“创新驱动、产业强区、开放引领、城乡一体、民生共享、生态优先”六大战略，加快建设繁荣、幸福、美丽、文明清江浦，奋力谱写“打造增长极，共筑崛起梦”的清江浦篇章。

围绕上述指导思想，未来五年，我们要牢牢把握“四个更加注重”，着力增创清江浦发展新优势。

——打造区域中心城市标志地，必须更加注重标杆提升。积极适应时代要求，转变思维、勇于加压、敢于争先，推动各项事业发展取得更大成效。要树立“三种意识”，即现代发展的意识、中心城区的意识和示范争先的意识，坚决破除传统路径、惯性思维的束缚，主动置身苏北重要中心城市、淮河生态经济带区域中心城市、沿运河城镇轴中心城市的大局，有第一必争、有排头必站、有红旗必扛，着力创造更多“清江浦经验”，不断开辟发展新境界。要紧扣“两大目标”，紧紧围绕国家和省市的战略部署，结合自身区位条件、产业基础和阶段特征，聚力创新、聚焦富民，进一步提升发展水准、务实发展举措，当好淮安高水平全面建成小康社会的先行区、示范区；紧紧围绕全市中心城市建设大局，充分放大中心城区独特优势，全面增强集聚力、辐射力、带动力，当好淮安建设苏北重要中心城市的功能核心区、形象展示区。要矢志“三步跨越”，主动“走出去”对标找差、“跳出来”谋划发展，进一步放大比较优势、增创后发优势，确保通过一到两年的努力，推动清江浦区走上健康发展的轨道，成为全市跨越发展的先锋；通过三到五年的努力，跻身江淮同类城区的先进行列；通过十年左右的努力，达到苏南同类城区的平均发展水平，整体发展形态融入苏南。

——打造区域中心城市标志地，必须更加注重路径引领。实现新定位新目标新追求，关键在于全面落实“强富美高”要求，主动策应繁荣安康宜居文明的美好淮安建设，积极响应群众美好向往，加快展现繁荣幸福美丽文明清江浦的现实模样。加快建设繁荣清江浦，就是集聚度高、竞争力强的现代产业体系更加完善，战略性新兴产业比重显著提高，更高水平的开放格局基本形成，城市人气、商气指数和综合实力大幅提升，高新技术产业产值占规模以上工业产值超过40%，科技进步对经济发展的贡献率突破60%，形成2个以上百亿级特色产业集群。加快建设幸福清江浦，就是城乡居民收入水平稳步提高，社会保障体系更加完善，教育医疗文化等社会事业标准化、均等化发展，城乡居民物质生活富足安定、精神生活丰富多彩。加快建设美丽清江浦，就是城乡生态环境和人居环境进一步提升，棚户区改造全面完成，城乡基础设施、功能品质、管理水平全面提升，空气质量二级标准天数75%以上，饮用水源水质达标率稳定在100%，天蓝、地绿、水净、景美成为清江浦的靓丽名片。加快建设文明清江浦，就是人的素质明显提升，社会主义核心价值观深入人心，清江浦文化影响力持续扩大，平安法治建设深入推进，社会公平正义得到保障，向上向善、诚信互助的社会风尚更加浓厚，社会治理现代化水平明显提升，公共安全感和法治建设满意度90%以上。

——打造区域中心城市标志地，必须更加注重布局优化。策应淮安新一轮城市总体规划修编，聚焦空间重构、资源重组、品质重塑，进一步明晰中心城区的战略布局。重点要加快构建“一轴两翼三片和一个重大增长极”的发展新格局：一轴，即淮海路中心发展轴，突出重大功能性项目建设、地下空间开发、城市天际线描绘，推动淮海南北路沿线及周边长高变靓，打造彰显现代都市气息、体现城市繁荣繁华的形象地标。两翼，即北京路翼，突出片区开发、功能完善、景观塑造，进一步提升周边品质品位，打造展示淮安中心城区形象的景观走廊；承德路翼，突出道路通达、片区改造、业态提升，加快产城融合、人气商气集聚，打造协调联动发展的城市动脉。三片，即大运河以北片区，突出“两大商圈”和金融集聚区建设，以新业态、新模式推动商业商务功能提升，进一步做强中心城区的功能内核；突出里运河文化长廊沿线和东西大街周边保护性开发，注重做优滨水空间、发展水岸经济，深入挖掘名人、美食、戏曲等文化资源，以新风貌、新功能推动城市价值提升，进一步彰显运河之都的独特魅力；突出古淮河风光带沿线，以新产业、新配套推动开发调整，进一步展现宜居宜游宜业的城市特质；突出大运河沿线，坚持保护与开发并重，大力推进生态修复、景观提升、产业发展、功能完善，努力再现运河时代的繁华盛景。大运河以南至宁连路以北片区，突出淮安现代商务集聚区、宁淮现代服务业集聚区和汽车南站商业副中心建设，大力培育科技服务、电子商务、创新研发、信息咨询等新兴业态，加快完善医疗健康、商贸会展、教育培训、生态居住等配套功能，提升发展专业市场、特色街区、邻里中心等商贸业态，推进生产性服务业和生活性服务业互动发展，着力打造特色彰显、功能完善的多元化、复合型城市新片区。宁连路以南片区，突出淮金路、宁连路、淮河入海水道、二河风光带沿线，通过以城促乡、以城带乡，大力推进镇村形态、产业业态、自然生态、人文状态的融合发展，着力打造彰显乡土气息、田园风光的美丽乡村和城乡一体化发展的示范乡镇。一个重大增长极，即整合提升清河经济开发区（筹）、清浦工业园、盐河生态科技城和临港新城等平台载体，做强做优都市型工业，培育壮大港口经济，“十三五”时期积极争创国家级经济开发区，进一步增强高端要素的集聚承载能力，打造引领科技创

新、推动产业升级、加速经济发展的重大增长极。

——打造区域中心城市标志地，必须更加注重战略支撑。根据新形势、新要求，进一步丰富战略内容、拓展战略内涵，重点实施“六大战略”：以创新驱动战略增动力，坚持把创新作为引领发展的第一动力，把人才作为助推创新的第一资源，加快构建融技术创新、管理创新、机制创新为一体的区域创新体系，为清江浦转型升级、跨越发展注入不竭动力。以产业强区战略壮实力，坚持把产业作为区域发展的基础，扎实推进“优三强二提一”行动计划，做大做强做优以现代服务业为主导、都市型工业为基础、现代农业为特色的现代产业体系，推动经济发展提质增效。以开放引领战略添活力，坚持将开放作为加快转型升级的必由之路，全力打造更加优质的开放新环境、更加高端的开放新载体，努力在更大空间、更大领域内汇聚更多优质资源要素。以城乡一体战略挖潜力，坚持城乡统筹、协调发展，全面优化城乡规划体系，不断提高新型城镇化和城市现代化水平，着力打造要素有序流动、资源科学配置、功能合理布局、服务均等供给的城乡发展新格局。以民生共享战略聚合力，坚持把保障和改善民生作为根本，更加注重解决民生工作的薄弱环节和突出问题，提高群众的富裕程度和生活质量，切实增强对清江浦的认同感和归属感。以生态优先战略显魅力，坚持把绿色发展的理念融入经济社会发展各方面，以国家生态文明建设示范区创建为抓手，推动经济与生态互促共进、产业与环境共同提升，充分展现清江浦的美丽“颜值”和内在价值。

三、精准发力重点突破，全面开创打造区域中心城市标志地的崭新局面

蓝图已经绘就，关键在于落实。我们要秉承“志存高远、脚踏实地”的精神，狠抓重点、主攻难点、打造亮点，全力推动各项事业发展不断取得新的跨越。

（一）坚持项目为王，持续增强发展后劲。项目是区域发展的主引擎、主抓手。要秉持“项目为王”理念，把引进项目、建设项目、服务项目作为主旋律，持续开展“项目突破年”活动，通过项目建设新成效带动全区各项工作新发展。一要高质量抓招商。优化招商机制，成立投资促进中心，强化专业招商队伍建设，实行区四套班子领导与挂钩乡镇街道、部门招商捆绑考核，营造大招商、招大商的浓厚氛围；坚持专业招商、以商引商并举，突出重点领域、重点区域、重点企业，加强项目策划运筹，编制项目信息库，绘制招商路线图，切实提高招商引资的针对性和精准度。注重招商质效，健全项目评审联动机制，严把环境保护、投资强度、税收贡献关，着力招引企业形象好、科技含量高、税收贡献大的大项目、好项目，努力在龙头产业项目、重要功能项目上求突破，力争每年引进亿元项目40个、外资到账2亿美元以上；推进“零地招商”，加大闲置土地、闲置楼宇、低效用地处置和盘活力度，对投资不足、长期停滞的项目，通过二次招商、兼并重组、股权交易等方式，推动项目尽快达产达效。二要高效率抓建设。牢牢抓住投资进度、形象进度、竣工达效三个关键，对所有排入年度计划实施的项目，倒排时序，挂图作战，全力推进，确保每年新开工亿元项目30个以上、新竣工亿元项目20个以上，形成开工一批、建设一批、竣工一批、达效一批的良性循环。进一步强化四套班子领导领办、街道部门帮办、定期会办、跟踪督办“四办”推进机制，及时协调解决项目建设中遇到的困难与问题，确保项目顺利有序实施。建立分类考核评比制度，坚持一周一督查、一月一通报、一季一观摩、半年一考核、全年一兑现，形成一切围绕项目转、一切围绕项目干的浓厚氛围。三要高水平抓服务。牢固树立“环境就是资源、服务就是招商”的理念，引导各级干部发扬“店小二”精神，提供全方位、全天候、全身心“一家人”式的101%服务。加大政策扶持力度，用好用足国家和省市各类涉企扶持政策，引导帮助企业对接争取，增强企业扩大投资、做大做强的信心。以构建“亲、清”新型政商关系为核心，深入开展政务服务流程再造，打造接轨国际的营商环境，扩大企业家“朋友圈”，确保企业引得进、留得住、发展得好。

（二）坚持提质增效，全面推动转型升级。转型升级是实现经济平稳健康可持续发展的关键。要围绕产业迈向中高端目标，大力实施“优三强二提一”行动计划，打造一批“十百千”企业，推动产业向“微笑曲线”两端攀升，着力构建具有清江浦特色的现代产业体系。一要以结构优化提高主导产业竞争力。高端化发展现代服务业，围绕“4+3”特色服务业提升，顺应“互联网+”发展趋势，加快淮安现代商务集聚区、“两大商圈”等提档升级，引导各类专业市场整合提升，推动盐河生态科技城争创省级特色产业园区、顺丰电子商务产业园争创国家级电子商务示范基地、清城创意谷争创国家级科技孵化器，打造一批纳税超千万、过亿元的总部商务楼宇，着力形成商业商务、现代物流、金融服务、文化旅游、信息服务等产业集群，力争服务业增加值占比超75%。集群化发展都市型工业，依托清河经济开发区（筹）、清浦工业园等发展平台，进一步优化产业布局、做大主导产业，放大澳洋顺昌、天士力药业、清江制药、旺旺食品、金象传动、国联井盐、苏益电器等龙头企业的带动作用，提升高端装备制造、盐卤加工、新材料等特色产业质效，加快形成半导体、生物医药两大百亿级和食品加工、装备制造两大50亿级产业集群，到2020年全区工业经济年入库税金突破25亿元。品牌化发展现代农业，大力实施“接二连三”工程，注重发展高效精致农业、休闲观光农业，加速提升“淮安红椒”品牌价值，推动淮香食用菌产业园建成全国最大的杏鲍菇生产加工基地，创成市级农产品电子商务产业园2个以上。二要以科技创新增强发展内生动力。强化企业创新主体地位，做大科技创投基金，鼓励企业与科研机构、高等院校等建立产业技术创新战略联盟、开展关键技术攻关和新产品研发，力争到2020年新增10个省级以上工程技术研究中心、重点实验室、院士工作站等科研和人才集聚平台。大力实施“清江浦英才计划”，围绕主导产业发展需要，培养引进一批专业拔尖、掌握核心技术的创新型领军人才，力争五年内引进国家“千人计划”专家10人以上，入选省“双创”计划人才10人以上。加强创新载体建设，按照“政府引导、企业运营、市场运作”的要求，打造一批国家、省级创新孵化平台，加速推进“两化双创”基地建设，推动淮安科创中心建成运营，力争五年引进培育创新型企业100户以上。三要以深化改革区考察交流，清河经济外向度、对外影响力进一步提升。

五年来，我们突出建管并举，提升功能品质，城市魅力日益彰显。城市改造步伐加快。完成万达广场周边、越河片区、新亚北侧地块等重点区域拆旧建新，实施社管大厦周边、西安路沿线等城中村地块征收改造，五年累计实施旧城改造项目34个，征收面积57.54万平方米，交付安置房7214套，辖区居民人均居住面积增加15平方米。"亮底征收"[3]、"自改征收"等征收模式成功运用。"两大百亿级核心商圈"加快打造，中央新亚、金鹰国际、淮安万达等城市综合体商业效应不断彰显，淮安新天地、汇丰CBD等一批运营性项目建成使用，茂业时代广场、颐高数码港等商务楼宇顺利建成，淮海路获批省级示范特色商业街、"正版正货"示范街，御码头美食街、富强路创成市级特色商业街，上海路、健康路社区创成市级商业示范社区，城市商业价值进一步提升。园区发展扩容提质。新区建设深入推进，"九纵六横"道路全面建成，中国爱情小镇(一期)、古淮河文化生态景区西片区等一批文化旅游项目相继建成，基础设施、公共服务配套日趋完善，古淮河文化生态景区获批国家级低碳旅游示范区、水利风景区和湿地公园，新区创成省"两化融合"示范区、生态工业园区。盐河生态科技城加快建设，控规编制、景观路网设计等工作全面完成，一期路网建成使用，总投资超10亿元的传化公路港开工建设。城区环境日益改善。生态文明建设深入推进，持续实施拆墙透绿、植绿补绿工程，市级绿色社区创成率达100%，城区绿化覆盖率达40.5%。开展城区扬尘、噪音、油烟等专项整治行动，实施丰收河、小南河、科技大沟等水环境治理，完成西安路工业园区、人民路等雨污分流改造，主要污染物排放削减率、空气质量优良天数达到省定标准，古淮河环境整治工程获得中国人居环境范例奖。持续巩固国家卫生城市创建成果，积极争创全国文明城市，完成19个老旧小区环境综合整治、13个农贸市场改造提升、44条道路建设，创成省级城市管理示范社区2个、示范路1条，新(改)建公共停车位、垃圾中转站、公厕等一批便民设施，无人管生活院基本物业服务实现全覆盖，城市长效综合管理水平保持全市领先。

五年来，我们坚持以人为本，增进民生福祉，和谐社会加快构建。民生保障持续加强。大力实施"十大惠民工程"，有效解决了一批事关群众切身利益的热点难点问题。就业创业工作深入推进，累计新增城镇就业4.26万人、创业户1.37万户，城镇登记失业率保持在2.1%左右的较低水平，省级充分就业社区创成率100%，在全市率先达到国家级创业型城区建设标准。社会保障体系更趋完善，土地换社保、居保转城保有序推进，社会保险覆盖率达98%，获评全市唯一的省级劳动保障监察两网化管理示范区。城市低保、医疗救助提标扩面，"亲情关爱"工程深入实施，为孤老购买养老服务实现全覆盖，残疾人保障、尊老金普惠等工作全省领先。社会事业持续进步。白鹭湖学校、清江浦中学、清河实验学校建成使用，与淮安市实验小学联合办学，高标准创成全国义务教育发展基本均衡区、省学前教育改革发展示范区，成为全市唯一的省级教育现代化示范区建设单位。淮西、市中、钵池山、白鹭湖等社区卫生服务中心医疗服务水平不断提升，创成国家慢性病综合防控示范区、全省卫生应急工作示范区。"透明厨房"建设经验在全省推广，创成省餐饮服务食品安全示范区、城市社区药品"两网"建设示范区。有序落实"单独两孩"政策，扎实开展免费孕前优生健康检查工作，顺利通过省"十二五"人口协调发展先进区终期评估。社区文化活动中心实现全覆盖，连续举办社区文化艺术节等系列文化惠民活动，清河跳水队获得省十八运跳水项目奖牌数、总分"双第一"，创成省公共文化服务体系示范区、公共体育服务体系示范区。社会治理持续推进。建成苏北一流的社会管理服务中心，网格化社会治理模式获评中国十大社会管理创新奖并在全省推广，荣获全国平安建设先进区、法治区创建先进单位，省社会管理创新综合试点区、"六五"普法先进区。水渡口司法所创成全市唯一的"全国先进司法所"，富强社区创成国家级民主法治示范社区，省级民主法治示范社区创成率全市第一，省双拥模范区创建实现"三连冠"。新增各类社会组织128个，获批全省和谐社区建设示范区、现代社区治理创新实验区。扎实开展安全生产专项整治，积极做好信访积案化解工作，圆满完成十八大、青奥会等重大活动安全稳定保障任务，社会大局保持和谐稳定。

五年来，我们致力施政为民，加强自身建设，政府效能有效提升。依法行政能力不断增强。制定出台《清河区法治政府工作规范》、区政府主要负责人权力清单和政府常务会、重大行政决策运行流程图，建立健全重大行政处罚报告、政府系统集体学法、政府法律顾问等制度，编制公布行政权责"五张清单"[4]，定期开展行政执法人员教育培训，政府部门工作职责、权力边界更加清晰透明，公务人员法治意识、法治思维明显提升，规范履职、高效施政能力进一步提高。"阳光政务"建设扎实开展。自觉接受区人大及其常委会的法律监督、工作监督和区政协的民主监督，建立人大代表、政协委员列席政府常务会议制度，五年累计办理建议提案1325件，办结率和满意率分别达100%、99.7%。加强政务公开，强化行政权力网上公开透明运行，充分发挥区长信箱、区长热线和"阳光清河"等平台作用，定期举办新闻发布会、公开问政活动，主动听取社会各界对政府工作的意见建议。组建政务服务管理办公室，大力推进行政审批"三集中、三到位"[5]，实现"一站式"服务、"一条龙"办理。廉洁政府建设持续推进。自觉执行中央和省市区委关于改进工作作风、密切联系群众的各项规定要求，扎实开展政府系统群众路线教育实践和"三严三实"专题教育活动，加强作风建设日常督查，行政服务效能明显提升。严控"三公"经费支出，不断规范财政投资评审管理和政府采购行为，强化重点领域、关键环节的行政监察和审计监督，积极营造风清气正的政务环境。持续加强廉洁从政教育，组织政府系统党员干部参加廉政知识培训，及时学习贯彻《中国共产党廉洁自律准则》和《中国共产党纪律处分条例》，进一步筑牢廉政思想防线，切实从源头上防微杜渐、反腐倡廉。

顺利完成第六次全国人口普查、第三次全国经济普查，积极支持工会、共青团、妇联、工商联、红十字会、关工委、老促会、老科协、老年体协开展工作，民族宗教、区志档案、台侨事务、机关事务、人武人防等工作均取得了新的成绩。

各位代表，过去的一年，我们按照"上水平"之年的总体要求，积极应对严峻的经济下行压力和激烈的区域竞争态势，奋力拼搏，创新实干，全区经济社会继续保持平稳健康发展势头，为"十二五"发展画上了圆满句号。一年来，我们坚持"项目为王"理念，切实加强项目运筹策划，通过开展"招商引资百日竞赛"、健全完善领导挂钩帮办机制等有效手段，推动重点项目建设实现了突破性进展；我们坚持以"五城同创"[6]为抓手，扎实推进老旧小区综合整治、农贸市场升级改造、城市基础设施提升等重点工作，推动了中心城区环境持续优化；我们坚持依靠创新引领发展，成功举办以"五链[7]联动、共创未来"为主题的双创活动，认真贯彻实施一批重点改革事项，积极创优发展环境，初步形成了创新创业活力迸发的良好局面；我们坚持"既志存高远，又脚踏实地"，紧紧围绕区委决策要求，精心谋划未来五年发展的目标定位、重要战略、关键举措、项目支撑等重大问题。根据《中共淮安市清河区委关于制定淮安市清河区国民经济和社会发展第十三个五年规划的建议》，我们制定了《清河区国民经济和社会发展"十三五"规划纲要（草案）》，提请大会一并审议。

各位代表，五年的成绩来之不易。这是区委正确领导、科学决策的结果，是区人大、区政协有效监督、鼎力支持的结果，是全区上下群策群力、团结拼搏的结果。在这里，我代表区政府，向各位代表和委员，向全区广大干群以及所有关心支持清河发展的社会各界人士，表示衷心的感谢并致以崇高的敬意！

五年的奋斗历程充满艰辛，五年的发展经验弥足珍贵。五年的实践启示我们：必须树立善于系统谋划的全局思维。面对错综复杂的宏观经济环境和艰巨繁重的改革发展稳定任务，我们顺应形势、发挥优势、积极作为，遵循客观规律，紧贴区情实际，牢牢把握事关全局的重大问题，始终保持战略定力、加强系统谋划，做到主题不变、方向不偏、劲头不减，以重点突破带动全局改观，以统筹推进取得总体效果。必须保持敢于攻坚克难的精神状态。面对资源少、空间小、体制紧等瓶颈制约和房屋征收、安全稳定等难点工作，我们始终保持奋发有为、锐意攻坚的精神状态，毫不退缩、迎难而上，坚持运用辩证思维认识矛盾、改革思路化解困难、创新办法解决难题，全力突破薄弱环节、补齐发展短板，啃下了一个个"硬骨头"，打赢了一场场"攻坚战"。必须锤炼勇于真抓实干的工作作风。面对上级发展要求和群众热切期盼，我们紧扣区委决策部署，强化执行意识，狠抓重点目标、重要工作、重大事项，弘扬务实争先、大干快上的工作作风，坚持实干不争论、苦干不畏难、快干不懈怠，认准的事情、确定的工作一抓到底、锲而不舍，切实做到定一件、干一件、成一件。必须凝聚利于推动发展的强大合力。面对广大群众日益增长的现实需求，我们始终坚持以人为本、发展为民理念，集全区之智、聚各方之力，着力推动经济发展与民生改善同步提升，大力解决群众关心的切身利益问题，切实做到凡是确定的民生政策、民生实事、惠民标准，坚决不打折扣、严格落实。

在充分肯定成绩的同时，我们也清醒地认识到，政府工作中还存在一些薄弱环节，全区经济社会发展还面临一些亟待解决的突出矛盾和问题：一是发展质量有待提升，新兴产业规模偏小，调结构、促转型任重而道远；二是改革创新力度还不够大，创新驱动经济社会发展的潜力尚未充分释放，公共服务资源配置仍不够均衡、配置方式仍不够科学合理，政府购买服务的探索尚未迈出实质性步伐，社会力量参与提供公共产品、公共服务的积极性不高、渠道不畅、能量不大；三是投资后劲不足，新落户的重大项目偏少，有效供给不够均衡，稳增长、促发展需要付出更大努力；四是城市功能布局还不够完善，各片区发展还不够协调，棚户区改造任务依然繁重，需要从更高层次、更宽视野谋划城市发展工作；五是群众诉求日趋多元，民生保障还存在薄弱环节，改善困难群众生活还需持续发力，安全稳定压力依然较大。对此，我们将高度重视，在今后的工作中，采取更为有效的措施加以解决。

"十三五"主要任务

"十三五"时期，是加快繁荣、幸福、美丽、文明清河建设、实现更高水平发展的重要阶段，也是探索开启基本实现现代化新征程、建设"强富美高"新清河的关键时期。我们既要明大势、谋大局，准确把握好经济新常态下的新形势、新任务，也要善作为、创新业，深入分析好清河发展的阶段性特征，真正把面临的机遇挑战分析透，发展的目标任务理清楚，奋斗的方向路径搞明白，奋力谱写好"打造标志地，建设新清河"的华美篇章。

建设新清河，需要我们深刻研判发展形势。综观当前，现实挑战内外交织，需要因势而动、破难攻坚。经济下行、风险上升、产业结构不优等压力，以及传统经济发展驱动系统支撑乏力、新的经济增长动能正在形成的实际情况，都需要我们深入思考、因时制宜，积极寻求化解压力、破解困境的有效举措，真正做到化危为机、谋求突破。多重机遇交互叠加，必须顺势而为、争取主动。中央城市工作会议精神的贯彻落实，"互联网+"[8]行动计划、"中国制造2025"[9]战略的实施，以及棚户区改造、降低企业成本、化解房地产库存等重大政策的出台，省委省政府"苏北振兴"计划、市委市政府"一区（县）一题"专项扶持政策的加速实施等诸多利好，为清河未来发展特别是加快产业转型、推动功能升级、实施创新驱动创造了良好的外部条件和重大机遇。发展基础不断夯实，理应乘势而上、奋发进取。经过多年的发展，清河综合实力明显提升、发展基础更为扎实，初步形成了更为切合区情实际、具有较强竞争力的现代产业体系，主要经济指标接近苏南同类城区平均发展水平，公共服务均等化、公共产品供给全市领先，中心城市功能核心区的集聚吸引力更加强劲。为此，我们将主动抢抓机遇、积极作为，拓宽发展空间，挖掘增长潜力，培育更强动力，推动经济社会持续健康发展。

建设新清河，需要我们准确把握发展思路。根据区委七届七次全体（扩大）会议决策部署和"十三五"规划建议，我们将认真贯彻落实中央和省、市重要工作会议精神，践行创新、协调、绿色、开放、共享的发展理念,以“淮安中心城市功能核心区、形象展示区和探索基本现代化启动区”为总定位,以“繁荣清河、幸福清河、美丽清河、文明清河”建设为总抓手,深入实施创新驱动、开放引领、人才支撑、绿色协调可持续、创业带动和民生共享“五大战略”,持续推进转型升级,全面深化改革创新,着力提升发展质效,全力增进群众福祉,推动经济社会发展再上新水平、迈上新台阶,加快建设“强富美高”的新清河。经济更强。围绕建设产业结构更优、综合实力更强的“繁荣清河”,在全力提升经济发展质效的前提下,努力实现增长保持中高速、产业迈向中高端,到2020年主要指标达到基本现代化水平,实现地区生产总值年均增长10%左右,人均GDP达到3.3万美元,全社会消费品零售总额年均增长10%左右,公共财政预算收入年均增长10%左右,规模以上固定资产投资年均增长18%左右,高新技术产业产值占比突破60%,现代服务业增加值占GDP比重达到50%。百姓更富。围绕建设生活更殷实、社会更和谐的“幸福清河”,更加注重推进公共服务优质均衡,公共产品供给方式持续优化,居民收入水平不断提高,基本消除人均收入低于6000元/年的贫困家庭,城镇居民人均可支配收入突破5万元,城镇登记失业率控制在2.1%以下,城镇基本社会保险覆盖率98%以上,群众幸福感、获得感明显增强。环境更美。围绕建设城市品位更高、生态环境更好的“美丽清河”,加大城市环境综合整治和棚户区改造力度,提高道路水系、地下管网等设施管养水平,提升城市建设管理档次,城区绿化覆盖率超过43%,地表水水质优良率80%以上,主要污染物排放率大幅降低,环境质量综合指数85分以上,生态建设取得明显成效,确保城市形象持续优化,品质内涵加快提升,中心城区功能配套能力不断增强。社会文明程度更高。围绕建设市民素质更高、人文气息更浓的“文明清河”,持续巩固提升文明城市创建成果,推动文化事业与文化产业融合发展,居民道德素质和社会文明程度普遍提高,教育、卫生、养老等各项社会事业协调发展,全民法治意识不断增强,社会治理能力持续提升,法治建设满意率90%以上,文明创建满意率96%以上,省级和谐社区建设示范社区达标率100%。

建设新清河,需要我们切实找准关键发力点。围绕解决重点领域的突出矛盾和问题,抓住牵一发而动全身的关键环节,促进经济长期平稳健康发展。一是培育发展新动能。加快转变发展方式,顺应国家供给侧结构性改革的新要求,把握生产服务化的新趋势,加快集聚和发展一批互联网创业、跨境贸易、知识产权、供应链管理等第三方服务企业和平台,在不断优化区域产业生态的同时,催生新业态、创造新增长点,构筑区域性生产服务中心。深入推进政府职能转变,积极实施行政审批制度等重点领域和关键环节的改革,持续推进“大众创业、万众创新”,精心打造众创、众包、众扶、众筹载体,推动新技术、新产业、新业态加快集聚、竞相发展。二是提升空间承载力。坚持把提升空间使用效率和承载能力作为主攻方向,不断优化存量空间资源配置,推动中心城区由外延式拓展向内涵式提升转变,让有限空间承载更多资源、孕育更优质态、产生更高效益。围绕“一体两翼”三大片区联动发展,强力推进“一廊一带”[10]、“一路一线”[11]开发和“四大中心”[12]建设,协调推进新老城区融合发展,努力实现现有城市框架下的综合效益最大化。紧扣扩大文化旅游、养老健康、住房汽车和信息服务等消费需求,坚持向地上地下要空间,着力推进御码头片区以及淮海东路、淮海北路地上空间再开发和地下空间功能性补充,大力发展总部楼宇经济,加快推进重点楼宇载体建设,着力打造一批纳税千万级特色楼宇、亮点路段。三是做强产业支撑度。突出把产业作为中心城区发展的根本支撑,继续推动现代服务业、都市型工业和战略性新兴产业互动发展,促进产业向“微笑曲线”两端攀升,致力打造一批产业集群。积极策应“中国制造2025”战略,引导食品加工、机械制造、彩印包装等传统产业加快升级,促进新医药、新材料、电子信息等战略性新兴产业做精做强。主动对接“互联网+”行动计划,全力推动服务业提档升级,整合推进淮海中心商业区、水渡口中央商务区以及工业设计园、清城创意谷、淮通物流园、顺丰电子商务产业园等重要载体建设,积极促进电子商务、金融保险、现代物流、文化创意等现代服务业加速发展,着力打造辐射带动能力更强的现代服务业集聚区。

2016年工作安排

五年看头年,开局最关键。今年是“十三五”规划开局之年,做好政府各项工作,任务艰巨,意义重大。我们将切实遵循五大发展理念,科学应对困难挑战,进一步发挥好区位优势、政策优势、比较优势,努力变挑战为机遇、化优势为胜势,确保开局之年实现“开门红”,为“十三五”发展打牢基础、抢得先机。

今年政府工作的主要预期目标是:地区生产总值增长10%左右,公共财政预算收入增长10%左右,规模以上固定资产投资增长18%左右,社会消费品零售总额增长11%左右,城镇居民人均可支配收入增长9%左右,完成省市下达的节能减排任务。这些指标是在综合分析经济发展新常态特征要求的基础上,立足“在全市跨越发展中当好先锋”的更高定位,结合未来五年培育良好预期、实现接续发展的现实需求,通盘考虑、审慎确定的。

围绕上述目标,我们将着力抓好以下六个方面工作:

一是更大力度推动产业转型升级。顺应供给侧结构性改革新趋势、新要求,加快调整结构、优化供给,深入实施产业转型升级工程,着力构建更符合发展规律、更切合清河实际的现代产业体系。

加快发展现代服务业。积极顺应群众个性化、多样化消费需求,着力培育总部楼宇、文化旅游、健康养老等新型业态,大力发展“4+3”服务业特色产业,确保年内现代服务业占GDP比重达45%以上。把楼宇经济作为优化产业结构、提升发展质效的重要切入点,进一步放大中央新亚、曙光国际等品牌效应,提高汇丰CBD、苏宁生活广场等入驻率,提升茂业时代广场、颐高数码港等招商品位,积极打造一批富有特色、错位有序的楼宇经济群,培育1~2幢纳税千万级楼宇。大力发展假日经济,加快打造老坝口历史风貌区、水上乐园等特色景点,全力支持古淮河文化生态景区创建国家AAAAA级旅游景区，争取列入省旅游目的地名录，着力打造一批新的城市旅游品牌。顺应健康养老行业新需求，切实做好社区居家养老服务基础性工作，加快社会养老服务体系建设，确保淮海康复养老院年内建成运营，新引进医养融合养老机构1个以上。

培强扶优先进制造业。坚持把发展先进制造业作为做强实体经济的重要抓手，注重政策扶持、资源倾斜、要素集聚，进一步优化营商环境，压降企业运营成本，确保全年规模以上工业开票销售、入库税金分别增长15%以上。围绕光电新材料、生物科技、高端装备制造等业态布局，积极鼓励澳洋顺昌、清江制药、金象传动等骨干龙头企业新上项目、扩大产能，确保8英寸集成电路芯片生产线项目部分投产，塞来昔布产业化项目启动建设，金象高端机械制造项目早日达效。深入落实市“千企帮扶”专项行动计划，力争旺旺四期上半年开工建设，苏益智能控制器尽快建成运营，着力打造一批核心竞争力强、带动作用大的领军型企业。

顺应趋势发展互联网经济。主动融入“互联网+”行动计划，加快发展以物流信息化、O2O[13]商贸服务、物联网等为代表的互联网经济。运用互联网手段构建以“两大核心商圈”为基础的线上线下互动体验式智慧商圈，积极引导中央新亚、金鹰国际等商贸企业利用互联网技术，进一步发挥好自身实体优势，不断增强符合时代需求的商品及服务提供能力。全力加快顺丰农产品综合服务运营中心、工业(外贸)产品展销服务中心、跨境电商服务平台和城市末端共同配送站点建设，推动顺丰货运包机尽早落地，顺丰电子商务产业园争创国家级电子商务示范基地。全力加快传化公路港、恩源·江淮科技园、中铁物流等项目建设，切实加大房乐淘、御传堂、一帆、米淘等本土电商企业帮扶力度，积极支持淮通物流园转型升级，探索推动供应链管理体系建设，努力培育和发展一批互联网企业“后备军”、“生力军”。

二是更富效率集聚优质资源要素。坚持把有效投入作为主攻点，把重点项目作为主抓手，深入实施开放水平提升工程，加速集聚符合发展需求的高端资源、优质要素，努力为经济发展积蓄后劲、培育动能。

强化项目招商优投向。顺应产业发展趋势、城市发展规律，科学谋划、精心编排项目清单，编制招商企业名录，着力招引一批前景好、贡献大、带动强的总部型、成长型、产业链项目，推动产业转型升级、城市功能完善。强化专业专职招商队伍建设，通过专业招商、主题招商、平台招商、组团招商等多种路径，全力主攻亿元以上重大项目，确保全年引进亿元项目30个以上，现代服务业项目10个以上，注册外资实际到账1.2亿美元。在引入高效投资的同时，突出招才引智，积极引入高端领军人才、先进运营模式，年内引进国家“千人计划”专家3名，入选省“双创计划”人才2名、“双创博士”人才3名，市“淮上英才计划”领军人才5名。

强化项目推进促投速。以加快进度、提升质效为核心，切实加快重大项目建设，确保达超序时、竣工投产、增加贡献。立足清河实际，统筹推进“四大中心”项目建设，确保金融中心一期局部封顶，力争江苏银行大厦年内建成，阅读中心、御码头运河文化中心(老坝口历史风貌区)完成房屋征收、落实投资主体并启动建设。加快在建项目推进速度，全力破解瓶颈制约，确保上半年雨润中央新天地出正负零、在水一方地块落实投资主体、奥林大厦地块处置取得实质性进展，华信广场年内局部营业。加大已签约项目推进力度，以方案评审倒逼规划设计，以土地挂牌倒逼征地拆迁，以工程开工倒逼招标投标，确保华希广场上半年完成征收、尽快开工建设，金地广场三季度实现预售。

强化项目评价提投效。建立健全项目绩效评价机制，加快存优汰劣步伐，确保优质项目、优秀企业留得住、长得快、发展得好。密切关注中国爱情小镇(一期)、综合制剂等竣工项目运营情况，积极帮助解决发展难题，进一步提升运营效益和贡献率。对久拖不建、久占不用以及部分未达投资要求的项目，按照相关政策法规要求，严格开展土地执法，不断加大排查清理和依法处置力度，确保土地资源合理利用。继续实施政府购买商品房用于征收安置，提高安置效率，降低征收成本。

三是更具勇气深化改革致力创新。突出以改革催生动力、以创新提升效益，探索推动有效市场、有为政府“双引擎”持续发力，不断激发科学跨越发展的蓬勃活力。

深挖改革红利。充分发挥市场对资源配置的决定性作用，进一步降低准入门槛，拓宽市场主体发展空间。加快试点市场准入“负面清单”制度，编制棚户区改造项目工程包，鼓励引导社会力量参与城市建设、文化创意以及公共服务等领域，深化国有企业混合所有制改革，加快城投控股公司、清河文创公司等市场化转型步伐，进一步构筑富有竞争力的市场优势。及时把握国家和省市政策动向，加大风险投资、私募股权投资等引进力度，做大做强新区投资公司、城市资产公司规模实力，确保资产总规模分别达200亿元、100亿元，主体评级分别达到AA+、AA，启动发行10亿元以上企业债券，筹集发展建设资金45亿元以上。

提高行政效率。切实发挥政府守夜护航、秩序监管作用，深入推进简政放权、放管结合、优化服务，持续提升行政效能，充分激发社会创造力。放大“三证合一”、“证照合并(办)”、“一照一码”等改革经验，全力深化行政审批、执法监管制度改革，加快相对集中行政许可权改革，尽快组建行政审批局，实现“一枚公章管审批”。健全完善政务服务体系，加快构建政务服务、公共资源交易、中介管理为一体的综合平台，进一步搭建企业审批、项目落地和公共服务“绿色通道”，实现“清单之外无收费”、“大厅之外无审批”。深化诚信体系建设，规范征信行业发展，加强事中事后监管，督促各类市场主体重合同、守信用，着力营造诚实守信的市场环境。

释放发展活力。更加注重科技人才对发展的引领和驱动作用，逐步完善以企业为主体、市场为导向、产学研紧密结合的技术创新体系，激发全社会创新创业活力。健全完善科技创新券等激励制度，引导企业围绕市场需求和长远发展加大研发投入，支持澳洋顺昌建设跨国集成电路研发中心，清江制药创建国家级工程技术中心，苏益电器、顺泰包装等创建省级企业技术中心，全年新培育国家高新技术企业3家，科技型创新示范企业10家以上。扎实开展“双创周”系列活动，依托驻区高校人才科研优势，合作共建创业孵化基地、研发创新基地，加快发展众创、众筹、众扶、众包等新模式，确保新增省级以上众创空间1家。充分发挥区社会组织培育发展中心作用，制定孵化培育计划，着力培育和优先发展公益慈善类、生活服务类等社会组织，有针对性地提高承接政府转移职能、服务社会群众的能力水平。

四是更高品位完善城市功能配套。尊重城市发展规律，大力实施城市功能提升工程，进一步优化“城”的布局，激发“市”的活力，推动“城”与“市”良性循环、互动发展。

优化功能布局。围绕“一体两翼”三大片区和“一廊一带”、“一路一线”建设，努力打造天际线更美、协调度更高、延续性更强的中心城市功能核心区。优化中片区商业商务空间布局，加快汇丰CBD以东、万达广场以西改造升级步伐，高标准、高质量做好大同路、御码头、开元路等一批重点路段和核心区域的片区设计，推动“两大核心商圈”有机融合、扩容提质，努力打造“江北第一商圈”。推动东片区产城融合发展，加快汽贸汽配、医药物流、文化创意等特色产业发展，进一步完善清河新区公共服务配套，不断吸引人气、集聚商气，争创省级经济技术开发区，打造“江北产城融合示范区”。加快盐河生态科技城基础设施和重大项目建设，完善园区功能配套，着力建设现代物流、电子商务和高新技术产业集聚高地。以新产业、新功能推动西片区开发利用，放大柳树湾、动物园、桃花坞等资源环境优势，因地制宜发展特色产业，切实强化功能设施配套，实现与东、中片区互联互通、互促互动。

改善城市环境。积极抢抓棚户区改造政策机遇，加快15个地块、124万平方米棚户区改造步伐，确保总理童年读书处周边特色街区开工建设，华丰装饰城、西郊淮建宿舍完成征收，电信大楼北侧、化妆品一条街等落实投资主体。充分利用运河、美食、宗教等城市文化资源，加强策划运作，优化开发方式，积极发展有轨电车“沿线经济”，科学布局御码头美食街经营业态，适时启动里运河文化长廊西延工程建设，不断彰显文化特色、宜居特色、生态特色。继续推进省“931”整治计划[14]，扎实开展繁荣新村、环美小区等58个老旧小区环境综合整治。健全城市综合管理体制，搭建信息化指挥系统，不断加大市容管理力度和监测频次，积极探索道路清扫保洁、公厕管理等环卫作业外包，确保城市长效综合管理水平继续走在全市前列。

推动绿色发展。践行绿色发展理念，巩固扩大国家生态市创建成果，倡导绿色低碳的生产生活方式，加强大气污染防治和噪声污染控制，开展工地扬尘、餐饮油烟等专项治理，做好大寨河中段、石塔湖、小盐河北段等水环境整治。科学利用清河自然风貌，彰显里运河、古淮河等滨水空间功能特色，统筹布局观光、休闲、娱乐等特色项目，加快西郊公园建设步伐，构建“亲水透绿”的慢生活系统。切实加大生态环境保护力度，大力推进节能减排，进一步降低主要污染物排放率，积极推行屋顶绿化、垂直绿化以及工业企业循环经济试点，年内新建城市“绿色小客厅”2个、5960平方米，城区绿化覆盖率达41%以上。

五是更深层次保障民生造福群众。把保障改善民生作为施政根本，扎实办好惠民实事，织牢民生安全网，努力提升辖区群众满意度，增强获得感。

协调发展社会事业。更加突出问题导向，深入了解群众需求，积极回应群众关切，不断推动公共服务资源优质均衡配置。着力推进更高水平教育现代化，实施六中老校区改造，完成师院附小新校区建设，启动万达小学建设，推动清河枫叶国际学校启动招生，进一步提升教育内涵和发展质量。深化医药卫生体制改革，健全完善社区卫生服务中心管理体制和运行机制，依法实施全面两孩政策，推进计生服务管理制度改革，持续提高医疗卫生和计生服务水平。启动省级“书香城市”创建，开展“幸福清河”社区文化艺术节、“百场演出进社区”系列活动，深入推进全民健身运动，拓展丰富“15分钟公共服务圈”功能。

健全完善社保体系。大力实施创业带动和民生共享发展战略，坚持创业富民，以创业带动就业，健全困难群体就业帮扶机制，年内开展技能培训、创业培训各10000人，新增就业5000人、创业3000户。深入实施“全民参保登记计划”，稳妥推进机关事业单位养老保险制度改革，扎实推进非公经济组织从业人员、就业困难人员和农民工参保，加快实现法定人员全覆盖。完善社会救助机制，探索建立大病特殊药品保障机制，推行“一门受理、协同办理”救助模式，打好城市低保、特困助保、医疗救助、慈善帮扶、助残济困等组合拳，进一步加大兜底保障力度。对照省定扶贫新标准，持续加大精准帮扶力度，通过“一家一策、一户一档”等方式，集中力量减少相对贫困，促进共同富裕。

全力维护和谐稳定。稳妥做好第六届居民委员会和第十一届村民委员会换届选举工作，扎实推进现代社区治理创新实验区试点，积极培育社会组织参与社会治理，打造“政社联动”社会治理品牌。深化平安法治建设，持续抓好“扫黄打非”工作，加大防范和处置非法集资力度，优化网格化管理服务平台，完善立体化、现代化社会治安防控体系，构建社会安全新格局。扎实开展“七五”普法，加大法治文化宣传教育力度，努力在全社会营造“尊法、学法、守法、用法”的法治氛围。进一步提高阳光信访和社会治理融合度，完善社会矛盾纠纷调处机制，加强规范化调委会建设，畅通诉求表达渠道，确保社会和谐稳定。认真落实安全生产“一岗双责”，扎实推进公共安全体系和企业安全生产基础建设，健全隐患排查治理和预防控制体系，强化食品药品安全监管，科学应对重大网络舆情，全面提高应急管理水平，严防重特大事故发生。同时，统筹做好民族宗教、外事侨务、拥军优属、国防教育、对口援疆等各项工作。

六是更严要求强化政府自身建设。适应新形势、新要求，进一步强化自身建设，促进作风转变、职能优化、效能提升，着力营造民主法治、务实高效、清正为民的行政“大环境”。

尊崇法治，依法行政。进一步规范行政行为，完善政府权力和责任清单制度，不断提高运用法治思维和法治方式深化改革、推动发展、化解矛盾、维护稳定的能力。健全依法决策机制，遵守重大行政决策法定程序，建立重大决策终身责任追究制度及责任倒查机制，进一步完善政府法律顾问制度。持续推进政务公开，自觉接受区人大及其常委会的法律监督、工作监督和区政协的民主监督，高度重视司法监督、舆论监督和社会监督，确保权力在阳光下运行。

服务群众，高效施政。巩固党的群众路线教育实践活动成果，完善联系和服务群众机制，深入基层、深入群众，倾听民意、汇聚民智，更好地为基层、为企业、为社会服务，努力建设群众满意的服务型政府。切实抓好“三严三实”活动的深化和细化，深入开展“两为”整治，坚决纠正“不愿为、不敢为、不善为”的错位状态，弘扬勇于担当、善于克难的工作作风，着力营造顾全大局、甘于奉献的工作氛围。积极创新政府管理，建立健全目标责任制度、督查考核机制，对全区重大部署和重要工作开展全过程、全方位跟踪督查，确保各项工作落地生根、开花结果。

恪守清廉，从严治政。严守政治纪律和政治规矩，认真落实党风廉政建设责任制，严格履行“一岗双责”，全面贯彻《中国共产党廉洁自律准则》和《中国共产党纪律处分条例》。落实重大事项议事听证、重要情况通报、廉政谈话等制度，进一步规范权力边界、行政行为，实现用制度管权管事管人。始终坚持勤俭节约，坚决反对和杜绝铺张浪费，严格控减“三公”经费支出，投入更多的财力兴办惠民生、利长远的好事实事。发挥审计监督作用，强化政府投资、财政收支、国有资产等方面监管，加大政府招投标、投融资、房屋征收等领域监察力度，努力塑创清正廉洁的政府形象。

各位代表，宏伟蓝图已经绘就，美好愿景催人奋进。我们将在市委市政府和区委的坚强领导下，同舟共济、铿锵前行，为实现更高质量、更有效率、更加公平、更可持续发展作出新的更大贡献！

附件：名词解释

[1]“4+3”特色服务业：物流、金融、旅游、商贸四大基础服务业和电子商务、健康养生、文化创意三大新兴服务业。

[2]“五个购买”新模式：突出政府在阵地、舞台、内容、人才、机制等五个方面的购买服务作用，以群众为中心、让群众来“点单”，提高了公共文化服务的针对性。

[3]亮底征收：就是将群众最关注的征收补偿协议、旧房交割单、领款单等材料直接公开，被征收居民不仅能够了解本户征收补偿结果，还能直接了解其他被征收户的房屋征收补偿情况。

[4]五张清单：包括行政审批事项目录清单、政府部门权责清单、外商投资项目审批转报清单、专项资金管理清单和行政事业性收费目录清单。

[5]三集中、三到位：是指部门许可职能向一个科室集中、审批科室向政务大厅集中、审批事项网上办理集中，做到事项进驻大厅到位、审批授权窗口到位、电子监察到位。

[6]五城同创：全国文明城市创建、国家生态市创建、国家环保模范城市复核、国家卫生城市复审和全国双拥模范城创建。

[7]五链：政策链、产业链、金融链、人才链、服务链。

[8]互联网+：指“互联网+各个传统行业”，利用信息通信技术以及互联网平台，让互联网与传统行业进行深度融合，创造新的发展生态。

[9]中国制造2025：指国务院公布的强化高端制造业的国家战略规划。

[10]一廊一带：“一廊”即里运河文化长廊，“一带”即古黄河风光带。

[11]一路一线：“一路”即淮海东、西、北路，“一线”即有轨电车沿线。

[12]四大中心：金融中心、御码头运河文化中心、科技中心、阅读中心。

[13]O2O：指将线下的商务机会与互联网结合，让互联网成为线下交易的前台。

[14]省“931”整治计划：根据省统一部署，从2013年起，利用5年左右时间，在全省开展城市环境综合整治行动，全面提升城市管理水平，主要内容为“九整治、三规范、一提升”（简称“931行动”）。“九整治”是指整治城郊接合部、整治城中村、整治棚户区、整治老旧小区、整治背街小巷、整治城市河道环境、整治低洼易淹易涝片区、整治建设工地、整治农贸市场；“三规范”是指规范占道经营、规范车辆停放、规范户外广告设置；“一提升”是指提升城市长效管理水平。

政府工作报告

——2016年1月23日在淮安市清浦区第八届人民代表大会第五次会议上

区长　张　笑

各位代表,同志们:

现在,我代表淮安市清浦区人民政府向大会作工作报告,请予审议,并请各位政协委员和其他列席同志提出意见。

一、2015年及"十二五"时期发展回顾

2015年,面对严峻复杂的发展形势和异常艰巨的工作任务,在市委、市政府和区委的正确领导下,在区人大和区政协的监督支持下,我们深入贯彻落实党的十八大和十八届三中四中五中全会精神,坚持以习近平总书记系列重要讲话特别是视察江苏重要讲话精神为根本遵循,按照区委七届五次全会部署要求,主动把握、积极适应经济发展新常态,坚持稳中求进工作总基调,坚定信心、抢抓机遇、主动作为,奋力推动各项工作"上水平",全区经济社会呈现平稳健康发展的良好态势,圆满完成了区八届人大四次会议确定的目标任务。全年实现GDP180.18亿元、规模以上固定资产投资142.63亿元、公共财政预算收入26.9亿元,分别增长11.1%、26.4%和9.5%。

经济运行稳中向好。产业结构进一步优化,三次产业比例调整为5.4 : 30.9 : 63.7。工业经济扩量提质,实现规模以上工业开票销售108亿元、利税25.4亿元,分别增长40%、18%。新增列统企业11户、开票销售超亿元企业22户。医药、冶金机械、新材料三大主导产业产值突破200亿元,占全区规模工业总量90%。服务业快速发展,实现服务业增加值114.81亿元、入库税收15.5亿元,分别增长11.4%、20.8%。现代农业加快发展,实施淮安红椒良种选育工程,新培育推广红椒优良品种4个,红椒亩均增产1000公斤。开放型经济平稳运行,累计注册外资实际到账1.06亿美元,开工项目外资到账6758万美元,新批外资项目10个,外贸进出口总额达1.64亿美元。科技创新能力不断增强,实现高新技术产业产值71亿元,占规模以上工业产值比重达32%;获批省级高新技术企业4户、省级工程技术研究中心2个。金长城农贷和鑫辉建材成功挂牌上市。

项目建设成效明显。牢固树立项目为王的理念,以季度会战为抓手,狠抓招商引资,强化项目服务,项目建设取得明显成效。全年新签约亿元以上项目67个,其中10亿元以上项目6个;新开工亿元项目24个,其中10亿元以上项目2个;新竣工亿元以上项目22个。建工大厦、水沐清华等项目开工建设,天士力无菌药品技改、金润印染等项目快速推进,淮香食用菌产业园一期10万平方米厂房主体竣工,厚道药业、天合光伏太阳能、浦楼调味品及食品生产等项目建成运营。园区建设有序推进,启动修编清浦工业园整体规划,空间布局进一步优化。实施康庄路、诚意路、西安路、西环路等道路延伸工程,园区路网更加完善。

城乡统筹步伐加快。全年实施中心城市建设项目84个,完成投资109亿元。实施旧城改造项目29个,开工建设面积80万平方米,基本完成文庙三期、西南化工片区、被单厂等地块房屋征收,累计征收面积15.8万平方米。策应市里运河文化长廊建设,加快清江浦1415街区建设步伐,老舍茶馆、王瑶卿艺术馆、苏盐生活家等项目签约入驻。抢抓市委市政府"一县一题"扶持机遇,全面完成文庙一期及花街改造提升。整治改造14个老旧生活小区、12条背街后巷,完成5个农贸市场标准化改造升级,新增公共停车泊位470个。深入推进"五城同创",城市环境和城市形象得到全面提升,圆满完成国家卫生城市复审和全国文明城市年度测评任务。切实加强城市管理,数字化城管系统建成运营。新城建设步伐加快,清江古韵水岸风情街、阳光湖新天地等建成营业,运河之珠健康产业园竣工交付。深入推进"美丽乡村"建设,农村村庄环境整治通过省级验收。加快推进小型农田水利重点县、杨庙泵站更新改造等重点工程,新建高标准农田1.3万亩、农村公路24公里、桥梁26座,疏浚区乡河道22条,改善灌溉面积1.2万亩。投入3800万元,实施区域供水农村饮水安全工程,新增受益农村人口7.5万人。全面完成农村土地承包经营权确权登记颁证试点、农村集体资产股份改革试点及小型农田水利管理体制改革任务,区农村产权交易中心建成试运营。

人民生活不断改善。城乡居民实现人均可支配收入34238元、16423元,分别增长8.4%、8.7%。投入2.4亿元,全面完成十大类民生实事。深入推进"大众创业、万众创新",全年新增城镇就业7014人、农民创业1230人。获批全国首批义务教育教师队伍"县管校聘"管理改革示范区,清浦中学等4所学校被授予"全国青少年校园足球特色学校"。新建成标准化村卫生室、社区卫生服务站16个。所有乡镇卫生院均创成省级示范卫生院,新创2个省级示范村卫生室,盐河卫生院成为全国首批群众满意乡镇卫生院。顺利通过省慢病示范区验收。新建4个社区文化活动中心,区文化馆创成国家一级文化馆,清浦体育馆竣工投入使用。完成王瑶卿故居、李更生故居修缮工程,"守文斋"获批淮安市非遗宣传基地。成功举办纪念清江浦开埠600周年系列活动和区第十一届全民健身运动会。对1882名低保困难家庭人员实施医疗救助,新建成10个标准化社区居家养老服务中心,为300名经济困难家庭老人购买养老服务,为全区4987名残疾人购买人身意外伤害保险。为全区2.4万户0~14周岁独生子女提高奖励金标准。获批江苏省村级"四有一责"建设先进区。

社会建设和谐稳定。积极探索社会管理体制创新,打造具有清浦特色的社会治理品牌,被评为全国"法治县

(区)”创建活动先进单位。全面建成集来访接待、矛盾调处、法律援助和劳动争议“调裁审”等功能为一体的社会管理服务中心,在全市率先建成“德法同行”主题宣教中心,区各级人民调解组织规范化建设稳步推进,区、乡镇(街道)、村(社区)三级公共法律服务网络不断完善。双拥工作成效显著,创成省级双拥模范区。全面落实“党政同责、一岗双责”安全生产责任制,未发生较大以上安全生产事故。强化食品安全综合监管,推进药品安全专项整治。加强同各民主党派、工商联和无党派人士的团结合作,国防动员、人防、统计、物价、审计、监察、政务、红十字、妇女儿童、关心下一代、地方志、机关事务、民族宗教、外事侨务等工作取得新的进步。法治清浦、平安清浦建设不断深化,社会总体保持和谐稳定。

政府形象持续提升。认真落实“三严三实”专题教育,扎实开展“三学三争”专题活动,着力抓好“两为”专项整治,全面查找、深入整治“不严不实”、“为官不为、为官乱为”等问题,有序开展公车改革,全年“三公”经费明显缩减。加快转变政府职能,全面梳理政府部门权责等五张清单,完成行政审批事项等清理工作,政府行政服务效能得到提升。始终坚持依法行政,法治政府建设富有成效。“阳光清浦”及“12345”政府公共服务平台高效运行。自觉接受区人大的法律监督和工作监督,主动接受区政协的民主监督,认真落实区人大常委会的审议意见,积极办理人大代表建议、政协委员提案。注重加强与工会、共青团、妇联等人民团体和社会各界人士的沟通联系,广泛听取各方面的意见和建议,政府决策更加科学有效。

各位代表,刚刚过去的五年,我们紧紧围绕“十二五”总体目标,全力稳增长、促转型、惠民生、保稳定,经过全区人民的不懈努力,圆满完成了“十二五”规划确定的各项目标任务,在全市首批达到省定2003版小康社会标准。

过去的五年,经济建设在平稳发展中加快转型。五年来,我们积极应对国际金融危机的深刻影响,主动适应不断变化的宏观形势,积极调整发展思路,实现了经济平稳发展。GDP、人均GDP较2010年均实现翻番。公共财政预算收入是2010年的2.4倍。规模以上工业总产值突破200亿元,是2010年的2.1倍;设施农业比重持续保持全省领先,“淮安红椒”获批清浦首个国家地理标志证明商标、全省首个新鲜蔬菜类“中国驰名商标”;服务业占GDP比重较“十一五”末提高9.7个百分点;科技进步对经济增长的贡献率达50%。

过去的五年,人民生活在普惠共享中明显改善。五年来,我们坚持富民优先,城乡居民收入大幅提高,年均增长超过12%。累计投入27亿元,兴办民生实事50件。城镇登记失业率始终控制在4%以内。各类社会保险实现“应保尽保”,救助帮扶体系更加完善,城乡低保标准逐年增长。社会事业全面进步,荣获全国义务教育基本均衡区、省教育现代化先进区、省学前教育改革发展示范区,义务教育均衡化改革经验在全国推广,清浦中学获批副处级事业单位。公共医疗卫生服务体系更加完善,城乡居民社区卫生服务均等化、同质化建设走在全市前列。顺利通过“十二五”人口协调发展先进区终期评估验收。圆满承办第十八届省运会有关赛事,打造了“清江浦·庙会”等一批清浦文化特色品牌。

过去的五年,城乡面貌在一体化进程中显著改观。五年来,我们抢抓加快建设苏北重要中心城市机遇,以城乡一体化发展为引领,统筹推进老城区改造、新城区建设以及城镇化步伐。五年投入中心城市建设资金596.5亿元,实施中心城市建设项目448个,累计征收面积136万平方米,改造棚户区8380户。清浦新城“八纵八横”路网基本建成,教育、卫生、居住等功能性设施不断完善。在全市率先实现镇村公交、区域供水全覆盖。1034个自然村庄环境得到全面整治,农村生活垃圾收集率和垃圾无害化处理率均达100%,在苏北率先创成国家级生态区。

过去的五年,发展活力在扩大开放中不断增强。五年来,我们坚持以项目为王,一手抓招商,一手抓服务,建成了天士力药业、鑫源烟草薄片等一批大项目、好项目,经济发展的开放度和后发优势明显增强。累计引进亿元以上项目257个,其中10亿元以上项目16个,新批外资项目88个,累计注册外资实际到账6.43亿美元。载体建设大幅提升,淮安现代商务集聚区成功获批省级服务业综合改革试点单位;清浦工业园累计完成基础设施投入8.4亿元,2015年实现规模以上工业增加值37.4亿元、开票销售70.2亿元;民营经济快速发展,累计新增注册资本金31.65亿元,是“十一五”时期的1.5倍。

过去的五年,社会建设在改革创新中更加和谐。五年来,我们深入开展科学发展观、群众路线、“三严三实”等教育实践活动,工作作风明显好转。深化教育、医药卫生、生态文明、农业农村、国土、市场监管、行政审批等领域改革,大力推进简政放权,转变政府职能,政府行政效能大幅提升。大力提高国防动员能力,强化应急战备建设,人民武装工作得到持续发展。着力强化社会治理创新,“六五”普法任务全面完成。

回顾五年的发展历程,面对严峻挑战,区政府在市委、市政府和区委的坚强领导下,依靠全区人民,坚持以科学发展观和习近平总书记系列重要讲话精神统领全局,将建设繁荣宜居幸福新清浦贯穿始终,以思想解放引领发展,以转型升级提升质量,以改革创新增添活力,取得了来之不易的成绩,积累了弥足珍贵的经验。在实践中,我们深刻体会到:必须始终把民生福祉作为一切工作的落脚点。五年来,我们积极顺应人民群众过上幸福美好生活新期待,全力促进城乡居民收入增长,更加注重保障和改善民生,大力兴办民生实事和惠民工程,确保新增财力的75%主要用于改善民生,城乡居民生活每年都有新改善。必须始终把加快发展作为第一要务。五年来,我们更加注重发展的质量,立足主城区定位,放大比较优势,着力调整优化产业结构、投入结构和城乡结构,发展的全面性、协调性和可持续性得到加强。必须始终把创新驱动作为核心战略。五年来,我们坚定不移地推进创新,将创新的思维、开拓的精神融入经济社会建设的方方面面,着力发挥机会成本优势,以现代服务业为支撑、新型工业化为基础、现代农业为特色的现代产业体系基本形成,生态宜居的城市特质充分彰显,打造了教育均衡化改革、环卫爱心互助点、“阳光征收”等一批全国有亮点、全省有影响、全市有地位的工作品牌。必须始终把和谐稳定作为根本保障。五年来，我们统筹抓好城乡一体化发展、人与自然和谐发展、经济社会协调发展，城乡互动共进、产业融合发展的新格局基本形成，生态环境质量明显改善，各项社会事业全面进步，基本公共服务更加均等，社会保持和谐稳定。

各位代表，“十二五”期间经济社会发展所取得的成绩，是区委总揽全局、坚强领导的结果，是区人大、区政协有力监督、大力支持的结果，是全区人民团结奋斗、顽强拼搏的结果。在此，我代表清浦区人民政府向辛勤工作在各行各业的广大干部群众，向全体人大代表、政协委员，向各民主党派、工商联、无党派人士和人民团体，向离退休老同志，向驻区各单位及驻区部队广大指战员，向所有关心支持清浦改革发展稳定事业的社会各界人士，表示衷心感谢和崇高敬意！

在总结成绩的同时，我们也清醒地认识到当前经济社会发展存在的矛盾和问题：经济总量不大，实力不强，主导产业的培育还有待加强，财政收入增速放缓和刚性支出增加的矛盾更加突出，保障民生的能力与人民群众的期望还存在一定差距，深化改革的各项措施还需要进一步落实等。对此，我们将高度重视，在今后的工作中切实加以解决。

二、“十三五”时期奋斗目标

各位代表，“十三五”时期是全面建成小康社会的决胜阶段，也是经济新常态背景下的第一个五年。面对新形势、新任务，我们要在适应新常态中把握大趋势，在应对新挑战中争取主动权，在发挥新优势中谋求新跨越，不断拓展新空间、开创新局面。根据《中共淮安市清浦区委关于制定淮安市清浦区国民经济和社会发展第十三个五年规划的建议》，区政府制定了“十三五”总体规划纲要（草案），提请大会审议。纲要（草案）全面提出了我区“十三五”时期经济社会发展的指导思想、总体目标、主要任务和重大举措，经本次大会审议批准后，区政府将作为施政依据，认真付诸实施。

“十三五”时期，我们将紧紧围绕区委七届六次全体（扩大）会议的总体部署，以邓小平理论、“三个代表”重要思想、科学发展观为指导，深入贯彻落实党的十八大和十八届三中、四中、五中全会和习近平总书记系列重要讲话精神，按照“五位一体”总体布局，大力实施创新驱动、城乡一体、生态优先、开放引领、科教与人才强区、民生共享“六大战略”，努力建设经济强、百姓富、环境美、社会文明程度高的新清浦，为积极探索开启基本实现现代化新征程奠定坚实基础，谱写好中华民族伟大复兴中国梦的清浦篇章。

“十三五”时期的奋斗目标是：全面建成小康社会，奠定现代服务业集聚区、苏北重要中心城市核心功能区、城乡统筹发展特色区、生态文明示范区地位。经济实力强，到2020年，地区生产总值突破280亿元，人均GDP年均增长10%；公共财政预算收入达到45亿元；工业增加值和社会消费品零售总额年均增长11%左右，三次产业比重调整为4.5：26.8：68.7，高新技术产值超过100亿元，科技进步贡献率达55%，经济发展质量显著提升。百姓生活富，城乡居民收入年均分别增长8.5%和9%左右，城镇登记失业率控制在4%以内，城乡基本社会保险覆盖率达97%，基本公共服务水平全面提升，群众获得感和幸福感明显增强。城乡环境美，城乡形态不断优化，常住人口城镇化率达80%，建成国家生态文明建设示范区，单位GDP能耗和二氧化碳、主要污染物减排全面达标，城市绿化覆盖率达41%，人居环境显著改善。社会文明程度高，法治政府深入推进，民主法制更加健全，社会治理全面加强，社会主义核心价值观深入人心，公民思想道德和科学文化素质、社会文明程度明显提高，社会更加和谐稳定。

要实现这一奋斗目标，我们必须始终坚持“五个发展理念”：坚持创新发展。把全面创新作为引领发展的第一动力，坚持创新在发展全局中的核心地位，将创新融入经济转型升级、社会全面发展的各个领域，努力在制度创新、科技创新、文化创新等方面取得突破。坚持协调发展。把协调作为持续健康发展的内在要求，正确处理好发展中的重大关系，着力推动城乡一体发展，经济社会协调发展，新型工业化、信息化、城镇化、农业现代化同步发展，硬实力和软实力同步提升，促进发展行稳致远。坚持绿色发展。把绿色作为永续发展的必要条件，坚定不移地走生产发展、生活富裕、生态良好的可持续发展道路，将生态作为最大的生产力保护好、利用好、发展好，积极倡导低碳生活，着力发展绿色经济，加快建设资源节约型、环境友好型社会。坚持开放发展。把开放作为繁荣发展的必由之路，更加主动融入国家和省对外开放和区域发展新格局，在新一轮产业布局中找准定位，更大力度抓招商，更高层次促开放，在扩大开放中增创发展新优势、拓展发展新空间。坚持共享发展。把幸福共享作为和谐发展的根本追求，更加有力保障和改善民生，更加积极完善基本公共服务，更加坚决带动群众共同致富，努力在共建共享中为全区人民增添更多的幸福感和获得感。

三、努力实现“十三五”发展良好开局

2016年，是实施“十三五”规划的开局之年。我们将全面贯彻党的十八大及十八届三中、四中、五中全会和中央经济工作会议及省委全会、市第六次党代会第五次会议精神，按照区委总体部署，积极适应新常态，主动策应供给侧结构性改革和去产能、去库存、去杠杆、降成本、补短板五大要求，心无旁骛谋发展，全力以赴抓落实，全力实现“十三五”发展良好开局。

今年主要预期目标是：GDP增长10%，规模以上固定资产投资增长20%，公共财政预算收入增长11%左右，规模以上工业开票销售增长20%左右，城乡居民人均可支配收入增长9%，城镇登记失业率控制在4%以内，节能减排完成市下达指标。

围绕上述目标，重点做好以下四个方面工作：

（一）写好转型升级新文章，在推动“经济强”上实现新突破。坚持以提高经济发展质量和效益为中心，以创新驱动为主引擎，加快转变经济发展方式，着力推进新型工业化、服务业高端化、农业现代化进程，调高调优调强调绿产业结构，构建以现代服务业与先进制造业为主干的现代产业体系，推动经济保持中高速增长，发展迈向中高端水平。

全力打造服务业高地。始终坚持将服务业作为推动清浦经济转型升级的突破口，以项目为抓手，全力推动服务业向高端化、精细化、品质化转变。全年实现服务业增加值128.2亿元，服务业入库税收17.52亿元，分别增长11.7%、13%。加快提升传统服务业。以规划为引领，以老城区开发改造为平台，以提升生活服务质量为重点，加快推进传统服务业提档升级。以淮海南路为轴线，加快推进红星国际广场、兴业国际广场等功能性项目建设，提升优化联盛国际、财富广场等传统业态，形成节点商业特色，造浓商业氛围。认真落实创业扶持政策，加强市场引导和培育，鼓励个体工商户创新经营方式，提升服务品质，打造一批全市有影响、服务有特色的主题街区。提升东西大街及文庙片区环境，深挖传统资源，加强业态调整，努力重现片区商业繁华。支持发展服务百姓日常生活的社区电子商务，打造一批“掌上超市”、“指尖菜场”。大力发展现代服务业。以淮安现代商务集聚区、宁淮现代服务业集聚区、清江浦1415街区等高端发展平台为载体，重点发展电子商务、现代物流、总部经济、休闲旅游、文化创意等。着力推进陶艺馆、57°湘等特色服务业项目，确保清江古韵水岸风情街全面开街，打造集餐饮、娱乐、休闲于一体的特色商业街区。加快建设酱醋坊文创园、运河文创中心等项目，打造运河高端服务业集聚板块。强化“互联网+”思维，引导商贸企业、各类市场主动嫁接“电商”，转型升级、提升效益。确保天成大厦、建工总部经济大楼、金品商务大厦主体建成。全力突破特色旅游业。围绕全区旅游总体规划，突出“文化、生态”主题，不断完善基础设施配套，强化策划营销和管理运作，努力在特色旅游业发展上谋求突破。围绕里运河文化长廊建设，深入挖掘历史文化资源，打造清江浦精品旅游路线，策划推出一批以运河文化、儒学文化、宗教文化、名人文化等为代表的文化旅游产品。依托良好的生态环境，以体验休闲为主要内容，着力打造古庄牛生态农庄、杨庙泵站水利枢纽风景区等特色生态旅游景区。立足乡村特有风貌，大力发展乡村旅游。

加快推进新型工业化步伐。认真落实《中国制造2025江苏行动纲要》，以发展实体经济为着力点，突出抓好传统制造业的转型升级，加快发展战略性新兴产业，促进工业经济总量、质量双提升。确保全年实现规模以上工业增加值64.5亿元，增长12%。不断壮大主导产业优势。着力做强医药、冶金机械、新材料三大百亿元特色产业，力争2016年三大产业实现产值220亿元。积极策应国家、省市关于战略性新兴产业发展规划，以医药产业园建设为平台，充分发挥天士力、厚道药业等医药企业的带动作用，努力打造产业集聚、优势明显的医药企业集群；以技术改造、新产品研发为抓手，着力推进冶金制造业向智能化、精细化、特色化转变；加速释放烟草薄片、洛斐尔建材等一批龙头企业产能，促进新材料产业的质效提升。努力增强骨干企业实力。积极引导天士力医药、洛斐尔建材等骨干企业强化科技创新，依托互联网开拓市场、改造技术，形成自身独特优势和核心竞争力。认真落实扶持中小企业发展的政策措施，围绕蓝海食用菌等一批有代表性的成长型企业，积极帮助解决融资难题，促进企业做精做特做优做大规模。确保今年新增工业列统企业10户以上。加快提升园区承载能力。全面完成清浦工业园发展规划修编，优化园区产业布局。持续加大园区综合管网、景观绿化等基础设施投入力度，启动建设一批商贸、居住等服务设施，完善园区配套功能。切实优化土地、人力、资金等资源要素的供给，保障园区企业高效运行。加大闲置低效土地、空置厂房等存量资产的清理盘活力度，提高土地资源利用效益。

着力推动农业转型升级。以保障有效供给和促进农民增收为核心，加快转变农业发展方式。打造特色现代农业产业。在抓好稻麦等粮食生产的同时，充分发挥清浦设施化农业优势，加强科技创新和技术服务，着力做强做优“2+1”特色农业主导产业。大力发展红椒产业，强化技术引进和市场引导，加快形成淮安红椒自主品种和种植标准。着力拉长红椒产业链，突破深加工环节，提升红椒品牌价值和效益。大力发展食用菌产业，淮香食用菌产业园一期全面投产，不断扩大“老阿姨”香菇酱市场占有率。大力发展农业服务业，推进农业与物流业、旅游业的深度融合，打造农业服务品牌。优化现代农业产业布局。积极策应市“一圈两带多片区”农业产业规划，促进农业产业集聚发展、提档升级。着力引导和扶持设施蔬菜连片种植，打造标准化、规模化设施蔬菜集中区，新增设施化种植面积1000亩以上。依托淮金路沿线现代农业，以及二河沿线良好生态资源，着力打造以科普展示和休闲体验为重点的淮金线休闲体验农业带及以生态观光为重点的二河生态农业观光带，年底前确保完成规划编制。大力发展互联网农业。实施“互联网+农业”计划，推动互联网技术与农业生产、加工、销售等产业链环节相结合，促进农业发展方式向科技化、智能化、信息化转变。以物联网技术推广为重点，突破农业生产技术和管理方面难题，提升农业标准化、规范化生产水平。大力发展农村电子商务，扶持有竞争力的企业和农产品“上网”拓展市场，培育网上网下多方式销售的涉农电商企业。积极支持淮安好人家食品公司、宏进清江农副产品批发交易市场等企业发展农产品电子商务。以现代食品城为载体，整合“12316”三农综合信息服务资源，加快建设统一的农村电子商务服务平台。

切实增强加快发展的持续动力。坚持将创新作为推动发展的第一引擎，将项目作为促进发展的第一抓手，大力实施创新驱动、开放引领战略，努力拓展发展空间，厚植发展优势。深入推进科技创新。强化企业创新主体地位和主导作用，推进科技企业培育行动，积极推动创新政策、创新资源、创新人才、创新服务向企业集聚。支持规模以上企业建设研发机构，提高创新研发投入。进一步提升人才服务水平，建设区人才公寓，吸引更多的人才来清浦创新创业。积极推进产学研深度融合，加快创新成果转化步伐。力争实现高新技术产业产值80亿元，建成省级工程技术中心2个，新增省级高新技术企业2户。切实提升招商实效。继续把招商引资作为第一抓手，进一步创新招商体制机制，优化招商方式，提升招商实效，新签约亿元以上项目45个以上，其中10亿元以上项目3个。突出招商选资，围绕我区的特色主导产业，以补链强链为目标，编制招商项目清单，实行订单式招商，引进一批现代服务业品牌项目、新型工业化重大项目和现代农业龙头项目。实施精准招商，围绕清江浦1415街区、阳光湖缔壹街等优质平台，以产业规划为引领，着力引进一批文化创意及特色休闲项目。狠抓外资招商，扩大利用外资规模，确保新批外资项目10个以上，注册外资实际到账1亿美元。倾力优化投资环境。切实转变过去比拼土地、劳动力等要素资源的传统思维，着力营造法治化、市场化的营商环境，真正使项目落得下来、建得起来。不断完善重大项目推进机制，强化领导挂钩、领办督办会办制度，提升帮办服务水平，强化项目考核导向，保证项目推进有力有效。确保新开工亿元以上项目18个，新竣工亿元以上项目20个。确保棕榈泉环保节能设备、渔光互补发电等项目竣工投产，洪泽湖流域灾害预警中心、驾驶人服务中心等项目一季度全面开工。

（二）写好民生改善新文章，在推动“百姓富”上力求新作为。坚持把保障和改善民生作为政府工作的第一追求，深入实施民生共享工程，扎实办好各项民生实事，切实提高社会救助和保障水平，大力发展社会事业，努力让人民群众共享改革发展的成果。

持续提升城乡居民收入。把促进就业创业作为增加居民收入的根本途径，以创业带动就业、促进增收。实施有利于鼓励、支持企业用工的政策措施，完善覆盖城乡的公共就业服务体系，实行招聘会联动机制，为劳动者实现就业搭建平台。完善最低工资标准调整机制，推行企业工资集体协商制度，合理提高工资性收入。大力推行全民创业，创新多元化创业模式，建立面向人人的创业服务平台，落实创业扶持政策，形成“大众创业、万众创新”的生动局面，努力提高经营性收入。充分发挥农村产权交易平台作用，积极引导土地适度规模经营，壮大股份合作经济，发展村集体经济，不断提高财产性收入。实施更高标准的脱贫攻坚，强化精准扶贫，带动全区人民共同富裕。

扎实办好各项民生实事。把办好民生实事作为保障和改善民生的一件大事来抓，着力完善责任机制，强化投入保障，确保各项实事推进有力，落实有效，人民满意。今年区政府将为城乡居民兴办10大类、34项民生实事，涉及农村饮水安全、便民服务体系、公共文化服务、城乡环境整治、特困群体帮扶等诸多领域。

协调发展各项社会事业。不断完善区域公共卫生服务体系，提高基层医疗卫生机构建设水平，建成区公共卫生服务中心。深入推进新一轮教育现代化，开工建设开放大学，新建一所幼儿园。大力实施素质教育，鼓励学校特色化发展。落实全面二孩政策，争创全国计生基层群众自治示范区。推进乡镇全民健身中心建设，创建省级公共体育服务体系示范区。创新养老服务体制机制，建设以居家为基础、社区为依托、机构为补充的多层次养老服务体系。

全力提升救助和保障水平。进一步完善养老、医疗、失业、工伤、生育等基本社会保险制度，全面推进全民参保登记，将基本养老保险覆盖至所有职工和适龄居民。深化医保支付方式改革，积极发展商业健康保险。全面落实市政府关于加强和改进社会救助工作的决策部署，整合民政、红十字、妇女儿童、慈善、工会等救助资源，多渠道加大对困难家庭、大病患者等救助力度，切实保障困难群众基本医疗及生活所需。积极推进城乡低保应保尽保，继续实施城乡低保提标工程。加大住房保障力度，创新住房保障方式，确保困难群众住有所居。大力支持扶老、助残、救孤、济困、优抚等福利事业发展，建成淮安市遗体捐献者纪念园。

（三）写好城乡统筹新文章，在推动“环境美”上创造新业绩。以绿色生态为特色，统筹推进城乡一体化建设，促进老城、新城、农村协调发展，使老城环境更优、新城品位更高、农村面貌更美。

优化老城区居住环境。围绕提升城市形象、疏解交通压力、拓展休闲空间和凸显城市历史文化特色的目标，加快推进老城区更新改造。全年实施旧城改造项目26个，新开工建设面积60.5万平方米。全力推进里运河文化长廊建设，确保清江浦历史文化风貌区全面建成，清江浦1415街区开街运营。深入推进“亮底征收”，全面完成八亭桥东南侧等地块房屋征收任务，启动文庙三期嘉润苑东侧等地块房屋征收。加快淮海南路、北京南路、延安路等沿线项目建设进度，确保清江人家、烨宸广场等7个项目全面建成，运河上城二期等6个项目开工建设。加大棚户区改造力度，开工建设文庙三期安置房。不断完善老城区市政基础设施，配合市实施好淮海南路京杭运河大桥等重大路桥工程。以城市创建为抓手，以数字化管理创新为突破，探索实施城市环境保洁市场化运作模式，提升城市长效管理水平，努力实现市容市貌新改观、人居环境新改善。

提升清浦新城建设品位。以提升品位、集聚人气、造浓商气为目标，着力完善基础设施和公共服务设施配套，加快推进清浦新城建设。开工建设勤政南路、农科路等5条道路，打通新城路网“最后一公里”，真正实现道路无缝衔接、全线畅通。大力实施绿化、亮化、美化工程，进一步提升阳光湖等景观绿化水平，推进勤政南路等道路绿化，完善所有道路路灯照明系统，全力打造环境优美、景色宜人、生态宜居的新城区。加快推进安置房建设，提速建设吴圩安置小区二期，确保美城花苑、康居名城三期竣工交付。积极探索PPP等合作模式，推进汽车南站南侧、清浦开明中学南侧等地块开发。深入对接宁淮现代服务业集聚区建设，促进南京外国语学校淮安分校早日开工。

推进新型城镇化步伐。按照“多规合一”的总体要求，进一步优化城镇总体规划，有序推进农民向社区集中、企业向园区集中、土地向规模经营集中，让农民享受市民化的居住条件。充分发挥村级创业点的带动作用，提高标准化厂房利用率和收益率，不断壮大村级集体经济实力。进一步完善农村基础设施，建成杨庙新南站，实施三支大沟、大治河整治等重点水利工程。全面完成农村饮水安全工程任务，确保所有农村人口全部吃上城市自来水；大力实施灌区节水改造工程，全区旱涝保收田面积达到13.6万亩，节水工程控制面积达到9万亩。全面提高农机化作业水平，农机装备总动力达24万千瓦，全区农业综合机械化水平达89%。

加强生态文明建设。进一步巩固国家级生态区创建成果，推进国家生态文明建设示范区创建。健全农村环境综合整治长效管护机制，整治农村河塘88面，疏浚城乡河道20条，建成4个环境整治示范村。大力推进绿化造林，城市绿化覆盖率达40.9%。认真抓好农作物秸秆综合利用和农业面源污染防治工作。不断提升企业环境监管水平，打造环保示范化企业10家。深入开展绿色创建，大力推行绿色生产，积极倡导低碳生活，建成省级绿色社区2家，创成环保信用A级企业5家。实施最严格生态红线区域保护和最严格水资源管理等制度，加大饮用水源地环境综合整治力度，推进节水型城市建设。

（四）写好和谐共建新文章，在推动"社会文明程度高"上迈出新步伐。积极顺应社会发展进步、人民群众日益增长的精神文化需求，把建设文化强区、创新社会治理摆上更加重要的位置，全面深化各项改革，不断提升市民文明素质，维护社会和谐稳定。

全力建设文化强区。深入推进全国文明城市创建活动，开展以社会主义核心价值观为重点的主题教育活动，大力弘扬"三创三先"、"包容天下，崛起江淮"等新时代精神，形成讲文明、树新风的良好社会风尚。全面实施文化产业发展"233"工程，推动文化产业与旅游、商业紧密结合，促进文化产业健康发展。深入挖掘历史悠久的漕运文化内涵，高标准规划实施运河文创中心、王瑶卿艺术馆等一批文化项目。以创建省级公共文化服务体系示范区为抓手，加快推进基层公共文化设施建设，建成4个基层综合性文化服务中心，确保全区文化服务设施覆盖率达93%以上。大力实施公共文化数字化工程，促进全民阅读，创建"书香清浦"。深入开展文化"四进"活动，丰富基层群众文化生活。加强文化遗产保护与传承，组织申报"淮医"、"石刻"、"剪纸"等非物质文化遗产项目。

着力创新社会治理。全面启动"七五"普法教育，争创省法治建设示范区。加快推进社会治理体系和社会治理现代化建设，加强全区各级各类人民调解组织平台建设，着力推进人民调解方式创新。完善区乡村三级法律服务网络，促进公共法律服务全覆盖，为老百姓提供及时、周到、专业的法律服务。深入推进平安清浦、法治清浦建设，建立健全信访工作机制和矛盾纠纷调处工作机制，积极开展社会稳定风险评估，严厉打击各类违法犯罪行为。进一步加强领导干部定期接访下访等制度，整合"阳光清浦"、"12345"等政府热线服务平台，畅通群众诉求表达渠道。着力打造系统性、整体性、协同性，打防管控一体化水平更高的立体化现代化社会治安防控体系升级版。认真落实安全生产责任制，强化安全生产"党政同责、一岗双责"责任体系，切实抓好食品、药品安全监管，建立健全各类监管体系和信息化平台，有效防范和遏制较大以上安全事故的发生。深化军民融合发展，巩固军政军民团结。统筹做好妇女儿童、民族宗教、地方志、应急管理等工作。

全面深化各项改革。按照治理体系和治理能力现代化的要求，持续深化行政管理体制改革。进一步简政放权，完善"五张清单"动态调整管理机制。着力强化事中事后监管，编制监管责任清单。深化医药卫生体制改革，加快卫生计生资源整合，鼓励医疗资本多元化投入，促进医养融合发展。深化农村各项改革，完成农村土地承包经营权确权登记颁证改革任务。建立完善有利于城乡资源合理配置的产权交易机制，创新新型农业经营方式。推进金融改革，支持企业对接资本市场，鼓励企业加快上市步伐。推进政府部分职能向社会转移，探索建立政府向社会组织购买服务机制，引导和鼓励社会组织有效承接公共服务事项。

四、切实加强和改进政府自身建设

面对经济发展新常态、改革稳定新任务、人民群众新期盼，我们将全面加强和改进政府自身建设，努力做到依法行政、科学理政、高效施政、廉洁从政，打造人民满意政府。

建设法治政府。把依法行政作为政府工作的基本准则，切实增强法治观念，严格依照法定权限和程序行使权力、履行职责。完善依法决策机制，严格遵守公众参与、专家论证、风险评估、合法性审查、集体讨论决定等重大决策程序，定期召开政府常务会议、区长办公会议研究重点工作、讨论重大事项，提升决策水平。自觉接受区人大和区政协的监督，认真执行区人大及其常委会的各项决议决定，支持区政协履行政治协商、民主监督、参政议政职能，充分听取人大代表、政协委员的意见，主动接受舆论和群众监督，加强监察、审计等职能监督，严格经济责任追究，确保行政行为合法规范、公开透明。

建设高效政府。全体政府工作人员要大力发扬"马上办、现场办、限时办"的工作作风和"接受任务不讲条件，狠抓落实不打折扣"的工作态度，保持满负荷、快节奏、高效率的工作状态。要进一步精简会议文件，改进文风会风，把更多的精力用在干事创业上。强化政务督察、效能监察、考核激励和行政问责，坚决查处行政不作为、慢作为、乱作为等作风问题，认真解决执行力低下、执行走样等现象，确保政令畅通、令行禁止。全面深化权力清单、责任清单、服务清单等制度，巩固和扩大行政审批制度改革成果。牢固树立进位争先意识，力争各项工作走在全市前列。

建设亲民政府。要以敬畏敬重之心对待人民，以亲民爱民之举善待人民，全力维护好发展好人民群众的根本利益。要真心融入群众，广泛开展"三进三帮"活动，切实深入基层、深入群众、深入实际，了解群众的所思所想和所盼所需，关注群众的安危冷暖和实际困难，与群众零距离、心连心、共命运。要真诚善待群众，把工作精力更多地放在扩大群众就业、增加居民收入上，把政府投入更多地用于加强公共服务、帮扶困难群体上，多办便民利民的实事、多做富民惠民的好事，切实保障群众合法权益，努力做到发展为了人民、成果人民共享。

建设廉洁政府。持之以恒推进作风建设，严格执行中央、省市关于作风建设的各项规定。牢固树立过紧日子的思想，千方百计降低行政成本。进一步健全惩治和预防腐败体系，加大源头防腐力度，强化领导干部在廉政建设中的示范带动作用，严格落实"一岗双责"制度。积极开展多形式、多层次的廉政警示教育，切实增强公务员廉洁自律意识。强化对财政资金使用、重大项目投资、工程招标、政府采购、国有资产资源经营管理等重点领域监管，严格查处各类违法违纪案件，营造风清气正的政务环境。

各位代表，承载"十二五"的辉煌，清浦发展已经站在一个新的起点上。实现"十三五"宏伟目标，使命光荣，责任重大。让我们在市委、市政府和区委的正确领导下，解放思想，开拓创新，团结一致，务实苦干，为全面建设"强富美高"新清浦而努力奋斗！

报告链接：

1.文化产业发展"233"工程——"2"即以大运河为轴线，分为老城区和新城区两个片区。"3"即老城区建设三大组团：文庙新天地、清江浦1415街区、运河文化创意中心。"3"即新城区突出三大功能：演艺剧场、婚庆广场、休闲娱乐。

2.慢病示范区——慢性非传染性疾病综合防控示范区。

3.四有一责——"四有"即有持续稳定的集体收入、有功能齐全的活动阵地、有先进适用的信息网络、有群众拥护的双强带头人；"一责"即强化村党组织领导责任。

4."五张清单"——行政审批事项目录清单、政府行政权责清单、政府部门专项资金管理清单、政府核准投资项目清单、行政事业性收费目录清单。

5."2+1"特色农业主导产业——"2"即淮安红椒产业、食用菌产业；"1"即农业服务业。

7."一圈两带多片区"——市农业产业规划。"一圈"即都市现代农业圈；"两带"即淮金线和黄河故道两条现代农业产业带；"多片区"即白马湖功能片区、淮安国家农业科技园区、洪泽国家现代农业示范区等多个农业功能片区。

8."PPP"——英文Public-Private-Partnership的缩写，指政府为增强公共产品和服务供给能力、提高供给效率，通过特许经营、购买服务、股权合作等方式，与社会资本建立的利益共享、风险分担及长期合作关系。

9."多规合一"——推动国民经济和社会发展规划、城乡规划、土地利用规划、生态环境保护规划高度衔接统一，将其落实到一个共同的空间规划平台上，实现一个地区一本规划、一张蓝图，解决现有各类规划自成体系、内容冲突、缺乏衔接等问题。

10."三创三先"——新时期江苏精神，即"创业创新创优，争先领先率先"。

11."强富美高"——习近平总书记在江苏考察时提出，建设"经济强、百姓富、环境美、社会文明程度高"的新江苏。

12.2016年为民办实事项目——完善便民服务体系。加强电梯应急处置平台建设，建成3个电梯应急救援网格，提升电梯安全防控和应急处置水平；在主城区人口密集区域(机关、高校、小区)建设40个末端公共配送点(智能柜自提点)；在市区新建公共停车场，新增停车泊位不少于200个；新建城区公共厕所1座，升级改造2座；新改建2个面积不少于2000平方米以上的"绿色小客厅"游园绿地；在城市小区或人流密集区域建设一批电动自行车充电设备；建成9个乡镇(街道)公共法律服务中心，完善全区77个村(居)法律服务站。建设透明放心菜市场。在2个室内农贸市场、1个大型商超，建成以检测准入为核心的透明放心菜市场。保障农村饮水安全。改善农村饮用水质，解决5.46万农民饮水不安全问题。提升公共医疗服务。建立家庭医生签约服务团队，对重点人群提供医疗咨询、随访、转诊等服务，方便群众看病就医。推进城乡基本公共卫生服务均等化，按照人均50元经费标准，实施12大类45项基本公共卫生服务项目；推进新农合提标扩面，将新农合人均筹资标准由480元提高到565元，其中各级财政补助标准由380元提高到425元以上；启动建设区公共卫生服务中心、清安社区卫生服务中心。优化公共文化服务。改扩建4个社区文化中心；健全图书借阅系统，新建5个24小时图书自助驿站，实现主城区公共图书借阅一卡通、区乡公共图书通借通还；开展文化"四送"活动，为城乡群众免费办展览10场(次)，送文艺演出30场，送电影600场，送图书5000册；创建乡镇综合性文化活动服务中心2个。尊敬关爱城乡老人。提高城乡居民基础养老金标准，为符合条件的城乡老人每人每月增发10元基础养老金；建设养老服务体系，建立政府购买养老服务制度，为低保家庭中60周岁以上的失能老人，低保家庭和分散供养的特困对象中80周岁以上的老年人购买养老服务；为养老机构、残疾人服务机构安装独立式感烟火灾探测报警器、简易喷淋等简易消防设施。关心帮扶特殊群体。提高城乡低保标准，城区低保标准由490元/月提高到520元/月，农村低保标准由370元/月提高到400元/月；开展留守女童保护公益行动，印发1.5万册宣传读本，在中小学校安排女童保护课程，开展女童保护公益宣讲活动，建立女童保护司法援助机制；建立困难群体精神关爱机制，对失独、社区矫正人员、孤儿、"三无"五保老人和其他困难群体、偏执人员等七类人员，开展心理援助和精神慰藉；开展残疾儿童康复救助，对全区每一名0~14岁残疾儿童康复训练给予为期11个月的救助；帮助特殊困难群众参保，为区内重点优抚对象、孤儿、五保老人三种类型人员由政府资助参保。整治提升城区环境。对40个、70万平方米老旧小区，按基本型、改善型、提升型进行分类改造；实施2个棚户区(危旧房)改造项目；整治疏浚文渠河、清安河等城市河道；整治5条后街背巷；对主城区21个居民小区进行安防改造，提高安全防护水平。完善农村基础设施。新改建农村公路5公里、桥梁1座；实施乡镇全民健身工程，建设1个面积2000平方米以上，含1片标准灯光篮球场、2个室外乒乓球台、1条20件器材的健身路径以及其他场地的多功能运动场；实施农田水利节水改造，完成顺河洞灌区节水改造工程，护砌渠道16公里，对灌区16座建筑物进行拆建。提升农村村庄环境。疏浚整治区乡级河道20条、7个行政村的村庄河塘；对4个行政村部分自然村庄进行覆盖拉网式农村环境综合整治，重点解决垃圾收集、清运和污水处理问题。

QING JIANG PU NIAN JIAN

大事记

DA SHI JI

● 清江浦古今要事

● 清江浦区2016年大事记

清江浦古今要事

1364年　元至正二十四年

昆山人袁华《寄钱淮南》诗中出现清江浦地名。全诗为："全吴分阃镇殊方，坐拥貔貅十万强。蓄谷广田推邓艾，运筹决胜属张良。储胥蔽日清江浦，穲稏连云白水塘。时忆壮游兴感慨，相思目送雁南翔。"诗中"钱淮南"为钱用壬，张士诚时于淮安任淮南省参政，镇守淮安、徐州、邳州三地。

1404年　明永乐二年

十一月，镇守淮安都指挥施文言："淮安诸坝，舟航往来，每遇天旱，坝下淤浅，重劳人力。近城旧有清江浦二闸，比年坍坏，乞命有司修砌，以便往来。"从之。（据《明太宗实录》）

1409年　永乐七年

清江漕船厂于是年创建。（据明《漕船志》）

1415年　永乐十三年

五月，平江伯、漕运总兵官陈瑄修疏清江浦成，置四闸，由东向西依次为移风闸、清江闸、福兴闸、新庄闸，免漕船淮安过坝之苦，人甚便之。

是年，工部差都水司官一员，专理清江船厂事。之前差官催造，不为常例，其后或差主事，或差郎中。景泰后，例差主事一员，三年一任。

设常盈仓于清江浦，中转储存江南各地漕粮，设户部分司管理。

1436年　正统元年

九月，议准设立清江提举司，以主事胡臻提调清江提举司。此前清江漕船厂俱龙江提举司兼管。

1441年　正统六年

十二月，谕令庙祀平江恭襄侯陈瑄。陈瑄殁后，民感其惠，于清江浦东立祠堂，塑像崇奉，祷者屡有灵应。至是事闻，命有司春秋致祭。

1455年　景泰六年

黄河水倒灌新庄闸，清江浦上下皆淤，漕运都御史陈泰疏浚后复通。

吏部侍郎江渊至江北等地抚恤赈灾后，奏准筑淮安月城以护常盈仓。

1520年　正德十五年

九月十二日，正德帝南巡回师至清江浦，复幸监仓太监张阳第。十五日，自泛小舟渔于积水池，舟覆，正德帝溺水，左右大恐，争入水掖之而出。自是正德帝遂不豫，第二年于北京病逝。

1530年　嘉靖九年

工部主事邵经济在清江浦建崇景堂。二十一年(1542)，主事叶文选又续建文会堂、退省轩及诸生号房，名清江书院。

1569年　隆庆三年

五月，铸给清江厂督造漕船关防。

十二月，漕运总督赵孔昭奏称清江一带黄河五十里，宜筑堰以防河溢；高家涧一带七十余里，宜筑堰以防淮涨。从之。隆庆六年，漕运总督王宗沐加修二堤。

1583年　万历十一年

总河凌云翼以运船由清江浦出口多艰险，另在清江浦河南面开永济河，起自淮安城南窑湾，历龙江闸，至杨家涧，出武家墩，达文华寺，合通济闸新口入淮，河长四十五里，共建闸三座，费银六万余两。原以备清江浦河淤塞时以通运，然仅行运一年，议者以妨害板闸税收，旋闭。

1588年　万历十六年

总河潘季驯大治清江浦河诸闸及运口，修复板闸、清江、福兴、新庄等闸，各加石六七层不等，四闸各开月河，打坝截流。

1613年　万历四十一年

三月，漕运总督陈荐奏革清江厂船务提举，以淮扬二府同知掌其事，从之。以扬州府西河船政同知管造凤阳、直隶二厂，淮安府东河船政同知管造南京、卫河二厂。两同知公署均在清江浦工部分司署东北。

1622年　天启二年

十二月十一日，御史游某募兵七千，往登莱防守，行至清江浦。群以索饷为由，噪焚恭襄祠，围辱长官，抢掳财物。淮安府通判连跃前往勘抚，独慷慨徒步直前，反覆晓谕，是夜连跃独宿兵船上，恩威并济，擒首恶袁仲元、周得美，亲用铁尺碎其手足，返其所劫财物。

1644年　崇祯十七年

为防李自成兵南下，巡按御史王燮训练水师于清江浦之东湖，王燮字雷臣，后遂有雷湖之名。王燮等于清江、淮城组织义兵，保护家园。五月十四日，马士英兵过淮安赴南京，共船一千二百号。王燮驻清江浦，亲自盘诘，令义兵站立运河两岸，自清江至淮城，不许一舟停泊，一人登岸，一路肃然，三日始毕。

1645年　清顺治二年

五月，多铎部准塔率清军师次清江浦，监司范鸣珂携敕印来降。

1663年　康熙二年

裁西河船政同知、东河船政同知，改清军贴堂同知为东西船政同知，驻清江浦。

1667年　康熙六年

顾炎武著《音学五书》、《广韵》，清江浦人张弨为其校刊。

1670年　康熙九年

应漕运总督帅颜保之请，裁淮安常盈仓、清江抽分厂二关，关入板闸淮关征收。

1675年　康熙十四年

八月，"大觉普济能仁国师"玉琳于清江浦慈云庵趺坐圆寂。朝廷颁诏派大臣主持荼毗，并重修慈云庵，于庵后建法王塔。

1677年　康熙十六年

靳辅出任总河，因总河署距黄淮运交汇处、河工最重要处路途遥远，往返不便，为便于及时掌握水情河势，就近指挥，在清江浦原户部分司旧署设立河道总督行馆，常驻于此。

1685年　康熙二十四年

原驻甘罗城的山清外河同知移驻清江浦。

1698年　康熙三十七年

河督于成龙奏改清江书院为学宫，由山阳县派驻训导一员管理教学。

黄河大水，灌入运河，清江浦百姓所居之地，皆被水。

1700年　康熙三十九年

以清江五方杂处，裁东西船政同知，改为清江理事兼管船政同知，由满洲人充任，专管旗人，审理旗民词讼，捕缉盗贼，兼管东西船政。

1724年　雍正二年

裁清江理事兼管船政同知，其事务由山清里河同知兼管，称山清里河兼管清江理事督捕同知。

1729年　雍正七年

改总河为江南河道总督，驻节清江浦；以原副总河为河南山东河道总督，驻开封。

1735年　雍正十三年

以清江浦慈云庵为大觉圆寂之所，诏拨淮关银照大丛林式兴建。命淮关监督年希尧督建，赐《慈云禅寺》匾额，改庵为寺。乾隆四年(1739)完工，颁赐《龙藏》全部供奉。

1757年　乾隆二十二年

二月，御舟驻跸直隶厂。谕以高斌与靳辅、齐苏勒、嵇曾筠一同祠祀，以潘季驯与陈瑄并祀，有司春秋致祭。

1760年　乾隆二十五年

九月，江苏巡抚陈宏谋奏请移清河县治至清江浦，从之。

第二年割山阳县清江浦镇及11乡地入清河县，移清河县城至清江浦。划入清河县的11乡为人庆一至六乡，寿宁六、十、十一乡，泰安六乡及湖淤全乡，其中7乡为部分划入，计京田358顷80亩，地域包括洪福庄、官禄庄、草湾镇、永丰庄、周家庄、刘家河、朱元庄、何家庄、高家堰、北武墩等处。

1763年　乾隆二十八年

六月，议覆两江总督尹继善等奏：清河县署以胡琏官房修建，清河县旧署以中河通判移驻。山阳外河县丞、里河主簿向驻清江，清江闸官向属山阳，改归清河管辖。外河主簿向驻清河旧治，移驻王家营，以便护饷过境。教谕移驻清江，贡监生童家在清江者，改入清河县籍。解犯仍禁旧监，责令中河主簿就近监守，以免黄河阻滞。清河改冲繁疲难要缺，县令增养廉银一百五十两，山阳地狭事简，减养廉银一百五十两。

1766年　乾隆三十一年

南河总督李宏于清江浦创建崇实书院。

1791年　乾隆五十六年

清江大闸北岸建清真寺。

1792年　乾隆五十七年

十月，两江总督书麟、江南河道总督兰第锡等奏准，将原驻淮城的淮扬道署移驻清江浦。

1793年　乾隆五十八年

英国马戛尔尼使团回程由运河经过清江，惊叹：“巨大的城市，多得令人难以置信的帆船和百姓！”

1805年　嘉庆十年

十一月，凌水骤涨，清江浦土堤过水，南岸官署民房，并清河县仓谷被淹。

1824年　道光四年

十一月，黄河大涨，南河总督张文浩于御黄坝应闭不闭，高家堰五坝应开不开，致高家堰十三堡决口百余丈，坍卸石工一万一千余丈。洪泽湖全行倾注，淮、扬两府多没于洪水。第二年正月，吏部尚书文孚、礼部尚书汪廷珍至南河查办高家堰决口案，两江总督孙玉庭革职留任，河督张文浩革职枷号两个月后遣戍伊犁。

1835年　道光十五年

九月，颁清江浦海神庙御书匾额曰：保障功巍。

十一月，颁清江浦禹王台御书匾额曰：会同厎绩。

1836年　道光十六年

十月，颁清江浦斗姥宫御书匾额曰：斟元垂佑。

1840年　道光二十年

山西票商于清江浦设立日升昌分号。

1842年　道光二十二年

英军攻陷镇江，清廷由山东、河南、陕甘等处调兵、炮协防清江浦。

1855年　咸丰五年

黄河决口于铜瓦厢，时清政府疲于对付太平军和捻军，无暇旁顾，黄河遂改道北徙，江南漕粮改由海运北上。在此4年前的1851年，洪泽湖南端蒋坝附近大堤决口，洪水形成淮河入江水道。自此，黄、淮二河下游均改道，清江浦北的原黄淮河道无水，今称废黄河。

1860年　咸丰十年

二月初一日，捻军李大喜部由王家营攻取清江浦，时河督庚长正在与漕督联英等地方文武官员观戏，庚长等仓惶退至淮城固守。捻军在清江浦烧杀洗劫13天后西撤。因失守清江浦，河督庚长于五月被革职。

六月，清廷裁汰河工文武官员，南河总督事务裁并于漕运总督，所辖淮扬道、淮海道，以及丰北、萧南、铜沛、宿南、宿北、桃南、桃北、外南、外北、海防、海阜、海安、山安、中河、里河、运河、高堰、山盱、扬河、江运二十厅全部裁撤。文职只留淮徐道一员，改设徐州府、淮安府同知各一员管理河务，武职添设淮扬镇总兵一员驻扎清江浦。

1862年　同治元年

因清江更靠近捻军活动区域，为便于剿捻，漕运总督于本年由淮城移驻于清江浦原南河总督署。

二月，捻军李成部万人由桃源县众兴镇直扑清江北圩，恰好德楞额带领马队赶到，会合夹击，捻军退回众兴镇。

六月，清江南北两岸土圩各工一律完竣，绘图呈览。

1865年　同治四年

漕督吴棠建成清江浦石城。

1874年　同治十三年

年底，李鸿章“极陈铁路利益，请先试造清江至京，以便南北转输”，恭亲王奕訢“谓无人敢主持”，该计划未得施行。其后，薛福成、马建忠、刘铭传、左宗棠、康有为等人都曾提出修筑清江至北京铁路。

1881年　光绪七年

十二月，清江浦电报局成立，为我国最早的七个电报局之一。

1888年　光绪十四年

十一月，以神灵显应，颁清江浦城隍庙匾额：福芘清淮。

1898年　光绪二十四年

漕运总督松椿于闸口吴公祠东建松公桥，是为清江最早的跨里运河大桥。为便利高桅帆船航行，桥上装有铁制轨道，南端有绞关，可以启闭桥面，百姓称为"洋桥"。此桥后于1942年损毁。

1902年　光绪二十八年

漕运总督陈夔龙将清江浦西门内行台考棚改建为江北大学堂，3月31日开学。

1905年1月27日　光绪三十年十二月二十二日

清廷发布上谕，将漕运总督改为江淮巡抚，设立江淮行省，以清江浦为省会，辖境为江宁、淮安、扬州、徐州四府及通州、海州两直隶州。第二天又发布上谕，任命恩寿为江淮巡抚，徐树钧为淮扬海道兼江淮按察使。

1905年　清光绪三十一年

正月，清江铜元局正式开铸，日出铜元超100万枚。第二年七月停铸。

三月十七日(阳历4月21日)，清廷发布裁撤江淮省上谕，改淮扬镇总兵为江北提督。二十二日清江浦罢市。四月初四日，以刘永庆署理江北提督，加兵部侍郎衔，江北文武均归节制。

1906年　光绪三十二年

淮北水灾，清江浦留养饥民数十万，每石米涨至光洋八九元。

上海南市商会会长顾馨一于清江浦创办大丰盈记面粉厂，厂址在清江浦西门外里运河南岸，顾氏以刘少甫为经理。初办时，系用石磨，每日产量有限。宣统二年，以英国人海底深为工程师，改装机器磨粉机，每昼夜可磨麦800石，行销两淮、高宝、镇江、上海等地。

北洋新军第十三协进驻清江。

1909年　宣统元年

清徐铁路于宣统元年(1909)由商办江苏省铁路股份有限公司开造，至宣统三年(1911)筑成臧家码头至西坝间的一段便因经费无着而告停工。此段后运行五节列车，将西坝的盐运至臧家码头入里运河。1927年停开，1928年拆毁。

1911年　宣统三年

11月4日夜，江北陆军第十三混成协工程、辎重两营在赵云龙、龚振鹏的鼓动下起义，围攻清江城内淮扬道署，不克而退。5日，联络马、步、炮等营同时响应。6日，经城内士绅奔走协商，清河县令邵承灏下令悬起白旗，打开城门。护理江北提督、淮扬道尹奭良先期化装出城遁去。十三协入城后哗变抢劫。12日召开光复大会，公举陆军参议官蒋雁行为江北都督，杨慕时为江北民政长，邵承灏为清河县民政长。

1914年　民国3年

北洋政府改定重名县，清河县改名淮阴县。

设淮扬道，驻清江浦，辖淮阴、淮安、涟水、泗阳、阜宁、盐城、宝应、高邮、兴化、东台、江都、仪征、泰县共13县。

1916年　民国5年

马玉仁任淮扬镇守使，兼江苏第1混成旅旅长，驻清江。

1925年　民国14年

孙传芳令嫡系第十师师长郑俊彦包围清江，马玉仁被迫解甲归田。

1927年　民国16年

国民革命军北伐占领淮阴。

废除各道，各县由省直辖。

1932年　民国21年

国民政府在淮阴设立第七行政督察区，辖淮阴、淮安、涟水、宝应、泗阳、宿迁6县。

1934年　民国23年

淮阴成立导淮工程处。

1935年　民国24年

第七行政督察区专员王德溥厉行剿匪。

12月，清江至扬州公路全线通车。

1936年　民国25年

8月，淮阴电厂建成发电，装机容量162千瓦，总投资7万余元，其中省建设厅拨款4万。

1937年　民国26年

该年底至1939年3月，因日军攻占镇江及苏南各地，江苏省政府暂驻淮阴。

1939年　民国28年

3月，日军占领淮阴。

1945年　民国34年

9月，淮阴第一次解放，10月成立苏皖边区政府，边区政府驻清江市，下辖73县(市)。

1946年　民国35年

9月，国民党军占领淮阴。

1948年　民国37年

12月，两淮第二次解放，清江、淮城合组为两淮市，1949年3月，裁两淮市。

1951年

1月，设立县级清江市，淮阴专员公署由沭阳县迁至清江市。

1954年　清江市改为省辖市，仍接受淮阴专署领导。

1958年　撤销淮阴县，并入清江市，并将清江市改名为淮阴市，划归淮阴专署领导。

1964年　淮阴市又改为清江市，恢复淮阴县(驻清江市)。

1970年　淮阴专区改称淮阴地区。

1975年　淮阴县政府由清江市迁驻王营镇。

1983年　撤销淮阴地区行政公署，清江市更名为淮阴市，改由省直辖，淮阴市区设清河、清浦2个行政区。

2001年　淮阴市更名为淮安市，同时撤销县级淮安市，设立淮安市楚州区；撤销淮阴县，设立淮安市淮阴区。

2004年　淮安火车站开通客运列车。

2005年　新长铁路全线贯通。
2006年　淮安市召开"全国运河文化研讨会"。
2010年　淮安开通航空港涟水机场。
2012年　淮安建成生态新城。
2014年　清江大闸作为大运河遗产点之一申遗成功。
2014年　淮安开建现代有轨电车。
2015年　清江浦开埠六百周年。

清江浦区2016年大事记

1月

3日　清浦区区长张笑、副区长李萍率区住建局等相关部门负责人到和平镇、武墩镇推进村庄环境整治省级验收迎检工作。要求责任单位进一步加强整改力度,对每村庄、每户环境整治工作全面过细、逐户清理,坚决不留死角。同时要加大人员和机械投入,全力以赴,确保通过村庄环境整治省级验收。

4日　清河区委召开常委(扩大)会议,听取区人大、区政协年会筹备情况,区委七届七次全会方案安排及全会工作报告和"十三五"规划建议草案起草情况,迎接市跨越发展考评、区内考核相关情况汇报。区委书记仲凤笔主持会议并就相关工作提出要求。区领导张冲林、梁学文、朱维佳、王建军、李金平、杨冬梅、马乃骏、王文为、安毅之等出席会议。

5日　清浦区第七届委员会第六次全体(扩大)会议在区会议中心召开。全会深入贯彻党的十八大和十八届三中、四中、五中全会及习近平总书记系列重要讲话和省委十二届十一次全会、市第六次党代会第五次会议精神,研究谋划"十三五"时期新目标、新思路、新举措,动员全区上下坚定信心、抢抓机遇、主动作为,努力开创各项事业新局面,向着更高层次科学跨越发展阔步迈进。区委书记周青代表区委常委会向大会作题为《秉持五大理念 决胜全面小康 奋力谱写清浦科学跨越发展新篇章》的工作报告,并就《中共淮安市清浦区委关于制定清浦区国民经济和社会发展第十三个五年规划的建议(草案)》作说明。

▲　清河区"十三五"规划专家评审论证会在上海召开。中共上海市委研究室副主任邢邦志、上海市政府研究室副主任祁彦、上海金融学院校长王洪卫等领导和专家组成评审组,对清河区"十三五"规划进行评审。区委书记仲凤笔,区委常委、常务副区长王建军出席会议,区"十三五"规划课题组——上海市人民政府发展研究中心专家、区委办、区政府办、区发改委等部门领导参加评审会。上海市政府发展研究中心党组书记、主任肖林主持会议。

6日　市委常委、宣传部部长陈涛到清河区考核党风廉政建设责任制落实情况。区委书记仲凤笔主持汇报会,区领导张冲林、梁学文、朱维佳、王建军、李金平、杨冬梅、马乃骏、王文为、安毅之等出席会议。

7日　市委常委、常务副市长戚寿余带领市考核组到清浦区检查落实党风廉政建设责任制情况,就进一步推动党风廉政建设和反腐败工作提出要求。区委书记周青主持情况汇报会,张笑、纪从德、史卫东、赵洪涛、李海波、韩高峰、蒋风云、颜成陆、高进锋、周子健等区领导出席。市考核组对清浦区党政领导班子落实党风廉政建设责任制和党政领导班子成员落实党风廉政建设责任和廉洁从政情况进行了现场测评。

8日　中共清河区委召开七届七次全体(扩大)会议。会议深入贯彻党的十八大和十八届三中、四中、五中全会及中央经济工作会议及习近平总书记系列重要讲话精神,全面落实省委十二届十一次全会、全省经济工作会议、市第六次党代会第五次会议工作部署,回顾总结"十二五"和2015年工作,科学谋划"十三五"发展,研究部署2016年任务,动员全区各级党组织和广大党员干部群众,进一步解放思想、振奋精神,凝心聚力、创新实干,奋力推动清河实现新起点上的更大跨越。区委书记仲凤笔代表区委常委会作题为《打造标志地 建设新清河 为实现新起点上更大跨越而努力奋斗》的工作报告,并就《中共淮安市清河区委关于制定淮安市清河区国民经济和社会发展第十三个五年规划的建议(草案)》向全会作说明。会议审议通过了《中共淮安市清河区委七届七次全体(扩大)会议决议》和《中共淮安市清河区委关于制定淮安市清河区国民经济和社会发展第十三个五年规划的建议》。

12日　淮安市2015—2016年度基层党员冬训工作会议在清河区召开。清河区申报的"三名三化"冬训送讲活动获得"2014—2015年度全市基层党员干部冬训工作创新项目"。市委宣传部副部长、市社科联主席赵志鹏,区委常委、宣传部部长漆宾出席会议。

13日　淮安市2016互联网+跨境+金融主题峰会在清河区举办。来自全市的500家电商企业、外贸企业代表与市、区两级领导和各责任单位、招商单位负责人深入交流。副市长窦立夫、区委书记仲凤笔、区长张冲林出席会议。

14日　清浦区委书记周青主持召开清江浦"1415"街区建设工作推进会,听取街区管委会"四部一办"工作进展情况汇报,并对下一步工作进行部署。赵洪涛、蒋风云、许晓平、尹希海等区领导参加会议。就街区下一阶段建设工作,会议要求,要高速度、快节奏,在保障工程质量和安全的前提下,倒排工期、有序推进各项建设;要围绕时间节点要求,做好招商和融资保障工作;要进一步完善运河文创中心等设计方案,加快推进安置房建设;要构建以公司化为主的运营机制,规范制度执行,切实做到廉洁自律

▲　根据中央和省委、市委部署清浦区委常委会召开"三严三实"专题民主生活会。市委常委、常务副市长戚寿余全程参会指导,并强调要学深悟透习近平总书记系列重要讲话特别是在中央政治局专题民主生活会上的重要讲话精神,进一步增强践行"三严三实"的思想和行动自觉。区委书记周青主持会议。

16日　清河区委、区政府召开"十三五"规划咨询座谈会。区委书记仲凤笔致辞,区长张冲林主持会议,区领导梁学文、朱维佳、王建军等出席会议。刘学东、陈从亮、王

庆元、戚寿余、陈洪玉、黄学楷、魏玉龙、叶立生、岳克强、张彦智、周明成等老领导应邀担任区经济社会发展咨询委员会名誉顾问，区委书记仲凤笔就“十三五”规划进行汇报和咨询，共商清河发展大计，共绘清河发展蓝图。

18日　代市长惠建林参加市七届人大五次会议清河区代表团审议政府工作报告。清河代表团团长、区委书记仲凤笔主持会议。同日，出席市七届人大五次会议的清浦代表团，也认真审议代市长惠建林代表市政府所作的《政府工作报告》，市领导戚寿余、陆长苏、刘华，区领导周青、张笑、史卫东等和代表们一同参加审议。

22—23日，中国人民政治协商会议淮安市清浦区第八届委员会第五次会议在区会议中心召开。135名区政协委员出席会议，区委、区人大、区政府、区法院、区检察院、区人武部、清浦工业园、淮安现代商务集聚区的领导，区政协离退休老同志，各乡镇、街道党（工）委书记，区委各部委、区直各部门、驻区各分局主要负责人，清浦工业园、淮安现代商务集聚区各内设机构主要负责人应邀列席会议。区委书记周青代表中共淮安市清浦区委致辞，区政协副主席伍光云代表区政协第八届委员会常务委员会作工作报告。

23—24日　淮安市清浦区第八届人民代表大会第五次会议在区会议中心召开。140名区人大代表出席会议，出席区政协八届五次会议的区政协委员，区委、区人大、区政府、区法院、区检察院、区人武部、清浦工业园、淮安现代商务集聚区的领导，区政协离退休老同志，各乡镇、街道党（工）委书记，区委各部委、区直各部门、驻区各分局主要负责人，清浦工业园、淮安现代商务集聚区各内设机构主要负责人应邀列席会议。区委书记周青到会并讲话，区长张笑代表区政府向大会作《政府工作报告》。会议讨论通过了淮安市清浦区人民政府工作报告；淮安市清浦区国民经济和社会发展第十三个五年总体规划纲要；淮安市清浦区2015年国民经济社会发展计划执行情况和2016年国民经济社会发展计划；淮安市清浦区2015年财政预算执行情况和2016年财政预算；淮安市清浦区人大常委会工作报告；淮安市清浦区人民法院工作报告；淮安市清浦区人民检察院工作报告等决议。

23日　省委第九巡视组向清河区反馈巡视情况并提出整改意见。市委常委、纪委书记葛平对巡视整改工作提出具体要求，区委书记仲凤笔主持会议并作表态发言。

24—27日　清河区委书记仲凤笔率队赴大连、北京等地考察项目、拜访客商。区领导王建军、陈志勇及相关街道、部门负责人参加考察。

29日　以农机农具生产制造为主营业务的国际化公司——丹麦康斯克勒农机公司谷物销售部总监托马斯，出口部总监汤米一行到清浦区考察。就双方未来合作的可能性进行深入交流。

▲　清浦区红十字会召开志愿者座谈会，来自区红十字会八支志愿者服务队的骨干围绕红十字会志愿服务工作开展交流，对“2015年江苏省优秀志愿者”杨闵和清浦区捐献造血干细胞志愿服务队进行了表彰。

31日，中共清浦区委召开区委常委会议，传达学习中央纪委六次全会、省纪委六次全会，全国组织部长会议、全省组织部长会议，全国宣传部长会议、全省宣传部长会议精神。

2月

1日　清浦区召开2015–2016年度基层党员冬训工作会议，对上一年度全区冬训工作先进集体和先进个人进行表彰，并对2016年全区基层党员干部冬训工作进行部署。省委宣传部副部长双传学以“牢固树立新的发展理念、决胜全面建成小康社会”为题作冬训辅导报告。区委书记周青主持报告会，区四套班子领导出席报告会。

▲　中共清河区委召开常委（扩大）会，传达省“两会”和省纪委十二届六次全会精神，听取春节走访慰问活动、重点项目编排及招商引资“春季攻势”活动相关情况汇报。

▲　清浦区召开一季度会战推进工作会议，区委书记周青出席会议并讲话，区长张笑主持会议。纪从德、史卫东、赵洪涛、韩高峰、蒋风云、颜成陆、高进锋、周子健等区四套班子领导出席会议。

2日　清河区、清浦区分别组织收听、收看市纪委六届五次全体会议。市委书记姚晓东出席会议并发表讲话。市长惠建林主持会议，市委常委、纪委书记葛平作工作报告。两区四套班子领导，各街道和区直部门负责人在分会场集中收听收看会议实况转播。

▲　市长惠建林到清河区走访慰问老党员、五保户。市人大常委会副主任陆长苏，市政协副主席李玉峰，区委书记仲凤笔，区长张冲林等陪同慰问。

3日　市委常委、常务副市长戚寿余到和平镇开展春节走访慰问活动。市政协党组成员吴兆方、市政府副秘书长蒋继贵、清浦区委书记周青等陪同慰问。

3日　清浦区委书记周青到2016年中国淮安·清江浦庙会现场，实地察看庙会筹备情况。区委常委、宣传部部长蒋风云，副区长李萍、赵正府等陪同。

4—11日　清浦区举办2016中国淮安·清江浦庙会。庙会突出“娱乐性、参与性、体验性、互动性”原则，分“源起清江浦”“原味清江浦”“缘系清江浦”“圆梦清江浦”等4板块。为广大群众在春节期间打造了一个休闲娱乐的新天地。

▲　市委常委、宣传部部长陈涛到清河区走访慰问各界人士。副市长王红红，区委书记仲凤笔，区长张冲林，区委常委、宣传部长漆宾等参加慰问活动。

▲　清浦区周青、张笑、史卫东、赵洪涛、颜成陆、周子健、朱从越、单波等四套班子领导赴淮安军分区慰问，受到了市委常委、淮安军分区司令员张正军，政委朱海文，参谋长高连宝，政治部主任周春发的热情欢迎。

5日　清河区召开党风廉政建设和反腐败工作会议。区委书记仲凤笔到会并讲话，区长张冲林主持会议。区四套班子领导，各街道、区直机关、区直企事业单位主要负责人，区人大、政协各委办负责人，人大专职委员等出席会议。参会人员收看了区纪委制作的警示教育片《权力任性的代价》。全区7个街道和区财政局、经信委、检察院等区直单位递交党风廉政责任书。

▲ 清河区召开招商引资工作会议。区委书记仲凤笔出席会议并作重要讲话。区长张冲林主持会议,区领导梁学文、朱维佳、李金平、漆宾、杨冬梅、马乃骏、王文为、安毅之等参加会议。

6日 市委书记姚晓东到清浦区视察安全生产工作,副市长唐道伦、王红红,副市长、市公安局局长宫文飞,区委书记周青、区长张笑、副区长赵正府等陪同。

11日 由淮阴艺术馆、扬州艺庐美术馆主办的"淮左乡愁"江淮籍70后画家邀请展在文庙淮阴艺术馆举行。市政协副主席朱毅民,市住建局局长王亦农,市文联副主席叶华洲,区委常委、宣传部部长蒋风云,市美协主席华龙宝等出席开幕式。

▲ 清浦区委书记周青主持召开区委常委会议,区领导张笑、史卫东、赵洪涛、李海波、韩高峰、蒋风云、颜成陆、高进锋出席会议,纪从德、周子健、杨长万列席会议。在听取《中共淮安市清浦区委关于开展"作风建设深化年"工作的实施意见》和全区"作风建设深化年"工作部署大会方案汇报后,与会领导就《实施意见》提出了具体的意见和建议。

▲ 苏北综合物流基地项目成功签约。该项目由盐河生态科技城管委会引进,由国内知名的现代综合物流运营商——中铁物流集团有限公司投资建设,项目占地320亩,总投资5亿元。项目位于盐河生态科技城姚庄路东侧、长江东路南侧、S237省道西侧、临河路北侧。建筑面积约15万平方米,主要建设电子商务产业孵化中心、城市配送综合体、区域大型配送中心、第三方物流运输分拨中心、物流公路港结算中心等,打造服务于淮安市及苏北地区的综合型现代物流产业基地。

14日 清河、清浦两区分别组织收听收看全市深化"两为"整治暨作风建设电视电话会。市领导姚晓东、惠建林、王维凯、练月琴、葛平、张彤、戚寿余、陈涛、张正军、陈洪玉等出席会议。两区四套班子领导在分会场收听收看会议。

16日 市司法鉴定服务平台材料分析检测联合实验室共建签约会在清河区举行。江苏淮工车辆检测研究院就签约项目及发展规划同与会嘉宾交流座谈。副区长潘华春参加活动并为实验室揭牌。

▲ 清河区召开深化"两为"整治暨作风建设会议。区委书记仲凤笔出席会议并发表讲话,区长张冲林主持会议,区委副书记关晓卫宣读"软环境十佳"表彰决定,区委常委、纪委书记杨冬梅解读《深化"两为"实施意见》。参会人员观看了作风建设教育短片。区四套班子领导,各街道、区直机关、区直企事业单位领导班子成员,区人大、政协各委办负责人,人大专职委员等出席会议。

17日 清浦区委书记周青带队赴南京考察方凯国际(中国)商业投资管理有限公司、煜宸激光科技集团公司等企业,洽谈合作事宜。区委副书记史卫东,区委常委、宣传部部长蒋风云,淮安现代商务集聚区管委会主任颜海燕等参加考察。

▲ 清浦区政协召开机关作风建设工作会议,区政协党组书记、主席纪从德主持会议,区政协副主席伍光云、尹希海、章侠、杨长万出席会议,政协机关各委办负责人及办公室全体人员参加会议。

18日 清浦区委书记周青主持召开清江浦1415街区建设推进会,要求以快速的节奏、务实的作风全面推进清江浦1415街区各项建设。区委常委、宣传部部长蒋风云,区政协副主席尹希海等出席会议。

19日 清河区八届人大常委会召开第31次会议。区人大常委会党组书记、副主任安毅之主持会议,副主任孙开明、徐乃明、孙勤出席会议,区长张冲林,市开发区人大工委副主任包杰,区法院院长卢正苏,区检察院检察长赵春虎列席会议。会议决定任命马乃骏、谢华山为区政府副区长,免去王建军、祁素娟区政府副区长职务。马乃骏、谢华山先后向会议作任前表态发言,并向宪法宣誓。会议还审议了补选区人大代表资格有效的报告,讨论通过关于召开八届人大五次会议有关事宜,通过区人大代表工作先进集体、优秀人大代表、代表工作先进个人、优秀代表建议和代表建议办理先进单位建议名单。

20日 清河区委书记仲凤笔主持召开区委常委(扩大)会议,听取《政府工作报告》、《"十三五"规划纲要》起草情况汇报,传达中央及省、市政法工作会议和全市信访工作会议精神。区领导张冲林、梁学文、朱维佳、关晓卫、李金平、杨冬梅、马乃骏、王文为、刘春梅、安毅之等参加会议。

22日 清河区八届人大常委会召开第32次会议。区人大常委会党组书记、副主任安毅之主持会议,副主任孙开明、徐乃明、孙勤出席会议。会议确认了补选区人大代表资格有效的报告;讨论通过了区八届人大五次会议主席团及秘书长建议名单;讨论通过了区八届人大五次会议执行主席分次主持建议名单。

23日 市委书记姚晓东到清浦区调研水源地建设工作,市委常委、常务副市长戚寿余,市相关部门负责人,区委书记周青,区长张笑,副区长吴洪刚等陪同调研。

▲ 副市长唐道伦到清浦区开展生物医药产业调研活动,了解相关企业发展现状、"十三五"规划、新药开发、技术创新等情况,征询推动全市生物医药产业的发展政策建议等。市相关部门负责人,副区长赵正府,清浦工业园管委会主任李红等参加调研。

▲ 清河区委书记仲凤笔走访慰问企业及重点项目。仲凤笔先后到华信广场、金地广场、旺旺食品有限公司、顺丰电子商务产业园等企业及重点项目现场,了解项目复工和企业生产经营情况,听取企业的意见和建议。区领导张冲林、梁学文、朱维佳、关晓卫、马乃骏、刘春梅、安毅之、潘华春等参加活动。

23—24日 清浦区委书记周青带队赴青岛,考察银色世纪健康产业集团、华仁药业股份有限公司、黄海制药有限责任公司等企业,详细了解青岛医药产业在提质增效、转型升级等方面的先进做法和成功经验。副区长赵正府,区经信委、招商局、清安街道等主要负责人参加活动。

24日 清河区政协八届五次会议开幕。区委书记仲凤笔,区长张冲林,区政协主席梁学文,区政协副主席王应标、张增元、高寿江等在大会主席台就座。区政协副主席薛睿主持会议。会议应出席委员165名，实到会委员158名，符合规定人数。会议审议通过大会议程。仲凤笔代表中共淮安市清河区委致辞，梁学文代表政协淮安市清河区第八届委员会常务委员会向大会作工作报告。受政协淮安市清河区第八届委员会常务委员会的委托，高寿江向大会报告八届四次会议以来提案工作情况。八位委员进行参政议政发言。区委、区人大、区政府的领导，区法院、检察院主要负责人，区离退休老同志，区各民主党派、工商联、知联会、无党派人士、人民团体负责人，以及各街道、新区管委会、盐河生态科技城管委会、区直机关、事业单位负责人应邀参加会议。

▲ 清河区、清浦区分别组织收看收听全省生态文明建设电视电话会。省委书记罗志军作重要讲话。省长石泰峰就“十三五”时期全省生态文明建设重点工作作部署。

25日 清河区八届人大五次会议开幕。仲凤笔、梁学文、漆宾、安毅之、孙勤、费正如、张顺高、康海兰、李达俊、周安西、金建浩、江西慧、张正喜、潘翠英担任执行主席，区人大常委会党组书记、副主任安毅之主持大会。大会应到代表201名，实到183名，符合法定人数。区长张冲林代表区政府向大会作《政府工作报告》。会上还印发了清河区国民经济和社会发展第十三个五年规划纲要（草案）的报告、区政府关于2015年国民经济和社会发展计划执行情况及2016年国民经济和社会发展计划（草案）的报告、区政府关于2015年财政预算执行情况及2016年财政预算（草案）的报告、区政府关于八届人大四次会议代表建议、批评、意见办理情况的报告，并通过《选举办法》。

▲ 国家体育总局副局长冯建中到清河区调研群众体育工作开展情况。省体育局副局长颜争鸣，市委常委、宣传部部长陈涛等陪同调研。

26日 清河区八届人大五次会议举行第二次全体会议。大会执行主席仲凤笔、朱维佳、杨冬梅、王文为、安毅之、孙开明、王海凤、郑腾、陈勇、漆海涛、吕绍波、陈坚、王义标、周辉在主席台就座。区人大常委会副主任孙开明主持会议。会议应到代表201名，实到代表181名，符合法定人数。大会听取区八届人大常委会党组书记、副主任安毅之所作的淮安市清河区人大常委会工作报告、区人民法院院长卢正苏所作的淮安市清河区人民法院工作报告、区人民检察院检察长赵春虎所作的淮安市清河区人民检察院工作报告。

▲ 清河区政协召开八届二十次常委会议。区政协主席梁学文主持会议，区政协副主席王应标、薛睿、张增元、高寿江等在主席台就座。政协常委、各委员工作组组长参加会议。会议应到22人，实到21人，符合规定人数。会议听取各委员工作组对区政协八届五次会议常委会工作报告、提案工作情况的报告以及区政协八届五次会议决议（草案）讨论审议情况的汇报。

27日 清河区八届人大五次会议闭幕。区八届人大五次会议举行第三次全体会议。会议应到代表201名，实到代表184名，符合法定人数。仲凤笔、朱维佳、关晓卫、李金平、刘春梅、安毅之、徐乃明、夏海明、金中保、谈竹珂、郭军、纪礼军、何喆、张红梅担任本次大会执行主席。区委书记仲凤笔主持会议。会议选举朱维佳为淮安市清河区第八届人民代表大会常务委员会主任。朱维佳在全体代表前庄严向宪法宣誓。会议通过关于议案处理意见的报告；通过关于淮安市清河区人民政府工作报告的决议；通过关于淮安市清河区国民经济和社会发展第十三个五年规划纲要的决议；通过关于淮安市清河区2015年国民经济和社会发展计划执行情况及2016年国民经济和社会发展计划的决议；通过关于淮安市清河区2015年财政预算执行情况和2016年财政预算报告的决议；通过关于淮安市清河区人大常委会工作报告的决议；通过关于淮安市清河区人民法院工作报告的决议；通过关于淮安市清河区人民检察院工作报告的决议。会议还表彰了人大代表工作先进集体和区优秀人大代表。

▲ 清河区委书记仲凤笔主持召开“四大中心”建设推进会，听取御码头运河文化中心、阅读中心、科技中心、金融中心等“四大中心”建设前期推进情况的汇报。区领导张冲林、关晓卫、马乃骏、刘春梅、潘华春、陈志勇等参加会议。

3月

1日 清河区委书记仲凤笔主持召开“四个清河”建设工作会议，听取各指挥部近期工作推进情况汇报，并对下一步工作提出具体要求。区领导张冲林、梁学文、李金平、杨冬梅、马乃骏、王文为、刘春梅、潘华春、汪冲、杨文武、陈志勇、谢华山等参加会议。

▲ 清浦区召开一季度会战推进工作会议，总结重点工作完成情况，部署3月份工作任务。区委书记周青出席会议并讲话，区长张笑主持会议，纪从德、史卫东、赵洪涛、李海波、韩高峰、蒋风云、颜成陆、高进锋、周子健等区四套班子领导出席会议。

▲ 清河区举办食品农产品安全培训班。全区14个农贸市场和4个大型超市负责人、各基层分局领导与监管干部等共30余人参训。

2日 清浦区委书记周青率队到杭州招商考察，并举办2016年清浦区（杭州）招商引资投资说明会。副区长戴向峰、赵正府，淮安现代商务集聚区管委会主任颜海燕、清浦工业园管委会主任李红等出席活动。杭萧钢构股份有限公司、浙江杰夫电商等25家企业负责人参加活动。

3日 清浦区委书记周青率队赴张家港招商考察并举办2016清浦区（张家港）招商引资恳谈会。副区长戴向峰、赵正府，淮安现代商务集聚区管委会主任颜海燕、清浦工业园管委会主任李红等出席活动。江苏沙钢集团、张家港金利集团、张家港志成包装有限公司、张家港医疗器械有限公司等28家企业负责人参加活动。

4日 清河区召开第八批科技镇长团第五次联席会议。区领导刘春梅、潘华春、杨文武等出席会议。

5日 市长惠建林率队分别到清河、清浦两区调研经济社会发展情况。市委常委、常务副市长戚寿余，市政府秘书长徐利华以及市直有关部门负责人参加调研。清河、清浦两区四套班子领导陪同调研。

7日　清河区举办女干部政务礼仪与职业形象培训讲座。区委常委、组织部长刘春梅出席活动。

8—9日　清浦区委书记周青赴上海实地考察CJ CGV国际影城中国总部和HM中国总部，洽谈入驻清江浦1415街区事宜，加快推动品牌签约落地。区委常委、宣传部部长蒋风云，副区长戴向峰等陪同考察。

10日　市长惠建林到清浦区调研农业农村工作。对清浦农业项目建设给予充分肯定，并就下一步发展提出希望要求。市委副书记练月琴、副市长赵洪权参加调研。市有关部门领导，区长张笑，区委常委、政法委书记李海波，副区长吴洪刚等陪同调研。

▲　省食药监局副局长俞善浚率队到清浦区调研生物医药产业。市食药监局局长邱金义，区长张笑，副区长于萌、赵正府等陪同。

▲　清河兴福村镇银行隆重开业。区委书记仲凤笔，常熟市副市长周灵群，区长张冲林，市金融办主任吴振华，市银监局局长殷路鸣，常熟市金融办主任沈育军，常熟农商行监事长张义良，区委常委、常务副区长马乃骏等参加开业仪式。

▲　2016清浦（广州）现代服务业暨外资招商推介会在广州举办，区委书记周青，区委副书记史卫东，区委常委、宣传部部长蒋风云，副区长戴向峰，淮安现代商务集聚区管委会主任颜海燕等出席会议。赋安集团、广东励丰科技有限公司、广东棒谷科技有限公司等80余家企业负责人参加活动。

▲　清河区分别召开“繁荣清河”“美丽清河”建设推进会。区委书记仲凤笔出席会议并讲话，区长张冲林主持会议，区领导朱维佳、关晓卫、杨冬梅、马乃骏、汪冲、潘华春、杨文武等参加会议。

11日　清河区开展2016年消费者权益日活动。副区长潘华春出席活动。

12日　清河区委书记仲凤笔主持召开常委会议，传达贯彻市长惠建林调研清河经济社会发展情况时的讲话精神，并就贯彻落实提出要求。区领导张冲林、朱维佳、梁学文、关晓卫、李金平、杨冬梅、王文为、刘春梅参加会议。

▲　清河区分别召开“幸福清河”“文明清河”建设推进会。区委书记仲凤笔出席会议并讲话，区长张冲林主持会议，区领导梁学文、关晓卫、王文为、刘春梅、陈志勇、谢华山等参加会议。

14日　清浦区委书记周青，区领导领导李海波、蒋风云等赴全球知名的综合性网上购物商城——当当网北京总部考察，与相关负责人洽谈合作事宜。区陪同考察。

15日　副市长王红红率市相关部门负责人到清浦区调研运河文化创意产业集聚区建设工作。市政府副秘书长王立华，区领导张笑、赵洪涛、李萍、颜海燕等陪同调研。

▲　清河区举行军民结对共建签约仪式。府前街道、繁荣小学、京北社区、繁荣社区与淮安军分区干休所进行共建签约。区委常委、人武部政委王文为等参加签约仪式。

16日　市委常委、宣传部部长陈涛，副市长王红红到清浦区调研里运河文化长廊文化品牌创建工作。市直相关部门负责人，区委书记周青，区委常委、宣传部部长蒋风云，副区长朱从越等陪同调研。

▲　清河区举行消费者协会换届选举大会。会议选举潘华春为区消费者协会名誉会长，徐永怀为区第五届消费者协会会长，通过《清河区消费者协会章程》，选举产生新一届理事会理事、常务理事、副会长等。

▲　清河区召开2016年学校食品安全工作会议。

17日　清浦委区召开基层党建工作会议，动员全区各级党组织和广大党员干部，强化使命担当、创新工作思路，开创基层党建工作新局面。区委书记周青出席会议并讲话，区委副书记史卫东主持会议，区委常委、纪委书记韩高峰，区委常委、宣传部部长蒋风云，区委常委、组织部部长高进锋出席会议。

19日　清河区召开党建工作部署会。区委书记仲凤笔到会并讲话，区委副书记关晓卫主持会议，区领导李金平、漆宾、刘春梅、张增元等参加会议。

▲　清河区委书记仲凤笔主持召开新时期清河精神研讨会。区委常委、宣传部部长漆宾通报新时期清河精神大讨论活动开展情况；相关专家应邀围绕清河的历史文化、新时期清河精神、好干部特质、城市标识等方面进行专题辅导；区委中心组成员发表意见和建议。区领导梁学文、关晓卫、马乃骏、王文为、刘春梅等参加研讨会。

21日　清浦区召开农村工作会议，贯彻落实中央和省市农村工作会议精神，研究谋划今后一个时期“三农”工作新思路新举措，动员全区上下进一步提升认识、强化责任、狠抓落实，开创农业农村发展新局面。区委书记周青出席会议并讲话，区长张笑主持会议，区领导李海波、许晓平、吴洪刚、尹希海等出席会议。

22日　清河区八届人大常委会召开第33次会议，讨论通过《清河区人大常委会2016年工作要点》及第34次常委会议题。区人大常委会主任朱维佳主持会议，区人大常委会党组书记、副主任安毅之，副主任孙开明、徐乃明出席会议。区人民政府副区长潘华春，区人民法院院长卢正苏，区检察院副检察长刘凤文等列席会议。

24日　清河区委书记仲凤笔主持召开党政联席会，传达全国“两会”精神，听取2016年度重点项目编排情况汇报。区委、区政府班子成员，区人大、区政协主要负责人参加会议。

▲　清河、清浦两区分别组织收听收看全省教育工作电视电话会议。省委书记罗志军出席会议并发表重要讲话。省长石泰峰对全省教育工作进行具体部署。两区四套班子领导仲在分会场收听收看会议。

25日　清河区政府召开八届16次常务会议。区长张冲林主持会议，区政府班子、党组成员出席会议，区人大、政协、人武部相关领导、各街道办事处和相关部门主要负责人列席会议，部分区人大代表、政协委员应邀列席会议。

▲　清河区区长张冲林主持召开区政府系统党建工作会议。区领导马乃骏、潘华春、汪冲、杨文武、陈志勇、谢华山等参加会议。

▲　清河区召开2016年一季度新闻发布会。区人社局、卫计委、住建局、发改委新闻发言人先后就各自单位近

期重点工作进行发布。淮安日报、淮海晚报、淮安市电视台、淮安网、淮水安澜网、清河新闻中心等新闻单位参加发布会。

27日　清河区举行重大项目春季集中开工仪式。正大清江制药、苏益电器、金象传动3个超亿元重大项目集中开工。市委常委、宣传部部长陈涛，区委书记仲凤笔、区长张冲林与正大清江制药总经理朱勇一起启动开工启动球。张冲林主持开工仪式，区领导马乃骏、刘春梅、潘华春等参加活动。

▲　清浦区举行工业重大项目春季集中开工仪式，烟叶梗丝切片、嘉信耐磨衬板和光导鼓制造3个项目同时破土动工。市委常委、常务副市长戚寿余，副市长、公安局长宫文飞，市有关部门负责人，区领导周青、张笑、史卫东、赵洪涛、高进锋、周子健、戴向峰、赵正府等出席开工仪式。

29日　全市生态文明建设电视电话会议召开，市委书记姚晓东、市长惠建林出席会议并讲话，市委副书记练月琴主持会议。会上，清浦区和金湖县获“全市生态文明建设先进区(县)”授牌。

▲　清浦区召开八届人大常委会第二十五次会议第一次全体会议，区委书记、区人大常委会主任周青，区人大常委会副主任周子健、沈潭、许晓平出席会议，区委常委、常务副区长赵洪涛，区人民法院、区人民检察院相关负责人和各乡镇人大主席，区政府办负责人及部分区人大代表列席会议。

▲　台湾与淮安文化名人交流笔会在清浦区举行，共话艺术创作，促进文化艺术交流，增进两岸情感。区委常委、宣传部部长蒋风云，台湾著名画家杨碧棋、黄君阳，市画院院长栾剑等参加活动。

30日　市人大常委会副主任陈洪玉、陆长苏，副市长赵洪权等到清浦区调研淮香食用菌产业园，市有关部门负责人，区领导周青、李海波、周子健、吴洪刚等陪同。

▲　清河区召开基层“小五长”不正之风和腐败问题专项整治工作会议。区委常委、纪委书记杨冬梅出席会议并作讲话。

31日　清河区召开区委统战工作座谈会。区政协副主席、统战部部长张增元，区政协副主席、区工商联主席薛睿，区各民主党派、工商联、知联会负责人，各街道统战委员参加会议。

4月

1日　清河区召开老干部情况通报会。区委书记仲凤笔向各位老领导、老同志通报全区2015年及“十二五”经济社会发展情况、2016年及未来五年的工作安排，征求各位老领导、老同志的意见和建议。区委常委、组织部部长刘春梅主持会议。

1日　清浦区乡村“小五长”不正之风和腐败问题专项整治工作会议召开，深入贯彻中央纪委和省、市、区纪委全会精神，推动全面从严治党向基层延伸。区委常委、纪委书记韩高峰出席会议。

5日　市委副书记练月琴到清浦区调研农业农村工作，实地查看农产品电子商务产业园、古庄牛生态休闲农庄、淮安红椒冷链加工及交易中心、江苏老阿姨风味食品有限公司等项目建设和企业运营情况。市有关部门负责人，区领导周青、张笑、李海波、吴洪刚等陪同。

6日　淮安恩来枫叶国际学校正式落户清河。枫叶教育集团董事长任书良、加方校监詹姆斯·比克、周恩来亲属周国盛，副区长陈志勇等出席发布会。

▲　市委常委、常务副市长戚寿余察看推进清浦区棚户区改造工作。市有关部门负责人，区委常委、常务副区长赵洪涛陪同。

7日　市人大常委会副主任陈洪玉到清河区调研。市人大常委会副主任陆长苏、李冰、刘华，副市长窦立夫等参加调研，区委常委、常务副区长马乃骏、区人大常委会副主任孙勤等陪同调研。

▲　清浦区召开人大代表建议和政协委员提案交办工作会议，回顾总结2015年建议提案办理情况，全面部署2016年建议提案办理工作。区委常委、常务副区长赵洪涛，区人大常委会副主任周子健，区政协副主席尹希海出席会议，各承办单位分管负责人、经办人参加会议。

▲　清河区团委召开五届五次全委(扩大)会议。共青团清河区第五届委员会委员、候补委员，各街道团工委、区各直属单位、各学校团委(总支)书记，各小学少先队大队辅导员，部分非公企业团委(总支)书记，部分青年社会组织负责人，“希望来吧”、七彩小屋负责人，苏北计划大学生志愿者以及特邀的区人大代表、政协委员近百人参加会议。

8日　清河区政府召开2016年“两会”建议提案交办会，研究部署2016年人大代表建议、政协委员提案办理工作。区委常委、常务副区长马乃骏，区人大常委会副主任安毅之，区政协副主席高寿江出席会议。

9日　意中贸促会主席、意大利北极星商业咨询公司董事长朱玉华一行到清浦区，实地考察清江浦1415街区、清江古韵水岸风情街和清江浦历史文化展示馆等地。市外侨办党组书记吴勤，区委书记周青，区委常委、常务副区长赵洪涛，区委常委、宣传部部长蒋风云，副区长戴向峰、赵正府，淮安现代商务集聚区管委会主任颜海燕等陪同。

12日　清浦区召开双拥工作会议，总结回顾2015年双拥工作，研究部署2016年任务，动员全区上下继往开来、再接再厉，推动双拥工作再上新台阶，进一步巩固军民团结、军地融合发展的大好局面。区委书记、区双拥工作领导小组组长周青出席会议并讲话。区领导史卫东、赵洪涛、颜成陆、单波等出席会议。

14日　省政府原副秘书长、省信访局局长王庆元到清河区考察澳洋顺昌LED光电产业园。区委书记仲凤笔，区委副书记关晓卫等陪同考察。

▲　清河区召开双拥工作领导小组(扩大)会议。区委书记、双拥工作领导小组组长仲凤笔出席会议并讲话。区领导关晓卫、王文为、谢华山等出席会议。

▲　清河区召开2016年人民武装工作会议。区委书记、区人武部党委第一书记仲凤笔出席会议并讲话。区领导关晓卫、王文为、谢华山等出席会议。

17日　清河区开展“在职党员进社区”志愿服务活动。区妇联、区人社局、区检察院、区民政局、区住建局等16个部门40余名在职党员志愿者现场为市民答疑解惑。

18—23日　区委书记仲凤笔率赴台参加“2016淮安周”活动。区委常委、政法委书记李金平等参加活动。

20日　市关工委副主任刘群到清河区调研预防和减少青少年犯罪工作。区委副书记关晓卫陪同调研。

21日　山东省原外经局局长杨伍林率青岛经济考察团到清浦区实地考察清江浦1415街区、清江古韵水岸风情街、江苏天士力帝益药业、清浦规划展览馆、清江浦历史文化展示馆等地。市政府驻青岛联络处主任李大龙，区长张笑，区委副书记史卫东，区委常委、宣传部部长蒋风云，副区长赵正府，清浦工业园管委会主任李红等陪同。

▲　清河区政协召开八届21次常委会，专题学习中国人民政治协商会议第十二届全国委员会第四次会议精神，协商通过《区政协2016年度考核实施办法》和有关人事任免，听取各民主党派、专委会、委员工作组年度调研课题及其方案的汇报。区政协主席、党组书记梁学文主持会议，区政协副主席王应标、薛睿、张增元、高寿江等参加会议。

22日　美丽西藏·百城巡回展“心象自然”郝爱平、孙远利、马未定中国画作品展在淮阴艺术馆举行。省政协副秘书长、民进省委副主委朱毅民，市有关部门负责人，区委常委、宣传部部长蒋风云等出席开幕式。

▲　广东木林森股份有限公司董事长孙清焕到清河区考察。区长张冲林，副区长潘华春等接待考察。

23日　清浦区在“鹭岛明珠”厦门举办清浦(厦门)中心城市建设招商推介会，共叙友情，同谋发展。区委书记周青，区委副书记史卫东，区委常委、常务副区长赵洪涛，区委常委、组织部部长高进锋，副区长戴向峰，淮安现代商务集聚区管委会主任颜海燕，清浦工业园管委会主任李红等出席推介会。厦门江苏商会会长沈波，福建广东商会副会长林栋，淮安福建商会会长、香港大运集团控股有限公司董事长刘礼强，厦门象屿地产集团董事长王澍陶，厦门市房地产业协会副秘书长颜木森等近七十名企业家代表参加活动。

▲　2016年“幸福清河”社区文化艺术节、“书香清河”全民阅读节、“法治清河”文化艺术节开幕。区委副书记关晓卫、区政协副主席张增元等出席开幕式。

24日　清浦区委书记周青，区委副书记史卫东，区委常委、常务副区长赵洪涛，区委常委、政法委书记李海波，副区长吴洪刚等考察漳州天保龙食品有限公司和龙海市永利来食品有限公司，并在漳州举办农业招商引资投资说明会，与客商朋友们一起分享发展机遇，共谋合作共赢。

25日　全市基层党建工作督查组检查清河区基层党建工作。区委常委、组织部部长刘春梅陪同检查。

27日　市人大常委会副主任李冰，副市长窦立夫，市政协副主席朱毅民、李玉峰、仲波等到清浦区视察生态文明建设情况。区委书记、区人大常委会主任周青，区政协副主席杨长万等陪同。

▲　清河区召开劳模精神进企业座谈会。区委常委、组织部长刘春梅参加座谈。

28日　清河区举办2016年第一期清河发展论坛。中国人民大学马克思主义学院教授王向明作“以党章为镜，锤炼党性作风——认真开展‘两学一做’学习教育”专题报告。区四套班子领导参加学习。

▲　清浦区举办清江浦理论大讲坛(第三期)，邀请福建省国学堂梁浩教授专题讲授“国学”。区领导韩高峰、蒋风云、周子健、沈谭、尹希海、章侠等参加。活动由区委常委、宣传部部长蒋风云主持。

▲　市委党建督导组督查清浦区一季度基层党建工作，对区委书记周青进行了访谈，区委常委、组织部部长高进锋就清浦区一季度党建工作作了专题汇报。

29日　清河区召开全区网格化社会治理工作一季度点评会。区委常委、政法委书记李金平对一季度网格化社会治理工作进行点评，分析当前所面临的形势，并对今后一阶段时期工作进行动员部署。副区长汪冲主持会议并宣读表彰决定，富强社区、城西社区、上海路社区、引河社区四家单位作交流发言。

30日　清河区举行“人人参与健身运动 共享共建健康清河”春季全民健身徒步活动。来自全区各行各业的2000多选手参加活动，副区长陈志勇为健步走活动鸣枪发令。

5月

4日　市委副书记练月琴到清河区调研司法行政基层站点惠民服务情况。区长张冲林，区委常委、政法委书记李金平陪同调研。

▲　副市长吉子俊调研清浦区民生实事和重大项目建设情况并实地调研了清江浦1415街区项目现场。区委书记周青，区委常委、常务副区长赵洪涛等陪同。

5日　清浦区委召开常委会议，传达学习中央和省市“两学一做”学习教育相关会议精神，讨论全区“两学一做”学习教育实施方案、“两学一做”学习教育“一把手”职责任务清单和区“两学一做”学习教育协调小组及各工作组人员建议名单。区委书记周青主持会议，区领导史卫东、赵洪涛、李海波、韩高峰、蒋风云、颜成陆、高进锋等出席会议，纪从德、杨长万列席会议。

6日　清河区委书记仲凤笔主持召开区委常委会议，学习传达中共中央关于郭伯雄严重违纪违法案及其教训的通报和习总书记关于学习毛泽东同志《党委会的工作方法》重要批示精神、《党委会的工作方法》，听取关于全区“两学一做”学习教育活动筹备情况的汇报和区委常委分工调整方案的汇报。区领导张冲林、梁学文、关晓卫、李金平、漆宾、杨冬梅、马乃骏、陶效春、王文为、刘春梅参加会议。

▲　副市长王红红到清河区参加纪念“世界红十字日”主题活动。副区长陈志勇参与活动。

7日　清河区区长张冲林赴清河小学新校区视察推进校园建设。区领导陈志勇，区教育局、政府办、城管办、征收办、淮海街道、清河小学、华信集团等单位主要负责人参加活动。

9日　清河区、清浦区分别组织收听收看全国推进简政放权电视电话会议。会议通报推进简政放权放管结合转变政府职能重点工作进展情况，研究部署下一阶段工作。

▲　市委书记姚晓东调研清浦区水利工程防汛防旱工作。市委副书记练月琴，副市长赵洪权，区委书记周青，区长张笑，区委常委、政法委书记李海波，副区长吴洪刚等陪同调研。

▲　清浦区委书记周青赴淮安现代商务集聚区调研，区委副书记史卫东，区委常委、组织部部长高进锋，副区长戴向峰等参加调研。

9—11日　区委书记仲凤笔率队赴长沙开展招商活动。和立东升公司总裁张雨雄、常务副总裁张建新等热情接待仲凤笔一行。副区长陈志勇等参加活动。

10日　省委教育纪工委书记蒋吉生带领省教育督导组到清河区督导考核教育工作。区委常委、常务副区长马乃骏汇报清河区教育工作情况。

▲　清河区八届人大常委会召开第34次会议。区人大常委会主任朱维佳主持会议。区人大常委会党组书记、副主任安毅之，副主任孙开明、徐乃明、孙勤出席会议。区委常委、常务副区长马乃骏，副区长汪冲，区法院院长卢正苏，区检察院检察长赵春虎和各街道人大工委主任以及部分区人大代表列席会议。会议听取和审议区政府《关于全区食品安全工作情况的报告》并对报告的满意度进行表决，通过区人大常委会委员和区人大代表变动情况的报告，听取区科技局、监察局、民政局、人社局四个部门主要负责人履职情况的报告并进行评议。会议还讨论通过有关人事任免，向新任命人员颁发任命书，并举行新任命人员向宪法宣誓仪式。

13日　清浦区在城南体育场举办以"让你感受我的爱"为主题的助残日活动，呼吁全社会更加关注残疾人群体以及特殊儿童，促进全区特殊教育事业的发展。副区长李萍出席活动。

▲　清浦区委召开七届七次全体会议，表决通过了《关于召开中国共产党淮安市清浦区第八次代表大会的决议》。区委常委会主持会议。

14日　联合尼泊尔共产党（毛主义）中央常委会委员查克拉帕尼·卡耐尔率团考察清河区基层党建工作。区委副书记关晓卫陪同考察。

▲　清河区召开食品安全城市创建暨食品安全透明共治体系建设推进会。区委常委、常务副区长马乃骏参加会议，副区长汪冲主持会议。

15日　清浦区举办第八次党代会代表选举暨乡镇党委换届工作培训班，对《区委关于认真做好区第八次党代会代表选举工作的通知》文件进行了解读，就乡镇党委换届工作流程和换届纪律进行了业务辅导。区委常委、组织部部长高进锋出席活动并讲话。

16日　清浦区举行清江浦1415街区品牌发布暨项目签约仪式，市委常委、常务副市长戚寿余，市委常委、宣传部部长陈涛，区领导周青、张笑、纪从德、赵洪涛出席并见证签约仪式。市相关部门负责人，李海波等区四套班子领导，以及国际、国内一流品牌韩国CGV影城总经理金龙燮、西班牙依依集团董事长孙胜荣、意中贸易促进会执行会长周中星、江苏天时商业有限公司总经理李健、北京老舍茶馆副总经理吴来等客商代表参加活动。

清河区区长张冲林带队赴大众塑料厂宿舍、青年路菜场、大治路菜场等易涝点，调研推进防汛防涝工作并召开座谈会。区委常委、常务副区长马乃骏，副区长谢华山等陪同调研。

16—17日　清河区举办"2016百家旅行社清河行"旅游推介活动。同程、携程、途牛国内三大在线旅游运营商及中国国旅、中青旅、天马等近50家知名旅行社代表参加推介活动。区委常委、宣传部部长漆宾，区委常委、常务副区长马乃骏，副区长陈志勇参加活动。

17日　清河区委书记仲凤笔到旺旺集团上海总部拜访旺旺集团副总裁廖清圳、生产总处处长曹永梅等，副区长潘华春参加活动。

20日　2016年江苏省老年人体育节清河分会场启动仪式暨清河区广场舞比赛在市体育馆广场举行。区长张冲林、副区长陈志勇出席启动仪式。

▲　常熟市副市长朱亚辉，常熟市虞山高新园管委会主任徐惠东率企业家们到清浦区考察，区委书记周青，区委副书记史卫东，清浦工业园管委会主任李红等陪同考察。

▲　"走进清江浦1415街区"新闻竞赛成果揭晓，《1415街区绘就城市文化新版图》等作品获奖。淮安日报总编辑薛涛，淮海晚报总编辑张林，清浦区委常委、宣传部部长蒋风云等出席颁奖活动。

▲　为进一步推动清浦区高效设施渔业的发展和池塘生态环保养殖，副区长吴洪刚带领区农委及和平镇的相关人员前往淮阴区韩桥乡考察池塘工业化生态养殖系统建设情况。在考察现场，市农委调研员（水产研究员）何玉明对池塘工业化生态养殖的原理及今后的发展方向向吴区长一行进行了详细介绍。

21日　市长惠建林调研清河区棚改和金融中心项目。市委常委、常务副市长戚寿余，副市长王红红，区委书记仲凤笔，区长张冲林，区委常委、常务副区长马乃骏，副区长陈志勇等参加活动。

23日　清河区委召开七届八次全体会议，审议并通过《关于召开中共淮安市清河区第八次代表大会的决议》。区委书记仲凤笔主持会议，区领导张冲林、关晓卫、漆宾、杨冬梅、马乃骏、陶效春、刘春梅等参加会议。

▲　清河区纪委召开全委（扩大）会议，对现任区纪委领导班子及其成员进行民主测评和民主评议，全额定向推荐新一届区纪委领导班子成员。区委常委、纪委书记杨冬梅主持会议。市委考察组副组长汪登群到会作换届考察工作动员讲话，区纪委委员、街道纪工委书记、区纪委纪检监察工作室主任、区纪委派驻纪检组组长、区直单位纪委书记（纪检组长）、区纪委机关中层副职以上干部参加会议。

24日　清河区举行"践行核心价值观、做党和人民满意的好教师"教师演讲比赛。区委副书记关晓卫、副区长陈志勇等出席活动，来自全区教育系统300余名教师代表及家长代表聆听演讲。

▲ 团省委副书记司勇视察参观共青团清河区史陈列馆。团市委书记王娟，区委常委、组织部部长刘春梅等参加活动。

▲ 淮安市公共资源交易中心清浦分中心举行揭牌仪式，市公共资源交易中心主任孙爱东，区委常委、组织部部长高进峰参加揭牌仪式，共同为清浦分中心揭牌。

25日 省人大常委会原副主任丁解民一行到清浦区调研农业农村工作。市人大常委会副主任陆长苏，市有关部门负责人，清浦区区长张笑，区委常委、政法委书记李海波，副区长吴洪刚等陪同调研。

26日 清河区召开新闻发布会，对新时期清河精神、新时期清河好干部特质、清河标识进行发布。新华网、新华日报、淮安电视台、淮安日报、淮海晚报、淮水安澜网、淮安网等媒体参与发布会。

27日 清河区成立淮安市首家社区商会。淮海街道车站社区商会成立，富贵园大酒店总经理李玉喜当选首任会长。市工商联副主席马彦，区政协副主席、统战部部长张增元，区政协副主席、工商联主席薛睿等参加会议。

28日 清河区开展“爱心速递 欢乐童年”庆六一主题教育活动。

29日—6月3日 2016年清河区青年干部综合素质与能力提升专题培训班在复旦大学开班。全区43名青年干部参加培训，区委常委、组织部部长刘春梅出席开班仪式并作重要讲话。

30日 清浦区召开八届人大常委会第二十六次会议，听取并审议了区政府关于2015年财政决算工作、财政预算审计情况及城乡最低生活保障工作情况的报告，讨论通过了区人大常委会关于批准清浦区2015年区级财政决算的决定。区人大常委会副主任周子健、沈潭、许晓平和17位委员出席会议。副区长朱从越，区法院、检察院相关负责人，区政府组成部门负责人，各乡镇人大主席及部分区人大代表列席会议。

31日 清河区人大常委会主任会议视察市地税三分局税收征管工作。区人大常委会主任朱维佳主持汇报会并讲话，区人大常委会副主任孙开明、徐乃明，各委办主任、专职委员参加视察。

▲ 清浦区区长张笑赴区部分小学、幼儿园开展慰问活动，与孩子们共庆“六一”儿童节。区委常委、宣传部部长蒋风云，区人大常委会副主任周子健，副区长李萍，区政协副主席伍光云等领导参加活动。

6月

1—2日 台湾连锁加盟促进协会理事长李日东、百乐门国际集团董事局主席赵世崇等一行6人到清河区考察交流。区委书记仲凤笔、区长张冲林等接待考察团一行。

2日 中国红十字总会党组成员、副会长王汝鹏一行来清浦区调研，副市长、市红十字会会长王红红，市政府副秘书长王立华，市红十字会党组副书记、常务副会长张月芹，区长张笑，副区长、区红十字会会长李萍等陪同。

▲ 省委常委、省军区政委曹德信调研清河区人武工作。区长张冲林、区人武部部长李斌陪同调研。

▲ 清河区举办2016“名师专家基层行”暨“书香清河”全民阅读推广活动系列讲座。南京大学历史学系教授、博士生导师、元史研究室主任、中国元史研究会会长刘迎胜应邀做题为《丝绸之路与一带一路战略》的专题讲座。区委副书记关晓卫主持讲座。

▲ 市长惠建林率队调研清浦区棚户区改造工作，研究解决棚改工作中遇到的问题，推进各项工作加快实施。市委常委、常务副市长戚寿余，市有关部门负责人陪同调研。区领导周青、张笑、赵洪涛等参加活动。

4日 市长惠建林到清河区检查指导高考准备工作。副市长王红红、区委书记仲凤笔、副区长陈志勇等参加活动。

6日 清河区、清浦区分别组织收听收看全市2016年度创建全国文明城市动员部署电视电话会。市委书记姚晓东出席会议并讲话，市长惠建林主持会议，市委副书记练月琴部署2016年度全国文明城市创建和迎测工作。市委常委、宣传部部长陈涛传达省深化文明城市创建工作推进会精神，并通报2015年度淮安市文明城市创建工作情况。清河区被表彰为2015年度创建全国文明城市工作文明城区。

▲ 清河区召开第八次党代会筹备工作领导小组办公室全体人员会议。区第八次党代会筹备工作领导小组办公室主任、区委副书记关晓卫，领导小组办公室副主任、区委常委、纪委书记杨冬梅，领导小组办公室副主任、区委常委、组织部部长刘春梅出席会议。

7日 省人大常委会副主任刘永忠视察清河区街道人大工作和建设情况。市人大常委会副主任陈洪玉、陆长苏，区人大常委会主任朱维佳等陪同视察。

7—9日 清河区区长张冲林率清河经贸考察团一行赴韩国开展考察招商、拜访重点企业、推动项目尽快落地生根。

13日 清河区区长张冲林视察城区防汛工作，并就一号大院北侧、大修厂宿舍、新世纪豪园等易淹易涝点存在问题进行现场会办。

▲ 省政府确定清河经济开发区实行现行的省级经济开发区政策。该开发区规划面积2.49平方公里，东至康马路(贵阳街)，南至厦门东路，西至飞耀路，北至和平路。

15日 2016年度全市第二季度新闻报道策划会在清河区召开。区委副书记关晓卫参加会议。

▲ 清浦区召开夏粮收购工作推进会，副区长戴向峰、区各产粮乡镇农业分管领导、相关部门负责人参加会议。各乡镇汇报夏收进展情况，着重就小麦质量、收割进度、收成销售等问题进行了交流。

16日 市人大常委会常务副主任、党组书记陈洪玉到清河区现场督办人大代表重点建议。副市长唐道伦，区领导张冲林、朱维佳、马乃骏、安毅之等参加活动。

21日 清河区召开2016年度创建全国文明城市动员部署会。区委书记仲凤笔参加会议并讲话，区委副书记关晓卫作2016年度创建全国文明城市动员报告和工作部署,区委常委、政法委书记李金平主持会议。区领导杨冬梅、马乃骏、刘春梅、孙开明、陈志勇、高寿江等参加会议。

▲ 清河区举办"女童保护"讲师培训班。全区28名老师、45名妇联干部参加培训。

22日 清河区启动"百千万"留守儿童关爱行动暨江苏财经学院文法学院与清河区承德路小学结对共建仪式。

23日 浙江传化股份有限公司副董事长徐观宝到清河区考察传化公路港项目建设进展情况。区委书记仲凤笔陪同考察。

24日 清河区、清浦区分别组织收听收看省政协工作电视电话会议。省委书记罗志军出席会议并作重要讲话。省委副书记、省长石泰峰主持会议。

25日 清河区委书记仲凤笔主持召开"四个清河"建设工作例会,听取各指挥部近期工作进展情况汇报,研究部署下一阶段重点工作。区领导张冲林、朱维佳、梁学文、关晓卫、杨冬梅、马乃骏、陶效春、刘春梅、谢华山、薛莉等参加会议。

27日 清河区八届人大常委会召开第35次会议。区人大常委会主任朱维佳主持会议。区人大常委会党组书记、副主任安毅之,副主任孙开明、徐乃明、孙勤出席会议,区委常委、常务副区长马乃骏,区法院院长卢正苏,区检察院检察长赵春虎和各街道人大工委主任以及部分区人大代表列席会议。会议审议并通过区政府《关于2015年财政决算情况的报告》和《关于对2015年预算执行和其他财政收支审计工作情况的报告》,审查批准《淮安市清河区八届人大常委会第35次会议关于批准清河区2015年财政决算的决议》、《淮安市清河区八届人大常委会第35次会议关于淮安市清河区2015年预算执行和其他财政收支审计工作报告的决议》。会议审议并通过公安清河分局《关于打击电信网络诈骗犯罪工作情况的报告》,听取区政府《关于对第34次常委会审议意见落实情况的报告》,并对4名区政府组成人员履职情况进行测评。

28日 全市机关"身边的榜样·前行的力量"主题诗歌朗诵比赛在清浦区举行。市委常委、组织部部长张彤,市直相关部门负责人,区委书记周青,区长张笑,区委常委、组织部部长高进锋等观看了比赛,并为获奖单位颁奖。

29日 市委常委、宣传部部长陈涛在长东街道工农兵社区过党日。区领导仲凤笔、朱维佳、关晓卫、刘春梅等参加活动。

30日 清河区区长张冲林会见迪英加成都科技有限公司董事长兼CEO杨林,并就企业与清城创意谷合作事宜进行洽谈。副区长潘华春等参加会见。

▲ 清河区成立新生代企业家商会。市黄埔商业投资管理有限公司董事长杜其洪当选为首任会长。市工商联党组成员、副主席徐震,区委常委陶效春,区政协副主席、统战部部长张增元,区政协副主席、工商联主席薛睿等参加会议。

▲ 全市防汛工作紧急电视电话会议召开,研判会商汛情,全力部署防汛。市长惠建林强调,防汛工作事关民生、事关稳定、事关大局,各地各部门要进一步加强组织领导,密切协作配合,按照"安全第一、常备不懈,以防为主、全力抢险"的方针,切实做好各项防汛准备和应急救灾工作,确保安全度汛。副市长赵洪权,副市长、市公安局局长刘必权等出席会议。区长张笑,副区长吴洪刚,区水利、公安、教育、住建等区防汛指挥部成员单位负责人在清浦区分会场参加了收听收看。

7月

2日 清浦区委召开常委(扩大)会议。受淮安经济技术开发区管委会主任、清浦区委书记周青委托,区长张笑主持会议并讲话,史卫东、纪从德、赵洪涛、李海波、韩高峰、蒋风云、高进锋等区四套班子领导出席会议。

4日 清河区区长张冲林走访推进盐河生态科技城重大项目建设。张冲林一行到传化公路港、长江东路姚庄路点等施工现场走访调研,与项目施工单位负责人进行深入交流,并对项目建设中存在的问题进行现场会办。区领导潘华春,区政府办、发改委负责人陪同调研。

6日 江苏竑成建设集团有限公司与淮安扬子钢结构工程有限公司战略合作签约仪式举行。市住建局副局长王守祥,副区长赵正府,竑成集团董事长姜广平,扬子钢结构董事长余秀萍等出席签约仪式。

8日 市委常委、常务副市长戚寿余到清浦区和平镇齐湖村看望慰问老党员,与基层党员一起过党日。区长张笑,区委常委、组织部部长高进锋参加活动。

12日 中国共产党淮安市第六届委员会第十次全体会议举行。市委常委、常务副市长戚寿余参加清浦组讨论,淮安经济技术开发区管委会主任、清浦区委书记周青主持讨论并发言,区长张笑参加讨论。

15日 清浦区委召开老干部座谈会,征求大家对区第八次党代会报告、清浦下一步发展以及区委工作的意见建议。淮安经济技术开发区管委会主任、清浦区委书记周青主持会议并讲话,区委常委、组织部部长高进锋参加会议。

21日 清河区召开全区网格化社会治理工作二季度点评会。区委常委、政法委书记陶效春对二季度网格化社会治理工作进行点评,分析当前形势,并对今后一阶段时期工作进行动员部署。副区长汪冲主持会议并宣读对成丹丹等36位二季度"星级"网格组长的表彰决定。

▲ 省新闻出版广电局局长周琪到清河区调研实体书店情况。市文广新局局长杨斌,区委常委、宣传部部长李金平等参加调研。

21日 清浦区委召开七届八次全体会议。出席全会的区委委员应到17人,实到16人;候补委员应到3人,实到3人,符合规定人数。周青、张笑、王娟、赵洪涛、李海波、韩高峰、高进锋、单波等区委领导出席会议,区纪委委员列席会议。淮安经济技术开发区管委会主任、清浦区委书记周青主持会议。会上酝酿讨论了新一届区"两委"委员候选人预备人选名单;酝酿、票决确定了清浦区出席市第七次党代会代表候选人预备人选;审议通过了区委工作报告和区纪委工作报告。

25日 清河区委召开七届十次全体会议,研究部署换届工作。区委书记仲风笔主持会议并作重要讲话。会议审议通过区委和区纪委工作报告(草案);票决产生23名清河区出席市第七次党代会代表候选人预备人选。区委委员、候补委员参加会议。

26日　清河区委书记仲风笔率队先后到73821部队通信站、清河消防大队,解放军第82医院等驻区部队,向部队官兵致以节日问候,畅叙军地情谊,共谋发展大计。区领导关晓卫、李斌、谢华山等参加慰问活动。

27日　清河区区长张冲林会见建设银行淮安分行行长张建,双方就进一步加强合作进行商谈。区委常委、常务副区长马乃骏等参加会见。

27—29日　清河区、清浦区分别召开第八次党员代表大会,审议通过党代会各类工作报告和决议,选举产生了新一届区委委员、候补委员,区纪委委员以及出席市党代会代表。

30日　清河区举行庆"八一"军政座谈会。区委副书记关晓卫,区委常委、人武部长李斌,区人大常委会副主任孙勤,区政协副主席张增元及驻区部队负责人参加座谈会。副区长谢华山主持会议。

8月

1日　清河区召开招商引资工作推进会。区委书记仲风笔对招商引资工作提出要求。区长张冲林主持会议,区领导马乃骏、潘华春、薛莉、张红梅等参加会议。

▲　清河区开展庆"八一"送书画进军营活动。

2日　清河区召开信访工作专题会议。区委常委、政法委书记陶效春部署近期信访稳定工作,副区长汪冲主持会议。

3日　市领导李森率市有关部门负责人,调研清浦区棚户区改造工作。

4日　清河区举行企业上市工作现场会暨苏益电器"新三板"挂牌仪式。市委常委、常务副市长戚寿余,市金融办主任吴振华,区委书记仲风笔,苏益电器董事长陈则平共同为苏益电器揭牌。市金融办副主任徐子芹,区领导马乃骏、潘华春等参加会议。区长张冲林主持会议。

▲　清河区召开创建全国文明城市工作推进会。区领导关晓卫、杨冬梅、陶效春、汪冲、陈志勇、金中保等参加会议。区委常委、宣传部部长李金平主持会议。

5日　清河区召开重点项目过堂会,研究项目建设中存在的问题,部署下一阶段工作。区委书记仲风笔出席会议并讲话。区领导朱维佳、关晓卫、李金平、刘春梅、潘华春等参加会议,区委常委、常务副区长马乃骏主持会议。

▲　清河区举办"两学一做"学习教育专题文艺会演。区委书记仲风笔致辞。区委中心组成员、各级党组织书记和党员500余人观看演出。

▲　省委组织部组织二处副处长单建鸣到清河区调研基层社会组织党建工作。区委书记仲风笔,区委常委、组织部部长刘春梅等参加调研。

7日　清河区、清浦区分别组织收听收看县委书记工作讲坛。省委书记李强出席并讲话,省委副书记、省长石泰峰主持。

9日　清河区八届人大常委会召开第36次会议。区人大常委会主任朱维佳主持会议,区人大常委会党组书记、副主任安毅之,副主任孙开明、徐乃明、孙勤出席会议,区长张冲林列席会议。会议决定任命张红梅为淮安市清河区人民政府副区长,决定免去潘华春淮安市清河区人民政府副区长职务。张红梅向会议作任前表态发言,并向宪法宣誓。

11日　全市执法规范化建设现场会暨执法工作例会在清河区召开。市委政法委副书记章益雷,区委常委、政法委书记陶效春以及各县区相关负责人参加会议。

▲　清河区召开环境保护工作专题推进会。区长张冲林参加会议并讲话,区委常委、统战部部长潘华春主持会议,副区长汪冲传达省、市环境保护工作会议精神。

12日　清河区召开二季度城管点评会。副区长汪冲出席会议。

13日　清河区委书记仲风笔主持召开部分重点项目会办会,听取奥林大厦地块、华信广场、金悦商置中心、在水一方地块、御码头运河文化中心、阅读中心等6个重点项目建设情况,集中会办项目建设过程中遇到的问题。区领导张冲林、朱维佳、关晓卫、马乃骏、潘华春、汪冲、陈志勇、薛莉等参加会议。

▲　市政协副主席、统战部部长仲波到清河区调研公共体育服务体系建设情况。区政协主席梁学文、副区长陈志勇等陪同调研。

19日　清河区召开全区社区(村)党组织换届工作会议。区委常委、组织部长刘春梅参加会议。

20日　市政府副秘书长王立华,市相关部门负责人,清浦区副区长李萍等一行专程到南港社区,慰问在里约奥运会花样游泳比赛中,为中国队获得银牌的梁馨枰的家人,并向他们赠送鲜花和礼品。

22日　省文化厅党组副书记、副厅长马宁一行到清江浦1415街区,调研街区建设情况。

24日　市长惠建林惠建林调研清河区棚户区改造工作。市委常委、常务副市长戚寿余,市政府党组成员李森,区领导仲风笔、张冲林、关晓卫、马乃骏、汪冲、张红梅等陪同调研。

25日　清河区八届人大常委会召开第37次会议。区人大常委会主任朱维佳主持会议。区人大常委会党组书记、副主任安毅之,副主任孙开明、徐乃明、孙勤出席会议,区政府常务副区长马乃骏、区检察院检察长赵春虎、区法院副院长高嵩和各街道人大工委主任、有关部门负责人以及部分区人大代表列席会议。会议听取区政府《关于贯彻落实区八届人大常委会第35次会议审议意见情况的报告》,听取和审议区政府《关于2016年上半年国民经济和社会发展计划执行情况的报告》、《关于对2016年上半年预算执行情况的报告》和《关于区八届人大五次会议代表提出的建议办理工作情况的报告》,并对相关专项工作报告的满意度进行表决。

26日　清河区委书记仲风笔调研部分重点工业企业。仲风笔先后到麦德森制药、安洁医疗、金格润科技、贝林科工贸、百隆实业5家重点工业企业走访调研，并召开座谈会。区领导马乃骏、潘华春等参加调研。

▲ 清河区召开第九批科技镇长团下派工作会议。区委常委、组织部部长刘春梅出席会议并讲话。

27日 清河区召开棚改工作推进会，贯彻落实全市棚改工作推进会精神，对清河区棚改工作进行再部署、再强化，推动清河区棚改工作取得更大突破。区委书记仲凤笔参加会议并讲话，区领导梁学文、李金平、杨冬梅、马乃骏、陶效春、刘春梅、李斌等参加会议，区委副书记关晓卫主持会议。

27—28日 澳洋顺昌超百亿国家级半导体产业园重大项目落户清河。市委书记姚晓东出席签约仪式。市长惠建林出席国家级半导体产业园集成电路一期项目开工启动仪式，并为澳洋顺昌美国硅谷IMOSTECH（艾默斯）研究所揭牌。副市长唐道伦、淮安澳洋顺昌光电技术有限公司董事长陈锴、江苏澳洋顺昌集成电路股份有限公司总经理陈军，区领导仲凤笔、张冲林、马乃骏、刘春梅、潘华春、薛莉等出席有关活动。

30日 清河区委书记仲凤笔实地调研部分棚改项目。仲凤笔先后到柳树湾街道西郊淮建宿舍、淮海街道经贸大厦南侧地块和长东街道御码头运河文化中心一期项目三个棚改地块实地调研，了解项目进展情况，推动项目加快建设。区领导关晓卫、李金平、高寿江，区委办、区房屋征收办负责人陪同调研。

31日 清河区召开2016年度征兵定兵会议。淮安军分区参谋长高连宝、区长张冲林等参加会议，区委常委、人武部部长李斌主持会议。

▲ 市创建全国文明城市指挥部总指挥、市委书记姚晓东督察推进清河区全国文明城市创建工作。市创建全国文明城市指挥部常务副总指挥、市委副书记练月琴，市创建全国文明城市指挥部副总指挥兼办公室主任、市委常委、宣传部长陈涛等参加活动，区领导仲凤笔、张冲林、关晓卫、李金平、汪冲等陪同。

9月

1日 清河区区长张冲林带队视察推进联系挂钩社区文明城市创建工作。区政府办、文明办、城管局、市场监管局、白鹭湖街道等单位主要负责人参加活动。

3日 清河区委书记仲凤笔主持召开“四个清河”建设工作第四次例会，听取各指挥部近期工作进展情况汇报，研究分析和会办工作推进中存在的问题。区领导张冲林、朱维佳、梁学文、李金平、杨冬梅、马乃骏、陶效春、刘春梅、李斌、潘华春、汪冲、陈志勇、谢华山、薛莉等参加会议。

5日 淮安恩来枫叶国际学校举行首期开学典礼。副市长王红红与周恩来亲属周国盛女士为学校的周恩来雕像揭幕。周恩来生前贴身卫士、中央警卫局原副局长高振普少将向学校赠送图书。枫叶教育集团董事长任书良，市教育局局长张元贵，周恩来纪念地管理局局长孙晓燕，区委书记仲凤笔，区长张冲林、副区长陈志勇等参加活动。

7日 市委常委、宣传部部长陈涛到清河区督察推进全国文明城市创建工作。区长张冲林，区委常委、宣传部部长李金平等陪同调研。

8日 清河区政府·淮阴师范学院全面战略合作协议暨科创中心项目签约仪式举行。市委常委、组织部部长张彤，副市长唐道伦，淮阴师范学院党委书记朱汉清、校长朱林生，香港润天集团董事长胡志宏，意大利佛罗伦萨手工业精品协会副会长尤茗茗女士、史蒂芬先生出席签约仪式。区委书记仲凤笔主持签约仪式，区长张冲林介绍与淮师全面战略合作情况以及科创中心项目建设构想。区领导马乃骏、刘春梅、潘华春、陈志勇等参加活动。

▲ 省国开行行长邱言文调研清河区棚改项目。市委常委、常务副市长戚寿余，区委书记仲凤笔，区委常委、常务副区长马乃骏等陪同调研。

10日 清河区召开信访稳定工作专题会议。区委书记仲凤笔对信访工作提出要求。区领导张冲林、朱维佳、梁学文、关晓卫、李金平、杨冬梅、马乃骏、刘春梅、李斌等出席会议，区委常委、政法委书记陶效春主持会议。

12日 区委常委、宣传部部长李金平督察推进清河区全国文明城市创建工作。副区长汪冲等参加活动。

13日 清河区委书记仲凤笔、区长张冲林节前走访慰问部分困难群众。

▲ 清河区召开群众安全感工作推进会。区委常委、政法委书记陶效春出席会议并提出要求。

18日 清河区举行警报试鸣暨防空袭行动演练。

20日 清河区委中心组举行“两学一做”学习教育第二次专题学习研讨会。区委书记仲凤笔主持会议，区委中心组全体成员参加会议。

▲ 清河区召开2016年度“扫黄打非”进基层培训会。区委常委、宣传部部长李金平参加会议。

21日 国家发展改革委副秘书长程建林到清河区顺丰电子商务产业园调研。区委书记仲凤笔，区委常委、常务副区长马乃骏等陪同调研。

▲ 清河区、清浦区分别组织收听收看全国推行“双随机、一公开”监管工作电视电话会议。

22日 驻清河区部队关注“留守儿童”爱心行动暨第九届“双拥奖学金”颁奖仪式在清河实验学校举行。曹梦凡等68名学生获得双拥奖学金，张可可等25名“留守儿童”获得助学金。区委常委、人武部部长李斌，副区长谢华山等参加活动。

23日 清河区委书记仲凤笔调研部分重点项目建设。仲凤笔带队实地调研华信广场、宏元国际广场、金融中心、澳洋顺昌国家级集成电路产业园、传化公路港等重点项目。区领导张冲林、朱维佳、梁学文、马乃骏、刘春梅等陪同调研。

24日 2016年第4、5期清河发展论坛开讲。国家发改委产业经济与技术经济研究所副所长、博士生导师姜长云和科技部中国科技战略研究院院务委员、产业科技发展研究所所长刘峰分别作《服务业发展形势与战略思考》、《科技创新引领跨越发展——〈“十三五”国家科技新规划〉精神解读》的报告。区四套班子领导等参加学习。

26日 中国共产党淮安市第七次代表大会清河区代

表团举行第一次会议。传达市委书记姚晓东关于开好党代会的动员讲话精神，集中学习“九严禁”换届纪律要求和中央领导关于严肃换届纪律的指示精神，并签订《严肃换届纪律承诺书》，讨论通过《大会议程（草案）》、大会主席团、秘书长、代表资格审查委员会建议名单以及《代表提案办法（草案）》，推选仲凤笔、张冲林两人为清河区代表团正、副团长。

▲ 清河区委书记仲凤笔检查安全生产工作。区领导马乃骏、潘华春、薛莉等参加活动。

27日 清河区组织收听收看中国共产党淮安市第七次代表大会第一次全体代表会议。区四套班子领导等在清河分会场收听收看会议。

▲ 淮安市第七次党代会主席团常委看望清河团党代表。

28日 中国共产党淮安市第七次代表大会清河代表团召开第四次会议。传达大会主席团第二次会议精神，讨论通过大会《选举办法（草案）》，审议通过关于市委、市纪委两个工作报告的《决议（草案）》。会议还推选了大会选举监票人。

▲ 为更好地保护未成年人合法权益，避免未成年人心里造成二次伤害，清浦区“暖阳之家”举行揭牌仪式。省检察院未检处处长郑宇、区委常委、政法委书记李海波共同为暖阳之家揭牌。市、区公安局、检察院、司法局、妇联等有关方面的负责人参加活动。

29日 清河区举行“百名法学家百场报告会”活动。省依法治省办专职副主任沈国新受邀就“法治建设指标与考核标准”作专题报告。市法学会常务副会长朱锦应邀出席会议，区委常委、政法委书记陶效春主持会议。

30日 淮安传化公路港开业。副市长唐道伦，传化集团副董事长徐观宝、传化集团北大区总裁徐炎、传化物流集团副总裁兼北大区政委谢萍，区领导仲凤笔、张冲林、刘春梅、潘华春等参加开业仪式。

▲ 清河区组织收听收看全省旅游业发展大会。省委书记李强出席会议并讲话，省委副书记、省长石泰峰主持会议并对全省“十三五”旅游业发展作具体部署。区领导李金平、徐乃明、陈志勇、张红梅、薛睿等在清河分会场收听收看会议。

10月

1日 区委书记仲凤笔主持召开区委常委会议，传达学习市委市政府有关会议精神，研究通过区委常委、区政府筹备工作组、区行政区划调整领导小组及工作组分工方案。区领导张笑、王娟、杨冬梅、马乃骏、李海波、刘玉春、蒋风云、陶效春、单波等出席会议，史卫东、梁学文等列席会议。

2日 清江浦区召开县处级干部会议。区委书记仲凤笔就做好下一阶段区划调整以及全区重点工作提出要求。区委副书记、区政府筹备组长张笑主持会议。

清江浦区召开县处级干部会议，区委书记仲凤笔要求大家振奋精神、创新有为、担当争先、扎实工作，确保圆满完成区划调整各项工作，奋力开创清江浦区科学跨越发展崭新局面，努力向市委、市政府和全区人民交上一份满意答卷。区委副书记、区政府筹备组组长张笑主持会议，区四套班子领导及原清河、清浦两区县处级干部参加会议。

▲ 清江浦区委召开第一次常委（扩大）会议，传达学习、贯彻落实市委市政府有关会议精神，宣读关于明确区各部门筹备组组长的通知、关于进一步加强区划调整期间纪律规矩的决定。区委领导班子全体成员；区人大、区政府、区政协、区法院、区检察院筹备组组长、副组长；原清河区、清浦区各街道（乡镇）三套班子主要负责人，各园区、管委会党政主要负责人，区直机关、区属企事业单位主要负责人、下属副科级以上事业单位主要负责人；原清河区、清浦区人大、政协各委办负责人，人大专职委员；市直驻区单位主要负责人参加会议。

6日 区人大筹备组召开成员会议，通报近期全区区划调整工作情况和人大机关办公场所整合情况，制订区人大机关筹备组分组方案。史卫东、徐乃民、卢正苏、朱从越、高寿江、赵正府等参加会议。

7日 区政协筹备组召开成员会议，学习贯彻区委近期会议精神，明确筹备组领导成员分工，专题部署下一阶段工作。梁学文、伍光云、王应标、尹希海、薛睿、杨长万、张增元等参加会议。

8日 区领导现场推进快速路先导段沿线房屋搬迁。区领导张笑、马乃骏、汪冲、张红梅等到现场仔细了解清安医院、科圣化机等节点地块房屋搬迁工作进展情况，听取快速路房屋搬迁工作中遇到的问题，研究推进工作进度的具体措施。

▲ 清江浦区组织集中收听收看全省县委书记工作讲坛。区领导仲凤笔、张笑、史卫东、梁学文、王娟、杨冬梅、马乃骏、刘玉春、蒋风云、陶效春、单波等在清江浦区分会场收听收看。

9日 淮安市第七届人民代表大会常务委员会第三十四次会议通过淮安市人民代表大会常务委员会关于清江浦区、洪泽区换届选举有关事项的决定。

一、成立清江浦区第一届人民代表大会筹备组，负责清江浦区第一届人民代表大会代表的选举工作，负责清江浦区第一届人民代表大会第一次会议的筹备工作。设立选举委员会，在筹备组的领导下主持清江浦区第一届人民代表大会代表的选举；设立代表资格审查委员会，审查清江浦区第一届人民代表大会代表的选举是否符合法律规定，并报筹备组公布代表名单。选举委员会和代表资格审查委员会组成人员由清江浦区第一届人民代表大会筹备组任命。

二、按照江苏省人民代表大会常务委员会2016年9月29日作出的决定，清江浦区第一届人民代表大会代表名额308名，第一届人民代表大会常务委员会组成人员名额35名。

三、清江浦区、洪泽区新一届人民代表大会代表应于2016年12月底前选出。

四、清江浦区、洪泽区新一届人民代表大会应于2017年1月上旬召开。

五、清江浦区第一届人民代表大会常务委员会组成人员，区人民政府区长、副区长，区人民法院院长，区人民检察院检察长由清江浦区第一届人民代表大会第一次会议依法选举产生。清江浦区人民政府其他组成人员、区人民法院审判人员、区人民检察院检察人员由清江浦区第一届人民代表大会常务委员会依法任免。

六、原清河区、清浦区人民代表大会常务委员会分别行使职权到清江浦区第一届人民代表大会第一次会议主席团选举产生为止。原清河区、清浦区人民政府、人民法院、人民检察院分别履行职责到新机构成立为止。

七、原清河区、清浦区和原洪泽县选举产生的淮安市第七届人民代表大会的代表，除了按《中华人民共和国全国人民代表大会和地方各级人民代表大会代表法》规定代表资格终止的情形外，代表资格继续有效，任期至淮安市第八届人民代表大会第一次会议召开为止。

八、关于洪泽撤县设区其它有关事项由洪泽县人民代表大会常务委员会依法作出决定。

▲　区人大筹备组召开全体人员会议。筹备组组长史卫东主持会议并就做好全区人大系统下一阶段工作提出要求。区人大筹备组副组长徐乃明、卢正苏、朱从越、高寿江、赵正府等出席会议。

13日　清江浦区行政区划调整工作市、区对接会议召开。市委常委、常务副市长戚寿余出席会议并讲话，市政府副秘书长蒋继贵主持会议，市相关部门负责人，区领导仲凤笔、张笑、史卫东、梁学文、杨冬梅、马乃骏、李海波、刘玉春、蒋风云、陶效春等出席会议。

▲　清江浦区组织收听收看全省践行"四讲四有"先进典型报告会。区领导仲凤笔、张笑、史卫东、梁学文、王娟、杨冬梅、蒋风云、陶效春、单波等在清江浦分会场参加收听收看电视电话会。

14日　区政府筹备组召开成员会议。区领导张笑、马乃骏、吴洪刚、戴向峰、汪冲、朱卫东、谢华山、薛莉、张红梅等参加会议。

▲　清江浦区召开创建国家节水型城市工作推进会。区领导张笑、马乃骏、吴洪刚、薛莉出席会议。

▲　清江浦区召开快速路先导段沿线房屋搬迁工作推进会。区委常委、区政府筹备组副组长马乃骏出席会议并讲话，区政府筹备组副组长汪冲主持会议，快速路指挥部指挥长、副指挥长、各包片路段单位相关负责人及工作人员参加会议。

15日　区委副书记、区政府筹备组组长张笑调研推进经贸大厦南侧地块房屋征收工作。区领导马乃骏、李海波、高寿江等参加调研。

▲　区委副书记、区政府筹备组组长张笑赴水渡口街道调研。区政协筹备组副组长张增元陪同调研。

▲　区委书记仲凤笔赴杨庙村调研扶贫开发工作。区委常委、组织部部长刘玉春，挂钩帮扶单位淮安现代商务集聚区党委书记、管委会主任陆茂兵参加调研。

17日　清江浦区选举委员会召开第一次会议。区委书记仲凤笔出席会议并讲话，区人大筹备组组长史卫东主持会议，区领导杨冬梅、马乃骏、刘玉春、蒋风云等参加会议。会议讨论通过选举工作实施方案，通过各乡镇、街道（园区）选举委员会和选举工作领导小组成员名单，通过选区划分和代表名额分配方案以及选举办各工作组成员名单。

▲　清江浦区召开区乡两级人大选举工作会议。区委书记仲凤笔出席会议并讲话，区领导史卫东、马乃骏、刘玉春、蒋风云、徐乃明、卢正苏、朱从越、高寿江、赵正府，市人大常委会淮安经济开发区工委副主任孙大高等出席会议。

18日　清江浦区召开专题会议研究教育项目建设有关工作。区领导仲凤笔、张笑、马乃骏、薛莉等参加会议。

▲　区委副书记、区政府筹备组组长张笑调研推进区外国语小学北侧地块搬迁工作。区政府筹备组副组长汪冲参加调研。

▲　市委常委、纪委书记李晓雷到清江浦区调研经济社会发展情况。区委书记仲凤笔，区委常委、纪委书记杨冬梅等陪同调研。

19日　区委书记仲凤笔赴闸口街道调研。仲凤笔先后实地调研清江浦1415街区、运河文化创意中心等项目和南园社区，并就街道下一步工作开展提出要求。区政府筹备组副组长薛莉等陪同调研。

▲　清江浦区组织收听收看省政府全体（扩大）会议。会议深入贯彻习近平总书记系列重要讲话特别是视察江苏重要讲话精神，全面落实省委十二届十二次全会部署，总结前三季度工作，分析当前经济形势，安排四季度任务，动员全省上下坚定信心、攻坚克难、奋力冲刺，全力完成全年经济社会发展目标任务。区领导张笑、吴洪刚、戴向峰、谢华山等在清江浦区分会场参加收听收看。

▲　区政府筹备组组长办公会召开。会议研究讨论2017年"一县一题"申报项目、运东新村地块房屋搬迁问题及房屋征收工作机制。区领导张笑、马乃骏、汪冲、薛莉、张红梅等出席会议。

20日　区委书记仲凤笔调研区棚改项目推进情况。仲凤笔一行实地查看天津路大桥两侧地块，快速路延安路段、西安路段地块，中液公司宿舍区、经贸大厦南侧等地块，并就下一阶段棚改工作提出要求。区领导张笑、李海波、张红梅、张增元参加活动。

▲　区委副书记、区政府筹备组组长张笑调研推进创建国家节水型城市工作。张笑一行先后到北京路中学、淮海街道向阳社区、市第二人民医院、淮钢集团调研。区政府筹备组副组长吴洪刚等陪同调研。

▲　清江浦区召开纪检监察干部工作会议。区委常委、纪委书记杨冬梅出席会议并讲话。

22日　清江浦区召开行政区划调整工作领导小组会议。区委书记仲凤笔出席会议并讲话，区委副书记、区政府筹备组组长张笑主持会议。区领导史卫东、梁学文、王娟、杨冬梅、马乃骏、李海波、刘玉春、蒋风云、陶效春、单波等参加会议。

24日　区委书记仲凤笔赴浦楼街道调研。仲凤笔一行先后实地察看科圣化工机械有限公司、化工二村社区、清棉集团解放西路北侧地块棚改项目，并就下一步工作开展提出要求。区领导杨冬梅、伍光云参加调研。

25日　区委书记仲风笔专题研究清河经济开发区发展规划。

▲　区委书记仲风笔赴清江街道调研。仲风笔实地调研公园社区和兴业国际商业广场、南门尚城商业街等项目,并就街道下一步工作提出要求。区人大筹备组副组长赵正府等陪同调研。

▲　区委副书记、区政府筹备组组长张笑专题会办汇通市场消防安全隐患问题。区领导陶效春、张红梅,相关责任单位和汇通市场产权单位负责人参加会办。

▲　区委副书记、区政府筹备组组长张笑到黄码乡三乐村走访慰问贫困户。清浦工业园、区委农工部(筹)、黄码乡主要负责人参加活动。

26日　清江浦区召开创建全国文明城市工作推进会。区委书记仲风笔出席会议并讲话。区领导王娟、杨冬梅、马乃骏、蒋风云、汪冲、张红梅等出席会议。

▲　清江浦区召开黄标车淘汰报废暨标识标牌清理工作推进会。区委副书记、区政府筹备组组长张笑出席会议并讲话,区政府筹备组副组长汪冲主持会议。

▲　区委常委陶效春、区政府筹备组副组长张红梅赴清浦工业园检查安全生产工作。

▲　副省长马秋林调研清江浦区工业经济发展和安全生产工作。市领导唐道伦、区领导张笑等陪同调研。

28日　区委副书记、区政府筹备组组长张笑专题研究会办重大项目推进工作。区委常委、区政府筹备组副组长马乃骏主持会议,区委常委、组织部部长刘玉春出席会议。

▲　清江浦区举办"魅力清江浦"文学影视论坛。著名作家赵本夫,省作协副主席、省作协小说创作委员会主任储福金,著名导演王新民、著名编剧于峰,原市政协副主席、市诗词协会会长荀德麟等参加活动。区委常委、宣传部部长蒋风云致辞。

29日　清江浦区召开区直部门干部集体谈话会。区委书记仲风笔出席会议并讲话,区委副书记、区政府筹备组组长张笑主持会议,区领导史卫东、梁学文、杨冬梅、马乃骏、李海波、刘玉春、蒋风云、陶效春、单波等参加会议。

▲　区委书记仲风笔赴清安街道调研。仲风笔实地察看医养康公共卫生服务中心、红星国际广场等项目和南港社区,听取街道工作汇报并对下一步工作提出要求。区领导陶效春、薛睿参加调研。

31日　区委书记仲风笔赴城南街道调研。仲风笔实地调研方舟数据中心、城南水厂改扩建等项目和柴米村,听取街道工作汇报并对下一步工作提出要求。

▲　清江浦区选举工作推进会召开,总结前阶段选举工作进展情况,对下一步选民资格审查工作进行具体部署。区人大筹备组组长史卫东出席会议并讲话。区人大领导徐乃明、卢正苏、朱从越、高寿江、赵正府等参加会议。

11月

1日　区委书记仲风笔赴武墩镇调研。仲风笔实地调研力辰物流、中油天达、王桥村和武墩现代农业实验园区,听取武墩镇工作汇报并对下一步工作提出要求。区领导吴洪刚等陪同调研。

▲　区委书记仲风笔赴和平镇调研。仲风笔实地调研和平镇工业集中区、淮香食用菌产业园、古庄牛生态休闲农庄等项目,听取和平镇工作汇报并对下一步工作提出要求。区政府筹备组副组长戴向峰等陪同调研。

2日　市人大常委会党组书记、常务副主任陈洪玉督查指导清江浦区人大选举工作。区委书记仲风笔,区人大筹备组组长史卫东,副组长徐乃明、卢正苏、朱从越、高寿江等陪同。

▲　区委书记仲风笔赴黄码乡调研。仲风笔实地调研天合光伏设施农业发电、红椒产业基地、黄码新港、盐卤产业升级等项目,听取黄码乡工作汇报并对下一步工作提出要求。区领导王娟、尹希海等陪同调研。

3日　市委常委、政法委书记赵洪权率队检查清江浦区秋收秋种和秋粮收购工作。市直相关部门负责人,区委书记仲风笔,区政府筹备组副组长吴洪刚等陪同检查。

▲　区人大党组书记、筹备组组长史卫东调研黄码新港项目推进情况。区人大党组成员、筹备组副组长赵正府等陪同调研。

▲　区委书记仲风笔赴盐河镇调研。仲风笔实地调研宏进物流、甘露村和益恒太阳能发电项目,听取盐河镇工作汇报并就下一步发展提出要求。区委常委、组织部部长刘玉春,区人大筹备组副组长卢正苏等陪同。

5日　中华诗词协会副会长李树喜率验收组对清江浦区"中华诗词之乡"创建工作进行检查验收。区领导仲风笔、蒋风云、高寿江、薛莉等出席相关活动。

7日　区委书记仲风笔赴清浦工业园调研。仲风笔实地察看鑫源烟草薄片等项目,听取清浦工业园工作汇报并就下一步工作提出要求。

▲　区委书记仲风笔赴淮安现代商务聚集区调研。仲风笔实地查看新城CBD、清浦开明中学、水沐清华、吴圩安置小区、汇金广场等项目,听取商务区工作汇报并就下一步工作提出要求。区领导陶效春、薛睿等参加调研。

9日　清江浦区召开全国计生基层群众自治示范区评估验收推进会。区委常委、宣传部部长蒋风云出席会议并讲话。

10日　中国江苏第三届文化艺术节——"美好家园情醉淮安"广场演出在清江浦区举行。省文联副主席李朝润,市领导李冰、仲波,区领导蒋风云等参加活动。

11日　区委书记仲风笔,区委副书记、区政府筹备组组长张笑赴宁淮现代服务业集聚区交流考察。仲风笔一行先后到南京外国语学校淮安分校、双创科技园项目现场,详细了解项目建设及进展情况。宁淮现代服务业集聚区党工委书记、管委会主任杨昌生,党工委副书记、管委会副主任陈建鹏,区领导史卫东、梁学文、王娟、陶效春、薛莉等参加活动。

▲　区政府召开月度工作交流会。区领导张笑、马乃骏、吴洪刚、戴向峰、汪冲、谢华山、薛莉、张红梅等参加会议。

▲　区政府筹备组召开第三次成员会议。区委副书

记、区政府筹备组组长张笑主持会议并讲话。区政府筹备组副组长马乃骏、吴洪刚、戴向峰、汪冲、谢华山、薛莉、张红梅等参加会议。

▲　区委常委、宣传部部长蒋风云督察推进全国文明城市创建工作。区政府筹备组副组长张红梅参加活动。

▲　清江浦区组织收听收看全省深化行政审批制度改革推进会。省委书记李强、省长石泰峰出席会议并讲话。区领导徐乃明、谢华山、尹希海等在清江浦区分会场参加收听收看会议。

12日　区委书记仲风笔主持召开行政区划调整工作领导小组会议，听取区划调整相关工作情况汇报，研究部署下一阶段区划调整及重点工作任务，确保各项工作平稳有序推进。区领导张笑、史卫东、梁学文、王娟、杨冬梅、马乃骏、李海波、刘玉春、蒋风云、陶效春、单波等参加会议。

▲　清江浦区召开区乡人大选举工作推进会。会议传达市人大选举工作推进会精神，布置下阶段区级人大代表候选人提名工作。区人大筹备组组长史卫东，副组长徐乃明、卢正苏、朱从越、高寿江、赵正府等出席会议。

13日　清江浦区召开创建全国文明城市迎检动员会。区委常委、宣传部部长蒋风云出席会议并讲话，区政府筹备组副组长汪冲主持会议。

14日　区委副书记、区政府筹备组组长张笑现场督察推进全国文明城市创建工作。张笑先后到淮安汽车总站、汇通市场、淮海北路与大治路交叉路口、水渡口街道东方丽景社区、东方丽景菜场等地察看，听取工作开展情况汇报并就存在问题提出整改意见。区委常委、宣传部部长蒋风云，区政府筹备组副组长汪冲等参加活动。

15日　清江浦区组织收听收看中央第三环境保护督察组督察江苏省情况反馈会。督察组组长吴新雄对督察组在督察过程中发现以及群众集中反应的相关环境问题进行汇总通报和反馈。省委书记李强、省长石泰峰出席会议并讲话。区委书记仲风笔，区领导史卫东、梁学文、王娟、杨冬梅、马乃骏、刘玉春、蒋风云、陶效春、单波等在清江浦区分会场收听收看电视电话会。

▲　新疆生产建设兵团第七师123、124团党员干部专题培训班在清江浦区举行。区委常委、区政府筹备组副组长马乃骏参加开班仪式。

16日　区委常委、区纪委书记杨冬梅接受省纪委清风扬帆网在线访谈。杨冬梅以“坚持聚焦主责主业，强化执纪监督问责”为主题介绍清江浦区党风廉政建设有关情况。

18日　“同胞情 一家亲”双沟牡丹·2016年淮台文化经贸交流周开幕。市人大常委会党组书记、副主任陈洪玉，副市长王红红，原市政协副主席朱友冬，市政府副秘书长王立华，市直相关部门负责人，清江浦区人大筹备组组长史卫东，区政协筹备组组长梁学文，区委常委、区政府筹备组副组长马乃骏等出席开幕式。区委常委、宣传部部长蒋风云主持开幕式。

▲　2016年淮台学术交流笔会在清江浦区举行。台湾著名水墨画家王南雄，台湾元智大学系主任、中华画学院副理事长沈祯，台湾淡水文化园区e学院院长、画家杨碧棋，台湾师范大学、台湾画院教授、院长卢锡炯，台湾听竹草堂院长黄君阳，台北留芳居院长刘哲雄，区领导赵正府等出席活动。

▲　“同胞情·一家亲”2016年淮台文化经贸交流联谊会在清江浦区举行。副市长王红红，区领导史卫东、梁学文、蒋风云、赵正府，以及台湾经济文化交流参访团、大陆艺术界知名人士代表等欢聚一堂，共叙情谊。

19日　2016年淮台学术交流研讨会在清江浦区举办。台湾淡水文化园区e学院院长、著名画家杨碧棋，郎静山文教基金会董事长郎毓文，著名策展人、美术评论家、水墨画家谢海等台湾和大陆艺术界知名人士代表齐聚清江浦区开展学术交流研讨。区委常委、宣传部部长蒋风云出席活动并致辞，区领导赵正府等参加活动。

▲　清江浦区召开经贸合作洽谈交流会。台湾淮安同乡会会长、理事长马珮慈，芝柏光电集团理事长张益等来自宝岛台湾的22位企业家、艺术家代表，在淮工作的台资企业代表，区领导马乃骏、蒋风云、赵正府等出席会议。

21日　清江浦区召开棚户区改造暨快速路房屋征收工作推进会。区委副书记、区政府筹备组组长张笑出席会议并讲话，区委常委、区政府筹备组副组长马乃骏主持会议，区领导赵正府、汪冲、薛莉、张红梅、伍光云、杨长万、张增元等参加会议。

▲　省妇联副主席张勤到清江浦区调研。市妇联主席顾晓芳、副主席谢谢，区委常委、组织部部长刘玉春等陪同调研。

22日　副市长王红红到清江浦区调研基层综合文化服务中心建设情况。副区长薛莉陪同调研。

23日　区选举委员会召开第二次会议。区委书记仲风笔出席会议并讲话，区人大筹备组组长史卫东主持会议。区人大筹备组副组长朱从越汇报区乡两级人大选举工作开展情况以及提名推荐协商确定区人大正式代表候选人的相关情况。会议讨论通过区人大正式代表候选人名单以及《清江浦区选举委员会关于召开代表候选人与选民见面会的办法》。区领导杨冬梅、马乃骏、刘玉春、蒋风云、徐乃明、卢正苏、高寿江、赵正府等出席会议。

▲　清江浦区召开2017年度党报党刊发行工作会议。区委常委、宣传部部长蒋风云出席会议并讲话。

24日　区政府召开筹备组成员第四次会议。区委副书记、区政府筹备组组长张笑主持会议并讲话。区领导马乃骏、戴向峰、谢华山、薛莉、张红梅等参加会议。

▲　清江浦区召开区乡人大选举工作培训会。区人大筹备组副组长徐乃明主持会议并讲话，副组长朱从越出席会议并作工作部署。

25日　区委书记仲风笔主持召开部门领导干部集体谈话会。区委副书记王娟，区委常委、纪委书记杨冬梅参加会议，区委常委、组织部部长刘玉春宣读区委干部任免决定。

▲　市委书记姚晓东调研清江浦区省第十三次党代会、市第七次党代会精神贯彻落实和清江浦区成立以来工作开展、队伍整合、目标任务完成情况。市委常委、常务副市长戚寿余，市委常委、秘书长李森等参加调研。市直相

关部门负责人，区领导仲凤笔、张笑、梁学文、王娟、杨冬梅、马乃骏、李海波、刘玉春、蒋风云、陶效春、单波等陪同调研。

▲ 全市新闻报道策划会在清江浦区召开。淮安日报社总编辑薛涛、原副总编辑贾华出席会议，区委常委、宣传部部长蒋风云致辞。各县区外宣办主任、新闻科长、《淮安日报》驻各县区记者站站长等参加会议。

26日 清江浦区召开领导干部工作交流会，交流"调查研究月"期间调研活动成果，总结今年以来工作，分析研判当前形势，研究明年重点工作。区委书记仲凤笔主持交流会，区领导张笑、史卫东、梁学文、王娟、杨冬梅、马乃骏、李海波、刘玉春、蒋风云、陶效春、单波等出席会议。

▲ 区委召开党代会报告征求意见座谈会，听取岳克强、徐伯钧、朱劲松、华杰、朱涛、王留生、陆焕孝、王兆金、施寿民、史有和等老干部对区一次党代会报告（征求意见稿）和区委工作的意见和建议。区委书记仲凤笔参加会议，区委副书记王娟主持座谈会。

28日 中国共产党淮安市清江浦区第一次代表大会隆重召开。大会应到代表281名，实到262名，符合规定人数。仲凤笔、张笑、王娟、杨冬梅、马乃骏、李海波、刘玉春、蒋风云、陶效春、单波等在主席台就坐。仲凤笔主持大会并代表区委常委会作题为《紧扣两大目标 矢志三步跨越 奋力打造区域中心城市标志地》的讲话。区委副书记、区政府筹备组组长张笑通报国务院、省政府批复精神以及市委、市政府有关文件和会议精神。区委常委、组织部部长刘玉春通报市委关于区委书记、副书记、常委和区纪委书记、副书记的任命情况。区委副书记王娟通报区委常委分工情况。区委常委、区政府筹备组副组长马乃骏通报关于区划调整后清江浦区领导机构组建工作的意见以及组建进展情况。原清河区、清浦区四套班子离退休老领导，不是代表的县处级以上领导干部，不是代表的区委候补委员、纪委委员，不是代表的正科职领导干部，市各直属分局主要负责人列席会议。

▲ 清江浦区召开区乡人大选举工作推进会，全面部署区乡两级人大投票选举阶段工作。区领导仲凤笔、张笑、史卫东、杨冬梅、刘玉春、蒋风云等出席会议。

▲ 清江浦区召开第十一届村委会和第六届居委会换届选举工作动员大会。区委书记仲凤笔出席会议并讲话，区委副书记王娟主持会议，区政府筹备组副组长张红梅等参加会议。

▲ 区委书记仲凤笔，区委副书记、区政府筹备组组长张笑分别赴第002、第83选区参加人大代表候选人与选民见面活动。仲凤笔、张笑与选民一起学习省选举实施细则第41条规定、《区选举委员会关于召开代表候选人与选民见面会的规定》和《代表候选人与选民见面会主持人工作职责》。

▲ 清江浦区召开安全生产工作会议，部署岁末年初安全生产工作。区委常委陶效春参加会议，区政府筹备组副组长张红梅主持会议。

30日 区法院干部会议召开。市中院党组书记、院长钱斌，党组成员、副院长程璇，区委书记仲凤笔、区人大筹备组副组长卢正苏等出席会议。区委常委、政法委书记李海波主持会议，区委常委、组织部部长刘玉春宣读市委、区委相关决定。市委研究决定，建立清江浦区人民法院筹备组，颜赤任筹备组组长。区委研究决定，颜赤任清江浦区人民法院党组书记。

▲ 清江浦区召开省第十三次党代会精神宣讲报告会。省委宣讲团成员、省科技厅厅长王秦应邀到清江浦区宣讲。区委书记仲凤笔主持报告会，区领导史卫东、梁学文、刘玉春、蒋风云、陶效春、单波等参加会议。

▲ 省委宣讲团成员、省科技厅厅长王秦到柳树湾街道富强社区调研。区委常委、宣传部部长蒋风云陪同调研。

12月

1日 清江浦区举行中共十八届六中全会精神宣讲报告会。市委宣讲团成员、区委书记仲凤笔作宣讲报告，区委副书记、区政府筹备组组长张笑主持报告会，区四套班子相关领导参加报告会。

▲ 省少年儿童研究会班队集体建设专业委员会第七次年会开幕式在清江浦区举行。活动由清江浦团区委、教育局、少工委联合承办，中国少先队工作学会副会长华耀国，省少工委副主任、团省委少年部部长张志方和团市委书记许根林向团区委和区教育局、淮海路小学颁发活动纪念牌。区委常委、组织部部长刘玉春出席开幕式并致辞。

▲ 市人大常委会党组书记、副主任陈洪玉，市人大常委会党组副书记、副主任陆长苏等视察清江浦区人大选举投票准备工作。区人大筹备组组长史卫东、副组长朱从越等陪同视察。

2日 清江浦区组织收听收看全省领导干部警示教育电视电话会。区领导仲凤笔、张笑、史卫东、梁学文、王娟、杨冬梅、马乃骏、李海波、刘玉春、蒋风云、陶效春、单波等在清江浦分会场参加收听收看。

▲ 区领导参加区第一届人大代表选举投票。区委书记仲凤笔，区委副书记、区政府筹备组组长张笑，区人大筹备组组长史卫东，区政协筹备组组长梁学文等区领导参加区第一届人大代表选举投票活动。

▲ 区政府筹备组召开月度工作交流会。组长张笑主持会议并讲话，副组长马乃骏、吴洪刚、戴向峰、汪冲、谢华山、张红梅，区政府党组成员苗广文等参加会议。

▲ 区委常委陶效春、区政府筹备组副组长张红梅夜查城市中心市场安全。

3日 道德讲堂《人生的第一座灯塔》活动在清江浦区举行。活动由市妇联和清江浦区联合举办。市委宣传部副部长、文明办主任杨恒忠，市妇联主席顾晓芳，区委书记仲凤笔，区委副书记、区政府筹备组组长张笑，区政协党组书记梁学文等领导参加活动。

▲ 清江浦区召开棚户区改造暨快速路房屋征收工作推进会。区委书记仲凤笔出席会议并提出要求。区委副书记、区政府筹备组组长张笑主持会议，区领导马乃骏、

赵正府、吴洪刚、汪冲、张红梅、伍光云、薛睿、杨长万等参加会议。

5日　清江浦区举办"文明清江浦"专场文艺演出活动。市委宣传部副部长、文明办主任杨恒忠和区委书记仲凤笔共同为"清江浦区志愿者联合会"揭牌，区委副书记、区政府筹备组组长张笑，区人大筹备组组长史卫东等参加活动。金驹、杨玉琴、杨森等20名区优秀志愿者接受表彰。

▲　省督学、江苏省第二师范学院正校级调研员胡相峰对清江浦区教育工作进行回访督导。市政府教育督导室主任于建斌等陪同督导，区领导马乃骏、薛莉出席汇报会。

6日　清江浦区与星源投资集团签订合作协议。集团董事长宓文刚、总经理唐伟国，区领导仲凤笔、马乃骏、蒋风云、戴向峰出席签约仪式。

▲　省督导组回访督导清江浦区教育工作反馈会召开。省督学、江苏省第二师范学院正校级调研员胡相峰，区委副书记、区政府筹备组组长张笑，副组长薛莉等参加会议。

7日　市委常委、政法委书记赵洪权调研清江浦区社会治理及平安建设工作。区委书记仲凤笔，区委常委、政法委书记李海波等陪同调研。

▲　区委副书记、区政府筹备组组长张笑赴柳树湾街道调研。了解街道基本情况，听取基层关于两会工作报告的意见和建议。区政府筹备组副组长汪冲参加调研。

8日　2016淮安清江浦大众创业万众创新活动周开幕式暨千人计划产业园揭牌仪式隆重举行。市委组织部副部长、市人社局局长江泽清，市委组织部部务委员、人才办主任姜洪洋，市科技局局长李太生，市科协主席李顺英，区委书记仲凤笔共同为"双创活动周"启动开幕球。市直相关部门、驻淮高校负责人，区四套班子领导出席活动。

▲　清江浦区召开化妆品一条街地块房屋征收工作签约动员大会。区委常委、纪委书记杨冬梅，区政府筹备组副组长吴洪刚，区政协筹备组副组长薛睿等出席会议。

9日　中央综治委副主任、中央政法委副秘书长、中央综治办主任陈训秋调研清江浦区政法综治及平安建设工作。省政法委副书记、省综治办主任朱光远，市领导姚晓东、赵洪权、刘必权，区领导仲凤笔、张笑、李海波等陪同调研。

▲　清江浦区召开创建全国文明城市迎检冲刺动员会，贯彻落实市创建全国文明城市迎测动员暨第三次点评推进会精神，动员全区上下进一步提高思想认识，明确职责任务，落实工作措施，确保全面完成创建全国文明城市各项迎测任务。区领导张笑、王娟、杨冬梅、马乃骏、蒋风云、单波等出席会议。

▲　清江浦区组织收听收看全省"两减六治三提升"专项行动动员会。区领导张笑、卢正苏、戴向峰等在清江浦分会场收听收看电视电话会。

▲　市"悦读新空间"现场观摩会暨2016年淮安周恩来读书节总结表彰会议在清江浦区举行。市委常委、宣传部长陈涛，市人大常委会副主任李冰，南京大学教授、民革江苏省委副主任委员、江苏省政协常委、中国阅读学研究会会长徐雁，南京图书馆副馆长许建业，市委宣传部副部长杨静，市文广新局局长、周恩来读书节组委会办公室主任张冲林，区领导张笑、蒋风云等参加活动。

10日　区委书记仲凤笔主持召开区划调整领导小组会议，听取区划调整相关工作情况汇报，研究部署下一阶段区划调整及相关重点任务，确保各项工作平稳有序推进。区领导张笑、史卫东、梁学文、王娟、杨冬梅、马乃骏、李海波、刘玉春、蒋风云、陶效春、单波等参加会议。

▲　区政府筹备组召开原清河、清浦两区民生政策衔接情况过堂会。区委副书记、区政府筹备组组长张笑，区委常委、区政府筹备组副组长马乃骏，副组长薛莉出席会议，区财政、民政、教育、人社及卫计委、残联相关负责人参加会议。

▲　区委副书记、区政府筹备组组长张笑到城河社区督察推进全国文明城市创建工作。

11日　区委副书记、区政府筹备组组长张笑督察推进清江浦区全国文明城市创建工作。张笑一行先后到汇丰广场、开元路、汇通市场、淮海菜场、布匹市场、西安路沿线、延安路沿线、文庙、东西大街、前进小区等地检查，并就发现的问题进行现场会办。区领导王娟、杨冬梅、蒋风云、汪冲、薛莉等参加活动。

12日　江苏省淮阴中学教育集团清浦开明中学第二届理事会第一次会议召开。会议讨论并通过张元贵、皇甫立同担任第二届理事会名誉理事长，马乃骏担任清浦开明中学第二届理事会理事长，蒋风云、薛莉、蒋鼎宏担任清浦开明中学第二届理事会副理事长。会议通过理事会相关组织机构，讨论并通过《江苏省淮阴中学教育集团清浦开明中学理事会章程》。区人大筹备组组长史卫东等出席会议，区委常委、宣传部部长蒋风云主持会议。

14日　清江浦区举办"五链联动，共创未来"2016淮安清江浦大众创业万众创新活动周银企对接会。市经信委副主任贾茂宣、市金融办副主任徐子芹，区委常委、区政府筹备组副组长马乃骏，区政协筹备组副组长尹希海出席会议，区政府筹备组副组长戴向峰主持会议。

▲　清江浦区举行"创建全国文明城市，清江浦青年在行动"志愿者出征仪式。团市委副书记朱书文，区委常委、组织部部长刘玉春等出席仪式。在职党员志愿者、大学生志愿者、爱心志愿者服务社、央行志愿者等200余人参加活动。

▲　2016清江浦区政产学研合作联席会召开。市科技局副局长谢筱会，区委常委、组织部部长刘玉春及部分在淮高校和研究机构相关负责人出席会议。

▲　全国妇联宣传部部长张小媛到清江浦区调研。市妇联主席顾晓芳，区委常委、组织部部长刘玉春等陪同。

15日　区委书记仲凤笔率队赴新疆生产建设兵团第七师交流考察，看望慰问援疆干部，推进双向合作。第七师党委常委、副师长、一二三团党委书记、政委蔡子童，一二四团党委书记、政委何新平，一二三团党委副书记、团长彭勇，一二三团党委副书记、团长付强，区领导汪冲、朱卫东等参加活动。

▲　区委副书记、区政府筹备组组长张笑主持召开快

速路房屋征收工作推进会，听取相关工作汇报，会办解决征收工作中存在的问题，研究推进工作进度的具体措施。区委常委、区政府筹备组副组长马乃骏出席会议。

▲ 区委常委陶效春、区政府筹备组副组长张红梅调研交通运输行业安全生产工作。

▲ 清江浦区举办高端创新创业人才“下午茶”活动。区政府筹备组副组长戴向峰、区第九批科技镇长团团长苗广文，区人社局、科技局、人才办主要负责人以及淮阴工学院、正大清江制药、天士力帝益药业等校企高层次人才参加活动。

16日 清江浦区举办首届创业项目大赛暨十佳创业之星评选活动。市人社局副局长张峰，区政府筹备组副组长张红梅等参加活动。本次大赛共有120余个项目参赛，10个项目进入决赛，江苏科环科技有限公司的“发电厂热力设备重要部件寿命管理技术研究”项目荣获一等奖，沈飞、于恋等10名选手当选首届十佳创业之星。

18日 民盟清江浦区第一次代表大会召开。民盟淮安市委主委、市农委副主任周伟丁，民盟淮安市委驻会副主委朱伊帆，淮阴区政协副主席、民盟淮阴区基层委员会主委赵欣，淮安市委统战部党派处处长王利，民盟淮安市委秘书长朱春霞，淮安现代商务集聚区管委会副主任、清江浦区工商联副主席、民建清江浦区基层委员会主委周海山，清江浦区委统战部副部长魏良刚应邀出席会议。大会宣读《成立民盟清江浦区基层委员会的决定》，50名代表依照相关程序选举出第一届委员会委员，选举产生以薛睿为主委的民盟清江浦区基层委员会第一届领导班子，听取第一届委员会工作报告和表态发言。

19日 清江浦区召开快速路征收（拆迁）推进会。区委书记仲凤笔出席会议并提出要求。区委副书记、区政府筹备组组长张笑主持会议，区领导杨冬梅、马乃骏、刘玉春、汪冲、张红梅等参加会议。

▲ 清江浦区召开第一届人民代表大会代表培训会议。省人大常委会人代联委原副主任、巡视员孙庭兆作代表履职知识培训，区人大筹备组组长史卫东主持培训会。区领导蒋风云、陶效春、徐乃明、卢正苏、朱从越、高寿江、赵正府等区一届人大代表、区人大机关全体同志，以及各乡镇、街道人大联络员参加培训。

21日 市中院党组书记、院长钱斌到清江浦区法院开展人大代表、政协委员联络活动。区人大筹备组组长史卫东，副组长卢正苏、朱从越，以及驻区全国、省、市人大代表和市政协委员等参加活动。

22日 淮安全国人大代表、省人大代表联组到清江浦区视察天士力帝益药业有限公司。省人大代表、市人大常委会副主任陈洪玉参加视察。市人大常委会副主任陆长苏、副市长吉子俊，区领导仲凤笔、史卫东、朱从越等陪同视察。

▲ 中国食用菌协会会长顾国新考察清江浦区淮香食用菌产业园项目。区委副书记、区政府筹备组组长张笑，副组长吴洪刚等陪同考察。

23日 清江浦区举行蔡玉宝同志赴宁捐献造血干细胞欢送会。区政府筹备组副组长张红梅出席欢送会并讲话。

25日 中国运河城市首届马拉松接力赛在清江浦区开赛。副市长王红红为比赛鸣枪发令，区委书记仲凤笔致辞。市体育局局长卞玉，区领导张笑、蒋风云、薛莉参加活动。

28日 清江浦区代表团审议市委七届三次会议报告。市委常委、常务副市长戚寿余，区委副书记、区政府筹备组组长张笑，区委常委、纪委书记杨冬梅等参加审议。

▲ 清江浦区召开政府工作报告征求意见座谈会，就2017年《政府工作报告（征求意见稿）》及区政府为民办十件实事项目广泛征求意见。区委副书记、区政府筹备组组长张笑出席会议，区委常委、区政府筹备组副组长马乃骏主持会议，区相关部门负责人参加会议。

29日 清江浦区组织集中收听收看县委书记工作讲坛电视电话会议。省委书记李强出席会议并讲话，省长石泰峰主持会议。区领导张笑、史卫东、梁学文、王娟、杨冬梅、马乃骏、李海波、刘玉春、陶效春等在清江浦区分会场参加收听收看。

▲ 清江浦区召开安全生产双月例会。区委常委陶效春出席会议并讲话，区政府筹备组副组长张红梅主持会议。

30日 清江浦区工商业联合会第一次会员代表大会召开。市政协副主席、工商联主席范更生，市委统战部副部长、市工商联党组书记张玉和，市工商联党组成员、副主席马彦，区领导仲凤笔、史卫东、梁学文、汪冲、尹希海、薛睿等出席会议。经选举，尹希海担任清江浦区工商联主席、总商会会长。清江浦区政协筹备组副组长、民盟清江浦区主委薛睿代表民主党派致贺词。

▲ 2017“活力清江浦 阔步新征程”迎新年文体活动启动仪式暨健步走活动启动。仲凤笔、张笑、史卫东、梁学文、王娟、杨冬梅、马乃骏、李海波、刘玉春、蒋风云、陶效春、单波等四套班子领导参加活动。区委书记仲凤笔鸣枪发令，宣布“活力清江浦阔步新征程”活动开始。来自全区的38个方阵共1500多名干部职工沿着枚乘路、阳光湖公园、明远路、淮海南路路线进行了健步走。

▲ 区委书记仲凤笔主持召开区委常委（扩大）会议。区委副书记、区政府筹备组组长张笑传达省经济工作会议和市委七届三次全体会议精神，区人大筹备组组长史卫东、区政协筹备组组长梁学文汇报了区“两会”筹备情况，政府工作报告起草组汇报报告起草情况。区领导王娟、杨冬梅、李海波、刘玉春、蒋风云、陶效春、单波等参加会议。

▲ 区委副书记、区政府筹备组组长张笑主持召开区离退休老干部座谈会，广泛征求《政府工作报告（征求意见稿）》修改意见和建议。区委常委、区政府筹备组副组长马乃骏参加会议。

QING JIANG PU NIAN JIAN

南船北马清江浦

NAN CHUAN BEI MA QING JIANG PU

- 综述
- 地情概要
- 历史沿革
- 人文风情
- 经济发展
- 社会事业

综 述

作为地域名称,清江浦早在明清时期,即以漕运枢纽和河道治理中心誉冠天下。因其拥有“南船北马”“九省通衢”“天下粮仓”等美誉而与扬州、苏州、杭州并称运河沿线的“四大都市”。

清江浦开埠前的淮阴旧城是人烟较少的“空旷之地”,自清江浦河开凿,清江闸等四道闸修建,常盈仓等转搬仓落成,造船厂扩建投产,商贸活动剧增,迅速成为长江以北“侨民宿贾,巨室鳞次”的通商大埠,京杭运河沿线享有盛誉的交通枢纽、漕粮储地和商业重镇。城区人口一度达五十万之多。

由于清江浦扼河、漕、盐、榷、驿之机杼,漕运兴盛年代,聚集着众多文武官员、显宦世家、巨商富贾、文人墨客和僧道名流。黄河夺淮后,朝廷立清江浦以北的运河只允许运粮漕船、贡品船与巡河官舫通过新规,致大量旅客与货物在清江闸进行“南船北马”交通方式的变更。南方物资船抵清江浦后,只能于清江闸石码头舍舟登陆,渡黄河至王家营换乘车马北上,踏上通京大道;北方官员、商贾乘车马抵淮阴,必于王家营弃车马,至清江闸登舟扬帆南下。是时,境内漕舟云集,市井稠密,仅在清江浦石码头领有营业执照、专为往来行旅服务的脚夫就逾万人。

随着黄河北徙、漕运停废、铁路绕道、盐运异途,加之残酷的战乱与水患,名闻遐迩的运河重镇、江淮通商大埠的清江浦渐衰。

2016年7月7日,国务院批准江苏省人民政府调整淮安市行政区划:撤销淮安市清河区、清浦区,设立淮安市清江浦区。10月8日,清江浦区人民政府在淮安市区淮海南路268号正式挂牌办公。自此,1415年开埠,历经600年起伏涤荡,清江浦又以行政区划名称重写历史新篇章。

地情概要

【自然地理】 清江浦区,位于江苏省中北部、淮安市古淮河南岸,地处北纬34°10′,东经119°5′。区境属黄淮冲积平原,以砂质土壤为主,地形平坦,从西北向东南略倾斜。境内河湖交错,水网纵横。清江浦气候属温带与亚热带过渡气候区,年均气温14℃左右,日气温5℃以上约289天;年均无霜期213天;年均日照2130~2430小时,年均降水量940毫米,年均雨日104天,年均相对湿度77%。全年日照充足,雨量丰富,雨热同季,四季分明。

【资源与环境】 清江浦区境已探明地下岩盐储藏量40亿吨、芒硝储存量30亿吨。有效态铁、有效态铜较丰富;有效态锰、有效态锌、有效态硼分别占21.25%、37.50%、15.00%。辖区地下水资源储量丰富,可供开发利用的含水层广泛分布于第四系松散层。平水年全区降水补给潜水的水量为15.08亿立方米,一般干旱年为12.83亿立方米,在特殊干旱年为8.16亿立方米,潜水调节资源量为8.53亿立方米。全区深层地下水可采资源量为5.42亿立方米。

2016年,清江浦区化学需氧量、氨氮、总磷、总氮四项污染物排放削减率均为2.4%;全年PM2.5平均浓度53.5微克/立方米,相比2013年数据下降32.1%;水功能区水质达标率100%。生态红线区域调整方案通过省环保厅审核,比重达13%。完成12台锅炉整治及1家挥发性有机物产生企业综合整治工作。

【基础设施】 晚清至民国年间,清江浦饱受水患与战乱,盛极一时的城区市政设施与工商文化等产业遭受严重破坏。至民国37年(1948年),城区面积不足4平方公里,街道累长仅4公里余,人口不足4万,旧日繁华尽失。

中华人民共和国成立后,历经数十年图治,特别是社会主义新时代各项事业的跨越式发展,今日清江浦已成为历史文化名城淮安市的中心城区,淮安市政治、经济、交通、文化中心和对外交流的重要窗口。市级金融机构,市级供电、邮电及各大通信企业总部,市区业态全、规模大的商贸企业,市主题文化展示场馆以及市民休闲娱乐集会场所多设于此;市区交通主干道淮海南北路、承德路、北京路、西安路、淮海东西路、漕运路、健康路、和平路、翔宇大道贯通全境;京沪、宁淮、宁连等多条高速公路,与陇海、兰新、京沪、京广、京九、京哈等多条铁路相连的新长铁路、徐淮盐铁路均穿境而过;古淮河(亦称废黄河)、里运河、大运河、淮河入海水道四水穿城,多条流域性航道通江达海,区境东部距苏北航空客货运枢纽的淮安涟水机场仅18公里。

【行政区划】 清江浦区居淮安市地理位置中心,以原淮安市清河区、清浦区行政区域为其现行政区域,辖区总面积420平方公里(实际行使行政管辖权面积309平方公里),东与淮安区接壤,南与洪泽区毗连,西、北与淮阴区隔淮沭河、古淮河相望。区境设城南、清浦、浦楼、闸口、长东、长西、淮海、府前、清江、柳树湾、清河、水渡口12个街道办事处和黄码、武墩、盐河、和平4个乡镇及工业园区、经济开发区(筹)两个省级经济开发区,共79个社区委员会、51个行政村(含8个村、居合一机构)。

清江浦区乡镇(街道)社区、行政村一览表

表1

序号	名称	城市社区		行政村	
		总数	名称	总数	名称
1	城南街道			7	城南、柴米、先锋、新闸、关城、福田庵、韩城

续表1

序号	名称	城市社区 总数	城市社区 名称	行政村 总数	行政村 名称
2	清浦街道	16	四季青、南港、东风花园、富春花园、运河新村、大桥、淮海南路、港口、淮三路、新新家园、天津路、日月星辰、航运东新村、清安、东风、蔬菜	3	清安、东风、蔬菜
3	浦楼街道	8	城西、运河、化工二村、化工新村、大庆、延安路、洪门、浦楼		
4	闸口街道	10	花街、博古、环城、宝塔桥、城河、东门、石桥、浦东、城东、南园		
5	长东街道	5	三门、越河、清淮路、兴隆、工农兵		
6	长西街道	5	人民路、上海路、长西、引河、河堤路		
7	淮海街道	8	交通、新村、健康路、黄河南、向阳、立新、车站、北新村		
8	府前街道	7	西园、淮西、京南、繁荣、工农、北京北路、京北	1	繁荣
9	清江街道	7	南门、新民路、西门、施家桥、公园、城中、北门		
10	柳树湾街道	6	朝阳、富丽花园、城北、西郊、西安路、富强	3	西郊、西安路、富强
11	清河街道	2	清新花苑、清隆家园	3	团汪、三坝、老坝
12	水渡口街道	5	东郊、沈阳路、杭州路、东方丽景、合肥路	4	东郊、洪福、新建、果园
13	黄码乡			6	运西、吴圩、周陈、三乐、邱庄、黄码
14	武墩镇			7	王庄、普墩、武墩、三闸、唐庄、王桥、严集
15	盐河镇			7	杨庙、甘露、盐河、大李、王元、谢碾、姚湾
16	和平镇			10	秦墩、大黄、崔葛、唐桥、后左、齐湖、和平、范庄、电站、越闸
合计		79个城市社区		51个行政村	
	注:全区79个社区含8个村居合一社区。				

历史沿革

【概况】 清江浦河开通后，昔日空旷之清江浦逐渐发展成商贸重镇，江淮区域性政治中心，国家与地方重要管理机构驻节地。

明清时期，朝廷漕运总督、河道总督、户部分司、工部分司等机关与官员长期驻节清江浦；晚清时在清江浦设立铜元局，使其成为全国为数不多获得铸币权的地方；光绪年间，一度设立的江淮省首府亦设在清江浦，江淮巡抚、江淮按察使在此居住。

民国时期，淮扬道署、第七行政督察署、江苏省政府，中共淮盐特委、苏皖边区政府、清江市政府、两淮市政府先后驻节清江浦。

新中国成立后，清江浦成为中国人民解放军第12军军部，淮阴专员公署、淮阴（淮安）市政府、淮阴（淮安）军分区、江苏生产建设兵团团部、江苏省农垦局、清江市人民政府、淮阴县（市）人民政府长期驻扎地。

清江浦，旧时以地域名称誉江淮大地。其吏治既与历史上的清河县、清江市密切相关，又与旧治中的淮阴县（今淮安市淮阴区）、山阳县（今淮安市淮安区）不可分割，几者境域与治所时合时分，时属析。

【古代变迁】 清江浦境地，是江淮流域人类文明的发祥地之一。经对距今六七千年前，原钵池乡山前村一带居住的氏族部落遗址出土炊煮谷物的陶器及大量蚌壳、螺蛳壳、兽骨等考证，当时氏族经济活动以渔猎与采集为主。夏商周时期，清江浦境内是淮夷、徐戎活动范围。春秋战国时期，境内先属吴、越，后归楚国。秦王政二十四年（前223年）秦灭楚，始设淮阴县，属泗水郡（一说属东海郡，也称郯郡）。其时，淮阴县治所设甘罗城（今淮阴区码头镇东北一里许，相传为秦上卿甘罗所筑）。汉高祖六年（前201年），封西汉开国功臣、秦汉著名军事家，淮阴籍人士韩信为淮阴侯，淮阴为其封邑。隋至元代，淮阴县几度并归山阳县。南宋咸淳九年（1273年）在淮阴故城北、泗水入淮口

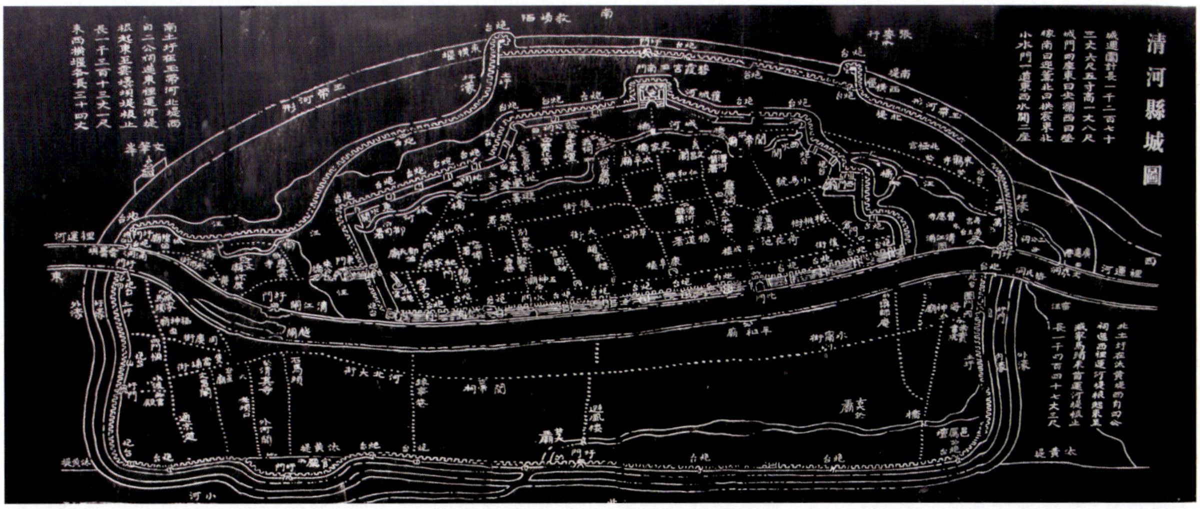

（即古泗口，又称大清口）设置清河县，治小清口，属淮安辖。因水患与战乱，清河县曾几度迁治所于甘罗城。

明永乐十三年（1415年），陈瑄开凿清江浦河，清江浦人口殷繁，隧兴为重镇。清乾隆二十七年（1762年），经江苏巡抚陈宏谋上疏获准，将屡遭水患的清河县治所迁至清江浦，并割山阳县靠近清江浦十余乡归清河县辖。清河县移治清江浦后，除南界少部乡村仍属山阳县外，古淮阴之地全归其辖。

【近代沿革】 民国始，由于隶属关系、行政区划以及战事变幻，清河县常与淮阴县（今淮安市淮阴区）区域与治所交叉重叠。

民国初，废淮安府，清河县直属省辖。民国3年（1914年），清河县因与直隶清河县同名之故复称淮阴县。仍设治于清江浦。并设淮扬镇守使衙门、淮扬道伊衙门于此，淮阴为其属县。民国16年（1927年）撤道。民国21年（1932年）设淮阴行政督察专员公署于清江浦，淮阴县为其管辖。国民党第二十五路军指挥部也曾在此驻节。民国26年（1937年）年底，国民党江苏省政府迁避于此。民国28年（1939年）3月，淮阴城被日军攻陷，淮属各县于次年相继成立抗日民主政权。民国34年（1945年）9月，新四军收复淮阴城，并以里运河两岸城区地域取清江浦简称成立清江市。同年11月，苏皖边区政府驻节清江市，清江市直属苏皖边区政府管辖。次年9月，国民党军队占领淮阴城，清江市政府被迫撤出，国民党淮阴县政府、淮阴区行政督察专员公署和淮海绥靖司令部随驻扎清江城区。1948年12月，中国人民解放军解放淮阴城，清江市与淮城市（今淮安市淮安区城区）合组成立两淮市，直属华中行政办事处领导。其时，两淮市下辖淮城市及城中、长街、营坝、水渡、龙爪、码头6个行政区，市政府治所设在清江浦。1949年3月，华东局撤销两淮市建制，淮城市划归淮安县，6个直属区合并为清江、城南、王营3个区，划属淮阴县管辖，淮阴县治所设清江浦。

【当代新政】 新中国成立初期，现清江浦城区属淮阴县管辖，时称清江区。1951年1月，经中央政务院批准，淮阴县清江区改建为清江市，直属淮阴专员公署管辖。其时，清江市下辖同庆、万柳、铜元、永宁、荷生、人和、新义、孔庙、桥南、王营10个镇。1954年10月，10个镇合并为长东、长西、公园、闸南、王营5个镇。1956年7月，增设水上办事处。同年9月，王营镇划归淮阴县管辖，长东、长西、公园、闸南4个镇改为街道办事处，原淮阴县所属机场、钵池、太平、韩城4个乡划属清江市辖。1958年5月，太平、韩城两乡合并改称城南乡。1958年8月，清江市与淮阴县合并成立县级淮阴市，仍属淮阴专员公署领导，其下辖政权组织包括原清江市与淮阴县

清江浦区行政中心

所属全部乡、镇和街道办事处。1961年3月，城区的清江人民公社划分为闸口、城北、清江三个人民公社。1964年10月，清江市与淮阴县分置，原淮阴市所属28个农村人民公社划归淮阴县管辖，清江、闸口、城北、王营4个城区人民公社则归属清江市。1964年12月，清江市增设郊区人民公社。1972年11月，淮阴县治所由清江市城区迁至古淮河北岸，王营镇作为淮阴县新治所划归淮阴县，淮阴县所属城南、钵池两个人民公社归属清江市管辖。

1983年3月，江苏省实行市管县体制改革，撤销淮阴地区行政公署，设立淮阴市，原清江市行政区域以里运河为界分设清河、清浦两个市辖区，原清江市所辖乡镇街道亦以里运河为界分属两个新成立的区政府。其时，清河区人民政府设治于市区淮海西路太平巷（现名利苑路）2号，1997年1月，迁址北京北路103号。清浦区人民政府始设治所于市区人民南路102号。1986年，清浦区政府迁址市区环城西路22号；1999年12月再迁至承德南路66号；2006年12月，迁入市区淮海南路268号。2016年7月，经国务院批准，清河、清浦两个市辖区合并组建清江浦区，同年10月8日，清江浦区人民政府在市区淮海南路268号正式挂牌办公。

人文风情

【人口】 2016年年末，清江浦区常住人口67.4万人，户籍总人口559890人。其中男性281076人，占总人数的50.2%，女性278814人，占总人数的49.8%，总人口性别比100.81（以女性为100）。全年出生人口5801人，出生率为10.44‰；死亡人口1870人，死亡率为3.36‰；自然增长人口8121人，人口自然增长率为7.07‰。

【风俗方言】 清江浦区位居古淮河南岸，岁时习俗、礼仪习俗、生活习俗、商业习俗与淮楚同风。清江浦方言属北方方言，是江淮方言的组成部分。

【民族宗教】 清江浦区境内人口以汉族为主，少数民族以回族人口为众。其他少数民族有蒙古族、藏族、维吾尔族、苗族、彝族、壮族、布依族、朝鲜族、满族、侗族、瑶族、白族、土家族、哈萨克族、傣族、黎族、傈僳族、畲族、高山族、拉祜族、纳西族、柯尔克孜族、土族、达翰尔族、羌族、布朗族、毛南族、仡佬族、锡伯族、鄂温克族、鄂伦春族等。

宋朝末年，清江浦境内即有佛教、道教活动，并在钵池山分别建景慧寺和韩元道院。明，道教盛极时，曾有“九宫十八庙”之说。清乾隆年间，回民族多集中居住清江浦东长街，并建清真寺。咸丰元年（1851年），法国人至清江浦传播天主教，在石码头建教堂。光绪二十四年（1898年），美国传教士在东长街建教堂，基督教又传入清江浦。至2016年年底，清江浦区境有基督教、伊斯兰教、佛教、道教四个教种，教堂及传教点40余处，教众近4万人。

【历史名人】 古代：秦汉时期，淮阴为楚汉大军事家韩信的封侯之地。西汉武帝年间，有辞赋大家枚乘、枚皋父子。汉末有著名文学家、“建安七子”之一的陈琳，他所作的《饮马长城窟行》，反映人民疾苦，催人泪下。宋代有著名诗人“苏门四学士”之一的张耒，其作品贴近民意，风格平易自然。南宋抗金名将韩世忠在大河口（即清河县）抗击金兵，亦已载入史册。明清时期，水利专家陈瑄、潘季驯、靳辅、陈横、郭大昌等先后在境内治水，功勋卓著。曾任清河知县的吴棠，咸丰十一年任江宁布政使兼属漕运总督，督办江北粮台。同治二年实授漕运总督，次年署江苏巡抚。其间，拆洪泽湖堤武家墩以北石工筑清江浦淮阴城，并筑里运河南北土圩。又创崇实书院，建文庙大成殿，置义学四所。1805年，出生在清江浦阜城街（今十里长街西段）的著名女弹词作家、书法家邱心如，著有清代长篇弹词名篇《笔生花》。清末民国初，著名学者范冕，精于制艺，善作诗文，晚年任《续纂清河县志》总纂，又著《淮阴近事录》两卷。著名教育家张符元，全力倡办新学，捐赠房屋器具办学经费，共值银33598两6钱，创办绳武高等小学堂和江北中学堂，受到朝廷嘉奖。

近现代：一代伟人周恩来童年曾就读于十里西长街大有巷。如今在周恩来童年读书处院内，周恩来当年浇灌的蜡梅，仍十分繁茂，每值寒冬腊月，花蕾满枝，傲雪斗霜，香气袭人，吸引众多中外游客。范希曾、范尉曾、范绍曾三兄弟，号称“淮阴三范”，均毕业于南京高等师范学堂，又都勤奋学习而学业优异，事业上斐然，著作较多。尤以范希曾博览群书，补缀前人之未逮，为古籍目录学继往开来作出贡献。出生于清江浦都天庙街的著名摄影家郎静山享有影坛泰斗之美誉。博采众长、弟子逾百的京剧表演艺术家、教育家，一代宗师王瑶卿祖居清江浦。出生于清江浦虹桥文渠边的周信芳，六岁学戏，七岁登台，以其精深的艺术成就，被誉为麒派京剧艺术大师。出生于清江浦十里长街东长街的著名剧作家陈白尘，创作《升官图》《岁寒图》《乌鸦与麻雀》《大风歌》《阿Q正传》等文学作品。著名教育家李更生，曾任淮安江苏省立第九中学校长，创办《童灯》《淮铎》刊物，组织红十字会，提倡女子教育；为办学兴教，不惜变卖家产，将住所改为教室，毛泽东称赞其“毁家办学，高风亮节”。出生于淮阴（现清江浦区）西大街的谢冰岩、谢铁骊两兄弟为中国新闻和文化艺术工作作出过杰出贡献。原清江浦十里长街东长街232号，是已故著名针灸专家、中国中医研究院教授、博士生导师、中国工程院首批院士、中央文史馆馆员、国家攀登计划“经络的研究”项目首席科学家程莘农的故居，其主编的《中国针灸学》（中、英文版）等十余本学术著作，受到世界文化理事会表彰，荣获“阿尔波特．爱因斯坦”世界科学奖。

【名胜古迹】 清江浦区境风景名胜主要分布在里运河沿线和古淮河南岸。全国重点文物保护单位有：世界文化遗产——中国大运河文化重要遗产点（清江闸、清江古清真寺、

老清江浦楼

清晏园、丰济仓遗址、清江浦楼)；苏皖边区政府旧址纪念馆。省级文物保护单位有：慈云寺、都天庙、韩母墓、陈潘二公祠、吴公祠、清江浦楼、周恩来童年读书处旧址、清江文庙、韩信城遗址。市级文物保护单位有：娃娃井、七里墩战国墓、接藘寺、郎静山故居、李更生故居、王瑶卿故居、周信芳故居、汪宅、清江钟楼、将军楼等。

清江浦区境内有3处国家AAAA级旅游景区：淮安市博物馆、古淮河文化生态景区(中国淮扬菜文化博物馆、中国西游记博览馆、中国城市化史馆、国家级湿地公园——古淮河公园、恢复重建的宋代建筑古淮楼等坐落其中)、里运河文化长廊清江浦景区(慈云寺、国师塔、清江文庙、越河老街、仁慈医院旧址、赛珍珠故居、淮安运河博物馆群、浦楼酱醋园、文庙水街、码头博物馆、石油库特色创意街区、御码头、淮扬名菜美食街、名人故居、大运河文化广场以及始建于明代,至今仍屹立于里运河上的古清江闸等均在此景区)；多处国家AAA级旅游景区：钵池山公园,以及古黄河民俗生态园、桃花坞公园、楚秀园、动物园等。

经济发展

600多年历史的清江浦,始终是中心城市的标志地。合并前的清河、清浦两个行政区,仅占淮安市3%的土地,却贡献了超过全市28%的财力和20%的服务业产值。作为淮安市核心功能承载地,彰显了昔日清江浦的辉煌。

2016年11月28日,新成立的清江浦区召开首届党代会,为实现清江浦"领先淮安、崛起江淮、融入苏南"三步跨越,确立了"打造区域中心城市标志地"的总定位,提出了"淮安高水平全面建成小康社会的先行区、示范区,苏北重要中心城市的功能核心区、形象展示区"两大目标；实施"创新驱动、产业强区、开放引领、城乡一体、民生共享、生态优先"六大战略,努力建成"繁荣、幸福、美丽、文明"的清江浦。

【综合实力】 清江浦区国民经济是以现代服务业为主导,都市型工业为基础,现代农业为特色的现代产业体系。2016年,全区实现地区生产总值400.30亿元,按可比价格计算,同比增长8.8%。其中,第一产业实现增加值10.25亿元,同比增长1.8%,第二产业实现增加值94.27亿元,同比增长10.3 %；第三产业实现增加值295.78亿元,同比增长8.6 %。三次产业结构比例为2.6 : 23.5 : 73.9。人均地区生产总值112624元,按当年平均汇率折算为16956美元。

财政收入　2016年,区财政总收入60.77亿元,比上年同期下降14.8%,公共财政预算收入50.08亿元,比上年同期下降21.86%,其中税收收入34.84亿元,比上年同期下降32.5%,非税收入15.24亿元,比上年同期增长22.5%。全年实现公共财政预算支出44.16亿元,比上年同期下降23.2%,其中一般公共服务支出4.45亿元,比上年同期下降7.2%。

固定资产投资　2016年,累计完成规模以上固定资产投资 376.05亿元,同比增长19.2%。实现社会消费品零售总额285.87亿元,比上年增长11.6 %。实际利用外资6869.5万美元,完成进出口总额3.6亿美元,其中出口总额3.1亿美元。

工商登记　2016年,在清江浦市场监督管理局登记的年末全部内资企业有1147户,注册资本134.54亿元；私营企业13050户,注册资本1283亿元；个体工商户55817户,注册资本45.24亿元。

【农业】 2016年,全区实现农林牧渔业总产值18.73亿元,较上年增长4.60%。其中,农业总产值14.90亿元,增长3.79%；林业总产值0.18亿元,增长4.35%；畜牧业总产值2.09亿元,增长10.75%；渔业总产值0.94亿元,增长3.50%；农林牧渔服务业产值0.63亿元,增长6.49%。

【工业】 2016年,全区规模以上工业总产值实现405.4亿元,比上年增长12%。在规模以上工业中,实现产品销售产值403.92亿元,比上年增长13.4%,工业产品销售率99.6%。全年规模以上工业实现主营业务收入378.97亿元,比上年增长12.0%；完成利税总额47.97亿元,比上年增长15.5%；完成利润总额33.93亿元,增长19.7%。

【建筑业】 2016年，全区实现建筑业增加值24.55亿元，按照可比价计算，比上年增长2.3%。房屋建筑施工面积1185.9万平方米，同比下降7.3%，其中本年新开工面积382.1万平方米，同比下降41.7%。资质以上建筑业企业完成总产值257.6亿元，同比增幅9.3%；竣工产值190.6亿元，同比下降6.3%。

【服务业】 2016年，全区共有列统贸易企业333户，年末营业面积554019平方米，年末从业人数14432人。实现社会消费品零售总额285.87亿元，比上年增长11.6 %。，全区实现服务业增加值295.78亿元，占GDP比重73.9%；现代服务业增加值占GDP比重36%。实现服务业税收(不含房地产)26.65亿元。全年新增规模以上服务业企业29个，服务业规模以上企业总数位居全市首位。2016年度在各类资本市场挂牌上市企业有17个。

社会事业

【文化】 清江浦区境包括淮安市博物馆、运河博物馆群、中国淮扬菜文化博物馆、中国西游记博览馆、中国城市化史馆等名馆在内的各类文化场馆与文化站所近80个，各类文化艺术团体34个。2016年，建成了18个基层综合文化服务中心和10个24小时自助图书驿站；完成图书总分馆一卡通改造工程；举办公益性文艺演出活动240场次、展览20场次，送电影363场次；有9件作品获省级以上奖项；淮扬情大舞台、恒大影院、横店影城等一批功能性文化项目相继营业；老舍茶馆、苏盐生活家、大猫音乐餐厅等一批创意餐饮业项目落户清江浦1415街区。

【教育】 至2016年年末，清江浦辖区内共有教育机构129家，其中大中专学校3所，四星级高中4所，三星级高中2 所，初中学校17所，全日制小学25所，区属幼儿园34所，民办培训机构达44家。

【卫生】 至2016年年末，清江浦区境医疗卫生机构总数达242个。其中各类医院24个，基层医疗卫生机构215个，专业公共卫生机构3个。医院中，三级甲等医院6个，一级医院18个。基层医疗卫生机构中，社区卫生服务中心(站)49个，乡镇卫生院4个，诊所和医务室91个，村卫生室42个。

【体育】 2016年4月，清浦中学和一中组队代表清浦区参加市高中男子篮球比赛获第一名；新民路小学参加市小学生篮球比赛获女子第一名。5月，成功举办清浦区首届校园“区长杯”中小学生校园足球比赛，全区共有38支小学、初中男女代表队参赛。

【民生保障】 2016年，全区参加企业养老保险103869人，参加居民养老保险41488人，覆盖率分别达98%和99.6%；参加失业保险46324人，覆盖率达98%；参加城镇居民医疗保险216100人，参加城镇职工医疗保险59317人，覆盖率分别达99.8%和96.9%。2016年为城乡低保2358户4519人，累计发放城乡低保金1775万元；救助困难家庭户1882人次，累计发放救助金243万元；救助城乡无固定收入重残疾人3 616人，累计发放救助金1185.52万元；医疗救助5284人次，救助金额约610.36万元；全区1427人次接受慈善救助，救助金额179.1万元。截至2016年底，全区共有民办养老机构25家，养老床位2892张，每千名老人拥有机构养老床位数达32张。积极发展居家养老，已建成“城市居家养老服务中心”76家，覆盖率达100%。累计发放尊老金973.7万元；累计开展各类老年人文体活动上千场次。

【人民生活】 2016年，清江浦区实现居民人均可支配收入34838元，增长7.7%，其中，城镇居民人均可支配收入36543.8元，增长7.3%；农村居民人均可支配收入17760.2元，增长8.1%。实现城镇居民人均消费支出19170.7元，农村居民人均消费支出13531.7元。

全区人均住房建筑面积46平方米，其中城镇人均住房建筑面积42平方米，农村人均住房建筑面积68平方米。

城乡居民人均可支配收入（元、%）

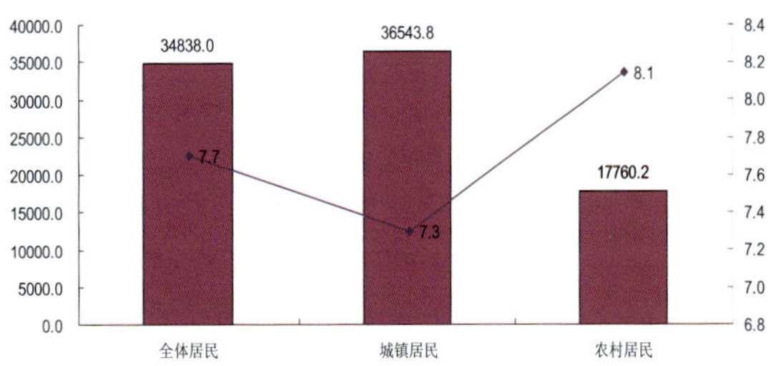

城乡居民人均生活消费支出（元、%）

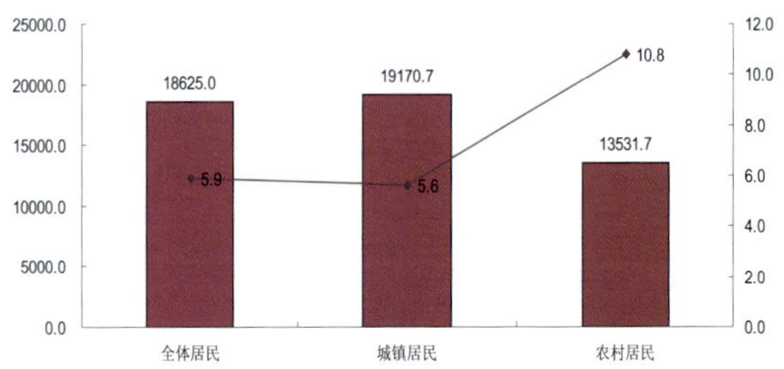

QINGJIANGPU NIANJIAN

生态家园

SHENG TAI JIA YUAN

- 国土资源
- 环境监测与保护
- 园林绿化

国土资源

【概况】 2016年，经国务院批准，原淮安市清河区与清浦区合并成立清江浦区。清江浦区以淮安市3%的土地，集聚了近14%的人口，贡献了超过28%的财力和20%的服务业产值。2016年，原清浦区获2015年度江苏省国土资源节约集约利用进步奖，清江浦国土分局获2016年度淮安市国土资源系统行风和软环境工作先进单位，原清河国土分局再获2013—2015年度省级文明单位光荣称号。

【原清浦区获江苏省国土资源节约集约利用进步奖】 2016年，原清浦区人民政府被省国土资源厅表彰为“2015年度江苏省国土资源节约集约利用进步奖”，给予200亩城乡建设用地增减挂钩指标。认真贯彻国土资源部统一部署和省、市相关要求，提出年度创建工作目标，认真实施《清浦区开展国土资源节约集约模范区创建活动实施方案》，成立创建工作领导小组，印发《清浦区关于进一步强化节约集约用地的意见》和创建工作宣传方案等文件，完成年度创建重点任务推进落实等工作。配合市国土资源局做好工业用地供应制度改革前期调研和建设用地全程跟踪管理，强化合同履约监管，完成全区节约集约用地相关情况汇报。国土分局从规范数据台账，认真维护建设用地跟踪巡查系统入手，对在维护建设用地跟踪巡查系统中将要到期未开、竣工项目，未按期缴纳土地出让金的项目及时下达催开、竣工通知书和出让金催缴通知书，做到提醒并督促项目建设单位按期完成项目建设自觉履行合同，实现建设用地跟踪巡查，系统内项目地块按期完成建设目标。

【原清河国土分局再获2013—2015年度江苏省文明单位光荣称号】 2016年10月，淮安市精神文明建设指导委员会印发《关于淮安市荣获2013—2015年江苏省群众性精神文明先进单位的通报》，2016年，组织的江苏省文明单位评选活动中，淮安市国土资源局清河分局通过复查确认继续保留省文明单位荣誉称号。该局在2013—2015年度认真贯彻习近平总书记系列重要讲话精神，以创建省级文明单位标兵为目标，坚持高标准严要求，扎实开展各项创建工作，在综合效益显著增强、思想道德风尚良好、单位管理科学有效、单位文化特色鲜明、创建活动深入开展、领导班子坚强有力等方面取得新的成效。围绕中心开展创建，全面完成三个年度目标任务。原清河区获得2013年度省土地执法模范区称号，节约集约用地“双提升”行动成绩突出，跨入全省节约集约用地达标区行列。加强政治建设全员思想道德风尚良好，分局连续三年被评为清河区软环境建设十佳单位。国土资源管理科学有效，实现重点工程用地调查及时高效和土地登记发证零差错等工作目标。

【节约集约用地“双提升”】 科学发展是硬道理，节约用地是大战略。清江浦区把节约集约利用资源作为国土工作核心任务，围绕省、市下达节约集约“双提升”目标任务抓好各项工作。一是建立推进保障机制。以创建国土资源节约集约模范区为载体，区党政主要领导亲自抓重点工作推进落实，区人大代表、政协委员多次视察节约集约用地工作开展情况，国土分局全力以赴做好各项工作，形成了区委领导、政府负责、部门协同、公众参与、上下联动的工作格局，保证了全区项目建设高效用地工作顺利进行。完成创建重点任务推进落实，规模以上工业企业亩均税收、税收贡献率全市领先，完成市下达的节约集约用地目标考核任务，亿元GDP建设用地占用率逐年有所下降，节约集约用地走在全市前列。二是节地发展理念贯穿项目建设始终。该区把“双提升”行动作为土地使用制度改革方向，提出建设“繁荣、幸福、美丽、文明”清江浦和构筑“一轴两翼三片和一个重大增长极”新格局，实现节地发展的构想。将“零地招商”理念写入政府工作报告，作为招商引资工作基本遵循。区围绕重点工程分别成立项目指挥部，国土等相关部门分别成立重点项目帮办工作领导小组，齐心协力推动项目快建设、快竣工、快运营、快达效。三是“零增地发展”做优二、三产业。该区注重市场运营+政府服务提升二、三产业用地水平，通过强管低效土地、提高产出率，强制达标、提高投资率，用亩均效益倒逼土地节约集约利用等措施，鼓励企业推动产业链、价值链由中低端向中高端转变，提高单位土地产出率、税收贡献率。天士力帝益药业等多家企业扩能增效、盘大做强，持续提升龙头带动作用。获得“点供”计划的澳洋顺昌一期、二期项目基本建成，三期项目正在打桩加快基建步伐。工业设计园、创意产业园完成整体改造并投入运营，成为区“零增地”发展的成功范例。将清江浦文旅集聚区作为“四个清江浦”建设的重要板块，总投资超160亿元的阅读中心项目、御码头运河文化中心项目、运河文创中心项目、1415街区项目部分启动建设。依托“两大商圈”，加快辅助商业中心建设，中央新亚北侧地块的花漾城项目一期销售火爆。淮安金地中心聚焦24万平方米精致公园城市综合体功能定位，以其独特的品牌优势，即将成为万达商圈的新亮点。规划面积2.73平方公里的盐河生态科技城正在加快推进重点项目建设，约3100亩的清河新区工业园投资总额约96亿元，亩均投资强度350万元，“百幢商务楼宇建设”计划高效推进，“两大核心商圈”初步形成规模。

【原清浦区农村宅基地和农房统一登记调查试点工作通过市验收】 根据全市土地使用制度改革试点工作总体方案要求，原清浦区承担农村宅基地和农房统一登记调查试点工作。2016年3月区政府下发《清浦区农村宅基地和农房统一调查登记发证试点工作实施方案》，专门成立由区分管领导担任组长，区国土等相关部门负责人为成员的领导小组，全面负责盐河镇、和平镇12个行政村的宅基地和农房统一登记调查工作。根据循序渐进精神，研究选定盐河镇谢碾村和杨庙村作为试点工作的试点村。区国土等相关部门结合区集体土地使用权调查成果，逐户进行入户调查，登记好各农户四至、面积、建筑结构、家庭成员以及编号，健全相关表格图册，设立统一标准建立农房统一登记数据库。经过区各相关部门共同努力，《农村宅基地和农房统一调查登记发证试点工作实施方案》按计划顺利实施，共形成9022户调查资料和相应农房数据库，于2016年12月通过市级验收。

【不动产统一登记工作】 认真贯彻国家《不动产登记暂行条例》，把做好不动产统一登记工作作为国土工作大事来抓，全力以赴加以推进落实。一是配合做好市不动产登记中心筹建工作。根据市《关于规范市区不动产登记工作的通知》精神，原清浦、清河两区不动产统一登记工作全部在市不动产登记中心进行。原清浦、清河国土分局按照要求投入大量人力物力，配合做好相关业务工作，及时完成各项筹备工作任务，为将原有的市房产登记窗口和土地登记窗口全部改造成不动产登记窗口打下扎实基础，市不动产登记中心筹建工作按计划完成。2016年5月9日，在市政务服务中心举行揭牌暨颁发淮安市区首批不动产权证书仪式，开始为原清浦、清河两区群众提供不动产登记服务。二是筹备市不动产登记清江浦分中心工作启动。因市不动产登记中心长期处于超负荷运行状态，为满足群众不动产登记的需求，更好地服务广大市民，2016年9月，淮安市国土资源局下发《关于规范市区不动产登记工作的通知》，明确原清浦分局负责辖区内不动产权籍调查和集体土地不动产登记事项。2016年11月，批准成立淮安市不动产登记清江浦分中心，将承担部分清江浦区国有房屋、土地、林地、草地等不动产登记工作并独立承担清江浦区宅基地和农房统一登记工作。清江浦国土分局对照“四全”（全流程优化审批、全区域便民服务、全业务网上办理、全节点效能监管）服务模式要求，扎实推进分中心筹建工作有条不紊地开展。以选址要尽可能扩大服务半径，为以后全业务开展预留空间为原则，认真落实分中心的窗口设立地点，通过实地调查比对，选定区民生大厦二楼作为办公地点。印发《淮安市不动产登记清江浦分中心不动产登记实施细则》，完成窗口工作人员业务培训、硬件采购、装修招投标等工作，录入和导入原集体土地登记信息，将二次调查中农村城镇数据、农民宅基地数据、农房调查数据对分局不动产登记资料进行数据储备，在做好系统优化、数据整合和互联互通、落实“四全”服务模式等方面取得实效。后期准备在分局各国土资源所开设受理窗口，实现全流域受理。

【工矿废弃地挖潜工作】 原清浦区认真贯彻省、市部署，将开展工矿废弃地深入挖潜作为国土资源节约集约利用重点工作，组织国土等相关单位通过调查摸底等工作，制定了和平镇越闸村工矿废弃地复垦项目计划，获得省、市国土部门批准同意。该项目作为2016年度立项实施项目，计划总投资180万元，规模面积261亩，新增耕地247亩。区国土分局根据上级批复精神，进一步细化实施方案，精心组织全力推进，在规定时间保质保量完成复垦任务，全部达到规定要求，并在全省范围内第一家通过省国土资源厅的验收。

【清江浦区工业用地调查城镇低效用地再开发工作启动】 清江浦区认真贯彻省、市部署，将开展工业用地调查城镇低效用地再开发作为重点工作来抓，多举措加以落实推进。一是提高思想认识。组织区相关部门认真学习《中共江苏省委江苏省人民政府关于全面推进节约集约用地的意见》、《省政府办公厅关于促进低效产业用地再开发的意见》和《江苏省国土资源厅、江苏省发展和改革委员会、江苏省经济和信息化委员会关于推进低效产业用地再开发促进产业转型升级的实施意见》等文件精神，把思想认识统一到上级各项要求上来，进一步增强做好工作的自觉性、主动性。二是明确主要任务。进一步摸清摸准全区工业用地及低效用地的情况，推进国土资源供给侧结构性改革、化解过剩产能和淘汰落后产能等工作，进一步促进产业升级和企业提质增效。三是完成调查工作任务。区成立工业用地调查及低效产业用地再开发工作领导小组，制定工作方案，落实保障经费，组织相关单位开展联合调查。经调查确认，全区共有工业用地367个地块，面积1.76万亩；落实企业316宗，涉及地块318块，面积1.55万亩，营业收入合计184.2亿元，税收合计14.67亿元；17宗地为空置或关停状态，面积437亩。四是相关工作进展情况。工业用地调查及低效产业用地再开发工作的项目经费已通过招投标进行了落实，由苏地人和公司以148万元中标。

【基本农田保护】 清江浦区把做好永久基本农田保护作为大事来抓，做到思想认识、任务落实、目标管理、构建长效监管保护机制“四到位”，牢牢守住耕地红线，确保实有耕地数量基本稳定、质量有提升，得到更加有效保护。一是思想认识到位。认真贯彻中共中央国务院关于加强耕地保护和改进占补平衡的意见，把思想认识统一到中央各项要求上来，牢固树立新发展理念和耕地是我国最为宝贵的资源意识，坚持最严格的耕地保护制度，像保护大熊猫一样保护耕地，积极作为，狠抓落实，全方位保护基本农田，确保实有耕地数量基本稳定、质量有提升。二是任务落实到位。围绕市下达区38195亩永久基本农田划定任务开展工作，区多次召开专题会议推进相关工作落实，组织国土等部门认真做好全域永久基本农田划定工作，在规定时间完成基本农田划定面积47895亩，划定保护区6个，保护片（块）22个，超额完成上级下达的保护目标任务；平均质量等别较划定前的6.48提升至6.39，永久基本农田中调整前、后耕地占比均为100%；清江浦区基本形成了由永久基本农田、河流、森林等组成城市（镇）周边开发实体边界，全域永久基本农田更加集中连片。全区共编制标准分幅永久基本农田保护图31张、乡级永久基本农田保护图6张、县级永久基本农田分布图1张、城市（镇）周边永久基本农田保护图1张。三是目标管理到位。围绕稳住上级下达的耕地红线和永久基本农田任务，强化各级党委政府主体责任，认真落实耕地管护责任，全区共签订基本农田保护责任状281份，在永久基本农田保护数据库中明确了相应保护责任信息，张贴公告27张，发放明白卡7500份。全区共设立永久基本农田保护标志牌29个，其中区级保护宣传牌2个，乡级保护区标志牌6个，村级保护片（块）标志牌21个，保护界桩108个，均在数据库中明确了相应记录，耕地管护责任落实到村、组。四是构建长效监管保护机制到位。把保护资源作为国土等相关部门的首要职责，认真落实耕地质量监管、耕地用途监管各项要求，严格执行耕地和基本农田保护制度，落实政府耕地保护责任，着力在立查立改、构建长效监管机制等方面取得实效。将认真做好基本农田保护纳入全区法治宣传教育工作内容，制定实施年度国土普法计划，认真抓好“4·22”世界地球日、“6·25”土地日等宣传，健全完善齐抓共管的大普法格局。建立完善政府领导下部门广泛参与的土地执法共同责任机制，进一步加强“早发现、早报告、早制止、早查处”工作，认真落实区、街道办、村组三级巡查报告制度，及时制止违法用地现象发生。

【农村土地综合整治】 原清浦区克服土地规模体量小、农村宅基地密度大等困难，加大推进农村土地综合整治工作力度，取得较好成效。区国土分局主动深入乡镇，大力宣传国家推进农村土地综合整治工作新的政策和奖励办法，配合做好调查摸底工作，列出综合整治工作计划，获得省、市肯定支持。盐河镇甘露、姚湾两个村高标准基本农田建设项目，总规模1650余亩，可建成1370余亩高标准基本农田，在2016年度申请立项成功，共向上争取新增耕地有偿使用费629万元。区国土等部门全面加强项目管理，严格遵守有关规章制度，规范操作流程，注重风险防范，全力确保项目资金、工程施工双安全，各项工作按计划有序推进。项目2017年全部建成后，不仅可以提高耕地质量、产出率，也会极大的提高农民的耕作便捷度。

【土地利用规划调整】 贯彻省、市统一部署，注重“多规合一”推进土地利用总体规划调整完善工作，以确保“十三五”时期重大基础设施项目悉数列入土地利用总体规划清单、省市区重大项目、重点园区用地空间得到落实保障目标的实现。一是推进规划调整完善任务全面完成。区国土部门围绕按时完成调整完善成果上报目标任务，着力抓好组织准备、资料收集分析、组织业务培训、规划实施评估、拟定调整方案、审批备案等工作，从项目梳理编排、规划布局调整、指标分配安排等方面超前谋划，积极与相关部门配合对接做好前期各项准备工作，确保各项工作按计划顺利进行。二是认真落实“多规合一”要求。区针对处于工业化中期阶段，经济持续高速增长，土地非农需求旺盛，土地刚性需求与规划空间供给、指标计划分配之间的矛盾越来越突出实际情况，把落实“多规合一”要求作为做好本次土地利用总体规划调整完善工作关键环节，成立领导小组，对全区各大板块用地布局进行调整完善，区政府两次召开各乡镇、国土、发改、交通等10多个部门负责人参加的专题会议进行具体部署，建立清江浦规划调整完善QQ工作群，做好日常工作对接，积极探索更好强化土地利用总体规划整体管控，形成适合清江浦区的“多规合一”机制，在推进“保障发展更加有力、资源保护更加严格、资源利用更加集约、资源配置更加优化”方面取得实效。三是认真积极做好对接工作。区国土分局围绕市下达建设用地总规模控制指标、新增建设用地总规模任务的规划布局，结合市、区“十三五”规划，在确保市、区重点项目、民生项目、基础设施项目基础上，针对工业园区、商务集聚区、宁淮服务区等平台的用地需求，进行优化调整，保障其两到三年的用地需求。对淮阴附中新校区、里运河办迎宾大道、第二污水处理厂、餐橱废弃物处理等一批市属项目进行了规划调整。同时积极与规划、环保、发改等单位对接，充分听取建议和意见，将土地利用总体规划与城市规划、生态保护红线规划、经济发展规划进一步衔接，确保新增城乡建设用地规模17853亩，新交通水利等基础设施指标4650亩分配布局更加科学合理。本次市下达区城乡建设用地上图指标为17853亩，其中工业园区5795亩、商务区3765亩、宁淮集聚区2129亩；有条件建设区21889亩，其中工业园区7440亩、商务区2296亩、宁淮集聚区4740亩。

【争取用地计划】 清江浦区在开展土地利用计划实施管理工作中，坚持“年度计划保重点，省市项目靠争取，区内项目靠挖潜”原则，多渠道多方位争取各类新增计划，全力以赴为省市区三级重点项目建设提供有力支撑，更好满足全区社会经济发展需要。一是科学使用年度计划。2016年，市下达区新增城乡建设用地计划235亩，其中农用地220亩（耕地153亩）、未利用地15亩。区国土分局贯彻上级精神结合用地实际，及时编制用地计划方案报区政府批准后实施，在重点保障基础设施项目和民生工程的同时，较好统筹安排了其他急需项目用地。二是共同向上争取用地计划。区国土部门在省市级项目上，积极主动对接项目单位，按照政策规定共同拟定向上争取用地计划方案，全力以赴争取上级部门支持，共为漕运城项目、南京禄口机场候机楼及商务酒店项目、江苏银凤科技集团总部大厦及电子商务运营中心项目、黄码大桥安置、国信淮安盐化工燃机热电联产项目输气管道等市属项目，争取到新增计划233亩，耕地136亩；为丹山路、海天路、汇金路、正大路、通浦路等项目争取了独立选址计划，新增建设占用农用地计划133.41亩，耕地计划93.56亩。三是落实新增建设用地计划情况良好。市级下达区各类新增建设用地计划970.5亩，其中农用地970.5亩，耕地662.15亩。已使用新增城乡建设用地计划759.66亩，其中农用地759.66亩（耕地510.1亩）。

【重点项目用地服务工作】 2016年，区国土部门以市、区确定的重点项目作为全年服务工作的重中之重，注重效能建设，提高工作效力，提升服务水平。一是抓好全过程服务。从项目的土地征收到用地预审直至土地挂牌，每个环节都安排专人帮办服务，对遇到的困难和问题及时反映及时化解。淮香食用菌产业园是“一县一特”项目，分局主要领导亲自过问用地服务工作，协调解决各类问题，保证了项目及时用地。二是积极服务重点工程。清江浦1415街区和中国运河文创中心(酱醋坊)项目，位于里运河南岸、东至清隆桥，南至清江浦路，全长1.2公里，用地面积137.09亩(含配建绿地)，建筑面积123418.19平方米，是里运河文化长廊工程重点项目，是市政府2016年“十项重点工程”之一，项目分四个标段实施。

【土地执法监察】 把保护资源作为国土部门的首要职责，依法依规全力推进执法监管工作，制定实施相关工作方案和《国土依法行政工作意见》等文件，认真落实全区土地执法监察共同责任机制，建立完善国土、城管联合执法机制，建立国土系统内综合执法监管内控机制，全面加强土地执法监管工作，土地执法定期巡查等制度全面有效执行，执法监管工作取得明显成效。一是通过土地巡查突击月活动，全面掌握项目用地情况，立案查处14宗违法用地，违法用地势头得到有效遏制，先动工后办用地手续现象得到扭转。二是结合2015年度土地变更调查核查做好卫片执法检查工作，相关数据已完成系统填报并通过市、省两级审核验收。三是全力做好省委巡视组反馈问题整改，涉土方面部分项目“先上车后买票”的问题得到集中整改落实。四是有序推进“慧眼守土”工程，与作业单位共同对50个慧眼布点进行了实地核查，根据布点位置与周边环境，结合区境土地使用集中地段、违法用地高发区、基本农田保护区等相关因素提出布点建议，相关工作有序推进。五是全面核查2016年度遥感监测成果，区召开违法用地整改会，立案前调查等相关工作正在进行之中。六是“百日行动”清理排查按计划完成任务，认真开展征地程序履行情况“回头看”工作，配合市国土资源局6次开展土地巡查工作。

【测绘地籍地矿管理工作】 清江浦国土分局认真履行管理职能，依法管理测绘地籍地矿市场，确保测绘地籍地矿管理工作任务全面完成。首先，抓好地籍管理工作。扎实开展2015年度全区土地变更调查和遥感监测工作，在完成土地变更调查整改和成果初次上报的基础上，经过基层调查核实上报和国家检查确认，于6月完成2015年度全区变更调查工作。按照新地籍调查规程 指导国土所完成不动产登记权籍调查，共进行不动产登记权籍调查76宗，完善了土地登记基础数据。对6个批次1088亩土地进行权属调查，为征地补偿提供重要依据。完成市局交办的查询“点对点”和干部有关信息104批次共3807件、商品房分割证2850本、协助办理法院查解封登记10件、土地注销登记8件等工作。其次，抓好测绘管理工作。配合市开展全区地图市场大检查，完成辖区内新版地图是否有误审核，编制宗地图65份。与区教育局配合，组织中小学生参加“美丽中国”第三届全国国家版图知识竞赛和少儿手绘地图大赛。完成测绘地理信息统计数据工作，上报国家测绘地理信息局统计网络直报系统。配合完成本辖区内乙丙丁级测绘单位信用信息上报，加强对各等级测绘资质单位是否存在涉外情况监督管理，依法开展项目备案和测绘基础设施费征收等工作。组织开展“8·29”测绘法宣传、辖区内测绘资质单位征订测绘报刊工作，多种方式向群众宣传测绘地理信息法律法规，做好区域内测绘标志维护，严格执行与各测绘单位测量标志保管员签订的责任书，保证各项管理任务有效落实。第三，抓好地质矿产管理。以促进矿产秩序规范为抓手，完成2016年度固体矿山基础统计、储量年报、地灾环境报表、矿补费征收直报，砖瓦黏土资源开发利用报表、矿山环境动态监测报表。制定2016年度砖瓦厂矿山环境恢复治理方案、矿产资源开发利用方案和全区地质灾害防治预案。按要求认真做好地质灾害防治工作，及时做好相关治理工作和地质灾害防治总结并上报市国土资源局。

【保障重点项目用地】 计划总投资6.1亿元、占地493亩(其中农用地479亩，建设用地123亩)，总建筑面积达25万平方米的淮香食用菌产业园，是由连云港市香如食用菌有限公司投资建设，是区引进的食用菌产业扩量增效重点项目，全部建成后，可直接解决和平镇和平村2000名农民就业，再加上相关产业的发展，至少可带动周边近3000名农民就业，被市列为“一县一特”项目给予重点扶持。区国土部门认真贯彻市、区部署要求，把做好项目用地服务作为重点工作，与区相关单位主动积极合作，分局主要领导带队上门了解项目用地情况，积极有效解决遇到的困难和问题，全力保证项目及时用地，推动项目快开工、快建设、快竣工、快达效。在该项目用地中，由于项目地块不符合和平镇土地利用总体规划，95.53亩农用地在限制建设区内，需要新增建设用地计划约52.11亩，必须启动土地利用总体规划一般性修改并报省国土资源厅审核，工作难度较大。区国土分局对此高度重视，在做好相关基础工作的同时，主动配合市国土资源局到省国土资源厅做好汇报工作，积极争取支持顺利通过省厅审核。由于项目用地得到及时保证，一期项目建设已累计完成投资3.7亿元，建设厂房约14万平方米，并于2017年3月28日试生产运营，食用菌生产技术处于国内领先水平，为全区食用菌产业扩量增效创造了必要条件，有力地带动食用菌产业发展迈入工厂化时代。

【澳洋顺昌节地增效成绩显著】 位于清河新区的淮安澳洋顺昌光电技术有限公司，在新区计划投入30亿元建设LED芯片高科技项目，是争取到土地“点供”计划的单位。占地面积185.6亩的LED芯片一期项目，完成投资总额12亿元，亩均投资强度达到646万元。该公司在一期项目投产后，通过机制驱动带来创新裂变效应，成功建成全省首批示范智能车间，企业业绩持续向好，实现年度销售3.66亿元，盈利1.33亿元，税收2600万元，公司在国内LED行业排名第五，省内第一，在节地发展方面走在全区前列。

【市金融中心用地】 淮安市金融中心位于水渡口中央商务区核心区域，这里原属于低效用地区域。坚持科学规划就是用地最大节约理念，相关单位对金融中心进行科学规划，总占地面积约562亩，总建筑面积150万平方米（相当于2250亩），总投资120亿元，其中金融办公、总部经济约101万平方米，由金融办公、商业配套、高端住宅、服务性公寓及会议酒店等业态组成，地标建筑高达200米，沿水渡口大道规划18幢高层，形成800米开阔景观界面的高端城市综合体景观，全部建成以后将成为淮安最大的全利用空间格局，整个地下两层总面积超40万平方米。2014年以来，金融中心项目按照"接轨上海、赶超南京、省内一流、淮安首创"的建设目标，高起点规划、高速度推进、高标准建设，招商成效好，用地水平有了很大提升。2016年底，经过各方面努力，金融中心项目建设呈现出供地工作有序进行，工程建设进展迅速、招标得以高效落实、营销招商稳步推进、项目优化更趋合理，并在成本控制方面取得显著成绩，既节约了建设成本，又提升了用地水平。

【淮安市大学科技园"零增地"发展】 位于北京北路的淮安国家大学科技园北园，是清江浦区与淮阴工学院利用老校区存量资产，在不增地不拆迁的情况下，合作共建的创新创业孵化基地。该园区作为科技企业孵化器，孵化企业场地面积1.2万多平方米，现有企业50余家，多为设计类、科技类、文化创意企业，园区入驻率达98%，园区企业拥有专利、软件著作权、出版权等各类知识产权1000多件，入驻企业营业收入取得较好成绩，已成为淮安唯一以"校地共建、师生共创、市场运作"为特色的助力大学生创新创业的众创空间，成为让存量土地改造后创造出新的需求的成功范例。园内企业利用"互联网+诗词"形式，在弘扬传统文化及创新创业等方面取得较好成绩。清河文化创意产业投资发展有限公司围绕挖掘本土文化资源，开发出最新西游系列、淮安府衙文化、淮扬美食等文创产品60多种，其中"悟空旅行套组"系列荣获2016年智创淮安文创设计大赛类金奖。

【特色小镇建设】 清江浦区在开展节约集约用地"双提升"行动中，突出抓好用"飞地"打造特色小镇工作，着力提升新园区节地发展水平。一是真诚服务确保"飞地"模式重点项目及时用地。淮安生态物流园所辖面积2.8平方公里，是该市以"飞地"模式建设园区的一次积极探索，被市列入"一县一题"扶持项目。清江浦国土分局践行101%服务理念，当好"店小二"，把项目作为加快发展的生命线，主动积极与淮阴区国土部门合作联动，共同做好各项用地服务，及时完成土地利用总体规划调整完善、重大项目争取用地计划、新增建设用地计划报批等工作，保证了重点项目及时用地。二是打造特色小镇更好高效用地。围绕将淮安打造成为区域性物流中心城市总体目标，编制实施物流特色小镇规划，打造以金融平台、电子商务以及跨境电商物流制造配送中心为重点的现代物流产业体系，形成布局合理、功能齐全、企业集聚、支撑有力的现代物流大平台，实现产业、教育、金融、旅游、文化等相关行业的深度融合，更好提升节地发展水平。该物流特色小镇成功获批江苏省重点物流基地，入选淮安第一批特色小镇。

【棚户区改造】 清江浦区在开展节约集约用地"双提升"行动中，围绕省、市大力盘活低效利用土地，确保地尽其用工作有突破及富民工作目标要求，以建设"美丽清江浦"为载体，突出抓好棚户区改造工作，为大项目好项目提供土地支撑，全力促进老城区节地水平产出效益双提升，着力在进一步提升城市现代化水平、满足人民群众对美好生活的需要方面取得新成绩。2016年累计完成91万平方米，让棚户区群众圆了"安居梦"，也为"零地招商"保证一批大项目好项目落户提供了用地保障。

【农业用地走好"三步棋"】 清江浦区把服务农业提升资源利用水平作为国土工作重点任务，围绕建设现代农业、都市农业新目标，强化"发力供给侧激发新动能"理念，注重走好规划引领、转型升级、改革和科技创新"三步棋"，在打造现代农业特色品牌，助推农业增效农民增收，提升农业用地水平方面取得成效。2016年全区实现农业增加值10.58亿元，农村居民人均可支配收入17760元，同比增长8.1%。一是注重规划引领，节地发展理念贯穿农业项目建设始终。该区把实现用地水平、产出效益"双提升"作为土地使用制度改革方向，提出打造宁连路以南现代农业片区，实现节地发展的构想。区政府召开专题会议，部署土地利用总体规划调整完善，优化农业项目用地布局等工作。区国土分局围绕区目标在规划建设管理上求突破，将土地利用总体规划与生态保护红线规划、农业经济发展规划进一步衔接，为城乡一体化、农业产业化和品牌特色化提供用地支撑。区围绕现代农业重点工程成立项目指挥部，国土等相关部门分别成立重点项目帮办工作领导小组，为加快发展现代农业主导产业，推动高效精致农业上水平、休闲观光农业出品位提供优质服务。各项用地服务及时高效，全区5万亩以上连片设施蔬菜示范区、淮香食用菌产业园、红椒冷链加工及交易中心、二河沿线乡镇30多家休闲渔业为主的垂钓中心、百亩葡萄园、百亩草莓园等一批重点项目相继建成，成为农业增效、农民增收"聚宝盆"。推进镇村形态、产业业态、自然生态、人文状态融合发展，注重发展高效精致农业、休闲观光农业，加速提升"淮安红椒"品牌价值的新用地布局作用呈现。二是注重深化改革促"转型升级"，做优现代农业、都市农业。区国土分局通过深入推进土地使用制度改革，转变用地方式促进传统农业转型发展，提高单位土地产出率、税收贡献率，对农业用地更加节约集约，促传统农业"转型升级"，做优现代农业起到促进作用。全区更加注重市场运营+政府服务提升农业用地水平，鼓励农户和企业推动产业链、价值链由中低端向中高端转变，提高单位土地产出率、税收贡献率。全区10亩以上蔬菜种植大户已发展近5000户，单季亩效益达万元。区首家休闲观光农业重大项目，古庄牛生态农业发展有限公司已投资2000多万元建设了百亩葡萄园、百亩草莓园等，年接待游客突破15万人次。该区依托南部黄码乡、武墩镇、和平镇、盐河镇等地绿色生态环境和田园自然风光，开发乡村休闲度假、生态农业观光、民俗风情体验、生态游憩等旅游产品，一批以和平云湖、和顺园等为代表集休闲、垂钓、农家乐于一体的观光旅游点逐步形成。其中，借助二河优质的水资源，沿线乡镇已发展休闲渔业为主的垂钓中心30多家，面积近10000亩。三是注重多措并举，促科技创新实现"零增地发展"。该区积极利用土地改革的契机，将促科技创新实现"零增地发展"，纳入服务全区发展的新要求中，着力推动农业发展由外延式扩张向内涵式发展转变，用较少土地投入实现赶超跨越发展。以"国字号"品牌淮安红椒为代表的蔬菜产业，原来是传统特色产业，为促进红椒量质齐升，区和市农科院、南京农业大学等高等院校紧密合作，推广稻椒轮作、椒豆轮作技术，在不增加土地情况下产量由过去亩产2吨左右提升到3吨；建成红椒冷链加工及交易中心300立方米冷冻库、1500立方米冷藏保险库，直接为3万亩红椒生产基地提供不间断冷藏保鲜服务，年可促进增收3000万元。淮安红椒核心区面积稳定在10万亩左右，年销售收入15亿元。淮安红椒现有万亩以上连片2个，其中5万亩以上连片设施蔬菜示范区1个。

撰稿人：杨海艳　杜德明

环境监测与保护

【概况】 2016年，清江浦区环保工作积极组织实施大气污染防治、农村环境综合整治、水环境质量整治、工业企业规范化整治、绿色文明示范创建和生态文明宣传进基层等六大工程，有效改善环境质量。在苏北率先通过国家级生态区现场考核验收。5个乡（镇）全部创成"国家级生态乡（镇）"。城乡绿化面积达到400万平方米，城乡绿化覆盖率达40%，森林覆盖率达26.2%。

大力实施清洁生产，抓好企业内部循环，组织实施钢渣处理、粉煤灰加工、废油回收利用、污泥处置等循环经济项目8个，全区通过清洁生产审核的企业6家，通过ISO 14000认证企业2家。加大老企业技术改造力度，累计关闭能耗高、污染大的企业18家，集中整治小锅炉、拆除大小锅炉126台；实施春、秋两季秸秆禁烧，加强秸秆综合利用，秸秆综合利用率达到95%。

对300平方米的实验室进行改造，购置水气监测设备，为现场执法提供数据支撑。农村环境综合整治，新建污水管网20余公里，新建垃圾池（房）500余个，垃圾桶4000余只，清理疏浚河塘沟渠300条（处），建成农村环境整治示范村17个。

【企业环境监管】 2016年，按照国家、省市统一部署开展了环保"双随机"环境监管，对存在环境安全隐患的企业下达环境监察意见书，要求限期整改。其中立案查处企业6家，关停企业4家，与公安联合执法4家，行政处罚12万元。

拆除锅炉220台，江苏井神盐化股份有限公司第二分公司实施了脱硝工程，关停65吨大锅炉1台。完成VOC_s专项整治企业5家。通过强制性清洁生产审核企业10家。

审批企业各类环评项目21个，其中登记表4个，报告表16个，报告书1个。环保"三同时"执行率达到100%。

【环境监管体制建设】 2016年，在企业推行"五个一"的管理体制，即：一套环境监管责任体系、一套环保管理制度、一个污染防治应急预案、一套污染处置工艺流程和方案、一套环保管理台账。落实工业企业危废五联单制度，规范危废管理。年内征收排污费700余万元。10家环境风险较大企业的环境突发事件应急预案通过专家评审后报环保部门备案。

【开展饮用水源专项整治】 2016年，全面开展辖区水环境优化行动，投资近亿元，对清安河、文渠河、一支大沟等20条城乡河道进行了清淤疏浚，做到了水清渠畅岸美。督促黄码乡污水处理厂、一些乡村的污水处理站保持正常运转，拓宽污水管网覆盖范围，提高污水收集率，扩大清污分流覆盖面，将和平工业园区的污水管网接入淮安市第三污水处理厂。清除了所有的围垦和围网养殖，清理了取水口道路周边的乱堆乱放，对大运河边韩城境内的4家钢渣企业，封停其所有设备，并将钢渣和灰堆进行了覆盖，关停砂石场2个、养猪场1个。积极协调二河禁航相关事宜。

【改善农村环境面貌】 启动农村集镇环境提升、污水处置、垃圾清理、绿色农产品基地建设四大工程。着力打造生态宜人的村居生产生活环境。加大污水收集处理力度，扩大"毛细管网"覆盖范围，新建污水管网30余公里，建立健全"户分类、组保洁、村收集、乡转运、区处理"五级收运体系。新建垃圾池（房）500余个，垃圾桶4000余只，新增保洁人员100人，清理疏浚河塘沟渠300条（处）。积极开展植树造林，新建10个绿化示范村。设置环境保护宣传牌150余块。实施农村生态修复工程，抓好农村面源污染的防治，降低农药、化肥的施用量，主要农作物测土配方施肥面积达90%以上，建成无公害粮油蔬菜生产基地16个，"三品"种植面积为11045公顷，占清江浦区农作物种植面积88%。大力发展生态休闲观光农业，以古庄牛为龙头，依托二河风光带，打造都市生态旅游示范圈。开展"全覆盖拉网式"农村环境综合整治，打造了农村环境整治示范村17个。

【推进蓝天白云工程】 2016年，开展油烟整治专项行动，对沿街的饭店逐一下达了整改通知书，提出了具体的整改要求，先后整改达标饭店80余家。秸秆禁烧管控，建立了秸秆禁烧守望点150个。认真抓好秸秆综合利用，成立农机合作社，购置了大型进口秸秆打捆机，建立草场30个。加强辖区工地的扬尘管理，责成施工单位对工地进行围挡、设置冲洗台、道路硬化。建立扬尘管理台账，签订扬尘绿色管理协议26份。打造扬尘管理示范工地10家，促进扬尘建筑施工环境不断优化。对工业企业易产扬尘的堆场进行喷淋和覆盖。

【提升环境监察能力】 2016年，推进清江浦区监测站建设，为现场监管执法提供数据支撑。投资了200余万元购置水气等各类监测设备，300平方米的实验室改造到位。水气等部分指标的监测能力已初步具备。启动移动执法终端建设，对辖区的重点排污企业建立了统一的电子管理平台，让执法管理做到方便、快捷、透明、高效。组织环境监测和监察人员参加各类环保业务培训，培训人数达到500余人次。

【坚持环保惠民】 2016年，开展绿色创建活动，创建省级绿色社区17家，市级绿色社区58家，市级绿色学校32所，绿色企业10家，绿色宾馆10家，建成省级生态村6家。加强中、高考噪声管理。开展绿色护考行动。实行噪声管控，为考生营造一个良好的考试环境。环保宣传引导，全区建立了300人的环保志愿者队伍，定期开展环保宣传活动。开展环保进社区、进企业、进学校、进乡村活动，发放各类宣传材料2万余份。处理各类群众环境信访举报1307件。做到件件有落实，事事有反馈，事后有督察，确保群众满意。

园林绿化

古淮河文化生态景区

古淮河文化生态景区位于淮安市清河新区内，南起深圳路，北至古淮河水域南岸，西靠宁连路，东临青龙湖路和河畔路，2006年开工建设，2008年6月整合启动。古淮河生态景区围绕"生态新城、休闲之都"的主题，以"水新区、绿新区、夜新区、景新区"为理念，通过对滨河绿地系统的开发与改造，挖掘古淮河的生态、景观、娱乐、休闲等方面的潜能与优势，为广大市民打造一个集运动、休闲、旅游、观光和娱乐为一体的国家AAAA级景区。景区总占地面积约112.3公顷，投资约4.2亿元，青龙湖公园、白鹭湖山庄、清河生态园、净潭广场、农家乐、清河城市馆、中国西游记博览馆、长荣大剧院、红娘广场、清河文化馆、古淮楼、中国淮扬菜美食文化博物馆、古淮河生态公园等座落其中。

钵池山公园

钵池山公园位于淮安市主城区东部，翔宇大道东侧，西于水渡口商务中心接壤，北邻水渡大道，东邻南昌路，南邻珠海路，景区占地120公顷，其中水面45.33公顷，是一座展示着绿水城市风范，承载"吴韵楚风"的标志性园艺博览风景园。园内有置于叶形地面上，成为广场视线焦点的E时代雕塑，有寓意13个参赛城市的景观长廊，有让人感觉更亲近自然的亲水平台等等，整个公园景色秀美，湖水清浅，四季植物姹紫嫣红，人们在观赏、行走间得到乐趣，体会着自然环境与人类活动的和谐一致。山体及其外围和入口处的群组建筑、赤红的天然石与人工塑石的巧妙组合、垂直的瀑布墙给人以气势恢弘、典雅及浪漫之感。别致的建筑与雄伟的山体交融，成为公园中的视觉焦点。山子湖中的蓬莱、方丈、瀛洲"三座仙岛"和似杨帆之舟的滨水温室，再加上蝴蝶翩舞的金蝶园一起构成一幅空间层次最为丰富的湖岛景观图。还有儿童乐园、桃花涧，北入口处的古典编钟，"十三城市景区"——南京的知鱼乐栈、徐州的两汉古韵、连云港的烟雨云港、淮安的蒲风柳月、南通的夕石唱晚……各景点的布局装饰独具匠心，各具特色，散布于公园各处，将整个钵池山公园装点得诗情画意。整个园林的植物配置上，充分考虑四季植物特点，尊重自然环境，不同季相、花期、高矮、色相的植物、地被的选择配置，构思独特，巧夺天工。

楚秀园

楚秀园位于市区中心，占地面积48公顷，因古时属楚，又是淮安境幽景秀之处，故得名。楚秀园原为老清江城外的一片湖泊沼泽地。清朝曾在此训练水师。明朝武宗皇帝南巡时，曾驾小船在此捕鱼取乐，不慎落水，回京后染病，第二年身亡，故留下了脍炙人口的"跃龙池"典故。1958年修建为公园。园内水面开阔多变，地形起伏连绵，景色秀丽雅致，共有4大景区，10个景点，园中有园、景中套景的格局。旅居台湾的淮安乡亲又捐资在园西北角重建御诗亭(俗称龙亭)，该亭六角重檐，覆以绿色流璃瓦，内置碑石，成为园内一处新景观。

古黄河风光带

【古黄河生态民俗园】 位于市区西北部，黄河故道南侧，东西长2800米，南北宽480米，占地114.4公顷。其间沟壑纵横，乔木掩映，自然生态及原生地形地貌独具魅力，梨树、桃树等各类果树2万余株，其它各类乔木10余万株。生态民俗园包括柳树湾、桃花坞、植物园、花卉基地四个景区。

【柳树湾风景区】 位于韩侯大道以东，健康西路以北，占地26.7公顷，景区内有1万多珠柳树和高大梨树，各种乔木10余万株。古黄河堤具有丰富地形落差和湿地环境，凸现“万树梨花漫天雪，一河杨柳一河烟”，成为这里独特的风景。

古黄河风光带

【桃花坞风景区】 位于生态民俗园东北部，又名“桃花岛”，黄河夺淮冲积而成。景区占地18公顷，有桃花万余株。2005年桃花坞景区被国家旅游局批准为AA级旅游区。景区内设有桃仙广场、古朴里茶座、桃缘展馆、东入口吊桥、拟木拟石的山水瀑布、桃花涧农家乐等景区，院内还设有儿童乐园、仿古射箭靶场、篝火广场、野炊台灯游乐设施。每年在桃花盛开的时候举办桃文化节，在桃子成熟之际举办“游园赠桃”、“自由摘桃”等活动，增添了游客的游园情趣。

【植物园】 在园区中部33.33公顷的土地上植有美国红枫、日本红枫、紫叶矮樱、红叶石榴等彩色树种与各类苗木百余种，数十万株。

【花卉基地】 位于桃花坞对面，占地4公顷，为目前苏北地区最大的专业花草生产基地。每年生产矮牵牛、鸡冠花、一串红、孔雀草、海棠、太阳花等各种优质花草数百万盆。

淮安月季园

位于楚秀园内东南部，西与动物园接壤，占地4.9公顷，是集生产、科研、观赏为一体的月季专类园。

淮安月季，历史悠久，据清刘传绰(月季花谱)记载，淮安月季盛于清同治初年，淮扬间始广植之，奇葩异品，多系种出。陈植《观赏树木学》中记载：“月季之植，始于江苏清淮，而渐次播及大江南北”。在长期的栽培繁育中，淮安保存了较多的古老月季品种。1986年12月，经市人大审议通过，将淮安人民喜爱的传统名花——月季定为市花。1986年底，开始建设月季园，并广泛搜集和引进月季品种。

1988－1989年，两次邀请省内月季行家对辅地月季品种进行初步鉴别。1992－1993年又两次邀请中国月季协会的宗荣林、黄善武、李洪权等7位专家进行再鉴别在500余个月季品种中，正名238种，现代月季品种和中国古老月季22种，成为全国月季正名工作做得较早、古老月季品种保存最多的月季园。

1993年，淮安月季园被定为中国月季花八大中心之一，1997年底，淮安月季园成为淮安市花卉基地，江苏省传统名花委员会的办事机构也设于此。现拥有中心基地4公顷，各种形式的经济联合体10多家，占地30多公顷，拥有现代化的温室设备400多平方米，钢架管棚2000多平方米，国内外现代月季500多个品种，古老月季品种20多个，绿化苗木、温室花卉、盆景盆桩、观叶植物应有尽有。

石塔湖公园

位于漕运西路北侧，人民北路东侧，占地3.5公顷(水面2.64公顷)。1997年6月1日建成后即向市民免费开放。公园保留了原有地貌水体，筑以乱石驳岸、镂空围墙，沿岸栽植雪松、棕榈、垂柳、碧桃、桂花等四季花木，饰以置石、凉亭、小品、雕塑，营造休闲氛围。湖面碧波荡漾，各色游船徜徉踯躅。环湖设置园灯，主要景点缀以霓红灯。公园处于老城区，与市青少年宫隔路相望，是青少年和老人休息活动的好去处。

中洲公园

位于淮安市古运河闸以东，为里运河和越河合抱，形如游龙戏水，地形狭长的半岛。岛西首分别通过若飞桥和越闸与运河南北两岸相连，自明永乐年间平江伯陈瑄督建清江大闸(即现若飞桥、越闸)形成中洲之地貌至今已有五百多年的历史。中洲公园是进入21世纪后，淮安市委、市政府依照中洲特有的历史文化背景和地理环境建造而成。公园内丰富多彩的常绿落叶乔木、竹类、花灌木、大片地被植物增加了园林的层次感，在绿叶丛中耸立的清江浦楼成为该地区的视觉中心和水陆视线的焦点。岛上的文化中心、枫林晚照、夕照亭、亲水平台等一系列景观设施各具特色，与清江浦楼一起形成中洲美景，营造出一个具有运河文化底蕴的高品位的旅游休闲区。越河段疏浚综合整治工程的实施，使中洲碧水垂柳，清砖岱瓦，水乡秀色尽显。

QING JIANG PU NIAN JIAN

基础设施与项目建设

JI CHU SHE SHI YU XIANGMU JIAN SHE

- 交通运输
- 水　利
- 园区与项目建设
- 城市管理

交通运输

【概况】 至2016年底，淮安市清江浦区境内公路总里程达486.995公里，公路密度157.46公里/百平方公里。其中，高速公路46公里，一级公路29.235公里、二级公路104.746公里、三级公路30.317公里、四级公路268.697公里，等外公路8公里。

港口2个，码头泊位41个，码头岸线总延长1896米。

【基础设施建设】 全年共完成固定资产总投资10078万元。

·公路建设· 全年完成投资8064.5万元。黄码大桥南半幅主体工程正在建设中，大桥西接线南侧辅道建成完工；淮海南路大桥和快速路一期工程封闭施工。

农村公路提档升级工程。全年完成投资2013.5万元，建设农村公路6.1公里，桥梁3座。经省、市验收，计划完成率100%，合格率100%。加强农村公路管理养护。对二河堤的裂缝和武黄路坑塘进行灌缝处理，养护道路420公里，修复路面1682平方米，水泥路灌缝压浆8690延长米，道路围肩17381平方米。组织专业桥梁检测人员对全区51座乡村道桥梁进行全面检测，消除安全隐患。实施生命安全防护工程。投资约190万元实施59公里道路生命安全防护设施，保证了道路安全通行。

·运输生产· 全区完成货运量468万吨，货运周转量4.79亿吨公里。水路货物运输量32万吨，货运周转量0.7亿吨公里。

·行业管理· 开展路域环境整治。依法拆除非标68块，清理路边摆摊设点、路边堆积物等150余起，清理路面构筑物、路面障碍物及污染物60余起，清理打谷晒场28处，增设公路安保设施243块，处理路面破损39处，处理违法挖掘占用公路16处，并对40余处施工现场进行施工安全检查。开展超限运输治理，共检查重型特殊结构货车194辆，查处超限运输车辆45辆，卸驳载总重量206吨。全区县道优良率达到80%以上，乡村道路好路率达到73%以上。

严把营运车（船）和从业人员资格的市场准入关。深入开展运输市场整治活动。围绕汽车南站、重点路段开展“打黑”专项治理。累计查处各类运输违章案件69起（其中黑车案件7件）。全区镇村公交通达率100%，顺利通过省交通厅的考核验收。实施内河船型标准化建设。全年拆解改造船舶1条。

【法制建设】 加强行政审批事中事后监管，进一步完善本级交通行政权力清单、事中事后监管清单；加强信用体系建设，做好行政许可和行政处罚“双公示”工作；做好市和区行政权力事项划分工作。开展行政执法宣传和业务培训，所有交通行政执法人员都已完成省厅部署的执法大轮训。组织开展年度交通行政执法评议考核工作；全年开展执法监督明察暗访16次。全年无一起行政复议和行政诉讼案件。

【党的建设】 认真履行党组主体责任和纪检监督责任。制定党组责任清单和“一把手”责任清单以及班子成员“一岗双责”责任清单。认真开展“两学一做”学习教育和“作风建设深化年”活动。开展廉政教育活动，健全民主生活会制度，加强党组中心组学习。全年办理“96196”交办件62件、“12345”交办单20件、阳光纪检交办件13件。

【文明创建】 完成创建全国文明城市布置的各项任务。单位注册志愿者人数18人，占职工人数的30%。全年开展文明交通倡导志愿者活动6次。2016年10月被省文明委命名为2013—2015年度省级文明单位。

水　利

【农水基础建设】 在办理民生实事方面，投入3200万元实施盐河镇、黄码乡、和平镇农村饮水安全工程，解决5.46万人饮水不安全问题。农村自来水普及率达到100%。投入460万元实施唐桥、谢碾等7个行政村的村庄河塘疏浚整治，疏浚土方42.14万立方米。投入2200万元，实施顺河洞节水改造项目，完成衬砌渠道3条，总长度16.4千米，拆建首闸3座支渠渠首闸12座。投入1600余万元完成主城区文渠河疏浚整治，以及内城河、外城河、圩河沿线疏浚及高家巷泵站综合改造。投入240万元实施10座农村危桥改造，于去年10月底完成验收。完成和平镇唐桥村等4个水美乡村创建任务。在农业开发工程建设方面。投资1313万元，完成和平镇、黄码乡两个高标准农田建设项

市、区两级领导视察杨庙泵站

目。投资600万元完成1000万株蔬菜种苗培育基地改扩建项目。在流域性水利工程建设方面。总投资8500万元,实施杨庙泵站更新改造工程。投入500万元完成二河7.8公里的堤防进行护砌和沿线3座取水建筑物加固、拆建任务。投入100万元完成苏北灌溉总渠渗水段300米堤身防渗处理工程,保证苏北灌溉总渠堤防安全。在城市水利项目建设方面。投入100万元,正在实施一支大沟整治工程,沿线清障和临时道路建设。目前已经进场,正在开展前期工作。投资800万元,实施大治河整治工程,疏浚河道0.3万米,新砌衬砌0.25万米。

【水利改革】 广泛采取"先建后补、多干多补、不干不补、择优奖补"的以奖代投做法,明确奖补范围、奖补标准、奖补程序,积极引入社会资本参与重大水利工程建设。区水建公司有效吸收社会资金200余万元参与水利工程建设。另外在完成2015年全区所有小型水利重点县改革任务的前提下,2016年继续巩固和深化"五位一体"改革成果,实现"建、管、用"有机统一。

园区与项目建设

清河新区

【概况】 2016年,完成公共财政预算收入6.58亿元,实现税收约9.01亿元。融资工作顺利推进,新增融资约30.4亿元,委托贷款工作圆满结束。规模以上工业企业完成产值、销售、税金分别为70.5亿元、66.5亿元、3亿元,同比增长18.8%、14.7%、15.4%。完成外贸进出口4989万美元。全年签约招商项目6个,跟踪洽谈项目8个。

【项目建设】 2016年实施市考核开竣工亿元项目3个,政府投资项目2个。投资分别为20亿元的澳洋顺昌LED外延片二期、三期正在建设;亿元技改工业项目旺旺口泡剂生产线竣工投产;中国爱情小镇、上河总部经济园通过市质量项目验收;中国爱情小镇一期已全部建成,自营大酒店全面装修,商业部分全面对外招商,已于下半年正式开街;英才街北段工程、长岛花园、翰香美地、清城亿园、丰球G组团、碧水豪庭、七星水岸等项目相继竣工、交付。

【发展平台】 2016年,做优创业载体,加大对文化创意产业园、动漫产业园、顺丰电子商务产业园、总部经济园政策扶持和帮办服务力度。清城创意谷获批全市首家国家级众创空间。开展"创客"讲堂23场次,受众1000余人,创新创业氛围增强。鼓励现有企业加大研发技改投入,协助苏益电器在"新三板"挂牌上市,开发区"新三板"上市企业已达5家。

【惠民实事】 2016年,惠民实事一:安排资金近4000万元,缴纳人防异地建设费和房屋维修基金,完成了约2800户的房产证办理工作。惠民实事;二:举办招聘会4次,主动服务企业用工,共推荐用工1100余人。惠民实事;三:解决七星水岸、碧水豪庭、爱情小镇、清城亿园等项目约460人次计510万元农民工工资。

【清河新区获批筹建省级开发园区】 2016年5月30日,省政府正式批准筹建江苏淮安清河经济开发区。6月,成立了省级开发园区筹建工作组,对接国土局、发改委、规划办等多个部门,报送了开发区审核公告目录修订工作的相关材料。已纳入国家发改委新一轮《中国开发区审核公告目录》,等待最终公示。

【失地农民招聘活动】 3月,组织劳保所、妇联、工会等相关部门在淮安红星美凯龙联合举办"失地农民"专场招聘会。辖区内旺旺食品、百隆实业、开元大酒店等多家企业进场招工,提供普通操作工、市场营销、企业管理等岗位100余个。招聘现场,主办方还设立宣传咨询点,面对面为群众解答创业培训、小额担保贷款、困难帮扶、权益维护等方面的问题,向求职者开展全方位服务。

【落实安全度汛应急预案】 强化应急物资储备管理,自备应急水泵3台,"三袋"2000只,铁锹50把,绳索50公斤,木材3立方米,铁丝50公斤,圆钉10公斤,加强突发事件应急演练。

【新区工会第三次代表大会】 4月,清河新区召开工会第三次会员代表大会,进行换届选举,并表彰年度模范职工之家、模范职工小家、优秀工会工作者。大会听取和审议了工会第二届委员会工作报告,表决通过了《淮安市清河新区管委会工会第三次会员代表大会选举办法》,淮安市清河新区管委会工会第三届委员会和经费审查委员会委员候选人等。

【旺旺现代食品生物科技产业园】 位于清河新区广州路东侧,珠海路南侧,占地203亩,由淮安旺旺食品有限公司投资建设,新建现代高效工业、生物科技、销售物流于一体的综合性产业园区。

【澳洋顺昌集成电路产业园】 位于清河新区深圳路北侧,景秀路西侧,

澳洋顺昌集成电路产业园

占地约130亩，由江苏澳洋顺昌股份有限投资，投资约15亿元，主要建设“8英寸集成电路芯片生产线”等集成电路产业化项目，研发制造以硅基材料生产的半导体器件和碳化硅材料的宽禁半导体器件。

【像增强器及应用领域产业化项目】 位于清河新区深圳东路18号4号厂房，建筑面积6000平方米，由韩国三原株式会社董事长金鲜均先生投资建设。2016年已建成无尘厂房、产品展示室，办公区域已装修，部分设备、检测设备安装到位，部分技术人员到位开展产品研发工作，建成后将成为国内第一家能够自己生产第3代像增强器成品研发的产业化项目。

【淮安恒盛科技园】 位于深圳东路北侧、飞耀路东侧，占地147.5亩，由淮安恒盛科技投资公司投资建设，总建筑面积约13万平方米，建设48幢独栋和高层楼宇，预计引进100多家中小型科创企业。建成后将打造成为集科技研发、电子商务、服务外包、总部办公、科技孵化于一体的国家级科技园区，有一流的生态景观，完善的公共服务平台，将进一步提升区境东部产业科技创新创业集聚区功能。

撰稿人：杨　萌

淮安生态物流园

【概况】 淮安生态物流园位于江苏省淮安高新技术产业开发区境内，占地2.8平方公里。东临京沪高速（徐宿淮盐高铁从京沪高速与片区之间穿过），南依盐河（向东约90公里可至连云港出海、向西约15公里可从大运河连接长江），G233国道贯穿全境，长江路、康马路等市区主干道纵横相连。园区距离清河新区约1公里、向南至京沪高速路口、向北至宁连高速路口均约5公里，淮安机场约15公里、交通四通八达，具有“近城而不进城”的典型特点。

【产业定位】 淮安生态物流园位于长三角经济圈北翼重要中心城市——江苏省淮安市。园区计划投资

淮安生态物流图

100亿重点发展“现代物流+互联网+金融”产业，建设苏北物流集散、分拨、结算、运营、公水联运中心，建成后将辐射周边2000万人口，对苏北地区有重要影响。

淮安物流小镇按照“一年打基础，两年见成效，五年基本建成”的总体要求，已累计投资12亿元，基础设施全面建成，传化公路港一期建成试运营，中铁物流、恩源科技园、加油加气站等一批重点项目正在加快建设。

2015年，传化公路港被列入省重大项目。2016年，中铁物流、恩源科技园被列入市重大项目，园区被列入市“一县一题”进行专项扶持，入选江苏省重点物流基地。

【发展现状】 2016年，总投资10亿元的传化公路港项目、总投资5亿元的中铁物流苏北综合物流基地项目、总投资5亿元的恩源科技园项目、总投资1.34亿元的现代物流综合服务区等重大物流、科技支撑项目已成功落户，截至2016年底园区已注册企业172家。

【基础设施建设】 2月11日，姚庄路、盐河路道路工程开工，姚庄路长1190米、双向4车道，盐河路全长1560米、双向四车道，工程总造价3200万元。

10月10日，长江路绿化工程开工，全长1.26公里，面积42560平方米，工程造价920万元，路南侧绿化带宽21米、路北侧绿化带11米。

5月28日，S237东侧雨水管道开工，7月27日竣工，流向从北向南，北起长江路南至盐河，全长1200米，工程造价383万。

8月5日，长江路自来水工程开工，9月4日竣工，全长1200米，工程造价99万元。

【招商引资】 3月，中铁物流苏北综合物流基地项目签约落户园区，该项目由中铁物流集团投资建设，项目占地约320亩，总投资人民币5亿元，将打造苏北地区集干线运输、城市配送、甩挂运输、智能仓储等多功能综合物流基地。

5月，现代物流综合服务区项目签约落户园区，该项目由中国石油投资建设，项目占地17.5亩，总投资1.8亿元。建成服务于园区和周边企业，以及过境车辆的大型加油加气综合服务区。

【入园项目建设】 9月30日，总投资10亿元的淮安传化公路港项目一期竣工并举办试运营启动仪式，副市长唐道伦、清河区委书记仲风笔、区长张冲林等领导参加活动。该项目由中国500强企业—浙江传化集团投资建设，占地面积约800亩，将建设苏北物流分拨、集散、金融、信息交易、信息处理、公水联运、城市配送等七大中心。

10月18日，现代物流综合服务区项目开工建设，项目由中石油与传化集团合资建设，总投资1.36亿元，占地17.5亩，建设服务于传化公路港及S237省道过境车辆的大型综合服务区。

11月，园区入选江苏省第十一批重点物流基地和企业，本批次全省仅2家入选。

12月，园区成功入选淮安市首批32个特色小镇之一。

【征地拆迁】 2月，姚庄路地块位于盐河以北、康马路以东、长江路以南，共计房屋征收4户、土地征收68.41亩，涉及新渡乡新渡村、夏圩村于2月份完成清表交地。

5月，盐河路地块位于盐河以北、康马路以东、临河路以南、237省道以西，共计房屋征收9户、土地征收66.65亩，涉及新渡乡新渡村、夏圩村于5月9日完成清表交地。

5月，237省道西侧水系地块位于盐河以北、姚庄路南侧地块，共计土地征收15.27亩。涉及新渡乡新渡村、夏圩村于5月27日完成清表交地。

5月，物流主题公园地块位于盐河路以北、姚庄路以西、临河路以南地块，共计土地征收41.58亩，涉及新渡乡新渡村、夏圩村于5月10日完成清表交地。

6月，237省道东侧水系地块位于盐河以北、237省道以东地块，共计房屋征收7户、土地征收38.59亩，涉及新渡乡新渡村于6月18日完成清表交地。

12月，恩源科技园一期地块位于盐河路以北、姚庄路以东、临河路以南，共计房屋征收20户、土地征收101.85亩，涉及新渡乡新渡村于12月23日完成清表交地。

12月，中铁物流一期地块位于临河路以北、姚庄路以东、长江路以南，共计房屋征收83户，土地征收222.4亩，涉及新渡乡新渡村于12月29日完成清表交地。

中铁物流园整体鸟瞰图

现代商务集聚区

【概况】 淮安现代商务集聚区（下称商务区）位于淮安市主城区南部清江浦区境内，北到大运河，南至宁连一级公路，西至西安路，东至淮海南路，占地约为17.3平方公里。商务区既是全省第一批服务业综合改革试点区，还是全省第一个探索现代服务业南北共建模式的园区。根据“苏北一流、全国知名”的自我定位和发展现代高端服务业的目标要求，依托淮安市的产业特色与宁淮合作共建的政策优势，商务区以完善的基础配套为支持，以领先的产业发展为导向，以鲜明的人文特色为品牌，以优美的生态景观为优势，成为现代服务业品质提升、产业集聚和功能完善的主平台。经过这些年的发展，已初步形成现代物流业、商贸流通业、生态旅游业和公共服务配套等四大经济服务业组团，成为集居住、商贸、行政、科技等于一体的多元化、复合型城市新区。

商务区实现全年新签约亿元以上项目3个，新开工亿元以上项目3个，纳入市竣工验收考核项目5个，实现注册外资到账1642.5万美元、开工外资到账1280万美元，新征收土地190亩，成功摘牌180亩，完成6家服务业列统企业申报工作。商务区全年累计完成融资25.57亿元，实现土地出让金3.78亿元。

【淮安禄口机场候机楼及商务酒店签约入驻商务区】 该项目于2016年8月签约入驻，位于北京南路东侧、农科路北侧，由淮安市凤凰航空地面服务有限公司投资建设。项目占地面积约16亩，总投资约1亿元，计划总建筑面积1.2万平方米，总投资约1.09亿元，主要建设禄口候机楼及商务酒店。

【银凤总部经济大楼签约入驻商务区】 该项目于2016年9月签约入驻，位于北京南路东侧、农科路北侧，由江苏银凤科级集团投资建设。项目占地面积约20亩，总投资约2.2亿元，计划总建筑面积3万平方米，主要建设江苏银凤科技集团总部大楼及电子商务运营中心。

【南京外国语学校淮安分校开工建设】 该项目于2016年6月20日开工建设，由江苏宁淮现代服务业投资发展有限公司投资兴建，总投资约4.5亿元，占地约152亩，总建筑面积约12.2万平方米，以打造全省一流、国际接轨的含幼儿园、小学、初中、高中(国际班)的民办寄宿制学校为目标，拟建设4轨制幼儿园、8轨制小学、8轨制初中、6轨制国际高中的寄宿制学校。建设内容具体包括幼儿园、教学楼、报告厅、图书馆、游泳馆、体育馆、实验楼、办公楼、宿舍楼、食堂及辅助用房等建筑。

【洪泽湖流域气象灾害预警中心开工建设】 该项目2016年8月30日开工建设，由淮安市气象局投资兴建，总投资约1亿元。位于枚乘路南侧、北京路东侧，规划用地面积约17亩，总建筑面积约1.1万平方米，规划建设为1栋6层主楼和4栋2层副楼。

【长阳路(枚乘路至枚皋路段)建成通车】 该路段于2016年10月12日建成通车，全长597米，宽30米，按城市次干道标准建设沥青道路，包括雨污水管道、路基路面、标志标线标牌、路灯、绿化等，投资额722万元，对改善居民出行，优化交通布局，带动地区经济发展具有积极意义。

【长阳路(枚皋路至朝阳路段)建成通车】 该路段于2016年6月8日建成通车，全长370米，宽30米，按城市次干道标准建设沥青道路，包括雨污水管道、路基路面、标志标线标牌、路灯、绿化等，投资额440万元，对改善居民出行，优化交通布局，带动地区经济发展具有积极意义。

【勤政南路(南苑路至创业路段)建成通车】 该路段于2016年10月22日建成通车，全长1064米，宽42米，按城市主干道标准建设沥青道路，包括雨污水管道、路基路面、标志标线标牌、路灯、绿化等，投资额1734万元，对改善居民出行，优化交通布局，带动地区经济发展具有积极意义。

【北河路(启秀路至枚乘路段)建成通车】 该路段于2016年11月15日建成通车，全长316米，宽7米，按城市支路标准建设沥青道路，包括雨污水管道、路基路面、标志标线标牌、路灯等，投资额114.5万元，对改善居民出行，优化交通布局，带动地区经济发展具有积极意义。

【农科路(长阳路至勤政南路段)建成通车】 该路段于2016年8月6日建成通车，全长414米，宽24米，按城市次干道标准建设沥青道路，包括雨污水管道、路基路面、标志标线标牌、路灯、绿化等，投资额411万元，对改善居民出行，优化交通布局，带动地区经济发展具有积极意义。

【生产路(通园路向东段)建成通车】 该路段于2016年11月20日建成通车，全长145米，宽24米，按城市次干道标准建设沥青道路，包括雨污水管道、路基路面、标志标线标牌、路灯、绿化等，投资额130万元，对改善居民出行，优化交通布局，带动地区经济发展具有积极意义。

【锦华路(枚乘路向北段)建成通车】 该路段于2016年12月10日建成通车，全长211米，宽30米，按城市次干道标准建设沥青道路，包括雨污水管道、路基路面、标志标线标牌、路灯、绿化等，投资额280万元，对改善居民出行，优化交通布局，带动地区经济发展具有积极意义。

【清浦城投公司通过AA主体及债项评级】 2016年6月3日，中诚信国际信用评级有限责任公司对淮安市清浦城市建设投资开发有限公司(简称清浦城投公司)主体评级为AA，评级展望为稳定。对清浦城投公司拟发行的"2016年淮安市清浦城市建设投资开发有限公司公司债券"的信用状况评级为AA。取得AA评级，每年可以减少融资利息支出3000万元以上。

【国家发改委核准清浦城投公司发行企业债券】 2016年9月30日，国家发展和改革委员会核准清浦城投公司发行15亿元企业债，本期债券主承销商为招商证券股份有限公司，债券期限7年，以市场化方式确定发行利率。本支债券的发行有利于进一步降低清浦城投公司融资成本，拓宽融资渠道，加快地方基础设施建设和经济发展，推动城市化进程。

撰稿人：田玉祥

城市管理

【文明城市创建】 坚持"属地管理、部门联动、一事双责、一分两记"的文明城市创建工作推进机制。对上级交办的专项清单，及时全部整改到位。主动攻难题，对辖区内户外广告、城市家具破损情况进行排查，及时维修、出新。督促建筑工地设置围挡、做好工地扬尘和渣土运输管理。强力治顽疾，针对老旧小区乱堆乱放、管理混乱，农贸市场摊点外溢、保洁不及时等顽疾，明确任务落实人员，挂图作战、全力推进，下狠心、出重拳，使问题得到有效根治。加大对店面外溢、摊贩占道等问题的整治力度，确保经营秩序良好、道路通畅无阻。积极补短板，强化缺失的城市基础设施的补修和补缺，做好绿化养护工作，及时补植缺损苗木、破损绿地。

【数字城管】 2016年，区共接到市数字城市管理监督指挥中心分派的立案案卷35887件，结案数35639件，结案率为99.31%。充分做好数字化城管系统建设工作。充分利用原两区社管中心，搭建西区数字城管指挥中心，实现资源共享。合计投入近200万元配备了大屏幕显示系统、终端电脑等硬件设备，实现与市级平台的网络接入。明确专人负责区级指挥中心的建设和日常运行工作，共招聘9名专职座席员。组织相关人员进行培训，掌握数字化城市管理系统工作方法，确保及时处理和解决问题；逐步理顺内部工作流程，及时有效处置系统平台派遣案件，提高运行效率；制订并落实《区数字城管运行考评暂行办法》。在省住建厅组织的验收考核中，清浦区级平台在整合政府职权，统一协调的管理机制和高效的运行效率等多个方面，受到专家组一致好评。

【专题整治】 坚持集中整治和日常管理“两手抓”，紧盯城市管理的重点部位，通过治乱、治脏和提升，着力改善市容环境秩序。春季市容环境提升突击月举措扎实，拉网式排查、兜底式整改，彻底有效地解决店面外溢、沿街叫卖等突出问题，营造春日和谐的秩序；夏季夜市排档专项整治精心部署，规范执法，错时管理，严防死守，清理摊点270起，规范夜市排档69处，形成严管重罚的高压态势，还市民夏日的宁静；渣土运输扬尘污染专项整治推进有力，堵住“源头”，跟踪“运输”，严查“处置”，洒水“降尘”，提升大气质量，守护城市的蓝天。

【队伍建设】 深入开展城管队伍规范化建设，依法行政，应对的34件诉讼案件保持“零败诉”，树立了法制城管形象。打响打好每个宣传战役。2016年全系统刊登新闻宣传稿件68篇（条）。举办全系统业务骨干培训班，分批次组织相关人员外出学习培训，提升城管人员的综合素质。参加全市执法队伍大比武，取得团体第一名；精心准备全市环卫技能竞赛，荣登团体第一；组织参加市城管系统运动会，再夺桂冠。通过以练代训，树立标杆，强化标准，提升了环卫工人劳动技能。

【提高服务水平】 完善主干道沿线的68座公厕的环卫免费卫生纸工作，从运河以南推广到运河以北，拓展了城管为民服务的新内容，策应了文明城市创建工作，受到市民好评和媒体关注；数字环卫正式上线，将公厕地图“联网”，通过定位功能，市民便能快速锁定城区公厕具体方位，真正实现“方便问题，方便解决”。“清江浦城管执法”微信持续发声，利用微信媒介助力城管工作，将其搭建成“指尖上的城管队”，传递了清江浦城管“正能量”。通过大学生体验城管工作，充分调动市民参与城管工作的积极性，开展经常性的“城管进社区”，夯实了城管工作群众基础，构建了与市民的和谐关系。高度重视民生实事项目，在高起点谋划、高标准推进下，区综合行政执法局新建420个停车位和3座公厕，改造8座公厕、5座生活垃圾中转站的任务顺利完成。

文明城管

【防违治违】 按照“明责任、重执行、抓长效”的工作思路，清江浦区各级着力做好巡查、交办、督察和拆除各环节工作，以节点带动全局，保证了日常工作有序开展、交办任务强力推进。一是拆除违建坚决彻底。坚决遏制新增违建，逐步减少存量违建，2016年，拆除各类违建545处，面积24876平方米，其中新发生违建11664平方米，存量违法建设13212平方米，完成市政府年初下达的目标任务。二是办理信访保质保量。2016年，共办理市防违办交办件200件，受理领导批示、阳光纪检、市长热线、来电来访等各类信访442件，均及时进行调查核实，按照规定处理。三是执法能力不断提升。2016年，区防违办共牵头应对拆除违法建设复议案件1件，应对限期拆除决定行政纠纷案件1件，实现房屋征收地块诉讼案件累计34件“零败诉”，维护了依法行政威严，树立了依法拆违形象，营造震慑效应。四是强化氛围营造。继续扎实开展宣传活动和责任牌公示，全年共计制作宣传牌1100块、责任告示牌320块，宣传车流动宣传600多次，悬挂宣传横幅320条，坚持宣传和教育相结合，布点宣传和流动宣传相结合，营造良好的防违治违舆论氛围。

【提高环卫保洁水平】 一是道路清扫保洁，每周至少开展1次片区互查、每日四次常态化洒水降尘，18小时滚动清扫保洁，保障全区环境卫生质量。共进行突击铲雪劳动3次，大规模“冲洗”40多次。加大机械化清扫力度，机扫率达到100%，已覆盖全区所有可机扫主次干道。二是公厕管理，实行定人、定岗、定质量，每天实行片长例会制度，保证公厕保洁质量。共为无人管生活大院及老旧小区进行免费清理化粪池800多车。发放免费厕纸，同时注意节约，避免浪费。三是垃圾清运，实行领导挂钩28座中转站制度，利用GPS科学合理调度车辆，对垃圾运输车辆要求做到车容车貌整洁并对车辆进行二保，有力地保证了主城区垃圾日产日清。在中转站和公厕外墙张贴巡查记录牌，保洁员、质检员照片和联系方式便于督察和接受市民监督。

QING JIANG PU NIAN JIAN

产业经济

CHAN YE JING JI

- 农业
- 工业
- 建筑业
- 现代服务业

农 业

【高效农业】 2016年，清江浦区新增设施农业面积0.13万亩，占比继续领跑江苏省；生猪大中型规模养殖比重85%；新培育休闲观光经营主体1个；新增设施渔业面积 0.05万亩；种植业“三品”比重42%；渔业“三品”比重31%；农业信息化覆盖率达61%；全区林木蓄积量达80.1万立方米，林木覆盖率达27%；新建高标准农田面积1万亩。

【项目招商】 2016年，区农水委紧抓国家加大农业和水利投入及省委政府加快淮安苏北中心城市建设的历史机遇期，在加强现有项目建设同时，立足区情、科学谋划、深挖潜力，加大项目整合和包装，对上争取工作取得了显著成效。全年争取农业和水利项目近30个，争取资金近2亿元。投资6.1亿元的淮香食用菌项目完成一期投资建设任务。

【防汛抗旱】 2016年，责任扛在肩上，全面树立“防大汛、抗大旱，救大灾”意识，坚持“隐患问题不放过，准备不足不放过”的指导思想，及时做好隐患排查整改工作，确保各项水利工程能够真正发挥作用和泵站设备可以正常运行。在强台风和强降雨面前，坚持全区“一盘棋”合力抗汛的新思维，夺取全区防汛工作阶段性胜利。

【创建节水型社会】 在国家节水型城市创建工作中，清江浦区作为主城区承担着繁重的创建任务，因为工作扎实，全区14个迎检现场观摩点，受到专家好评，为全市国家节水型城市创建验收通过，做出了积极贡献。顺利完成省级技术评估。完成6个省级节水型载体、2个市级节水型载体创建任务。

【农业与水利执法】 一方面，加大农业和水利法规宣传力度。以农民培训、科技入户工程为平台，积极开展“科技大篷车”、“3·22世界水日”和“中国水周”等活动，让涉农法规和节水宣传进农户、进社区、进学校、进机关，加大农业和水利法律法规的宣传力度。期间开展讲座知识36场，发放明白纸、宣传手册、宣传画5000余份、悬挂宣传横幅32条。另一方面，加大农业和水利综合执法力度。据统计，2016年共开展农林牧渔业及种子执法检查、水政水资源管理360人次，共检查农资企业175个次，整顿畜禽农贸市场231个次，出动执法人员540人次；接受群众投诉30多起，调解农业生产事故纠纷5起，查处违法经营案件3起，挽回经济损失数万元。全年完成征收水资源费80万元；完成20家取水户取水许可证的换证工作；发现并清除二河水源地一级保护区围网1000余米；通过各项有效措施，有力打击了畜禽渔违法经营行为，保护了守法经营者，维护了农民权益和全区农资的质量安全，保护了全区渔业、林业、水资源安全。

【农水文化】 实施精准结对帮扶。紧扣“两学一做”学习教育，把握“基础在学，关键在做”，结合区委“村村到、户户访”调研走访，党员干部进村入户开展帮扶活动，全年农水委共帮扶24户，送去慰问金额1.2万元。体育文化方面。在全市水利系统举办的“勘测设计杯”第五届职工文化体育运动会上，委系统15名选手参加拔河、短跑、羽毛球等5个项目比赛，委代表队获得市水利系统道德风尚奖。全年在《新华日报》发稿4篇，《党的生活》1篇，《中国水利报》刊登2篇，省级媒体发稿21篇，淮安日报发稿12篇，并被省厅表彰年度“十佳”信息报送单位。

【农业综合开发】 加强农村基础设施建设，改善农业生产条件，提高农业综合生产能力。2016年，清江浦区农业综合开发建成2个高标准农田建设项目，即和平镇高标准农田建设项目和黄码乡高标准农田建设项目，建成高标准农田1万亩。总投资1313万元，其中中央财政资金650万元，省级财政资金520万元，地方配套资金130万元，乡镇自筹13万元。累计建成农桥45座、涵洞144座、渡槽28座、渠首45座、防渗渠22.09公里、水泥路16.47公里，泵站1座、节制闸1座、低压管道项目2000亩。项目建成后新增灌溉面积0.12万亩，改善灌溉面积0.7万亩，新增节水灌溉面积0.12万亩，渠系水利用率明显提高，年节约水量可达20万立方。

【畜产品质量安全】 2016年，清江浦区生猪存栏量为36000头，年出栏95000头；蛋禽存栏600000羽；肉禽出栏117600羽，出栏570000羽。全区生猪规模养殖比重为88%，家禽规模养殖比重为95%。重大动物疫病的免疫率达100%，抗体检测合格率达80%以上。生猪屠宰企业日常监督检查覆盖率达到100%，2016年清江浦区辖区内的金源肉品有限公司与和平冷冻厂共检疫生猪256193头，处理病害生猪401头。

【高效渔业养殖】 2016年全区渔业养殖面积1万亩，其中，高效设施渔业养殖面积占比达到68%。全年水产品产量达到4035吨，其中，水产养殖产量达到3600吨。全区共有各类渔业船舶137艘，总功率1909.4千瓦，其中渔业执法船2艘，总功率143.3千瓦。

【林业绿化种植】 全年共完成植树总株数35万株，其中成片造林441亩，新建和完善林网0.6万亩，其中新建0.2万亩，四旁植树32万株 ，完善养护绿色通道39公里，并落实了管养机制和措施。

工 业

【概况】 2016年，清江浦区积极应对行政区划调整和经济社会发展双重任务，在稳步推进区划调整的同时，突出工业重大项目建设，狠抓科技创新，强化企业培育，加快推进新型工业化发展步伐，全区工业经济呈现平稳较快增长的良好发展态势。

【主要指标逆势上扬】 努力克服宏

观经济下行，企业生产经营成本上升等不利因素，主要经济指标实现平稳增长。全年规模以上工业实现总产值405亿元、增加值82亿元、开票销售收入84亿元、利润34亿元、入库税金7.4亿元，同比分别增长11.8%、9.9%、49.9%、19.6%、1.5%；工业用电量3.9亿千瓦时，同比增长1%。

【骨干企业支撑】 旺旺食品、天士力药业、淮鑫建材、清江制药、澳洋顺昌等18户年开票销售超亿元骨干企业全年实现开票销售55.3亿元，入库税金6.6亿元，分别支撑着全区工业总量的72.7%、89.2%。其中旺旺食品开票销售、入库税金分别超10亿元、2亿元。

【项目推进】 全区实施亿元以上重大工业项目20个，总投资63.64亿元，LED外延片芯片二期、正大清江医药中间体、井神盐化盐卤产业等项目较快推进，厚道药用生物技术、有机光导鼓、旺旺口泡剎等项目顺利竣工。全年实现规上工业投资118亿元，同比增长19%。完成新开工亿元项目4个，新竣工设备投资千万元项目7个。

【企业创新】 澳洋顺昌在美国硅谷建成集成电路研发中心，正大清江获得发明专利授权13件，天士力药业替莫唑胺及胶囊获批省高新技术产品，金格润、顺泰包装分别获批省高新技术企业、省级企业技术中心，苏益电器在新三板成功上市。

【载体升级】 清河经济开发区（筹）获批创建省级经济开发区，为下一步企业转型升级、科技创新，推进光电半导体、高端装备制造、现代食品等产业集聚化、规模化、特色化发展提供优质平台。

【两化融合深入推进】 积极帮助企业加快工业和信息化深度融合，大力发展智能制造，提高企业生产效率，降低企业生产成本。组织全区110余户企业参加淮安特色工业产品在线平台，帮助企业寻求商机，开拓市场。

【新能源汽车推广成效显著】 严格对照国家及省、市有关文件精神，全年帮助6户企业购置的140台新能源汽车申报补贴资金共计619.48万元，2016年成为全区新能源汽车推广元年。

【信用体系建设】 深入贯彻落实国家及省、市全面深化改革有关精神，以社会信用体系建设和政府信息公开为抓手，通过政府信息公开和数据共享，加快推进政府职能转变，提高政府服务水平。已建成区公共信用信息系统，实现市、县区信用信息互联共享，建成覆盖全区企业和个人信息服务体系。

【民营经济发展】 认真贯彻落实中央、省、市关于推进大众创业、万众创新工作有关精神，大力实施全民创业工程。全区新增私营企业4120家、个体工商户6870户，分别完成市年度目标的257.5%和137.4%，目标完成率均位列全市前列。

【服务企业】 认真研究和落实国家、省、市降成本相关文件精神和各类扶持企业政策文件，千方百计为企业降本增效，全年为澳洋顺昌、天士力药业等企业向上争取扶持资金387万元，降低成本1000余万元。定期组织企业参加银企保对接会、BCG融资市场，帮助企业解决融资需求，全年全区担保机构为中小企业担保贷款12.25亿元，总量位居全市7个县区第一。

区境重点工业企业简介

【淮安旺旺食品有限公司】 位于清河新区旺旺路南侧，占地280亩，注册资本8510万美元。拥有多条牛奶利乐包装生产线、旺仔牛奶铁罐生产线、旺旺八宝粥生产线、旺仔小馒头生产线、高档饮料口袋包和米线生产线。主要产品有旺仔小馒头、旺仔牛奶、旺仔口袋便利包、旺仔米线等。现已成为淮安地区食品加工行业的龙头企业。荣获“江苏省优秀侨资企业”，“食品生产企业A级单位”，淮安市纳税大户奖。

2016年公司实现开票销售收入11.4亿元，入库税金2.2亿元。

淮安旺旺食品有限公司

【江苏天士力帝益药业有限公司】 位于清浦工业园西安路园区朝阳西路168号，占地323亩。拥有化学原料药制造、普通固体制剂和抗肿瘤固体制剂制造、化学药研发及产业化平台等。企业主要产品有替莫唑胺、氟他胺、尼可地尔、舒必利、水飞蓟宾、苯扎贝特等12个品种。口服固体制剂主要是片剂、胶囊剂，品种包括抗病毒的一类新药阿德福韦酯片、治疗脑胶质瘤的二类新药替莫唑胺胶囊（蒂清），治疗前列腺癌的二类新药氟他胺片/胶囊，治疗失眠症的二类新药右佐匹克隆片（文飞）和治疗高血压的四类新药赖诺普利胶囊（帝益洛）等80余个产品。现已成为全省医药行业重点企业、全市医药行业龙头企业、全区工业支柱企业。

2016年，企业实现开票销售8.9亿元，入库税金1.8亿元。

【淮安淮鑫新型建材有限公司】 位于清浦工业园华清西路18号，占地面积188.21亩。拥有钢渣余热自解热焖生产线1条和钢渣磁选生产线3条，利用磁选等生产工艺筛选出废钢渣中尚有利用价值的含铁成分并返销回淮钢进行再生产，筛选剩余的残余成分对外销售，是较为典型的循环经济利用模式。

2016年，企业实现开票销售5.6亿元，入库税金980万元。

【江苏正大清江制药有限公司】 位于淮安市韩泰北路9号，占地72亩，注册资金4896万元。设有固体制剂、中药提取、化学合成原料等生产车间，有中西药片剂、胶囊剂、滴丸剂、头孢类制剂、抗肿瘤原料药及制剂等多条GMP生产线。主要产品有益肾蠲痹丸、银香颗粒、克洛己新片及干混悬剂、盐酸氨基葡萄糖片、红药胶囊、舒冠胶囊、盐酸西布曲明滴丸等。产品覆盖国内近三十个省、直辖市、自治区，同时还远销美国、西班牙、捷克、韩国、印度等国家。“东方草”商标为江苏省著名商标。

2016年实现开票销售4.3亿元，入库税金7340万元。

【淮安澳洋顺昌光电技术有限公司】 位于清河新区景秀路6号，占地132.48亩，首期总投资10亿元，从日本、德国、美国等国家引进世界一流的MOCVD外延炉、芯片、封装生产及检测设备。主要从事LED外延片及芯片的生产和销售，现已成为国家高新技术企业。正在建设LED外延片芯片二期项目，拟打造国家级LED外延片、芯片产业园区，做大做强上下游产业链。

2016年实现开票销售3.7亿元，入库税金1500万元。

【江苏鑫源烟草薄片有限公司】 位于清浦工业园和平新区，占地330亩，是江苏中烟工业有限责任公司全资子公司。配置一条2000千克/小时的造纸法再造烟叶生产线和一条50千克/小时的试验线。主要产品为造纸法再造烟叶，以烟草碎片、烟梗等卷烟制造过程中浪费的原料通过造纸法技术重新形成的再造烟叶并作为卷烟原材料投入卷烟制造过程中。造纸法再造烟叶具有柔软、油润、理化指标可调可控、自然烟叶香味等特点，应用到卷烟生产过程中有助于优化卷烟配方结构、降低卷烟有害成分、促进卷烟产品向低焦油、高品质方向发展。

2016年实现开票销售2.1亿元，入库税金1100万元。

【江苏淮龙新型建材有限公司】 位于淮钢厂区内，占地180亩，由淮钢特钢与新加坡昂国集团合资兴建，其核心产品为高性能超微细粉，设计年产能力达120万吨。该产品精细度高，颗粒直径仅为水泥颗粒直径的百分之一，广泛应用于高科技领域，是高速公路桥梁、高速铁路、海底电缆隧道等建设中的必需添加剂，是目前世界上公认的混凝土结构首选混合材料之一，产品自投放市场以来供不应求。项目原材料为淮钢集团生产后的废钢渣，经过高性能磨细技术加工成优质超微细粉，是顺应国际潮流的绿色环保建材产品。

2016年实现开票销售1.28亿元，入库税金932万元。

【江苏淮钢钢结构有限公司】 为江苏沙钢集团淮钢特钢有限公司属下的大型骨干企业，是苏北地区一流的钢结构生产基地，在淮钢内部承担机修车间职能同时对外开展业务。获得江苏省建筑工程管理局颁发的钢结构工程专业承包二级资质，主要从事金属材料及其构件的设计、制作、安装。拥有与企业资质相匹配的专业人才队伍和装备实力，拥有各类层次管理人才30余人，各类专业技术人才20余人，各专业高级技术工人240余人；拥有先进的H型钢生产线、吊装设备、中厚板卷制设备、自动焊接设备、大型轧辊加工设备、金加工生产线等。

2016年实现开票销售1.28亿元，入库税金932万元。

【江苏顺泰包装印刷科技有限公司】 位于清河新区深圳路88号，占地101亩，注册资金550万美元。拥有国际一流的意大利赛鲁迪9色R960-2型凹印联机模切生产线和日本富士产12色双收双放凹印机等设备。是一家经营烟标印刷生产、各种新型薄膜生产和销售的高科技含量的中外合资企业，主要为烟草及有关对印刷包装行业要求规模大、技术高的产品经行配套服务，是省内唯一一家大型烟用印刷膜及烟标配套印刷的生产单位，是江苏中烟集团独家薄膜供应商。公司于2012年7月在香港上市，为淮安市首个在港上市企业。

2016年实现开票销售1.9亿元，

入库税金3780万元。

【淮安百隆实业有限公司】 位于清河新区飞耀路西侧，占地225亩，注册资金3999万美元。由香港百隆集团全额投资建设。百隆集团是一家集研发、生产、销售混色花纱于一体的大型集团领军企业，是国内外色纺行业产品质量标准的制订者。公司已获得ISO 9001:2000质量管制体系认证，淮安百隆拥有年产8万纱锭的国际领先的色纺纱生产线，主要产品为BROS牌各种规格的精梳纱线。

2016年实现开票销售1.9亿元，入库税金2450万元。

【淮阴医疗器械有限公司】 位于明远路北侧，拥有十万级净化厂房，严格按照国家GMP标准设计建造。企业主要产品有医用手术刀片、医用缝合针（线）、不锈钢手术刀柄、钛合金眼科器械、无菌塑柄手术刀等系列近千个品种和规格，年产医用带线缝合针5000万条、手术刀片1.2亿片，产品主要供出口市场。企业主要致力于医用手术器械产品的开发和生产经营，是国内最专业、最具规模的医用缝合线和手术刀片的OEM/ODM的生产公司，产品98%以上出口，畅销世界四十多个国家和地区，生产能力居全国同行前列。

2016年实现开票销售1.06亿元，入库税金265万元。

【淮安盈达气体有限公司】 位于西安路188-2号、淮钢厂区内，注册资本6400万元。企业拥有一套25000Nm³/h制氧机组，产品原材料为空气，主要生产氧气、氮气、氩气、液氧、液氮、液氩，氧气产量为25600Nm³/h、液氧产量为500Nm³/h、氮气产量为40000Nm³/h（其中15000去水冷塔）、液 氮产量为200Nm³/h、液氩产量为920Nm³/h、压力氮产量为100 Nm³/h；产品包括：氧气、氮气、氩气；规格范围：氧气纯度99.6%、液氧纯度≥99.6%O2、氮气纯度≤5ppmO2、液氮纯度≤5ppmO2、液氩纯度≤5ppmO2、压力氮纯度≤5ppmO2。其产品主要供淮钢生产使用，部分液态气体外销于其他冶金、化工、电子等行业。

2016年实现开票销售1.94亿元，入库税金1491万元。

【淮安利安科技发展有限公司】 位于清河新区珠海路1号，占地42亩，注册资金1300万元。拥有年产3万吨聚醚、5000吨聚氨酯防水堵漏材料生产线。主要从事聚醚、聚氨酯防水材料、高分子聚合物的研究和生产销售。是集生产化工产品、化学建材、房产开发等为一体的综合性企业。通过ISO 9001:2000质量管理体系认证，通过国际犹太洁食认证，是淮安市高新技术企业。

2016年实现开票销售收入2亿元，入库税金428万元。

【淮安金润印染有限公司】 位于清浦工业园华清西路2-1号，由张家港金利集团投资建设，占地面积193亩。企业对原龙兴印染进行腾笼换鸟、置换盘活，同时兼并了淮安市安龙特种纱线有限公司。对原龙兴印染生产线进行全面的智能改造升级更新，在原辅材料优化、工艺升级、设备改造更新以及余热利用、废水处理等方面进行全方位的整顿技改，引进全流程生产自动控制系统，实现自动取料配料、自动传输。企业主要产品为各类服装、家纺面料。

2016年实现开票销售1.04亿元，入库税金412万元。

建筑业

【概况】 清江浦区建筑企业323家，其中一、二级总承包企业26家。2016年，完成建筑业总产值193亿元，年产值10亿元以上企业2个（江苏宝业建设有限公司16.48亿元，江苏永坤建设有限公司13.99亿元）。完成外埠市场产值105亿元（其中安徽规模市场完成建筑业产值20.59亿元，山东规模市场完成建筑业产值21.08亿元，宿迁规模市场完成建筑业产值21.97亿元，苏州规模市场完成建筑业产值20.21亿元）。获省优工程杨子杯2个（江苏天成建设集团有限公司承建的江苏省十八届运动指挥中心，中兴建设有限公司承建的淮师·文华苑土建及安装二标段）省标化工地（7个）：

（1）淮安新天地花园工程1~5#楼

（2）汇丰中央广场二期1~2#及裙房工程

（3）淮安市金融中心中央商务区B4/B5#楼

（4）中天华庭（北区）工程1~10#及S3号商铺

（5）淮安红星国际广场一期二标段

（6）淮安市建筑工程检测中心有限公司综合楼

（7）淮安恒大名都三期19~22#、24#、28#楼及地库

【新型建材产业】 清江浦区新型建材产业园位于清江浦区和平镇，总占地面积1500亩，入驻企业有淮扬矿粉、淮宁钢结构、绿野建材、扬子钢结构等20余家，已投产的企业有淮扬矿粉、有来门业、淮宁钢结构、绿野建材、洛菲尔建材、扬子钢结构等。其

中绿野建材获得省级建筑产业现代化示范基地的称号。

【棚户区改造】 拆迁工程11个(市统筹地块7个),涉及改造整理土地1593亩,征收7331户,房屋征收面积112万平方米。

城市化率89%,城市绿化覆盖率41.51%。

新增保障性住房1840套,建成1400套。

老旧小区实施环境综合整治工程98个,总建筑面积约159万平方米,涉及20506户居民,总投入6000万元。

新建古淮河景区、城南体育场2个应急避难场所。

【城乡优化美化】 建成环城西路"书香苑"、烟厂桥东侧游园、清河嘉园北侧游园和前进西路"海棠光影"4个城市绿色小客厅;

盐河镇王元村黄许庄被市政府命名为市级康居村庄,和平镇越闸村古庄牛被市政府命名为市级美丽乡村。

现代服务业

综　述

2016年,清江浦区实现服务增加值295.78亿元,同比增幅8.6%,其中现代服务业增加值占GDP比重36%。服务业发展领先全市,社会消费品零售总额、服务业增加值分别占全市26%、20%。随着服务业发展规模的不断扩大,服务业营业税、企业所得税、增值税逐渐成为地方财政收入的主要来源。2016年,服务业入库税收26.65亿元,约占全区公共财政预算收入的53%,已成为支撑地方经济增长的重要力量。商贸流通发展方面,两大商圈品牌不断集聚,老旧市场持续改造升级,商贸中心地位不断巩固,辐射效应不断彰显。市场秩序方面,辖区60多家重点商贸流通企业安全生产、市场监测等工作正常开展。电子商务方面,开展"百千万"培训工程,新增年销售额50万元以上农产品电商12个,其中年销售额500万元以上农产品电商2个。顺丰电子商务产业园顺利通过省级电子商务示范基地复审。粮食安全保障能力不断强化。粮食安全保障方面,全年收购粮食2.7万吨,完成市级储备粮2500吨小麦,区级储备粮2500吨稻谷、1500吨小麦收储及轮换运作任务。军供粮源丰足、质量可靠、供应及时。民生办实事方面,全年安装163个智能快件柜,超额完成60个智能快件柜的目标任务。

【服务业集聚区建设】 2016年,清江浦区列入省市级服务业集聚区6个,其中省级3个,分别是淮通物流园、淮安现代商务集聚区、清河新区文化创意产业集聚区;市级4个,分别是淮海中心商业区、水渡口中央商务区、淮安文庙新天地、淮安电子数码商贸集聚区。顺丰电子商务产业园、淮通物流园、工业设计园分别创成省级电子商务示范基地、现代服务业集聚区、工业设计示范园,投资10亿元的传化公路港建成营业。

【重点项目建设】 2016年,清江浦区规模以上服务业固定资产投资250.77亿元,同比增幅19.1%。淮安金融中心、苏宁生活广场、茂业时代广场、颐高数码广场、华信广场等重大项目快速推进,中央新亚、金鹰国际、淮安万达等城市综合体商业辐射效应不断彰显,淮安新天地、汇丰CBD等一批功能性项目建成运营,茂业时代广场、万达中心、颐高数码等商务楼宇建成,成为苏北有影响的商业商务中心。

【引进外资】 2016年,清江浦区大力发展开放经济,新批外资项目21个,利用外资实际到账6869.5万美元,开工项目注册外资实际到账5958.4万美元,外贸进出口总额3.6亿美元。

【商务综合执法改革】 根据商务部以及省关于商务综合行政执法体制改革试点工作的指导意见,淮安市编办批复淮安市商务局开展商务综合执法体制改革试点工作及实施方案,方案中明确"清河、清浦区的商务综合行政执法职能,由两区商务局分别委托区市场监督管理局形式,具体由区市场监督稽查大队承担,相关工作接受区商务局监管和指导"。2016年7月15日,原清浦区商务局与区市场监督管理局签订《商务综合行政执法委托书》,2016年8月1日,原清河区政府出台《关于委托清河区市场监督管理局行使清河区商务领域综合行政执法权的通知》。两区合并之后,2016年11月2日,清江浦区商务局与

颐高数码

区市场监督管理局签订《商务综合行政执法委托书》，将单用途商业预付卡、成品油市场、餐营业经营管理、零售商促销、零售商供应商公平交易、再生资源回收、家庭服务业、旧电器电子产品流通、对外劳务合作等17个方面33项权力委托区市场监督管理局行使，清江浦区商务局负责本辖区内商务领域综合执法工作的监督和协调。

【顺丰电子商务产业园顺利通过省级示范园区复审】 2016年12月，顺丰电子商务产业园顺利通过江苏省电子商务示范园区复审。

金融管理

【企业上市工作】 2016年4月，原清河区苏益电器获"新三板"挂牌批文，成为区继金象传动、安洁医疗之后的第三家在"新三板"成功挂牌的企业。通过对企业的进一步调研和梳理，将贝林科工贸、同信连锁、迈吉全能、澳洋集成电路等企业纳入后备企业资源库，进行动态管理，跟踪企业经营情况，及时进行宣传发动，推动企业尽早启动挂牌上市的实质性工作。原清浦区实现新三板挂牌上市企业一户(金长城农村小额贷款公司)，四板挂牌上市企业三户(鑫辉建材、凯润建设和新天地食品)。

【招商引资】 2016年3月，清河兴福村镇银行开业运营。5月17日，成立全省首家新三板上市小贷公司投资具有独立法人分支机构性质的农贷公司。清江农村小贷公司获得省金融办开业批文。该公司由淮安市金长城农村小贷公司在区全资设立，具有独立法人性质。

【市金融中心建设】 2016年，市金融中心B1–B3号楼地下工程施工；B4号楼建至23层，B5号楼建至26层；江苏银行大楼进行机电安装及幕墙施工。市农行正式签约，市农商行、邮储银行签订入驻意向协议；中国人保、中国人寿、东吴人寿等7家保险公司签订入驻意向协议书；益新律师事务所、童韵教育、江苏杉德数据服务有限公司签订合计约1711平方米入驻协议。

【创建金融生态达标县】 2016年，原清浦区按照省市创建工作要求，主动对接人民银行主管部门，制定方案和措施，着力推动"江苏省金融生态达标县"创建工作。年内已获取正式批文。

【推动平台评级】 推动平台公司的信用评级工作，为平台公司后续发债工作做基础。2016年，清浦区城投公司、新区投资公司均已被中诚信国际信用评级有限公司评定信用评级为2A。

【发展资本市场】 2016年，债券发行工作取得新进展。区城投公司非公开发行公司债获批20亿元，实现到账10亿元；15亿元企业债顺利获得国家发改委核准批文，进入询价阶段，即将择期发行。新区投资公司正在准备发债相关材料，计划报审10亿元企业债。2016年，获批融资到账资金超过48亿元(商务区10.1亿元，工业园区22.1亿元，财政局8亿元，城改公司7.9亿元)，另有已获取批复的储备项目贷款资金超过28.8亿元(工业园区4亿元，财政局2亿元，城改公司22.8亿元)。

【整顿金融秩序】 2016年，开展了互联网金融风险专项整治工作，排查企业超过200家。其中，按市处置办要求，重点关注江苏忠义易贷众筹股权投资管理股份有限公司的经营行为，金融办会同公安分局、市场监督管理局、街道乡镇安排专人每日跟进回访，督促企业落实兑付方案，切实维护社会稳定。

商贸流通

【清河流通资产管理公司】 淮安市原清河流通资产管理公司下设5个基层单位，其中：两个农贸市场(淮海路农贸市场、淮海东路农贸市场)，经营网点53个，经营面积约44863平方。2016年，公司实现资产收入540万元。

【推进标准化市场建设】 2016年，按照淮安市创建文明城市的要求，着力推进农贸市标准化建设。专门成立"文明城市创建"工作领导小组，抽调机关党员干部助力基层农贸市场，协助做好农贸市场整治。梳理存在问题，全天候、全覆盖巡查，查出问题，现场交办，限时整改。

【强化农贸市场长效管理】 2016年，按照"管理全覆盖，保洁无缝隙、责任全覆盖"要求，坚持长效管理不放松，严格制度抓落实，认真执行市、区文明城市创建市场长效管理方案，加大淮海、淮东两大农贸市场管理力度，定人定岗、定人定位，对农贸市场实行全天候管理和保洁，严格按照文明城市农贸市场考核标准，对落实情况进行跟踪检查和考评，及时解决考评

农贸市场

过程中发现的问题,及时整改到位。落实长效管理责任制,建立文明经营长效机制,按月考评,奖优罚劣,确保长效管理各项措施落实到位。

【优化资产管理模式】 规范资产预算管理制度,改革资产收益考核奖励机制,成立国有资产管理领导小组,全面监督国有资产运营、管理,切实提高资产运营效益,促进资产保值增值。落实《公有房屋租赁管理暂行办法》,执行公开、公正、民主、透明程序。编制合理的资产收益考核进度表,按月考核,分期兑现,做好回迁房屋及合同到期房屋的公开招租工作,按照市场规律,适时适当地提高租金标准,2016年实现资产管理收入540万元。

城市资产

【融资平台】 作为区自筹棚户区改造项目实施主体,融资73亿元,其中,江苏银行棚改基金18亿元,农发行棚改专项贷款15亿元,农行、中行、兴业银行、浦发行、南京银行棚改贷款40亿元。

【主体信用等级】 总资产规模107亿元,公司主体信用等级被中诚信国际信用评级有限责任公司评为AA级。

【资产收益】 在政府采购平台公开招租,签订租赁合同105份,房屋出租率100%,租金收入466万元。

【资产整合】 办理不动产权面积3922平方米。

【存量债权清收】 收回3年以上债权550万元。

【实体经营】 与香港嘉恒集团成立中外合资公司——淮安市融尚房地产开发有限公司,合作开发建设融尚广场项目(原奥林大厦地块);与星源投资集团共同成立中外合资公司——淮安市清江浦运河文旅集团,合作开发建设“阅读中心”项目、“御码头运河文化中心”项目、“运河文创中心”项目和“1415”街区项目;与淮安市中天钢结构有限公司、江苏天成建设集团有限公司、江苏文通建设有限公司四方签约成立江苏中天杭萧钢构有限公司,建设淮安市清江浦区钢结构装配式建筑产业基地项目。

撰稿人:吴　敏

供销合作

【概况】 2016年,供销社进一步深化系统改革,围绕“三农”做好服务。1-12月,全系统实现商品销售总额2.58亿元,比上年增长11.6%;完成农副产品及生活日用品销售额1.92亿元,同比增长12.2%;完成农资销售总额0.68亿元,比2015年增长3%,其中供应化肥2100吨,占全社会供应量的70%以上。

【合作经济组织】 截止至2016年底,区境基层合作社场地设施均以对外租赁的形式转租给相关企业、个体经营户向农民出售农业生产资料及生活日用品以及对本地农民生产的农副产品进行购销,全年收取租赁费43.1万元,同比增长5.1%。

旅游业

【概况】 2016年是“十三五”规划的开局之年,清江浦旅游以提高旅游核心竞争力为重点,聚焦“产业发展”、聚焦“品牌打造”、聚焦“宣传推广”三大方面推进清江浦旅游产业稳步快速发展,高效整合旅游资源,优化旅游产业结构,实施旅游优质工程,强化旅游公共服务。全区接待国内外旅游者约826万人次,同比增长5.7%,旅游综合收入达86.32亿元,游客接待总量、旅游总收入、旅游业对财政的贡献率稳步增长,全年向上争取各类旅游产业发展引导资金65万元,全区旅游产业保持了平稳发展的态势。11月,入列全国第二批“全国全域旅游示范区”创建单位名录。

至2016年年底,清江浦区境AAAA级景区3处,AAA级景区4处,AA级景区2处;省星级乡村旅游点2处;旅游星级酒店9家(分别是淮安迎宾馆、淮州宾馆、交通宾馆、幽兰都大酒店、东土大酒店、金蝶苑大酒店、曙光国际大酒店、万豪大酒店、味道名家大酒店),经济型酒店84家,旅行社百余家(其中具有出境游资格5家,分别为淮安市师苑国际旅行社有限公司、淮安交通国际旅游公司、中国国旅(江苏)淮安分公司、江苏省中旅淮安分公司、镇江国旅淮安分公司)。

【旅游业态】 重点做好御码头运河文化中心、阅读中心、清江浦1415历史文化休闲街区、运河文创中心等旅游项目建设服务工作。积极打造以御码头运河文化中心为核心的淮安城市中心休闲旅游带项目建设从空间上着手,打破单体景区间的区域上和管理上合作壁垒,依托核心旅游项目,围绕城市中轴线——淮海东西路,将区域内的优质旅游资源进行整合重组,以点带线,以线促片,全面构建“一核、两翼、三片”的旅游版图,全力打造集文化体验、生态观光、美食购物、休闲度假为一体的旅游带，实现旅游开发全域布局、旅游产品全域优化、旅游线路全域统筹。重点打造古庄牛生态休闲庄园、二河沿线风光带、古盐河生态旅游度假区等乡村旅游品牌。

【特色旅游宣传活动】 参加首届“乐购江苏”江苏旅游精品展，推广清江浦独有的“淮安礼物”品牌。以全国田径大奖赛为契机，主办的“淮安礼物”主题旅游商品推介活动向来自全国各地的运动员和观众展示淮安特色。赴上海、省内十三市等重要客源地的重点旅行社开展清江浦旅游宣传推广。主办2016百家旅行社进淮安旅游推介活动，邀请同程、携程、途牛国内三大在线旅游运营商以及中国国旅、中青旅、天马等知名旅行社代表，对淮安景区进行实地采线，积极推介御码头运河文化中心、阅读中心等重大文旅项目，与南京、南通、盐城、连云港等城市签署旅游战略合作协议，逐步实现清江浦和省内各市达成客源互送的合作目标，实现和省内各地级市旅游信息互通、广告互换。举办首届青驴论坛，邀请业界同行、专家学者、旅游大咖共同为清江浦旅游业发展出谋划策。桃梨风光赏花节、郁金香花展、古淮河金秋婚纱摄影大赛、戏曲演唱汇、花漾少年野外生存训练营等全年20多项旅游主题活动精彩纷呈，实现“季季有主题、月月有活动”。大力推动乡村旅游产品整体营销，开展草莓节、葡萄节等节庆营销和“七彩童年乡村游”等主题营销，打造四季乡村旅游特色产品，集中参加省市组织的各类旅游产品宣传推广活动。进一步提升清江浦旅游在省内外的知名度和影响力。

【旅游服务】 淮安旅游访客中心青驴站秉承“极致服务、极致体验”理念，通过品牌化运作，与中国在线旅游行业三大企业集团之一的同程旅游签署“互联网+目的地”战略合作协议，在淮安旅游整合进行全面探索。首条“古城淮安深度游”游线收获客户100%满意度，综合值5分，荣获了由客户满意度和好评率为标准的“同程专线”，成为淮安唯一入选的江苏14条“同程专线”之一。接待上海、杭州、青岛、南京等地游客，成为展示清江浦重要的“城市窗口”之一。围绕市、区两级“五城”同创工作要求，不断优化旅游景区、旅游饭店服务环境，提升服务能力和水平；根据国家局统一部署，认真开展旅游厕所革命专项行动，完成新建、改造旅游厕所6个，圆满完成工作任务。

【旅游市场监管】 结合文明城市创建、“519”中国旅游日等活动，充分利用各旅游企业户外广告宣传栏、电子显示屏等载体刊播文明旅游公益广告，发放社会主义核心价值观宣传海报、文明旅游公约、“旅行社旅游投诉制度牌”共计400余份，发放文明旅游宣传手册3000余份，建设文明旅游志愿者队伍，开展文明旅游宣传。重点服务窗口摆放“五城同创工作联系卡”，由广大市民督促旅游企业，抓好文明创建日常工作。各旅游窗口单位通过电子显示屏、宣传栏、微博、微信多种形式传播文明旅游提醒语，引领游客、市民文明旅游。做到常态检查与重点检查相结合、明查与暗访相结合。联合消防、食药监、工商等部门针对节假日等特殊时段对全区A级景区、星级酒店、旅行社总社以及外省、市、县区驻清江浦旅行社分公司（营业网点）开展以安全生产、消防、电梯、可燃性彩色粉尘防控为主题的专项督查行动，组织人员上门发放各类督查表格和标准3000多份，完成重点整改事项25项。完成9家旅行社成立申请审核备案。

2016年清江浦区A级景区名录

表2

序号	景区名称	等级	联系电话	地址
1	古淮河文化生态景区	AAAA	83793100	清河新区河畔路1号
2	淮安市博物馆	AAAA	83645659	健康西路146-1
3	里运河文化长廊·清江浦景区	AAAA	83910115	轮埠路
4	周恩来童年读书处	AAA	83934371	漕运西路174号
5	苏皖边区政府旧址纪念馆	AAA	83688058	淮海南路30号
6	钵池山景区	AAA	83751656	和平大道8号
7	清晏园	AAA	83938378	人民南路92号
8	楚秀园	AA	83945871	淮海南路85号
9	古黄河民俗生态园	AA	83501127	健康西路188号

·区境景点简解·

【周恩来童年读书处】 位于市区古运河北岸陈家花园，是周恩来嗣母陈氏祖辈的府邸。1904年秋，6岁的恩来随父母、嗣母移居清江浦（今淮安市主城区）外祖父的万公馆，并在万府家塾馆继续读书。外祖父万青选遗留下的丰富藏书，成了恩来童年获取知识的宝库。1905年9月，因万府家塾馆办得不理想，恩来随嗣母、生母迁居到万府南面的陈家花园。嗣母请来塾师，自立家塾馆，恩来和他的弟弟恩溥，还有他的两个妹妹在此就读。在塾馆，恩来先后读了《四书》、《五经》、《西游记》、《水浒》、《三国演义》、《说岳全传》、《镜花缘》等多部古籍名著。1907年春，生母（万氏）病故，家塾馆因无力维持而关闭。恩来带着弟弟恩溥、恩寿返回老家淮安（今淮安市淮安区）附马巷居住。1994年10月，周恩来童年读书旧址被中共淮安市委、市政府公布为首批市级爱国主义教育基地，1995年4月被省政府公布为第四批省级文物保护单位。1997年3月，周恩来诞辰100周年前夕，中共淮安市委，淮安市人民政府决定对周恩来童年读书旧址进行“修旧如故”全面整修，并将其作为向周恩来百年诞辰的献礼项目与文化设施建设的标志性工程。

【苏皖边区政府旧址】 1945年11月1日,苏皖边区政府于淮安成立,它是中国共产党领导下的苏中、苏北、淮南、淮北四大解放区的人民民主联合政府。边区政府旧址现存两个院落,占地6100平方米。保存砖木结构、古色古香的平房(其中部分房屋为两层楼房)48间,建筑面积1300平方米。北院26间二层楼房为原边区政府交界处办公地点,现用于边区政府史料陈列及李一氓生平陈列,展出历史照片280余幅,文物文献资料140件,全景再现了边区政府当年的历史风貌和丰功伟绩,以及边区政府主席李一氓光辉战斗的一生。院内还有李一氓铜像一尊、李一氓骨灰敬酒处及李一氓亲手设计的六角亭等可供游人瞻仰。南院为四幢平房共22间,为边区政府主席、副主席、秘书长办公室及会议室。

【淮安市博物馆】 位于淮安市区健康西路146-1号,于1997年10月建成,并对外开放,馆名由爱新觉罗·溥杰先生题写。该馆为综合性历史博物馆,是全市文物收藏、陈列和考古研究中心,同时还是淮安"爱国主义教育基地"、"科普教育基地"、"法制教育基地",是淮安市精神文明建设的重要窗口和示范点,也是中外宾朋、到淮参观游览的艺术殿堂。博物馆主楼高四层、局部五层,四周嵌贴大理石,庄严宏伟,洁净典雅。馆内一楼设会议中心;二楼为展示大厅,随时承接文物、书画和其它门类的各种临时性展览;三楼设文物展厅,分为《淮安历史文物陈列》、《淮安文物精品展》两大基本陈列展览,;四楼设书画展厅,《徐伯璞先生捐赠书画作品展》、《馆藏淮安现代书画作品展》为基本陈列。博物馆多次承接各种学术报告会和专业讲座。

【大运河文化广场】 位于里运河北岸、古清江大闸和水门桥之间的漕运路(原河北路)北侧,占地面积约7万平方米。广场北端中心位置耸立一座抽象性主题雕塑,两侧辅以8幅石质浮雕,内容为:夫差末口陈兵图、磨盘(口)舣、舟待潮图、清江浦(漕)仓(船)厂盛况图、漕督躬亲盘验图、康熙码头巡河图、舟船过闸艰险图、通衢古驿晨旅图、水上立交壮观图。浮雕前有音乐喷泉。广场东西侧还竖有16根灯柱,每根灯柱雕塑一位历史名人。右9根塑淮籍历史名人:韩信、枚乘、鲍照、梁红玉、龚开、吴承恩、阎若璩、吴鞠通、关天培;左7根塑治河治运历史名人:陈登、乔维岳、陈瑄、潘季驯、靳辅、郭大昌、黎世序。
广场环以绿树,间以草坪,气势恢弘,可容万人集会。2002年9月,首届"中国淮安·淮扬菜美食文化节"暨中国烹调协会授予淮安市"中国淮扬菜之乡"荣誉称号仪式在该广场举行。中央电视台《同一首歌》剧组以大型歌舞晚会为文化节活动揭幕。

【清河生态园】 占地约5.66公顷,建筑面积12000平方米的清河生态园,内设160个餐台,其中豪华园林式包间40个,可同时容纳1000人就餐。生态园以"生态餐厅、绿色文化"为主题,寄餐饮情趣于山水亭榭之间。

【净潭广场】 位于清河生态园北侧,2008年6月开工建设,同年底初具规模,设有一个下沉式广场,观众看台,游廊小息。主要提供给市民一个露天的舞台。赋净潭记。

【江淮婚俗馆】 位于古淮楼地上一至三层,共分四个部分,即序厅、牵手厅、成双厅和偕老厅,再现传统江淮婚俗文化特色。三层为幸福铜钟悬挂区域,新人或夫妇撞钟祈福,寓意"幸福终身"。幸福铜钟通高2.17米,口径1.39米,壁厚8厘米,重2吨。钟身圆柱形,由上向下渐大。提梁饰双龙纹,肩有九乳。腹有龙凤二对寓意龙凤呈祥,将钟身分成上下两部分。上部铸有小篆体祝福铭文28行,每行4字,系文史专家、淮安市政协副主席荀德麟所写。下部饰四尊神仙,口铸"福禄寿禧"四个大篆字,唇作八瓣荷花型,在花瓣上铸四个双喜。此钟铸造时间定为2009年2月19日,寓意相爱到永久。

【古淮河生态公园】 占地约53公顷,东西长约1.8公里。公园内公园设湿地互动、拓展健身、同心纪念、古河堤风貌4个功能区。水上漂流、划船垂钓、休闲烧烤;旖旎桥、灵鹊湖、双雁湖、同船渡、青浦宫、灵犀桥、漱玉溪、情相涌、莲子亭;缘定桥、执子之手、连理脉、缱绻桥;同心林、并蒂廊、许愿树、淮风台、双凫桥、同心广场;鹊仙引渡、鹊桥、比翼亭、合欢亭、凤凰廊、和瑟桥、鸣琴亭、琴瑟和乐亭、千年渡等景点分布公园4个功能区。

【淮安运动乐园】 位于宁连路西侧的古淮河文化生态景区内,占地面积约300亩。该乐园划分为拓展区、水上区、攀岩区、军事区、休闲娱乐区等,结合周边地形地貌,建设集少儿游乐、攀岩、真人CS、水上运动等项目于一体的运动体验型的拓展乐园。该项目的建成使整个景区在兼具观赏、休闲的同时,更加平添游乐体验的乐趣。

【白鹭湖山庄】 白鹭湖山庄位于宁连路东侧,水渡口大道南侧,占地约2公顷。

该山庄,以明清时期江淮流域民居元素为主要风格,集住宿 、餐饮、洗浴、娱乐、休闲等为一体的高端园林式酒店,是"十大经典淮扬菜名店"之一。

【清河生态美食城】 寄餐饮情趣于山水亭榭之间,它以"生态餐厅、绿色文化"为主题,是一处利用现代造景技术打造的融文化、生态、名人典故于一体的特色餐厅。

【清淮农家乐文化休闲街区】 建筑面积约2万平方米,是一片融特色餐饮、住宿、休闲娱乐、精品购物为一体的休闲商业街区。内设有王子会馆、湖鲜馆、大年人家、江淮土菜馆、公爵花园汽车旅馆、花园KTV、勿忘我婚庆婚纱摄影、阿拉法奇妙世界体验馆等。

【淮安开元国际大酒店】 淮安开元国际大酒店坐落于古淮河生态公园对面,总规划面积660.5亩,其中酒店占地110多亩，配套公园占地500多亩，建筑面积5万多平米，拥有各类客房300多间，实现生态、园林、环境、人文、营商等主题完美融合，环境优美、布局合理、功能齐全、配套完善，是集会议、接待、餐饮、商务、休闲、娱乐于一体的五星级生态园林式国际大酒店。

【红喜会馆（薇婷礼堂）】 是集婚庆展示、婚庆策划、婚庆餐饮等于一体的主题会馆，主要包括可承接100桌喜宴的花瓣形婚庆大厅；可体验西式婚礼、欧式风格的移动婚礼教堂；通向湖面的星光大道、依湖而建的花冠码头、湖滨栈道和300平方米的圆形舞台，可以举办中西式婚礼，真正做到“除了新娘什么都不带”。

【白鹭湖·奥特莱斯购物公园】 周边白鹭栖息、生态优良，拥有自然湖光景色，是一处人与自然和谐共生的滨水生态景观区。园内奥特莱斯购物中心，建筑面积达3.6万平方米，齐集国内外200个的服装品牌，集服饰、鞋帽、珠宝、皮具、运动休闲、家居饰品之大全，是融购物、休闲于一体的大型商城。

【青龙湖（国际）健身会所】 青龙湖健身公园，又名青龙湖（国际）健身会所，占地约20.6公顷，利用原生态系统，原有林带，沿宁连路一侧设置宽度不等的绿化控制带，形成覆盖率较高的绿色生态走廊。结合地形地貌的特点，以运动、生态休闲、水景为主体，布以长廊、景亭、拱桥、岛屿、木屋等设施，以供广大市民及游客健身、游憩。

【古淮楼·江淮婚俗馆】 古淮楼坐落于淮安市清河新区风光秀丽的古淮河文化生态景区，据考证，此处原为“淮角楼”，始建于宋代，因淮水至此转陡弯向南而得名，后因战乱水灾损毁。2008年底，地方政府着手恢复重建，全国人大常委会原副委员长许嘉璐为其题名为“古淮楼”，并撰《古淮楼记》。

古淮楼采用层层叠檐升起的建筑风格，楼高18.36米，地上三层，地下二层。站在古淮楼上，向北一览古淮河风光，南眺可将新区全貌尽收眼底，是观景览胜的绝佳地。

江淮婚俗馆位于古淮楼地上三层，含牵手厅、成双厅和偕老厅，整个展馆将江淮婚俗元素融入整个建筑，以更为生动的形式展现传统婚俗文化，三层铸有幸福铜钟，众多新人和夫妇可敲响幸福钟声（谐音幸福终身），许下爱情诺言。

牵手登临古淮楼，共享人生幸福久。

【清河城市馆】 不出此馆便晓清河

清河城市馆坐落于淮安市清河新区风光秀美的古淮河文化生态景区，建筑面积1500平方米，是一座集中展示清河城市形象、反映清河城市文化内涵、描绘清河城市发展蓝图的综合性展馆。展厅由历史厅、现代厅和未来厅三个部分组成，展馆以“悠久历史、辉煌成就、宏伟蓝图”为主题，通过新颖的展示理念，丰富的展示内容和现代化的展示手段，全面展现了清河南船北马、商贸名区、美食天堂、婚庆之都、生态新城、和谐家园六张城市新名片，可让来访者“不出此馆便晓清河”。

了解清河从这里开始。

【清江浦文化馆】 达到国家一级馆标准，于2008年7月8日开工建设，同年12月30日投入使用，总建筑面积约3460平方米，内院式布局，主体分前后两栋，四周用连廊连接，北侧有一室外游廊延伸至古淮河边，配有服务用房、茶社、游亭和画舫。在入口处设有展览大厅和大教室，另设有书画、少儿活动、器乐、声乐等工作室16间。馆前的鸿禧广场左右两侧嵌有十二生肖图案，生动描绘了民间属相搭配的婚俗文化。著名诗人赵　凯等淮安文化名人工作室设于此馆。

【长荣大剧院·荀派艺术馆】 江苏演院线旗舰剧院　长荣大剧院座落于淮安市清河新区风景秀丽的古淮河文化生态景区，以著名荀派京剧大师宋长荣先生而得名。剧院内配备了省内一流的灯光、音响等设备，是一座具备戏曲表演、数字放映、音乐综艺、会议、论坛、展览等功能的综合性场馆。

剧院拥有可容纳约800人同时观看演出的大剧场、五个风格迥异的豪华包间和一流豪华的数字电影小厅。长荣大剧院是苏演院线旗舰店，也是承接市内外乃至省内外演艺活动的重要场所。尤其是剧院内的荀派艺术馆，展现了荀派京剧艺术的源远流长以及著名荀派京剧大师宋长荣先生的艺术生涯，使游客更深刻的了解京剧艺术的无穷魅力。

剧院正门前，以红娘雕塑为中心，建有以歌颂美好爱情为主题的文化广场。置身广场，如游画中，游人能感受到浪漫爱情的浓郁氛围。

【中国城市化史馆·淮安国际摄影艺术馆】 中国城市化史馆是一座以人类城市化进程为主题，集展示、研究、宣传、教育、交流、收藏为一体的专题性城市文化博物馆，占地约35.6亩，建筑面积1.6万平方米。通过追述人类与城市化、国际城市化的历史进程，中国及其世界城邦文明、淮水岸边的城市化与淮水人生存方式，阐明人与自然和谐发展的科学发展观，增强科学发展意识，促进经济、社会、文化和环境的和谐发展，是广大市民和来访游客了解人类城市发展起源的系统知识宝库。

淮安国际摄影艺术馆，建筑面积2万平方米，是一座以摄影艺术为主题，集展示、研究、宣传、教育、交流、收藏为一体的专题性展馆。艺术馆除了集中展示郎静山的生平及艺术成就，还将成为摄影艺术探讨研究基地、文化交流展出平台和艺术教育培育辅导中心，以弘扬中华摄影艺术，推动海峡两岸文化交流。

【中国淮扬菜文化博物馆】 上海世博会“世博之旅”景点

全国首家最大主题性菜系文化博物馆

中国淮扬菜文化博物馆位于古淮河文化生态景区，总建筑面积6500平方米，集学术性、知识性、趣味性、参与性于一体，是目前国内最大的主题性菜系文化博物馆。主要以淮扬菜发展历程为主线，由“河馆”（剖析淮扬菜形成的自然和历史背景)、"菜馆"(讲述淮扬菜发展历程)、"民俗馆"(展示淮扬菜流风遗箴)和"品尝馆"(品学淮扬菜)四个展馆和中国淮扬菜文化研究院(致力于挖掘、研究、传承和推广淮扬菜文化)组成,让游客领略淮扬菜文化的科学的生活理念、高尚的审美情趣,宏大的博爱情怀。

【中国西游记博览馆】"人来神往乐享千年"。

中国西游记博览馆位于清河新区,是一个综合应用声、光、影像等高科技手段对古典名著《西游记》进行全面溯源和演绎的大型文化主题展馆。该馆占地面积2600平方米,将名著故事、背景、情节通过立体影声生动再现和多方位演绎,并率先全面展现了近年国内学界研究《西游记》的创新成果。该馆是弘扬西游记文化,打造"创意清河"品牌的重要载体,展馆分"奇人奇书"、"西游地图"、"风靡世界"、"梨园百家"、"书里书外"、"大话西游"、"游戏体验"七大部分,展现神奇瑰丽的西游记文化。

【慈云禅寺】慈云禅寺位于清江大闸南侧,原名"慈云庵",是江淮地区著名的寺庙,始建于明朝万历二十年(1592年)。清康熙十四年(1675年)秋,被顺治皇帝敕封为"大觉普济能仁琇国师"的玉琳法师南游到清江浦的"慈云庵",八月十日趺坐而逝。康熙颁诏厚葬,重修"慈云庵"并建"法王塔"。雍正十三年(1735年),清世宗胤禛下诏在"慈云庵"原址新建,改"慈云庵"为"慈云禅寺",并亲题匾额。

当时的"慈云禅寺"占地二十五亩。门前照壁,左右分别有"春霭慈云坊"和"泽溥万方坊"两座牌坊。五重殿宇,华丽壮观,寺内遍植苍松翠柏、名贵花木,四季溢香。乾隆四十五年(1780年)与四十九年(1784年)两次南巡,均入寺瞻礼。咸丰十年(1860年)捻军攻入清江浦,慈云寺被全部焚毁。

同治元年(1862年),慈云寺得以复建重修,历经二十年才恢复旧貌。复建以来,该寺一直处于半寺半衙的状态。同治年间,李鸿章的淮-运局设于寺中。光绪三十年(1904年),地方士绅在寺中办"浦惠粥厂"赈济灾民。光绪三十二年(1906年)江苏提督刘永庆于寺中办"江北警察员弁学堂",后复设警察分局。

民国七年(1918年),"慈云寺"的"大雄宝殿"再次毁在大火中。连年的战乱,加上水、旱灾祸相继,后又遭日寇入侵,寺院从此一蹶不振。民国二十五年(1936年),中国佛教协会淮阴支会成立,会址即设于寺内。解放前,寺内还举办过"大成-"(儿童慈善学校)。

解放后,"慈云寺"由淮阴花纱布公司及五金公司先后占用。1986年,省政府批复同意将"慈云寺"修复开放,列为省重点寺庙之一。

从1990年冬开始,"慈云禅寺"开始了全面修复,历时四年,终于对外开放,重现昔日庄严雄伟的风貌。

【清晏园】清晏园是一座古典园林,原为清代总督府第的后花园。

清康熙十七年(1678年)河道总督靳辅驻节于此,他"凿池植树,以为行馆,名曰淮园"。

乾隆十五年(1750),河督高斌于池北建荷芳书院。嘉庆五年(1800年),更其名为"澹园",随后又改为"清晏园"。

道光十三年(1833)河督麟庆对清晏园进行了较大规模的整修改造。咸丰十年(1860)裁撤河督,以漕运总管河务,漕督迁驻于此。漕督陈夔龙建紫藤花馆。

叶挺将军遇难后,边区政府将公园命名为叶挺公园。新中国成立后,称城南公园。

1983年,为恢复古园旧貌,市人民政府对公园进行了维修改造,形成山水小院、荷芳书院、黄石深秋(含蔷薇园)、叶园秋唧(含关帝庙)、环漪别墅、梅岭春晓六个景区。

【文庙】是纪念和祭祀伟大思想家、政治家、教育家孔子的祠庙建筑,在历代王朝更迭中又被称作文庙、夫子庙、先师庙、先圣庙,尤以"文庙"之名更为普遍,是儒家活动的场所。

明清时期的淮安,作为九省通衢之地,其经济社会发展空前。与之相适应的教育文化体系亦相当兴旺发达,尊师重教、读书向学蔚然成风。清江文庙几经变迁,也反映出了淮安重视教育的历史。

明嘉靖九年(1530)工部主事邵经济建崇景堂于清江浦漕厂署之左。嘉靖二十一年,工部主事叶选建文景堂、省轩及诸生号房,置祭田。隆庆六年(1572)工部主事龚廷璧修文庙。万历五年(1577)工部主事张誉增建大观楼。三十四年,工部郎中沈孝征、主事魏时应建文昌楼、钟楼。四十二年,工部主事王莅重建先师殿、尊德堂。天启六年(1626)工部主事顾元镜建格物、致知、正心、诚意四斋,斯文在斯坊。是年于地租银内,给修理银五两;又丁祭银六两,营缮所承缮办有碑。崇祯六年(1633)工部主事赵光汴修。

顺治六年(1649)漕厂工部主事张安茂重修有碑;十八年漕运总督蔡士英命船政同知孔贞来建两庑斋房(时春秋二祭,以船政同知主其事,河督嘲望行礼,略如祀学宫之仪)。康熙十六年(1677)总河靳辅重建先师殿、文会堂及东西两庑,移建文昌殿于文会堂之左,戟门周垣逾年而成。二十三年淮徐道常恩重建尊德堂于文会堂之右;建棂星门、濬泮池,植桃柳。三十七年总河于成龙奏改称文庙(时移山阳训导一员驻此,也称山阳学宫);雍正三年(1725)里河同知白钟山建靳公祠于戟门之右,建更衣厅于戟门之左,乾隆二十四年(1759)重修。

乾隆二十六年(1761),改为清河县学宫(时清江浦,更隶清河县,移县之册曰:清江学宫)。四十二年河道总督萨载重修;道光三年(1823)河道总督黎世序率其属及邑人重建清河县学宫,移向正南,两年告成。

咸丰十年(1860)豫逆毁大成殿;同治四年(1865)漕运总督吴棠重建大成殿,并将旧址毁者而大修之。

同治十一年(1872),漕运总督文彬修建尊经阁五楹,左右斋房十楹。新庙之制大成殿九楹,龙脊鱼尾、飞檐发角,覆以黄瓦,崇台四周台高三尺五寸,列楹二十有四,其前为月台,广周以石栏,其前为甬道。左为东庑、右为西庑，凡有十四楹。大成门三楹，朱漆金铺，为门者三，凡出入由左扉。神库在大成门之左；燎炉在大成门之右；名宦祠在大成门之东；乡贤祠在大成门之西；更衣厅在大成门外之左；忠孝祠在大成门外之右。泮池在大成门之前，环桥三在泮池之上，其南为棂星门；明伦堂在大成殿之后；东斋在明伦堂前之左；西斋在明伦堂前之右；崇圣殿在明伦堂之后，兼崇台四周，东西列楹联十有二，其后为尊经阁。

棂星门之西为黎公祠。按咸丰《清河县志》云："学宫告成。而黎公世序即故，建是以报功也。"外泮池在棂星门之前，环而东西皆有石栏，其南为映壁，其左右皆有坊，坊外树栅。魁星阁在学宫东南角，有缭垣围阁附于学宫内；教谕宅院在明伦堂之东，儒学大门南出当棂星门之左；训导宅在明伦堂之西，小门西出。

【清江大闸】 又称清江闸，距今已有600余年历史，是京杭大运河上保存最为完好的一处石工建筑，堪称"古运河建筑史上的杰作"。

清江大闸位于淮安市清江浦区，始建于明朝初年。清江闸用于控制里运河的流量和调节水位，以缓解湍急的河水，使漕运船只顺利通过。

清江闸是大运河上仅存的维护得比较好的一座古闸，是世界文化遗产——中国大运河的一处重要遗产点。

明永乐八年(1410年)，陈瑄开凿清江浦，并建四闸，清江大闸是其中之一。清江大闸，又称清江闸，距今已有600余年历史，是京杭大运河上保存最为完好的一处石工建筑，堪称"古运河建筑史上的杰作"。清江大闸位于淮安市清江浦区，始建于明朝初年。清江闸用于控制里运河的流量和调节水位，以缓解湍急的河水，使漕运船只顺利通过。清江闸是大运河上仅存的维护得比较好的一座古闸，是世界文化遗产——中国大运河的一处重要遗产点。

【李更生故居】 在市区淮阴中学的北院内，有一古朴典雅、富于民族特色的院落，这就是民国大教育家李更生先生的故居。为了缅怀这位勇于革新的教育家，经江苏省人民政府批准，淮阴市政府在纪念他逝世六十周年之际，修复了李更生先生故居。故居分前后四进，青砖灰瓦，硬山隔扇，主堂房内陈列着李更生先生执教一生的坎坷奋进的事迹，陈列柜内放着江苏教育出版社新出版的《李更生纪念文集》，收集了李更生遗、业绩、缅怀文章等，多为更生先生海内弟子及学有成就子女的充满感情的作品。李更生，名荃，字亘孙，1883年1月23日出生于清江浦的书香家庭，少年时代的李更生天资聪颖，学习用功，于1902年进入江北高等学堂读书，在新知识、新思潮的影响下，于1906年，怀爱国救国之心、"兴邦必先兴教育"之志，步入教坛，历时二十余年，把全部心血奉献给了教育事业，1927年4月7日逝世。李更生是我国现代教育事业的早期开拓者和实践家。1927年春，毛泽东同志在湖北省武昌中央农民运动讲习所作报告时，曾举例说道："李更生先生在淮阴办了一所私立成志中学，培植人才而救国，但与山东武训向人要钱办学不同，他可是贵的事，是革命爱国的行动。"给予李更生先生以很高的评价。更生先生当年革新教育，振兴国家的理想虽已实现，但他那爱国主义和锐意革新的精神仍在激励着后人。

【里运河文化长廊】 里运河文化长廊是中国历史上鼎盛时期，淮安为全国漕运指挥中心、河道治理中心、粮食储运中心、盐榷税务中心、漕船制造中心，2013年初，里运河文化长廊项目开工建设。2014年，里运河文化长廊通过国家AAAA级景区认证，而处于清江浦地区的大闸口，则被选作了里运河文化长廊的起点和入口。清江浦段里运河文化长廊的主要景点有：慈云寺（含国师塔）、清江文庙、越河老街、仁慈医院旧址、福音堂（赛珍珠故居）、淮安运河博物馆群、浦楼酱醋园、文庙水街、码头博物馆、石油库特色创意街区等等。

淮安运河博物馆是国家AAAA级旅游景区，主体坐落在清江浦大闸口历史文化风貌区里运河中洲岛上。该馆是由多座文化展馆共同构成的具有浓厚运河文化特征、浓烈地方文化气息、浓郁生态园林特点的综合类博物馆群，总占地面积3万平方米，建筑面积8000平方米。博物馆下辖清江浦记忆馆、淮安戏曲博物馆、淮安名人馆、运河楹联馆、大运河名人馆、陈(瑄)潘(季驯)二公祠、吴公祠、斗姥宫、程莘农故居以及"三范"故居，运用图板、书画、人物蜡像、幻影成像、场景再现、实物展示、多维全息数码互动游戏、声光电技术等复合布展方式，呈现了运河历史、地方戏曲、地方名人、漕粮运输、河道治理、漕粮仓储对"中国运河之都"淮安的影响。

【老清江浦楼】 位于江苏省淮安市清浦区河南西路（华兴桥西）。下层券门穿堂而过，门宽2．4米，高2．1米，门楣各嵌石匾一块，横刻"清江浦"三字，上款竖写"雍正已酉岁孟秋吉旦"、"道光甲申仲秋吉旦"，下首竖写'管理山清里河督捕理事分府夏口重建"、"钦加府衔山清里河理事分府张栋口重建"。它一直为清江浦的标志。现为市级文物保护单位。

【新清江浦楼】 位于江苏省淮安市清河区中州岛中州公园内（闸口东），现为淮安市楹联博物馆。

事实上现在外地人所说的清江浦楼多数指的是于2003年异地而建的新清江浦楼（如右图），甚至淮安本地人也多数是从2003年新建的清江浦楼落成后才知晓身边有个建筑叫清江浦楼，因为上面的真正的老清江浦楼位置偏远，更无明显特色，看起来仅为以普通的老建筑而已，故而多数人并不知道其存在，更不知其真容。也正因此，政府考虑老清江浦楼太过"寒酸"，2003年在修建中州公园时，充分研究淮安地域建筑风格，由东南大学专家重新创作设计了新清江浦楼 。该楼具有鲜明的地域建筑特征，与中洲特定城市地段空间相呼应、协调，成为东西往来水陆视线焦点。新清江浦楼已成为淮安的一大地标建筑。

QING JIANG PU NIAN JIAN

公共服务

GONG GONG FU WU

- 财政
- 国家税收
- 地方税收
- 教育
- 科技
- 文化
- 卫生
- 体育

财　政

【概况】 2016年，清江浦区财政收入(不含土地出让金)实现34.69亿元，其中一般公共预算收入完成27.98亿元，基金收入3.41亿元；完成一般公共预算支出16.71亿元，其中，区本级一般公共预算支出14.8亿元，完成基金支出4.09亿元。

【教育优先发展】 2016年，按照教育优先发展、新增财力向教育等民生支出倾斜的原则，清江浦区加大教育投入，真正落实教育经费"三增长"和"一提高"。全年支出教育资金3.58亿元，占一般公共预算支出的21.4%。其中，拨付中小学年生均公用经费2071.58万元，学前教育、义务教育及高中阶段等学校家庭困难学生资助经费 318.81万元，基础设施改造和学校现代化建设资金8200万元。

【健全社会保障体系】 2016年，清江浦区财政积极构建覆盖城乡的、以民生十大工程为主要内容的社会保障体系，促进经济社会稳定、和谐、高效发展。全年支出社会保障资金1.77亿元，占一般公共预算支出的10.6%。其中，累计拨付财政资金5754万元，重点用于城乡最低生活保障、重度残疾人生活救助、社会救济、伤残死亡抚恤、退伍军人安置及义务兵优待金补助等项目；全年拨付居家养老运营补贴、管理人员补贴和政府购买养老服务费166万元，尊老金398.87万元。

【提高医疗卫生保障水平】 2016年，清江浦区财政围绕"保基本、可持续、适度均等化"的目标要求，加大财政投入与政策引导，深化医疗卫生体制改革，着力促进医疗卫生水平提高，确保共享多享医改实惠。2016年，支出医疗卫生经费1.48亿元，占一般公共预算的8.86%。其中，拨付城镇居民医疗统筹经费7107万元，保障破产困难企业退休职工就医资金574万元，保障离休干部就医医疗补助资金385万元，保障困难群众就医城乡医疗救助资金240万元，基本药物零差价补贴 1574.7万元，基本公共卫生服务资金1190万元。

【促进城市环境提升】 2016年，区财政拨付资金1.5亿元，用于加快兴华花园、枫丹白露等安置房扫尾工程建设，水渡新村、利苑新村、玫瑰苑、健康新村东区等老旧小区改造，修建后街背巷、市政道路管网改造维护经费，里运河文化长廊建设，新建城市绿色小客厅等绿化工程，改造提升农贸市场等，提升基层社区综合服务设施建设，改善人居环境。

国家税收

【概况】 淮安市国家税务局实行机构职能调整，原来分别与清河区财政、清浦区财政对应的第六分局和第二分局，不再承担税收征收职能、税源管理职能及税收评估职能，税务管理员制度也随之终结，开始行使税收稽查职能。2016年，淮安市国家税务局征收税收入清江浦区金库139782万元(不含海关代征)，其中国内增值税104827万元、企业所得税34332万元，消费税623万元。税收同比增长28.03%，其中增值税增长40.74%。主要税种全部增长，重点税源贡献稳定。营改增，提升了国税收入的18个百分点。剔除该因素，国税收入同比增长10%。

【税收管理体制改革】 按税种确立中央与地方的入库级次。国税局主要管辖区内区属纳税人的消费税、企业所得税、增值税。消费税为中央税，全部入中央金库；企业所得税，增值税为共享税，中央与地方按75%：25%比例分别入库；25%的税收，省金库再按一定的比例，从地方分成中分成。企业所得税，中央与地方，按四六分成，后改成五五分成。市金库与区金库入库级次的划分，按企业隶属关系来确定。市与区的财政分成，是按企业和行业来划分的。市财政局对市与区的预算级次划分，每年有所调整，年初，通过淮安市财政局规范文件的形式来进行确定。在清江浦区实际管辖地域上的大型企业及由市级机关招商引资的大型企业，其增值税的分成部分，都归市金库；清江浦区属纳税人，增值税分成部分，归区金库。

【办税服务质量提升】 淮安市国家税务局设纳税服务处，指导、协调全市的纳税服务工作。淮安市国家税务局办税服务厅迁至翔宇中道淮安市行政服务中心。国税局在政务服务中心，设30个办税服务窗口(服务台)，并设置多台自助办税机，在全国国税系统率先实现提供二十四小时自助办税服务。自助办税机具有抄税、报税、发票领购等功能。纳税人在办理税务登记时，实现了社会组织机构代码证、营业执照、社会保险登记证、税务登记证、统计登记证的"五证合一"，进一步方便了纳税人。

【实现"互联网+税务"征收管理】 由于计算机技术、网络技术的发展，增值税一般纳税人，不需出门，在企业便可办理网络开具发票、进项发票比对、纳税申报(报税)、销项发票的抄税等涉税事务，纳税人的纳税成本及税收的征收成本明显降低，税收管理逐步从"人管人"向"机管人"的模式转变，纳税人税收法制遵从度明显提高。纳税人在办理税务登记时，已经确定了隶属关系及预算级次。纳税人在申报纳税时，计算机按纳税人的隶属关系及预算级次，自动分别划入各级金库。2016年，清江浦区范围内的国税系统实现"金税三期"全覆盖，"互联网+税务"得以完善。

【2016年税收收入】

表3　　单位：万元

地区	2016年1-12月各税入库			
	合计	国内增值税	国内消费税	企业所得税
清河区	92537	63558	623	28356
清浦区	47245	41269		5976
合计	139782	104827	623	34332

【税制改革营改增正式启动】 5月1日凌晨，淮安市首张营改增发票在神旺大酒店成功开具。标志着全市税制改革营改增正式启动，营改增是我国2016年实施的一项重大税制改革，其宗旨是进一步减轻纳税人的负担，此次营改增涉及全市5万余户纳税人，对淮安广大企业是一大利好，也将促进淮安长远的发展。

【国税局金税三期上线运行平稳】 10月8日，国税局正式上线运行金税三期，首个工作日系统运行平稳，办税现场秩序井然，各项业务办理顺畅，顺利实现金税三期上线首日“开门红”，全市共在金三系统办理各项业务3534件，其中车购税业务880件，发票代开业务482件，发票发放业务711件，其他综合业务1461件。

【实现了网上开具增值税发票】 国税系统实现了网上开具增值税发票。这是在全国实行电子发票后，将电子发票的使用范围进一步拓展，更大地方便了纳税人，降低了纳税人纳税成本，提高了纳税人的税法遵从度，同时也进一步降低了国税机关的征收成本。

【市区银税合作推进会召开】 12月9日上午，市国税局、市地税局、银监淮安分局在国税局联合召开市区银税合作推进会，合作三方主要领导、分管领导，各县区国税局、地税局分管领导，银税合作有关部门负责人，市区36家银行业金融机构主要负责人、分管负责人及20家企业代表参加了会议。推进会上，市国税局、市地税局、银监淮安分局主要领导共同签署银税合作框架协议。根据框架协议，三方成立了银税合作组织，建立了银税合作联席会议制度，拓宽了合作内容，制定了保密纪律，实现了合作多方的良性互动，提升了银税合作助力小微企业发展的动力，推动经济社会发展迈上新台阶。

【举行委托代征签约仪式】 6月13日，国、地二税主管机构委托代征签约仪式，在市地税局四楼会议室举行。市国、地二税主管机构主要负责人、分管局领导，货劳税处、收入核算处、办公室、纳服处主要负责人及相关人员参加会议。此次委托代征签约是国、地二税双方应对此轮营改增扩围后的及时举措，相比以前，委托代征的范围和相关税种都有所扩大，并首次将印花税纳入代征范围。签约的顺利完成标志着国、地二税合作更加紧密，有利于加强税源管理，同时委托代征相关流程的明确，有利于提高国、地二税双方办税效率，给纳税人带来便利。

【省“中外税收发展历史研究”课题研讨会在清江浦区召开】 10月13日，江苏省税务学会“中外税收发展历史研究”课题研讨会在清江浦区召开。省税务学会常务副会长张敬群、秘书长胡庆生、副秘书长等出席会议。来自南京、苏州、常州、南通、扬州、泰州、连云港、徐州、盐城、淮安和南京财经大学等分会的12篇课题论文参加了交流评比。在交流发言、专家点评的基础上，会议代表投票推选，淮安、苏州、南通、常州、盐城5个单位撰写的文章获得优秀论文。

地方税收

【概况】 2016年，地方税务工作坚持区间管理稳增长。加强收入预测分析和工作调度，严格收入统筹区间把握入库秩序进度，避免收入增幅大起大落。围绕提升税收征管质效，提高税源基础管理能力，加强纳税人申报缴库的跟踪管理，提高准期申报率、准期入库率；组织开展企业所得税汇算清缴查账征收4613户，核率征收798户，个人所得税汇缴面100%；完成各项收入54.27亿元，其中，税收收入47.25亿元，非税收入7.02亿元。

全面推行《办税员制度》，全年共评选出优秀办税员160名。“年所得12万元”自行申报工作取得新突破。2016年，六分局共受理自助申报软件和手机APP掌上办税申报人数1221人，其中，手机APP掌上办税申报人数1130人。地税六分局获得了省级“巾帼文明岗”荣誉称号。

【征管服务】 2016年，六分局开展征管基础专项治理，强化未按期申报催报率、重点税源财务报表采集率等指标。调整优化税源管理事项清单，组织开展欠税集中清理行动。加强对欠税企业的实时监控，针对房地产开发企业欠税问题集中的现象，突出重点行业、重点欠税企业，采取积极有效的措施，强化欠税清理工作。2016年单笔追缴房地产欠税648万元、142万元、85万元，累计清理入库企业欠税1365万元。

【纳税服务】 强化税源监控和政策落实，立足税源基础管理，按照“20/80”法则，建立重点税源管理台账；坚持信息公开制度、失信惩戒办法等要求进行个体户定额、欠税、非正常户、社保欠费等信息公告；抓好非居民税收和外籍个人所得税清算申报核实，重点领域开展反避税调查；严格依法落实各项税收优惠政策，确认加计扣除4户，审核审批困难减免3户，共计为纳税人减免税款1368.58万元，审批延期缴纳税款5户，确保纳税人各项税收优惠政策落实到位。

【推进营改增改革】 5月1日，营改增改革全面推行，试点范围扩大到建筑业、房地产业、金融业、生活服务业，营改增试点顺利过渡。地税六分局由原应对全市税源基础管理变为主要对应清江浦区的税源基础管理。10月，金税三期成功上线。

教　育

【概况】 2016年10月前，清河、清浦两区教育工作各自按照年初确定的工作目标，坚持加快改革、推进均衡，.快速发展的基本思路，均取得了较好成绩，清河区教育局获“全省教育工作先进集体”称号，通过“县级政府教育工作省级督导考核”。清河区被省政府列为2016年淮安市唯一的首批教育现代化示范区建设单位，建成“全国义务教育发展基本均衡区”“江苏省学前教育改革发展示范区”。10月8日，清河区与清浦区合并，两区教育局也合署办公。清河区教育局从西安路116号的清河区社会事业大厦，整体搬迁到延安路200号的清浦区民生大厦，与清浦区教育局合并，成立清江浦区教育局。新建立的清江浦区明确定位，教育优先发展。坚持整合、强化、创新、提升的工作思路。大力发展优质教育资源，加速构建与主城区地位相匹配、与率先领先发展要求相适应的更高水平的优质教育体系，建设更高水平的现代化教育强区。

【教育经费投入】 2016年，区教育财政拨款84945万元，生均预算内公用经费标准为：在园幼儿425元/生·年、小学725元/生·年、初中1025元/生·年、高中925元/生·年。认真落实贫困生资助政策，幼儿、小学、初中和高中分别按年1000元/生·年、1000元/生·年、1025元/生·年和2000元/生·年的标准，发放贫困生资助金和高中助学金，资助面分别达12%、10%、10%和15%，计资助学生7100人，发放资助金总额805万元。

【教师队伍建设】 年内出台了《清河区中小学教师师德建设实施意见》。组织18名教师赴国外培训，邀请6名外籍教师对全区英语教师“引智培训”，参加国培、网培等各类培训教师3000多人次。与南师大等高校进行合作，对教师进行订单式培训。鼓励学历进修，24名教师顺利进入高等院校攻读教育硕士。进一步规范教师培训，全年录入12万培训学时进入系统。设立特级教师和名班主任工作室，发挥其示范带动作用。通过招聘、转岗培训等方式，配齐配足中小学音体美教师。全区义务教育学校音体美专职教师数小学达92%以上，初中达100%以上。实施义务教育学校校长、幼儿园园长、教师定期交流制度，交流比例超过10%。积极稳妥推进教师资格首次注册工作。两区合并前，制定了《清河区教师发展中心建设实施方案》，排出了序时进度，安排专人赴苏南、苏中地区考察学习。合并后成立了“清江浦区教师发展管理中心”。师院附小与英国约克郡.切特伍德学校，北京路中学与日本的北部中学结为国际友好学校，并进行了互访交流活动。教师梯队建设获全市创新创优项目评比一等奖。

【班集体建设】 6月，清河区教育局对92个申报区级优秀班集体的班级进行了验收，差额评选出区级优秀班集体88个。积极推进“周恩来班”创建工作，评选出90个校级、38个区级“周恩来班”，创成12个市级“周恩来班”。组织全区德育管理人员、骨干班主任参加“李镇西教育思想报告会”。8月4—5日，组织清河区第四届中小学班主任基本功大赛，择优选派6位选手参加市班主任基本功大赛。清河实验小学沈春燕老师代表淮安市参加江苏省基本功大赛荣获一等奖，并代表江苏省参加长三角地区班主任基本功大赛。12月，承办省班队集体年会第7届年会。

【教育信息化】 5月3日，区教育局与中国电信股份有限公司淮安分公司签订建设智慧教育云平台暨教育城域网升级的协议。5月19日，由中央电化教育馆主办的“2016年新媒体新技术教学应用研讨会暨第九届全国中小学创新(互动)课堂教学实践观摩活动”中，全区有多人次获全国一、二等奖，其中有1名老师参加现场说课比赛并获一等奖。5月20日至9月30日，在教育部开展的“一师一优课，一课一名师”活动中，全区获部级优课38节，居全市第二。在“书香江苏”网上读书活动中，有2所学校获评省“书香校园”、4名学生获评省“读书之星”。12月8—9日，由省教育信息化中心、省电化教育馆主办，扬州市电化教育馆承办的“领航杯”2016年江苏省信息化教学能手比赛在扬州举办，淮安市4人获省一等奖，其中，清江浦区占3名。

幼儿教育

【概况】 清江浦区属幼儿园34所，其中，公办幼儿园25所，均为省优质园；民办幼儿园9所，其中，3所为省优质园，其余为市优质园；区属幼儿园在园幼儿12364人；市直幼儿园14所，在园幼儿6203人；市区两级幼儿园共有流动儿童 5415人，学前三年毛入园率达到100%。此外，全区有无证民办幼儿园62家，在园幼儿3249名。区属幼儿教师1251人，大专率与本科率分别占100%、70%。纪家楼幼儿园、延安路幼儿园、浦东幼儿园、淮安市青少年宫化工园通过江苏省优质幼儿园评估验收。4月初，开展优课评比活动，王利等5名老师获一等奖，王子月等9名老师获二等奖。5—6月，清江浦实验幼儿园承办全市乡村幼儿园骨干教师培训与江苏省教育厅2016年“名师送培”培训，260多人到园观摩、交流与指导。清浦幼儿教师参加各级各类论文、案例与课件等评比，共86人次获奖赛。10—12月，组织人民幼儿园、延安路幼儿园、清浦幼儿园送教到盐河镇甘露棚幼儿园、武墩中心幼儿园与黄码中心幼儿园。全年举办幼儿园音乐教育活动”“澳洲幼教见闻”“幼儿园课程游戏化的园本实践与探索”“幼儿观察”4次专题培训。

2016年10月清江浦区属幼儿入园数据统计表

表4

序号	幼儿园名称	大班		中班		小班		托班		总数	
		班数（个）	人数（个）	班数（个）	人数（个）	班数（个）	人数（个）	班数（个）	人数（个）	班数（个）	人数（个）
1	清河区富丽幼儿园	3	125	6	241	3	107	0	0	12	473
2	清河幼儿园	4	136	4	120	4	118	0	0	13	374
3	淮海路幼儿园	5	196	5	174	5	150	0	0	15	520
4	繁荣小学幼儿园	4	153	4	148	4	119	0	0	12	420
5	老坝口小学幼儿园	3	123	3	124	3	102	0	0	9	349
6	承德路小学幼儿园	4	150	3	99	4	120	0	0	11	369
7	清河区机关幼儿园	2	66	3	95	3	87	0	0	8	248
8	石塔湖小学幼儿园	2	76	2	69	2	60	0	0	6	205
9	凤凰新村幼儿园	2	72	2	69	2	60	0	0	6	201
10	淮海花园幼儿园	3	106	3	100	2	61	1	25	9	292
11	深圳幼儿园	3	92	3	103	3	90	0	0	9	285
12	清河新区幼儿园	3	111	3	105	2	60	0	0	8	276
13	清河新区实验幼儿园	3	115	4	139	3	90	0	0	10	344
14	清河区金太阳幼儿园	2	72	2	60	3	57	0	0	7	189
15	清河区和达雅苑幼儿园	3	121	3	107	3	120	0	0	9	348
16	清河区艾倍科幼儿园	2	77	3	90	3	73	1	24	9	264
17	白鹭湖幼儿园	4	160	4	140	4	120	0	0	12	420
18	清河实验幼儿园	3	98	3	101	3	86	0	0	9	285
19	人民幼儿园	4	150	4	157	4	132	0	0	12	439
20	新世纪幼儿园	3	99	3	122	3	106	0	0	9	327
21	清浦幼儿园	6	223	6	205	6	171	0	0	18	599
22	新民路幼儿园	8	295	7	219	5	151	0	0	20	665
23	武墩中心幼儿园	4	152	4	144	4	101	0	0	12	397
24	城南中心幼儿园	4	150	4	137	4	129	0	0	12	416
25	纪家楼幼儿园	2	85	2	64	2	47	0	0	6	196
26	黄码乡中心幼儿园	4	111	4	108	3	91	0	0	11	310
27	盐河中心幼儿园	7	234	7	227	3	92	0	0	17	553
28	和平中心幼儿园	2	88	3	109	3	80	0	0	8	277
29	延安路幼儿园	2	80	2	66	2	56	0	0	6	202
30	清浦区富春花园幼儿园	5	207	5	180	4	160	1	36	15	583
31	清浦区浦东幼儿园	3	140	3	149	6	187	0	0	12	476
32	东风花园幼儿园	2	65	2	57	2	40	0	0	6	162
33	清浦艺术幼儿园	2	145	3	160	2	122	0	0	7	427
34	清浦区星苗艺术幼儿园	4	160	5	163	5	150	0	0	14	473
合计		117	4433	124	4351	114	3495	3	85	359	12364

小学教育

【概况】 清江浦区区域内有区属小学21所(包括2所民办校,5所公办九年一贯制学校的小学部及隶属清江浦实验小学的城南乡新闸小学);市直小学4所,分别为淮安市实验小学、淮阴师范学院第一附属小学、淮安小学与淮安市外国语小学。截至2016年10月,清江浦区小学共有749个教学班,在校学生共29107人,小学入学率、巩固率和毕业率均达100% 。外来务工人员子女入小学就读的有5217人,入学率为100%;残疾儿童89名,入学率为100%。全区小学共有教职工1694人,其中专任小学教师1654人,本科及以上学历者1483人,占小学教师总数87.4%;专科学历159人,高级教师122人,一级教师941人。全区小学师生比分别为1∶16.74,小学教师大专率与本科率分别为100%、92.06%。全区坚持认真落实《中华人民共和国义务教育法》《江苏省中小学管理规范》,大力推进教育的优质均衡发展。一年级招生实行免费就近入学,有效控制择校现象,严格控制班额数。学生在校时间不超过6小时,低、中、高段作业量要求遵照规定时间,讲求减负增效。严格执行课程计划,开齐开足课程,重视常技课、综合实践课开设的实效;各校均有校本课程,校本课程的建设个性鲜明,彰显特色;学校阳光体育活动全面实施,学生每天在校体育活动时间不少于1小时。

2016年10月清江浦区小学教育数据统计表

表5

名称	一年级		二年级		三年级		四年级		五年级		六年级		学生合计	班级合计
	班级数	学生数	班级数	学生数	班级数	学生数	班级数	学生数	班级数	学生数	班级数	学生数		
白鹭湖小学	13	489	10	375	9	333	8	289	6	221	0	0	1707	46
淮阴师范学院附属小学	18	720	20	779	15	597	15	600	16	637	17	660	3993	101
淮海路小学	12	462	11	422	12	486	13	495	13	526	14	553	2944	75
繁荣小学	7	266	7	265	7	267	7	271	7	267	7	269	1605	42
老坝口小学	4	156	3	130	4	147	4	170	4	139	6	225	967	25
清河实验小学	9	355	7	267	7	278	7	267	7	282	7	289	1738	44
承德路小学	4	166	4	165	4	172	4	151	4	169	5	188	1011	25
淮安恩来枫叶国际学校	2	49	1	5	1	10	1	13	1	9	1	18	104	7
人民小学	10	432	11	468	10	408	10	419	9	397	11	451	2575	61
清浦小学	8	326	6	269	7	309	7	306	289	7	309	7	1808	42
新民路小学	6	253	6	255	6	236	6	262	267	6	261	7	1534	37
纪家楼小学	3	119	3	97	3	107	4	143	156	4	172	4	794	21
延安路小学	2	40	2	53	2	41	2	46	75	2	93	3	348	13
人民小学浦东分校	9	370	7	279	8	322	7	286	169	4	82	2	1508	37
人民小学新城分校	11	467	9	377	8	322	6	265	224	5	166	4	1821	43
城南乡新闸小学	1	13	1	10	1	12	1	18	14	1	23	1	90	6
武墩中心学校	3	123	4	148	4	160	5	200	178	4	138	4	947	24
和平中心学校	2	77	3	109	3	107	4	160	143	4	118	3	714	19
和平中心学校电站教学点	1	3	1	7	0	0	0	0	0	0	0	0	10	2
盐河中心学校	2	74	2	63	2	89	2	67	124	3	130	3	547	14
盐河中心学校谢碾教学点	1	16	1	22	1	24	1	21	0	0	0	0	83	4
盐河中心学校甘露棚教学点	1	9	1	16	1	17	1	19	0	0	0	0	61	4
黄码中心学校	3	124	4	143	3	123	3	135	112	3	137	4	774	20
启英外国语学校	4	120	4	146	5	197	7	285	9	310	8	366	1424	37
合计	136	5229	128	4870	123	4764	125	4888	1827	3000	1705	3061	29107	749

初中教育

【概况】 全区初中学校17所，其中民办中学3所。区属教学班351个，在校学生14076人，其中，初一4710人，初二4584人，初三4782人。初中入学率100%，巩固率100%，毕业生升学率99.75%。初中师生比为1：10.59，中学教师本科率与研究生率分别为100%、5.04%，均超过省定标准。一年来，在各级政府和上级教育主管的关心和支持下，全区学校办学条件得到极大改善。通过不断加大投入，强化基础设施建设，完善设施设备，加强师资队伍建设，全面整治校内外环境，打造健康和谐校园文化，大力提升教育质量。全区教育办学水平大幅提升，教育体系更加健全，师资队伍不断优化，教育管理走向精致，教育特色不断呈现。

2016年10月清江浦区初中教育数据统计表

表6

学校	初一年级		初二年级		初三年级		总数	
	班级	生数	班级	生数	班级	生数	班级	生数
清江浦中学	12	448	10	380	10	386	32	1214
清河实验中学	6	188	6	176	6	171	18	535
北京路中学	16	711	16	707	15	660	47	2078
白鹭湖中学	7	296	6	250	6	237	19	783
翔宇中学	5	191	5	187	5	186	15	564
清河开明中学	11	415	11	442	12	449	34	1306
枫叶国际学校	1	22	1	5	0	0	2	27
浦东实验学校	18	842	18	868	18	859	54	2569
第一中学	6	195	4	144	7	277	17	616
第二中学	2	82	3	80	3	64	8	226
实验中学	5	167	5	199	6	230	16	596
清浦开明中学	12	569	12	512	12	512	36	1593
武墩中心学校	2	56	2	60	2	57	6	173
和平中心学校	2	53	3	84	3	112	8	249
盐河中心学校	3	133	3	109	4	144	10	386
黄码中心学校	2	65	4	120	4	124	10	309
启英外国语学校	6	277	6	261	7	314	19	852
合计	116	4710	115	4584	120	4782	351	14076

高中教育

【概况】 全区共有3所普通高中。清河中学、清浦中学为江苏省四星级高中，第一中学为三星级高中，全区高中现有教学班141个，在校生7229人，其中高一2545人，高二2365人，高三2319人；教职工561人，其中专任教师536人，校园占地面积198898平方米，校园建筑面积105264平方米，2016年高考二本以上录取836人。高中师生比为1：11.88，高中教师研究生率为17.33%，超过省定标准。近年来，三所高中凝心聚力谋发展，砥砺奋进谱新篇。学校内涵发展和特色发展相得益彰，成效显著。清河中学的“全域德育”、清浦中学的“生态教育”、第一中学的“成志教育”等特色教育已经内化为学校的精神文化，推动着学校向前发展。

2016年10月清江浦区高中教育数据统计表

表7

学校	高一年级		高二年级		高三年级		总数	
	班级	生数	班级	生数	班级	生数	班级	生数
清河中学	16	870	16	775	15	694	47	2339

续表7

学校	高一年级		高二年级		高三年级		总数	
	班级	生数	班级	生数	班级	生数	班级	生数
清浦中学	20	1138	20	1032	20	1120	60	3290
一中	11	537	12	558	11	505	34	1600
合计	47	2545	48	2365	46	2319	141	7229

【民办教育】 清河、清浦两区合并后，全区民办培训机构达44家，学生数10466名，专职老师592名。民办幼儿园20家，学生数4771，专职老师234人，有教师资格116人。民办学校3所占地面积6.09万平方米，其中小学48个班，平均班学生数43名，合计学生1877名，初中32个班，班平均学生数48，合计学生1454名，总计3331名在校生数，专职老师219名。

【师院附小参加全国"科学课题研究成果"评比活动】 1月4日，师院附小代表团赴北京参加全国"十一届中青年少年科学院课题研究成果"评比。刘孟轲同学撰写的调查报告

《关于休闲食品包装中生石灰干燥剂的研究》获一等奖，被评为"中国少年科学院小院士"；田林翼同学撰写的《水稻塑盘育秧与传统育秧方法的探究》和董芮知新同学撰写的调查报告《风筝线能"杀人"吗?》获二等奖，被评为"中国少年科学院预备小院士"。朱海霞等四位老师被评为"全国优秀科技老师"。

【纪家楼实验学校陈子涵获"国标舞"中国区总决赛冠军】 2月1日，亚太区国际体育舞蹈巡回赛中国区总决赛在香港举行。来自英国、马来西亚及中国各地的近500名优秀国标舞选手参加了本次总决赛。纪家楼实验学校三(2)班学生陈子涵夺得少儿组冠军。

【全市"消防安全教育进学校"启动仪式在清浦中学举行】 2月24日，由淮安市教育局、市消防支队联合主办的全市消防安全宣传教育进学校启动仪式在清浦中学举行。淮安市教育局副局长程永清、市消防支队副支队长张延和、市教育局安稳处处长李应柏、清浦区教育局、清浦区消防大队、清浦中学有关领导及全市县(区)教育局与社会事业局职能科室负责人等60人参加了启动仪式。

【第一中学顾春艳荣登"中国好人榜"】 3月2日，第一中学老师顾春艳荣登"中国好人榜"，中央电视台《新闻联播》节目专门报道了她身患重病，与病魔作斗争，心系学生，一心扑在工作上，取得特出成绩的事迹。此前，《淮安日报》、《淮海晚报》和淮安电视台都做过专题报道，先后获得"淮安市师德标兵"、淮安市首批"十大师德之星"、淮安市最美女性、淮安市最美教师等荣誉称号。

【繁荣小学开展"高雅艺术进校园"活动】 3月24日，江苏省演艺集团木偶剧团"高雅艺术进校园"活动走进市繁荣小学，为学校一二年级师生带来一场演出。木偶表演艺术家向全体师生介绍了中国木偶剧的历史、形成及其发展过程，并表演了《板桥书画》《快乐的小伙伴》《懒汉与苍蝇》《武松打虎》《变脸》等节目。

【第一中学获全市首届"青少年水利与气象科普知识大赛"一等奖】 3月26日，"淮安市首届青少年水利与气象科普知识大赛"决赛在市电视台演播大厅举行，比赛是由淮安市教育局、淮安市水利局、淮安市气象局、淮安市科学技术协会和淮安市白马湖开发办公室等五家单位共同主办，本次赛事分预赛和决赛两个阶段进行，分别以笔试与电视知识竞赛的形式进行。全市共88支代表队参赛。淮安市第一中学赢得中学组一等奖。

【清江浦中学承办"创一杯"全国中学古诗文教学观摩研讨会】 4月1—2日，"创一杯"全国中学古诗文教学观摩研讨会在清江浦中学举行。4位来自全国教学第一线的名师上了4节古诗文展示课，他们通过四场精彩的讲座和一场自由论坛向与会教师们展示了古诗文教学的课改研究成果与教学理论体系。

【华东师范大学熊川武教授到清河开明中学指导"人本学堂"建设】 4月12—14日，全国著名教育家、华东师范大学理解教育研究所所长、博士生导师熊川武教授和柴军应博士到清河开明中学指导"人本学堂"建设工作。熊川武教授首先听了学校5位中层干部的展示课，后与学校中层以上干部进行座谈，对学校的"自分教学"的实施和"人本学堂"建设工作提出意见与建议。熊川武教授一行还抽查了学校 "三册"的使用情况，召开教师代表座谈会，了解教师的想法和困惑，柴军应博士结合抽查情况对全体老师进行了反馈和指导。

【人民小学"小荷京剧社团"和南京市京剧团艺术家同台演出】 4月21日，南京市京剧团的艺术家们到淮安市人民小学指导小荷京剧社团。艺术家们表演了经典京剧唱段。人民小学"小荷京剧社团"的小演员们也表演京剧《穆桂英探谷》选段，此前，该选段演出曾获江苏省中小学艺术展演一等奖。

【"北大智慧课堂"专家到淮安市第一中学讲学】 4月23日，"北大智慧课堂"百校巡讲团专家到淮安市第一中学讲学，清浦区近500名教师到场学习。"北大智慧课堂"李甲祥从微课基本概念及发展，微课设计原则与应用形式，微课选题与教学设计，微课开发模式与准备等方面作了具体介绍，

专家还侧重于实践层面。通过现场教师实操录制软件，边讲解边指导，随时解决使用过程中遇到的问题，使到场教师较快掌握了微课制作的基本技能。

【繁荣小学举办“同怀家乡情共筑中国梦”经典诵读活动】 4月26日，繁荣小学举行“同怀家乡情共筑中国梦”经典诵读活动。淮安市教育局，市直学校和部分县区的领导与教师，清河区文明办、区团委、区关工委、区教育局及区各校领导和教师200多人参加此次活动。

【江苏省电教馆馆长吴胜东调研清河开明中学信息化建设】 4月29日，江苏省电教馆馆长吴胜东一行到清河开明中学指导学校信息化建设工作，淮安市电教馆馆长杨铁等陪同。清河开明中学校长魏清介绍了学校信息化建设情况和学校信息化建设的总体构想。调研结束时吴胜东肯定了清河开明中学的教育信息化工作形成了自己的特色，为区域推进教育信息化建设提供了可贵的案例和样本。

【江苏省教育督导组检查淮海路幼儿园工作】 5月11日，江苏省督导考察组专家到淮海路幼儿园进行教育督导检查，检查了淮海路幼儿园的办园设施和幼儿活动开展情况，幼儿园负责人从政府投入及幼儿园的办园条件、师资、教育特色、安全卫生、管理工作等方面进行了汇报，清河区教育局局长施玉明等陪同。

【北京路中学承办省“名师送培”中学心理健康专题培训】 5月12—14日，由江苏省教育厅主办，淮安市教育局协办，淮安市北京路中学承办的省“名师送培”中学心理健康专题培训活动成功举行。省厅领导、市局领导、各县区领导、专家、学员及部分北中教师近200人参加了“名师送培”专题培训活动。

【人民幼儿园高娟被评为省“333工程”培养对象】 5月18日，经各市和省有关部门组织推荐，专家评审，省人才办审核，人民幼儿园园长高娟被评为第五期“333工程”培养对象。

【开展“六一”慰问活动】 5月31日，清浦区区长张笑、副区长李萍、区委宣传部部长蒋风云到城南中心幼儿园开展“六一”慰问活动。祝孩子们六·一节日快乐。城南中心幼儿园的孩子们展示了《篮球宝贝》等才艺秀。

【新世纪幼儿园在市第八届运动会体操比赛获奖】 6月4日，全市第八届运动会幼儿组暨第四届教体结合幼儿基本体操比赛在淮安经济技术开发区新区实验小学举行，来自淮安市30所教体结合布点幼儿园的800多名小朋友参加比赛。经过角逐，淮安市新世纪幼儿园代表队荣获中班组一等奖和大班组二等奖。

【江苏省教科院何锋指导城南中心幼儿园课程游戏化】 6月23日，江苏省教育科学研究院何锋博士带队的“幼儿园课程游戏化专题培训”观察组成员到城南中心幼儿园进行实地观摩与观察研讨活动。观察组的成员们对城南中心幼儿园的区域游戏活动进行了观摩并做观察记录，随后，何锋博士带领观察组成员进行了研讨活动，并对“如何撰写观察记录”进行了专题讲座。

【淮安市清浦中学更名为江苏省清浦中学】 7月12日，江苏省机构编制委员会、江苏省教育厅联合发文，将淮安市清浦中学正式更名为江苏省清浦中学，原有隶属关系不变。

【清浦中学获市高中国防知识竞赛一等奖】 7月26日，以“同心共圆强国梦·青春激扬固国防”为主题的淮安市第一届大中专院校和高中学校国防知识竞赛决赛在市电视台演播大厅举行。清浦中学派出四名师生参加比赛，通过淘汰赛、必答、抢答等环节，获全市一等奖第一名。

【江苏省清浦中学省级航模比赛创佳绩】 8月6—9日，由江苏省体育局、江苏省教育厅、共青团江苏省委、江苏省科协、江苏省妇联共同主办的2016年江苏省青少年航空模型锦标赛在苏州阳澄湖半岛旅游度假区举行。清浦中学派出六名同学参加比赛，获两项冠军、两项季军，单项团体第一、一等奖4名、二等奖7名。

【人民小学京剧《红娘》参加江苏卫视节目录制】 8月18日，人民小学京韵社团的冯心昱、韩木子、陈园欣、杜千瑾四位同学在老师带领下，赴南京江苏卫视综艺频道《震撼一条龙》节目组录制京剧节目《红娘》选段。

【师院附小在全市中小学体育艺术文化节获奖】 8月23日，“2016年淮安市第三届中小学生艺术节艺术展演”在淮安市实验小学新城校区举行，淮阴师院附小舞蹈《童声里的中国》获小学组三等奖；合唱《歌唱二小放牛郎》《库斯克邮车》获小学组一等奖。

【江苏初中联盟教学研讨会在清江浦中学举行】 5月10—11日，江苏省联盟校之初中联盟教学研讨会在清江浦中学隆重召开。江苏省教师培训中心办公室副主任孙圣和、淮安市教育局副局长薛祝其、清河区教育局党委书记王加金及江苏省初中联盟校的领导在开幕式上讲话。南京东庐中学的经雨曦、泰兴洋思中学的成飞、锡山高中实验学校的刘克文、扬州竹西中学的张恒月、镇江江南学校的许静、清江浦中学的尤丽华等14位教师围绕“学习方式与核心素养”的主题进行课例展示。清江浦中学、扬州市竹西中学、常州市北郊初级中学、镇江江南学校、徐州开发区中学等五所学校在以“学习方式变革”为主题的交流中介绍了各自的教改经验。清江浦中学校长张明芳以《幸福，教育之道》为题向与会嘉宾介绍学校幸福教育研究的现状和方向。本次教学研讨活动由江苏省联盟校主办，清江浦中学承办，东庐中学等五家单位协办。

江苏初中联盟教学研讨会在清江浦中学举行

【纪家楼幼儿园姜虹获江苏最美幼儿教师提名】 8月22日，经省教育厅终评，纪家楼幼儿园园长姜虹从全省246名候选人中脱颖而出，获“感动江苏教育人物——2016最美幼儿教师”提名奖。姜虹是南通人的女儿，却把自己的美好青春年华奉献给了淮安人民的幼教事业。她先后获得“江苏省幼儿教育先进工作者”“淮安市首批幼教中青年骨干教师”等荣誉称号。

【市领导慰问清浦开明中学教师】 9月8日，市委书记姚晓东、市政协主席王维凯、市人大常委会副主任陈洪玉、副市长王红红等领导到清浦开明中学慰问教师，向大家致以节日的祝贺和亲切的问候。

【淮安市城南中心幼儿园更名淮安市清江浦实验幼儿园】 9月8日，淮安市城南中心幼儿园更名为淮安市清江浦实验幼儿园，并举行了揭牌仪式。

【结构教学创始人王俊为清浦开明中学作专题报告】 9月24日，清浦开明中学邀请结构教学创始人、全国创新教育改革优秀校长、江苏省中青年科学技术带头人、宜兴实验中学原校长王俊来校作题为《结构教学的实践研究》的专题报告，王俊校长通过学科的具体案例详细分析，阐述了结构教学法的核心思想：以结构为载体帮助学生掌握主动学习的工具、以尝试为主线促使学生自主合作地学习。清浦开明中学全体教师参会学习。

【清浦开明中学成为省级法人治理结构示范单位】 清浦开明中学不断探索和完善法人治理结构，10月8日，被江苏省结构编制委员会办公室确立为全省14家省级事业单位法人治理结构示范单位之一。

【淮安市第一中学获“江苏省文明校园”称号】 10月，淮安市第一中学被江苏省文明委命名表彰为“2013—2015年度江苏省文明校园”，这是清江浦建区以来首个获此殊荣的区属中学，也是淮安市第一中学自1997年以来连续19年被评为“江苏省文明单位”。

【清河实验小学获市第四届“少年号角”杯团体金奖】 10月28日，由共青团淮安市委、市教育局、市少工委联合主办的淮安市第四届“少年号角”杯少先队鼓乐大赛在淮安市实验小学新城校区举行。清河实验小学代表队获大赛团体金奖总分第一名及最佳创意奖。

【黄码中心小学举行“纪念红军长征胜利80周年”书画比赛】 11月4日，黄码乡中心小学举行了“纪念红军长征胜利80周年”书法比赛。比赛以红军长征、经典诵读、古文诗词等内容为书写主题。评委老师们从写字姿势、书写笔画笔顺和卷面三方面情况综合评估学生的写字水平。各学段分别评出了一、二、三等奖，并挑选出优秀作品在校园内进行展览。全校共有80名参赛者。

【人民小学在全市科技模型竞赛中获特等奖】 11月13日，2016年淮安市第二届中小学科技模型（航模、车辆）大赛在清浦开明中学举行，比赛由市体育局、市科协、市教育局共同主办。全市45所中小学的1300多名师生参加了比赛，人民小学获综合团体特等奖。

【白鹭湖中学通过省节水型学校验收】 11月13日，江苏省节水型学校评估验收组的领导和专家8人到白鹭湖中学校，对学校“江苏省节水型学校”创建工作进行验收。检查组查看了节水现场，翻阅了学校编制的《节水型学校创建工作汇报材料》及相关台账资料。校长曹锐对学校的创建工作作了详细汇报，江苏省专家肯定了学校创建工作中取得的成绩。淮安市委常委、政法委书记赵洪权参加陪同。

【清浦开明中学承办省青少年写作研究会年会】 10月29日,江苏省青少年写作研究会2016学术年会在清浦开明中学小礼堂召开,会议由清浦开明中学常务副校长陈宁清主持,清江浦区人大筹备组组长、清浦开明中学董事长史卫东致欢迎词,江苏省青少年写作研究会会长魏清致开幕词。江苏省写作学会会长、博士生导师、南师大文学院院长骆冬青教授就青少年写作的现状,提出作文教学要“立足青少年本身,解放青少年想象力、表达力,使青少年写作有野性、有活力,获得自由发展”。泰州中学附属初级中学邱燕老师和清浦开明中学王志明老师开设两节作文指导课。南京市特级教师胡小林为与会专家和老师们呈现了一堂别开生面的写作指导示范课——“韵造句”。

江苏省青少年写作研究会2016学术年会

【清浦开明中学与国外办学机构建立友好关系】 4月5日,清浦开明中学与澳大利亚国际教育联盟签署建立友好关系协议。11月8日,清浦开明中学与南非国际友好学校Hutopele Secondary School签署建立友好协议。江苏省教育国际交流中心同意为双方搭建合作平台,清浦开明中学与南非Hutopele Secondary School两校同意在教育、教学、管理等方面互通有无,加强合作。

【清江浦中学国际合作办学结出硕果】 11月14日,清江浦中学与苏霍姆林斯基母校乌克兰巴甫雷什中学签订友好合作协议,双方将在学术交流、互聘顾问、师生互访、资源共享、学生活动等方面开展深度合作。

【清河开明中学承办“人本学堂”教学研讨活动】 11月25日,由淮安市电化教育馆主办、清河开明中学承办的信息技术支撑下“人本学堂”教学观摩研讨活动在清河开明中学举办,活动中与会人员观摩了清河开明中学的早课互助和人本课堂等,高度赞扬了清河开明中学信息技术支撑下“人本学堂”教学探索所取得的成效。来自全市八个县区和市直学校的近300名老师参加观摩交流。

【老坝口小学民族打击乐获市第三届艺体节一等奖】 11月25日,淮安市第三届艺术体育文化节展演在绿地新城实验小学举行,老坝口小学民族打击乐队凭借参赛曲目《鼓舞飞扬》获得乐器大赛一等奖第一名。

【人民小学“小荷”京剧社团获评省“优秀红领巾小社团”】 11月25—26日,在江苏省少工委和少年儿童研究会少先队文化建设专业委员会第十三次年会中,人民小学“小荷”京剧社团被评为2016年度“江苏省优秀红领巾小社团”。

【老坝口幼儿园在华东三省一市舞蹈大赛获奖】 11年27日,老坝口幼儿园选送的节目《小辫甩三甩》荣获一等奖,《棒棒糖》和《大王来巡山》荣获二等奖。

【清河新区实验幼儿园成功申报省足球特色幼儿园】 12月1日,清河新区实验幼儿园成功申报江苏省足球特色幼儿园。幼儿园在以“运球”“绕桩”“颠球”“射门”为主,通过足球训练促进幼儿与同伴间的交流合作学习,让幼儿学会用正确的眼光看待事物,学会规则、理解、宽容、自信、锻炼幼儿的受挫能力。

【淮海路小学承办省少年儿童研究会集体建设专业委员会第七次年会】 12月1—2日,淮海路小学承办江苏省少年儿童研究会集体建设专业委员会第七次年会。开幕式由大会秘书长、中国少先队工作学会辅导员专业委员会副秘书长储宁玲主持。清江浦区团委书记郭苏文作了清江浦区班队集体建设工作汇报,淮海路小学校长张亚兰代表学校向大会作了主题为《践行和美教育 焕发生命光彩》的班队集体建设工作汇报。来自全省的280余名专家及少先队辅导员代表参加了本次会议。

【关爱留守儿童】 12月1日,淮安市慈善总会阳光爱心志愿者协会会长魏武带领12名爱心人士到清江浦区盐河镇中心小学,给该校送去了149件棉服和百余册儿童读物。其中爱心人士代表说希望通过这次慰问活动,让留守的孩子们在寒冷冬日享受到温暖和关怀。

【清河实验小学承办省班队集体建设专业委员会第七次年会】 12月2日,江苏省少年儿童研究会班队集体建设专业委员会第七次年会在淮安市清河实验小学举行。首先,进行的是大会表彰颁奖,其次,是本次大会总结与2017年工作部署。来自江苏省的淮阴师范学院第一附属小学、南京市建邺区小红花小学、南京市建邺区

清江浦区送教下乡活动现场

陶行知小学三所代表学校介绍了三节微队会说课案例。

【黄码中心幼儿园承办清江浦区送教下乡活动】 12月1日，区小幼教研科主任井彬鸽组织的送教下乡活动在黄码中心幼儿园举行，清浦幼儿园老师从影开设了一节中班音乐活动《小黑猪爬树》课，随后，参加听课的各幼儿园骨干教师对本节音乐活动进行评价。

【市“生态课堂”构建研讨活动在清浦中学举行】 12月2日，淮安市在信息技术支撑下“生态课堂”构建的教学观摩研讨活动暨清浦中学、浦东实验学校全市对外公开课举行。活动由淮安市电教馆主办，市电教馆及各县区电教中心有关领导与专家参与，清浦中学、浦东实验学校承办，来自南通中学、如皋中学、昆山中学、淮阴中学、清江中学、常州东青实验学校、常州郑陆初级中学等省内知名中学的14位老师与来自全市的500多名教师前来观摩。

【清河实验小学举行“四地五校联谊”教学研讨活动】 12月5日，清河实验小学举行了“润亲和文化，显魅力课堂”四地五校联谊教学研讨活动。活动由清江浦区、盐城市大丰地区、宜兴市陶城、太仓市城厢等四地小学联办，主要内容是探究先进科学的教学模式、教学策略和课堂结构，构建高效课堂，因此，四地的不少语文、数学教师参加了活动。

【清浦开明中学薛静获“领航杯”省优课一等奖】 12月9日，“领航杯·2016年江苏省信息化教学能手比赛”在扬州结束，清浦开明中学数学老师薛静获省一等奖。

【李镇西教学艺术报告会在清江浦中学举行】 12月9日，李镇西《做一个幸福的班主任》专题报告会在清江浦中学报告厅举行。这次活动由清江浦区教育局主办，清江浦中学承办面向班主任的培训。

【北京路中学接待台湾、澳门学生代表团】 12月20—25日，12月25～29日，澳门、台湾地区的中学生友好交流访问团先后到北京路中学，参加由苏教国际主办的“超人气学园之终‘集’一班”主题活动，学校领导热情接待了台湾、澳门学生代表团。

【清浦幼儿园通过市教育现代化先进学校验收】 12月28日，淮安市教育局副局长胡金浪带队验收清浦幼儿园教育现代化创建工作。验收组实地察看了幼儿园教育装备配备情况，表示全园的户外体育器械及区域材料丰富，活动室配备齐全，能够满足幼儿活动的需要。区教育局局长施玉明、区教师发展管理中心副主任沈文汉陪同验收工作。

【清浦开明中学8名学生在全国青少年信息学奥林匹克联赛获奖】 12月12日，NOIP2016全国青少年信息学奥林匹克联赛落幕，清浦开明中学共有8位同学参加了NOIP2016复赛，全部获得国家级奖项。其中沈子轩同

清浦开明沈子轩等在NOIP2016全国青少年信息学奥林匹克联赛中取得优异成绩

学获得全国一等奖，柯骅、李瀚文、陈竞远、张培宇、李恒宇、苏越6位同学获全国二等奖，严紫一获得全国三等奖。

【淮海路幼儿园获市“智慧校园”称号】 12月20日，在清江浦中学举行的“智慧校园”验收活动中，淮海路幼儿园以专题片的形式从“智慧教学”“智慧管理”“智慧沟通”等方面进行了汇报，园长姚红庆回答了专家的提问，顺利被评为淮安市“智慧校园”。

淮海路幼儿园被评为淮安市“智慧校园”

【武墩镇中心学校、黄码中心学校通过市智慧校园验收】 12月，武墩镇中心学校、黄妈中心学校顺利通过了市“智慧校园”评估验收。

【纪家楼小学李晓银获市第四届“美德少年”称号】 2016年，淮安市纪家楼实验学校五(2)班学生李晓银被评为淮安市第四届“美德少年”，并获得江苏省关工委“冰凌花”奖学金一等奖。

【清河中学通过省“四星级高中”复审】 2016年12月，江苏省教育厅对江苏省清河中学“四星级高中”进行复审，该校以较高指标质量顺利通过了“四星级高中”的复审。

科　技

【概况】 2016年，清江浦区科技工作大力实施创新驱动发展战略，切实把加快科技创新作为推动产业转型升级的战略重点，积极策应国家及省市有关科技创新政策，深入落实省、市、区实施创新驱动战略各项决策部署，先后出台《关于鼓励科技创新创业的若干意见》《加快引进优秀人才的若干意见》《关于加快企业创新的实施意见》等系列政策，财政科技支出占一般预算支出、全社会研发投入占GDP比重等指标逐年攀升，2016年地方财政科技支出占一般预算支出比重为2.2%，全区全社会研发投入超过5.85亿元，占GDP的比重为1.5%，科技进步对经济增长的贡献率超过50%。科技综合实力显著增强，创新能力不断提高，科技创新对经济社会发展的推动作用明显增强，先后获得全国科技进步先进区、创业型城市标准区、省知识产权试点区等称号。

【发展高新技术产业】 2016年，实现高新技术产业产值117亿元，占全区规模工业总产值的34%。累计培育高新技术企业23家，占全区列统企业17.4%。突出企业创新主体地位，引导企业瞄准行业标杆推进技术改造，鼓励企业与科研机构、高等院校等建立产业技术创新战略联盟、开展关键技术攻关和新产品研发。全区高新技术企业和大中型企业研发机构100%全覆盖，累计建成市级以上企业科技研发机构84个，其中省级以上企业研发平台14个，培育在建市级以上企业研发机构10个。全年专利授权数突破1100件，万人有效发明专利拥有量4.3件。累计列入国家“火炬计划”、省成果转化等各类科技计划项目14项，省、市科技计划项目230多项，获得市级以上科技进步奖15项。苏天士力帝益药业有限公司发明专利《替莫唑胺的精制方法》获第十八届中国专利优秀奖。

【提升科研机构服务能力】 积极构建政产学研联盟，政产学研合作不断深入。与西华大学、四川大学、中科院西安分院、淮阴师范学院、淮安信息职业技术学院、江苏食品药品职业技术学院、江苏财经职业技术学院、南京林业大学南方学院等8所高校院所签订全面战略合作协议，与淮阴工学院共建国家级大学科技园。充分发挥科技镇长团资源优势，依托其后方高校及科研院所的技术、人才资源，加强项目对接，累计推动企业与高校签约科技合作项目40余项。西华大学与金象传动共建研发中心，澳洋顺昌与大连理工大学、吉林大学的产学研合作，获得市科技进步一等奖，苏益电器引进西安交通大学教授领衔的创新创业团队，开展技术攻关和新产品开发。

【构建现代产业体系】 围绕全市工业“4+2”现代产业体系，积极引导创新资源向主导产业集聚，推动产业向“微笑曲线”两端攀升，着力构建具有清江浦特色的现代产业体系。以天士力帝益药业、正大清江药业、麦德森制药、安洁医疗等为骨干的生物医药产业，全年实现销售超10亿元，纳税近2亿元。以科圣化工、金象传动、苏益电器、海普达机械等为代表的高端装备制造业拥有核心技术授权专利100余项，其中发明专利20余项，获批省“两化”融合示范企业3家，全年实现销售5亿元，纳税0.9亿元。以江苏科环、榕贯实业、欣佳尼龙、顺泰包装为代表的新材料业，全年实现销售2亿元，税收达2000万元。以澳洋顺昌、展德光电为代表的光电产业，全年实现销售突破10亿元，纳税1.3亿元。

【创新创业载体】 2016年，清江浦区内共建有各类科技创新载体9个，其中省级以上科技平台6家，市级以上科技平台8家，淮安市大学科技园成

功创成苏北第2家国家级大学科技园，清城创意谷成为全市唯一国家级众创空间，5家创客空间创成全市首批市级众创空间。建有各类创业基地54个，其中省级基地3个，市级22个，区级29个。各类载体在孵企业数和孵化面积分别达到200多家和20万余平方米，全区创新创业载体的建设数量和质量始终位列全市第一。

【引进高端科技人才】 2016年，清江浦区共引进博士263名，其中国家“千人计划”专家19名，入选省“双创人才”11名、“双创博士”33名，省“333工程”第二、第三层次共27人，市“淮上英才计划”领军人才31名、团队3个，市533工程377人。2016年全区研究与发展（R&D）人员占科技活动人员的比例为13.7%，每万劳动力中专业技术人员数为30.3人。

【5项科技成果获奖】 2016年12月30日，淮安市政府公布了2016年淮安市科学技术进步奖获奖名单，清江浦区有5项科技成果获奖，其中江苏天士力帝益药业有限公司的水飞蓟宾关键核心技术研发与产业化项目获一等奖；江苏辉普科技有限公司的高性能硒鼓的制备技术及应用、江苏正大清江制药有限公司的骨关节炎大品种盐酸氨基葡萄糖产品的产业化开发、江苏科圣化工机械有限公司的磷肥工艺副产氢氟酸的微波加热氟化氢解析器、淮安安洁医疗用品股份有限公司与淮阴医疗器械有限公司、淮阴工学院三家单位合作的生物材料表面仿生功能化关键技术及医疗器械4个项目获得三等奖。

【提升全民科学素质】 2016年，清江浦区大力实施《全民科学素质纲要》贯彻实施〈全民科学素质行动计划纲要〉。继续抓好农民科学素质培训，全面推进未成年人、城镇劳动人口以及领导干部和公务员等重点人群科学素质行动，以带动全民科学素质的整体提高。组织对纲要成员单位实施《全民科学素质行动计划纲要》工作进行专项检查，推动《刚要》的实施。

【市流动科技馆在清江浦区巡展】 5月，市流动科技馆在清江浦区巡展，历时一个月，活动以“体验科学，提升素质”为主题，展出面积300平方米，共展出展品40余件，包括“声光体验”“电磁探秘”“运动旋律”等六大主题和“科普活动体验箱”等。

【科普讲座】 2016年科普日期间，清江浦区邀请了江苏省疾控中心主任医师戴月、淮安市健康研究所研究员戈黎、市安居防火培训中心主任纪春明分别到淮海南路社区、人民小学、清浦中学作健康科普知识、心理健康科普知识及安居防火科普知识讲座，共有80多位中老年朋友和500多名学生听取了讲座。

【科普大篷车进校园】 5月8日，组织“科普大篷车进校园”活动，走进了浦东实验小学，满载科学知识的科普大篷车，向广大师生展示了“无弦琴”“无形的力”“椎体上滚”“穿墙而过”等多种科教产品。

【参加全国航空模型公开赛】 5月16日，从人民小学和浦东实验小学选出7名航空模型选手，组队参加2016年全国未来飞行器设计大赛暨全国航空模型公开赛。获得2个单项个人冠军、2个单项个人亚军、1个团体亚军。

【清浦区第二届中小学生科技模型比赛】 5月29日，由区科协、教育局、体育局、团委、关工委、妇联主办，市航空运动协会承办的2016年清浦区第二届中小学生科技模型（航空、车辆）

小学生航模活动

比赛在淮安市浦东实验小学举行。区18支参赛队的196名中小学生参加了比赛。

【“科普一日游”活动】 9月25日，清江浦区组织“科普一日游”活动，以“走进科普基地 体验科技魅力”为主题。以一种科普宣传与休闲旅游相结合的形式，向大众普及科学文化知识，培养大众的科学精神和增强其自主创新意识。共有64名学生和家长参观了淮扬菜博物馆、中国西游记博物馆、淮安市城市规划馆、洪泽湖博物馆、光影世界科普馆及地震博物馆等科普场馆。

【承办省纸飞机教练员培训】 9月11日，由江苏省航空运动协会主办，清江浦区教育局、科协、市航空运动协会承办的2016年江苏省纸飞机教练员培训班在人民小学举办，来自全省中小学60名教师参加了此次培训会。

【科普基础设施建设】 实施“云中心及终端”科普信息化建设工程。有4个街道37个社区完成了科普触摸大屏安装和测试运行工作。

【科普计划实施】 贯彻落实《全民科学素质行动计划纲要(2006—2010—2020年)》，成功申报全国“基层科普行动计划”项目1个，省级“基层科普行动计划”2个。清安街道新新家园社区被中国科协、财政部评为“2016年基层科普行动计划”奖补单位，获奖补资金20万元。农技推广中心副主任曹凯俭被省财政厅、省科协联合命名为2016年度“江苏省农村科普带头人”，获得2万元奖补经费。古庄牛科普惠农服务站被评省级科普惠农服务站。

【专家指导企业科研】 4月29日，省药理学会专家、省科协朱萱萱、季晖、洪浩、阿基业、方伟蓉等专家一行到江苏帝益天士力药业有限公司开展科技服务，指导企业创新型药品研发。 (吴雯慧)

【科学技术活动】 2016年是推进“十三五”科协事业发展的开局之年，区科协按照中央、省市科协的决策部署，全面履行“四服务一加强”的科协职能，服务创新驱动战略，引领经济发展，集聚整合拓展科普资源，大力提升全民科学素质，服务科技工作者，不断加强科协自身建设，树立科协良好形象，圆满完成了工作目标和任务并取得一定成效。

【实施《全民科学素质纲要》】 贯彻实施《全民科学素质行动计划纲要》。区全民科学素质各成员单位充分发挥各自职能作用，继续抓好农民科学素质培训，进一步全面推进未成年人、城镇劳动人口以及领导干部和公务员等重点人群科学素质行动，以带动全民科学素质的整体提高。区纲要办对纲要成员单位实施《全民科学素质行动计划纲要》工作进行专项跟踪和检查，做好省全民科学素质纲要实施工作办公室对全区2011—2015年科普经费检查工作。

【深入开展主题科普活动】 申请市级流动科技馆在全区巡展。5月份向市科协申请在清浦中学开展流动科技馆巡展活动，历时一个月，活动以“体验科学，提升素质”为主题，展出面积300平方米，共展出展品40余件，包括“声光体验”“电磁探秘”“运动旋律”等六大主题和“科普活动体验箱”等。开展科普讲座。科普日期间，邀请了江苏省疾控中心主任医师戴月、淮安市健康研究所研究员戈黎、市安居防火培训中心主任纪春明分别到淮海南路社区、人民小学、清浦中学作健康科普知识、心理健康科普知识及安居防火科普知识讲座，共有80多位中老年朋友和500多名学生听取了讲座。开展科普开放日活动。9月18日，组织广大青少年和优秀辅导员参观了苏皖边区政府旧址纪念馆和清江浦历史文化展览馆2个全国科普教育基地。组织“科普一日游”活动。9月25日，由市科协牵头，组织了2016年“科普一日游”活动，以“走进科普基地 体验科技魅力”为主题。以一种科普宣传与休闲旅游相结合的形式，向大众普及科学文化知识，培养大众的科学精神和增强其自主创新意识。64名家长和学生参观了淮扬菜博物馆、中国西游记博物馆、淮安市城市规划馆、洪泽湖博物馆、光影世界科普馆及地震博物馆等科普场馆。

【青少年科技教育工作】 举办淮安市科技模型辅导员培训班。3月30—31日，在市实验小学承办了2016年江苏省一线社会体育指导员航空模型项目再培训暨2016年淮安市科技模型辅导员培训班，邀请了省内外知名航空模型项目体育指导员进行有关飞行原理、模型制作、组装调试以及相关训练方法和竞赛规则的讲解，来自淮安市各中小学科技辅导员共80余人参加了培训班。打造小学科技课程基地。5月4日，清浦区小学科技课程学科基地活动在市浦东实验小学举行，市、区科协，区教育局领导，基地成员学校的老师60余人积极参与此次活动。活动中，由市浦东实验小学王路宁老师和陆友朋老师分别开设了《智能电风扇》、《音乐投币盒》的科技课。科普大篷车进校园。5月8日，由清浦区科协主办的“科普大篷车进校园”活动走进了浦东实验小学，为小学生送去一场科技盛宴。满载科学知识的科普大篷车，向广大师生展示了“无弦琴”“无形的力”“椎体上滚”“穿墙而过”等多种科教产品。组织参加2016年全国航空模型公开赛。5月16日，由清浦区科协、清浦区教育局组织，人民小学和浦东实验小学选出7名航空模型选手，参加2016年全国未来飞行器设计大赛暨全国航空模型公开赛，经过精心准备、沉着比赛，取得了2个单项个人冠军、2个单项个人亚军、1个团体亚军的好成绩，四位选手发挥出色，郭子阳同学获得单项冠军，陈烁升、谢逢年、杨宇三位同学分别获得第三、六、七名。举办清浦区第二届中小学生科技模型(航空、车辆)比赛。5月29日，由区科协、教育局、体育局、团委、关工委、妇联主办，市航空运动协会承办的2016年清浦区第二届中小学生科技模型(航空、车辆)比赛在淮安市浦东实验小学举行。18支参赛队的196名中小学生参加了比赛。承办2016年江苏省纸飞机教练员培训班。9月11日，由江苏省航空运动协会主办，区教育局、科协、市航空运动协会承办的2016年江苏省纸飞机教练员培训班在人民小学举办，来自全省中小学60名教师参加了此次培训会。

【科普基础设施和科普队伍建设】 区科协积极实施"云中心及终端"科普信息化建设工程。原清浦区所辖4个街道37个社区已如期、高质完成科普触摸大屏安装和测试运行工作。另外，全区9个乡镇（街道）都建有科协组织，所有村和社区均成立科普工作领导小组，配备至少1名专（兼）职科普员。每年召开全区科协工作会议并进行业务培训。

【申报科普项目】 认真贯彻落实《全民科学素质行动计划纲要（2006—2010—2020年）》，成功申报全国"基层科普行动计划"项目1个，省级"基层科普行动计划"2个。清安街道新新家园社区被中国科协、财政部评为"2016年基层科普行动计划"奖补单位，获奖补资金20万元。区农技推广中心副主任曹凯俭被省财政厅、省科协联合命名为2016年度"江苏省农村科普带头人"，并获得2万元奖补经费。古庄牛科普惠农服务站被评省级科普惠农服务站。

【成果对接工作】 坚持以需求拉动创新，从获取的企业技术需求入手，为企业寻求技术支持；通过举办或组织企业参加成果推介对接会，为供需双方搭建对接交流的平台；发挥科技服务站的机制优势，帮助企业引进、合作研发新技术；加强对已对接项目的跟踪服务，协调解决项目实施中遇到的困难和问题，促进项目的落地转化；发挥金桥工程、企业科协组织网络优势，形成优势互补、资源共享的工作机制，共同推动项目对接转化。2016年，省农学会秘书长李寅秋携技术人员赴清浦区淮安柴米河农业科技发展有限公司"科技服务站"授牌，并就后期合作发展、技术需求等问题进行交流探讨。4月29日，省药理学会专家、省科协朱萱萱、季晖、洪浩、阿基业、方伟蓉等专家一行到江苏帝益天士力药业有限公司开展科技服务，携手致力于创新型药品研发，对维护公众身体健康、提升全省重点骨干医药企业核心竞争力、促进医药产业加快发展具有重要意义。

【科协信息宣传】 注重总结和宣传科协工作取得的成效，紧紧围绕服务于区委、区政府的中心工作，大力宣传科协承担的工作和取得的成绩，让社会各界认识科协工作，支持科协工作。积极向江苏公众科技网、淮安市科协网、清浦时讯、清浦新闻网等刊物媒体投送稿件，被各类刊物媒体采用调研文章、信息、简讯等40余篇。

（薛　花）

文　化

【概况】 2016年，清江浦区围绕省市文化工作战略部署，坚持以群众为中心的工作导向，狠抓各项文化工作的落实，有力推进了全区文化事业和文化产业健康发展。

【群众文化活动】 围绕"我们的节日"，广泛开展各类群众性文化活动。元旦、春节期间，共组织各类民间民俗节目展示展演活动50多场次，营造了欢乐祥和喜庆的节日氛围。深入开展"文化四送四进活动"。继续开展"幸福清河"社区文化艺术节、"法治清河"文化艺术节、"书香清河"全民阅读节、百场演出进社区、百场电影进社区、清江浦庙会及五月赛歌会等活动，让老百姓在家门口就能欣赏到丰盛、可口的文化大餐。全年共组织各类公益性文艺演出活动240场次、展览20场次，送电影363场次。

【文化基础设施建、管、用】 新（改扩）建富强、向阳、东郊、工农兵、柴米等18个基层综合文化服务中心，新建奥林晴园、金满华府、日月星辰、和平新村等10个24小时自助图书驿站。投资5万余元为车站、富丽花园、城西等社区文化活动中心配备了电视机、音响等设备。为社区（农家）书屋送书刊10600册。根据《文化部、财政部关于推进美术馆、图书馆、文化馆免费开放工作的意见》精神，区文化馆和图书馆继续实行免费对外开放。区文化馆免费提供多功能厅、展览室、宣传廊、艺术辅导等10多项文化服务项目。区图书馆加入江苏省少儿数字图书馆，采取线上阅读和线下互动的方式，开拓了少儿阅读服务的新途径；开通与南京图书馆的VPN远程访问系统，让读者可以便捷浏览丰富的海量数字资源；实施主城区一卡通改造项目，改造完成后将与市图书馆、市少儿图书馆之间实现一卡通借通还。至年底共有持证读者3789人，本年外借书刊6万余册次，读者近8万余人次。各乡镇（街道）文化站、村（社区）文化活动中心（活动室）均能做到免费开放。全区三级公共文化

24小时社区图书阅览室

设施服务能力不断提升。11月22日，副区长薛莉陪同副市长王红红调研全区基层综合文化服务中心建设情况。

【全民阅读活动】 精心策划2016年全民阅读节。4月22日，2016年全民阅读节隆重开幕，在开幕式上，表彰了一批全民阅读优秀阅读服务站点、优秀基层阅读组织、优秀阅读项目、先进集体、先进个人。区目耕缘读书分会正式组建。围绕全民阅读节，积极开展了全民阅读手拉手春风行动、你选书我买单、红领巾读书征文、南图讲座基层行等一系列全民阅读活动。12月9日，清江浦区承办2016淮安市周恩来读书节总结表彰会，区长张笑参加并致辞。基层广泛开展阅读活动。全民阅读节精心组织策划了阅读文化培育、阅读阵地提升、阅读精品引领、阅读分众服务、阅读推广参与和阅读宣传展示活动六大板块28项内容，形式多样、内容丰富。涉及宣传部、文广新局、工会、团委、妇联、教育、乡镇（街道）等多个部门，覆盖了机关、企业、部队、学校、社区、家庭等多个群体。各部门、各群体竞相开展阅读活动，特色显著亮点频现，营造了热烈的全民阅读的良好氛围。积极创建省书香城市。在2015年9月开展全省书香城市试测试评的基础上，2016年正式开展书香城市创建申报工作。8月顺利进入省首批书香城市示范城市和先进城市创建名单，11月4日，省全民阅读办组织专家进行了实地测评。

【文物保护】 积极做好文保单位日常管理工作。坚持每月对各不可移动文物点开展安全巡查，特别是在春节等重大节日期间，加强检查力度，全力杜绝火灾等安全事故的发生。严格对照文物保护“四有”工作要求，对全区文保单位进行排查登记，对市级以上文保单位设置了保护标志；划定了保护范围和建设控制地带“两线”范围；完成了各级文物保护单位记录档案的编制和备案工作。完成王瑶卿故居王瑶卿人像雕塑工程。

【非遗传承保护】 组织开展丰富多彩的非物质文化遗产展示展演活动。2月8日上午，组织区级以上非遗代表性传承人在文庙开展“清江浦庙会”非遗、手工艺项目的展示、展演。6月上旬，原清河区文化馆组织部分非遗传承人分别走进淮安小学、清河实验小学开展“传承清河”非物质文化遗产进校园活动。原清河区组织仿生线编项目参加了在扬州举办的全省非物质文化遗产展示展演活动。6月13日，原清浦区组织中国结、串珠、剪纸、古字画修复等4个项目，原清河区组织蛋雕、烙铁画、骨康外敷药酒炮制技艺、剪纸等7个项目，参加在涟水县五岛湖公园举办的全市非物质文化遗产展示展演活动。组织民间手工艺人和非遗传承人申报省、市级工艺美术大师和工艺美术名人，其中“撕纸画”传承人华禹谟、“淮安蛋雕”传承人吴小琦、“烙铁画”传承人徐迎成、“仿生线编”传承人徐善芳被评为市级工艺美术名人；组织《糖画》、《王氏骨伤中药袋热敷疗法》、《张氏痔瘘中医外科疗法》、《韩达哉养生茶制作技艺》等4个项目申报第六批市级非遗项目，最终全部成功进入市级名录，使区进入市级名录的项目达到30个；“石刻”传承人刘允祥获得市级非遗传承人称号。

【文艺精品创作】 充分调动和发挥全区广大文艺工作者的聪明才智，积极创作融思想性、艺术性与观赏性于一体的精品力作。在第八届“观音山杯”全国书法艺术大展中，周胤希书法作品《古诗三首》入展，书法作品《陋室铭》在第十二届“五星工程奖”获得优秀奖。石鹏中《寒秋图》、程永华《竹韵清歌》入选江苏省首届美术奖作品展。程永华《故园忆秋》获淮安市首届美术奖金奖。武军创作了习总书记引用古典名句80余幅书法作品，举办了《习近平用典》书法展。沙立卫作词的歌曲《江南雨》获全国纪念长征80周年原创歌曲大赛贡献奖。邹峰毅创作的音乐作品《清江浦啊，我的家》获得由江苏省文化馆主办的全省群众文艺作品“优秀文艺作品”奖。以“诚信”为主题的新创小品《一张纸字》获华东六省一市戏曲小品大赛银奖，实现零的突破，并获江苏省五星工程奖铜奖。新创作歌曲《家规》《清河美》《妈妈的手》、音乐快板《固本培元谱新篇》等作品。在由中央网信办主办的全国“最炫中国节”2016年度中国好网民网络文化作品征集活动中，尚晅玭的散文《七夕·情思》入选优秀作品。邹峰毅、尚晅玭撰写的《浅谈文化馆总分馆建设的运营管理模式》获得全省“文化馆总分馆制建设”主题征文三等奖，为淮安市唯一获奖论文。邹峰毅撰写的群众文化论文《关于促进群众文艺创作繁荣的思考》《打开文化阵地大门增强公共文化活力》分别发表在国家级刊物《中文信息》总第226期、227期。王浩浩撰写的论文《关于基层文艺骨干培训的几点思考》发表在国家级刊物《新教育时代》第45期，王浩浩撰写的非遗专题文章《以刃代笔 赋予蛋雕艺术新生命——记淮安蛋雕非遗传承人吴小琦》发表在国家级刊物《中文信息》总第228期。邹峰毅撰写的论文《从非遗普查谈文化遗产有效传承的几点想法》在全市非物质文化遗产理论征文评选中获市级三等奖，周洁撰写的《主题街区打造：非物质文化遗产旅游价值初探——“淮安礼物”品牌开发与实践启示》、尚晅玭撰写的《发挥非遗项目的社会价值促进非遗保护——以清浦区刘允祥石刻为例》分别获优秀奖。积极组织区文化馆、文联及各艺术协会开展全市“双名”工程申报工作，涵盖了书画、戏曲、舞蹈、音乐、文学等多个门类，展现了近年来在艺术人才培养、文艺精品创作等方面所取得的丰硕成果。其中，区文化馆石鹏中、程永华、周辉、区文联报送的长篇小说《白马湖畔》及天歌合唱团分别获“双名”工程专项资金扶持。

【文化市场监管】 坚持“一手抓繁荣，一手抓管理”的工作方针，建立和完善文化市场长效管理机制，扎实开展“净网”、“清源”、“秋风”和“护苗”等“扫黄打非”和文化市场各类专项整治行动，共监督检查文化经营单位1800余家次，立案查处各类违法案件42件，结案42件；核发行政许可申请事项95件，完成全区所有文化经营单位的年检换证工作。加大对全区文化经营场所的安全隐患整治力度，全区文化经营场所无重特大消防安全事故发生。全区文化市场呈现健康繁荣有序发展的良好态势，在满足人民群众日益增长的精神文化需求的同时，为全区经济社会发展营造了良好的社会文化环境。加强版权保护，完成1850件著作权作品的申报登记工作。继续举办了区法治文化艺术节等系列活动，收到良好效果。同时，通过开展文化市场执法"大练兵、大比武"活动，切实提高文化市场执法人员的综合素质。推动文化市场管理工作机构向街道延伸，覆盖率达100%。10月20日下午，省"扫黄打非"办主任吴以桥在市"扫黄打非"办主任沈军和区委常委、宣传部部长蒋风云的陪同下，检查清浦街道"扫黄打非"进基层工作开展情况。

【文化产业发展】 区文广新局积极组织、指导区内文化企业申报省、市文化产业引导资金，积极组织区内文化企业参加深圳文博会、苏州文博会、西安西部文博会和济南非遗博览会。积极开展文旅产业招商引资工作，御码头运河文化中心和阅读中心项目已经签订框架协议。总投资2亿元的清江古韵水岸风情街、总投资5亿元的阳光湖新天地等项目主体工程已完工。总投资12亿元的清江浦1415街区项目、投资5000万元的淮扬情大舞台、3000万元的恒大剧场等项目已开工。老舍茶馆.苏盐生活家等知名项目落户清江浦1415街区。总投资1.5亿元的美好淮安项目即将试营业。

【2016中国淮安·清江浦庙会】 从腊月二十六到正月十五，原清浦区文广新局承办了9场群众文艺演出活动，参加演出的文艺队伍共20多支、近千名演职人员，观看群众上万人次。2月8日上午，组织了20名糖人、葫芦刻画、草编工艺品、剪纸、蛋雕、串珠等非物质文化遗产代表性传承人在文庙广场进行民间手工艺绝活展示、展销活动。2月9日下午，2016中国淮安·清江浦庙会广场舞比赛在九龙柱广场举行，来自全区的10支广场舞代表团队轮番登场，激情起舞，献上了精彩的节目，吸引了众多市民前来观看，高潮迭起。2月11日下午，2016中国淮安·清江浦庙会"仙客莱杯"K歌大赛在仙客莱大酒店举行，来自全区各行各业的24名选手参加比赛，现场吸引了众多市民前来观看比赛。此外，庙会期间还组织了区书法家协会的书法家们在文庙广场开展"现场写春联送吉祥"活动。庙会活动盛况央视、人民网等媒体陆续作了报道。

【第32届"五月赛歌会"】 5月30日、31日由原清浦区文化馆承办的第32届"五月赛歌会"在原清浦文化馆举行。"五月赛歌会"从1984年举办第一届起已有32年，是原清浦区乃至全市一项较有影响的群众文化品牌活动。参赛歌手累计3000余人次，先后培养出一大批市区优秀歌手，有12名歌手先后在国家级和省级比赛中获奖。特别是31届、32届着重挖掘和培养社区、农村歌手，为全区群众业余文艺队伍提供了优秀的文艺骨干。本次赛事通过网上宣传报名，机关企事业单位、各大院校、群众团队自行组织海选的形式吸引了众多文艺爱好者参与，最终由来自全市各县区的22名选手参加决赛。

档案工作

【开展档案行政执法检查】 8—9月份，区档案局对区属部门和单位开展档案执法检查，重点检查各单位档案制度建设、综合档案室建设、历年档案保管等情况，为下一步做好档案接受进馆工作打下基础。

【国际档案日宣传活动】 9日，区档案局采取多种形式开展宣传活动。一是利用宣传vq1板报、网站、手机短信等多种形式开展档案法知识宣传活动；二是在区市民服务中心设立咨询台，开展档案咨询活动，并向群众发放《档案知识宣传手册》、《查档指南》和印有档案标识和档案宣传标语的环保袋；三是在区内几个办公集中区、城区主干道用电子屏或横幅打出宣传标语。

【档案业务指导】 一是认真组织档案员参加全市档案业务培训。5—6月，档案局组织区内档案员参加市档案局组织的上岗资格培训及档案业务培训，大大提高了档案工作水平。二是开展一对一业务指导。针对区内单位人员调换频繁，档案工作人员流动性大等问题，主动采取手把手教、一对一学、一家一家过关的方法，先后指导、帮助整理区委办、政府办、政协办、人社局等多家档案。

【档案资源建设】 一是稳步推进规范文书档案的征集，收集文书档案986件。二是加大民生档案的征集，接收婚姻登记档案34593件，退休职工档案1488件，医保中心业务档案396卷，再生一孩档案1447件，退伍军人档案502件。截至2016年年底，馆藏档案共20359卷，137365件。

【档案数字化工作】 区档案局在数字化加工场地及档案库房安装监控设备，确保档案数字化工作安全开展，并添置打印机、电脑等设备用于数字化工作。2016年度，完成606307页档案数字化扫描。

【档案安全体系建设】 一是制定安全保密等规章制度，责任落实到人。严格档案库房和档案实体的管理，保证了各类档案的安全、保密。二是将馆藏档案目录刻录光盘备份，另行保存。三是做好日常安全管理工作，要求每个科室的电器下班要关闭、窗户要检查等。四是认真仔细做好借阅登记，杜绝档案丢失。

【档案利用服务】 2016年区档案馆接待社会各界档案利用者1500人次，复印2500页，为工龄、工资待遇、房屋产权、婚姻状况等提供第一手资料。

【大事记编发工作】 2016年按季度编发大事记4期，共计6万字，以此为平台扩大档案工作在全区的影响力。

【大学生实习基地】 2016年度共接收9名淮阴工学院学生进馆实习，帮助他们了解和掌握有关档案业务知识。档案局安排专人担任辅导老师，针对在校大学生的特点，手把手指导，精心为学生打造一个零距离参与档案工作的实践平台。

卫　生

【概况】 2016年，清江浦区医疗卫生机构总数达242个。其中：医院25个，基层医疗卫生机构215个，专业公共卫生机构3个，分别为卫生监督所、疾病预防控制中心、妇幼保健所。

医院中，公立医院6个，民营医院18个。医院按等级分：三级医院6(其中：三级甲等医院6个)，一级医院18个。

基层医疗卫生机构中，社区卫生服务中心(站)49个，乡镇卫生院4个，诊所和医务室91个，村卫生室42个。政府办基层医疗卫生机构12个。

医疗卫生机构床位5700张，其中:医院5100万张(占88%)，基层医疗卫生机构600张(占12%)。医院中，公立医院床位占74%，民营医院床位占16%。

2016年，全区共创成1个省级健康社区、1个省级健康单位、1个省级健康促进企业及1个省级健康促进医院，7个市级健康社区及5个市级健康单位。

卫生技术人员2510人，其中执业医师166人、执业助理医师598 人，注册护师、护士1746人。

每千人口执业(助理)医师1.69人，每千人口注册护士2.16人；每万人口全科医生0.17人，每万人口专业公共卫生机构人员0.83人。

年内总诊疗人次中，基层医疗卫生机构802610人次；其中，门诊量达752610人次，住院量达50000人次。

参加新型农村合作医疗人口数达116 874人，参合率为100%。2016年度新农合筹资总额达6827.3元，人均筹资565元。全国新农合基金支出6512.26元。

2016年，全区共创成1个省级健康社区、1个省级健康单位、1个省级健康促进企业及1个省级健康促进医院，7个市级健康社区及5个市级健康单位。

重视健康卫生宣传工作。共刊出宣传栏624期，举办卫生日宣传132场次，健康素养知识展板巡展27场次，健康素养知识讲座345场。

【优化行政服务】 2016年，区级行政权力运行全部实现网上公开透明运行。完善政务公开、证件办理、流动人口服务管理、社会抚养费征收等相关制度。严格执行办证服务“零收费”制度，优化审批程序，精简烦琐流程，规范行政执法权，减少审批环节，简化审批手续，编制审批流程图，提高行政效率，方便群众办理，公开透明运行，接受社会监督。

【医政医管】 严格医疗机构及人员准入，实施医护质量培优工程，开展“三好一满意”、平安医院创建、医疗质量月月查、优质护理和抗菌药物临床合理应用专项整治等活动。初步建立分级诊疗、对口支援服务体系，深化纵向医联体建设。加强医师执业管理，组织全区685名执业医师定期考核，并逐一建档。

【药政工作】 落实基本药物配备政策，巩固基本药物制度实施成果，明确专人负责基本药物制度的实施与管理工作，建立短缺药品动态监测机制，协调短缺药品调剂等事宜，规范开展药品集中采购工作，杜绝线下采购。

【中医药】 推广中医药适宜技术，鼓励名老中医开办中医诊所，严格中医药服务准入管理，完善中医医疗机构执业登记、变更、校验制度，规范中医医院和中医类别执业医师诊疗行为。

基层医疗卫生机构与市直医院建立长期稳定、上下联动的分工协作机制，加强对中心团队医师的培训。

组织开展第六届“中医药就在你身边”中医药文化科普巡讲活动及第四届“江苏省中医药文化科普宣传周”活动，扩大中医药社会宣传。

【从医人员继续医学教育】 2016年，开展全科医师规范化培训，顺利完成年度基层人员培训任务；组织开展卫生科研课题和成果申报，推广基层卫生适宜技术10项以上；使用《江苏省继续医学教育管理系统-ICME》，辖区内各级各类医疗卫生机构和卫生技术人员继续医学教育覆盖率达到100%，初级、中级及以上职称人员培训合格率已达95%。

【公共卫生服务】 2016年，基本公共卫生服务项目人均经费标准提高至50元，并纳入年初财政预算。完善项目资金管理和支付方式，提高项目运行质量，提升社区卫生服务能力。

全区居民健康档案累计建档管理50.74万份；累计管理高血压患者71414人，规范管理64399人，规范管理率为90.17%，血压控制率为59.37%；累计管理糖尿病患者17574人，规范管理14998人，规范管理率为85.34%，血糖控制率为60.35%。

【家庭医生签约式服务】 2016年，区卫生部门共组建62支全科团队、25个乡镇健康管理团队，全科医生127人，社区护士221人，推行家庭医生和乡村医生签约服务。形成家庭医生或乡村医生牵头、三级医院专家为技术支撑、基层医疗机构全科医生为主要力量的团队格局，为居民提供健康档案建立、医疗咨询、随访、转诊等多项服务。

【医药卫生体制改革】 2016年7月，淮西、市中、钵池山3个政府公办中心已开设独立账户。对原来“核定任务、核定收支、差额补助、绩效考核补助”的财政补助方式进行调整，改为核定任务与定额补助挂钩、适时动态调整的补助方式。定额补助由财政部门按照政府责任要求纳入年度预算并足额安排落实。

【创新创优工作】 2016年10月，在淮安市第二人民医院举行的全市基层卫生岗位技能竞赛中，清江浦区代表队获得了“城市全科医疗”项目的一等奖和二等奖，团体竞赛项目的一等奖，“农村全科医疗”项目的三等奖，“社区护理”项目的二等奖和三等奖；邵传宝，陆苏嘉，张菲菲荣获“2016年全市基层卫生技能标兵”称号，邵传宝荣获“淮安市五一创新能手”称号，原清河区卫生计生委获“淮安市工人先锋号”称号。在“竞技练兵，展我风采”全省基层岗位练兵和技能竞赛中，市中社区卫生服务中心团队代表淮安市参赛，获江苏省团体比赛第四名。

和平中心卫生院通过”全国群众满意的乡镇卫生院”的初期评审验收；和平镇崔葛村卫生室、黄码乡黄码村卫生室、武墩镇严集村卫生室顺利通过“省级示范村卫生室”验收；和平中心卫生院老年科创成“省级特色科室”。

【疾病预防控制】 2016年发生乙丙类传染病341例（发病数前三位分别为病毒性肝炎147例、梅毒88例、肺结核72例），发病率101.67/10万，与去年同期相比（396例）下降13.89%，无甲类传染病报告。

国家梅毒预防与控制规划中期评估

共登记腹泻病例1384例，检索420例，全人口检索率>1‰，未发生霍乱确诊病例。

清江浦区结核病系统管理各项指标均达要求，系统管理率100%，推荐率完成130.52%，病人转诊到位率97.73%，医疗机构病人报告率100%，网络追踪到位率97.14%。

完成艾滋病防治宣传、娱乐场所高危干预、男性行为高危干预等工作。完成国家艾滋病哨点监测任务、常见消化系统疾病流行病学调查、2015/2016年度上消化道癌早诊早治项目工作任务。开展国家梅毒预防与控制规划（2010—2020年）中期评估，代表江苏省接受国家评估复核，得到专家组充分肯定。

预防接种单位适龄儿童接种率的调查，建卡率100%，两轮脊灰疫苗补充免疫活动补种率99.35%（767/772），全区接种一类苗近7.9万剂次，二类苗1.01万剂次（不含狂犬疫苗），基础免疫接种率均达97%以上。

开展“三热”病人血检，血检率0.62%，规范处置输入性疟疾病例18例，完成200例疟疾主动病例侦查任务。肠道寄生虫病监测1000人份，未检出阳性感染者。开展慢性丝虫病人和艾滋病人（感染者）弓形虫感染情况监测，共排查37人，检出2例弓形虫阳性病人。

开展健康素养知识网上测评和健康素养巡讲，各乡镇、街道健康素养网上学习系统共58375人参与。

全年完成12670人从业人员健康体检任务。农村饮用水监测覆盖率100%。

【妇幼保健】 2016年，全区共有7330名孕产妇建立孕产妇保健手册，同时进行孕产期健康管理。

农村孕产妇住院分娩补助均及时足额发放，全年住院分娩补助1389人，任务完成率115.75%；农村妇女免费发放叶酸1333人次，任务完成率104.96%，有效降低辖区出生人口缺陷的发生。

辖区内幼儿园入园体检1815人，入园体检项目新增了听力筛查。全区7岁以下儿童保健管理率为95.21%，5岁以下儿童死亡率为2.97%，婴儿死亡率为2.16%。

出生医学证明施行辖区统一管理，2016年，共为全区157人补办出生证明，换证3人次。

免费为未婚青年婚前医学检查8377人，检出疾病总人数为659人，其中男性411人，女性248人；检出指定传染病32人，生殖系统疾病62人，内科疾病559人，精神类疾病2人遗传病5人；影响婚育疾病人数总数283人，不宜生育的5人。

人口与计划生育

【概况】 2016年末，区常住人口为67.4万人，户籍总人口为559890人，其中男性281076人，占总人数的50.2%，女性278814人（其中育龄妇女总数为143070人），占总人数的49.8%，总人口性别比100.81（以女性为100）。全年死亡人口1870人，死亡率为3.36‰；自然增长人口8121人，人口自然增长率为7.07‰。

截至2016年末，全区流动人口总数达20579人，男性总数为9933人，女性总数为10646人（其中育龄妇女总数为9227人）；其中外市流入总数为14230人，男性总数为6925人，女性总数为7305人（其中育龄妇女总数为6312人）；流出外市总数为6349人，男性总数为3008人，女性总数为3341人（其中育龄妇女总数为2915人）。

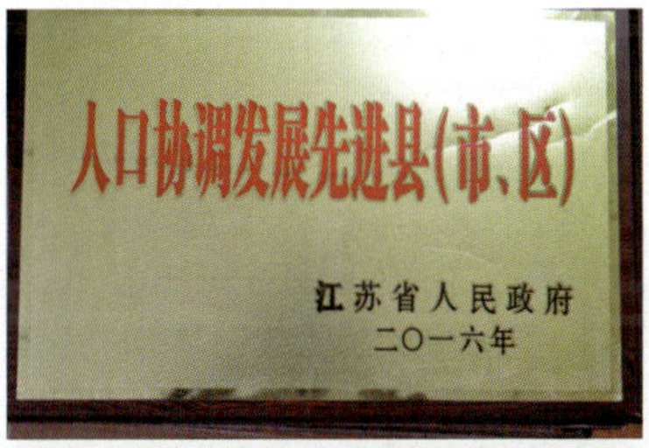

【全面两孩政策】 实行生育登记服务“散快优”行动，全年办理生育登记6218例，其中一孩2911例，二孩3187例，照顾再生育审批120例。

【计划生育】 2016年共为4105对夫妇提供了免费孕前优生健康检查，完成目标任务的102%，发现高危人群352对；为2815对符合生育条件计划怀孕夫妇提供免费孕前优生健康检查，目标人群覆盖率为104.25%。

2016年，全区新出生6192人(包括政策外生育11人)，其中一孩3449人，二孩2691人，多孩52人，出生政策符合率99.82%。

【流动人口计生服务】 做好流动人口信息的清查登记工作，实行流动人口卫生计生均等化服务，全区流动人口服务管理率达98%。信息数据逻辑准确率98.15%，数据完整率99.97%，信息化建设覆盖率100%。

【落实计生奖励扶助政策】 全年发放省、市奖扶以及特别扶助金800余万元，奖励扶助政策兑现率100%。

及时办理省、市奖扶、独生子女伤残死亡家庭特别扶助资格确认工作。2016年新增省奖扶19人、市奖扶23人、特扶25人。全区享受省奖扶110人，市奖扶84人，特扶195人。全年发放省奖扶10.03万元，市奖扶4.77万元。

对年满60周岁的扶助对象进行计划生育特殊扶助金提标，全年共计发放独生子女死亡特别扶助金93.79万元，发放独生子女伤残特别扶助金35.84万元。

开展“助你飞翔”——2016年计划生育公益金专项救助活动，为全区符合“助你飞翔”专项救助条件的16户计划生育困难家庭发放一次性计划生育公益金共计3.2万元。

审核发放年满60周岁持“独生子女父母光荣证”非从业居民一次性奖励。2016年符合人数114人，奖励金额22.8万元。

审核发放改制企业跨县区退休职工一次性奖励金，共接受37人申请，奖励金7.4万元。

【性别比综合治理】 2016年，出台了《出生人口性别比专项治理工作方案》。将治理出生人口性别比纳入全区人口和计划生育工作目标管理。年内共出生男孩3241人、女孩2951人，出生人口性别比为109.8：100，出生人口性别比逐步下降趋于正常。

【创建幸福家庭】 2016年，开展“爱母亲、爱家庭、连协会”暨幸福家庭创建宣传服务月活动。上报幸福家庭示范户共14户，“幸福淮安人”征文8篇。为15户家庭申请了计划生育公益金。开展“健康百岁”中医大课堂免费服务进社区活动，先后举办7期讲座。

【计生特困家庭帮扶】 2016年，为特殊困难家庭购买综合保险。原清河区将伤残独生子女同步纳入综合保险，共参保226人，已理赔11.76万元，理赔率208%。

【政府购买居家养老】 2016年，对未退休的计生特殊家庭成员提供社保和医保经费补贴；对年满60周岁、生活不能自理又未入住养老机构的照护对象，每人每月发放500元补贴；为城市无业人员按每人每年100元的标准发放居民社会养老保险和基本医疗保险补贴；共为36户需要居家养老服务的计生特殊困难家庭提供了生活照料、家政服务、医疗保健、物业维修、餐饮服务等8类73项服务。

体　育

【概况】 2016年1至9月份，清河、清浦两区体育工作各自按照年初确定的工作目标，坚持面向基层、服务社区、服务居民的宗旨，广泛开展的全民健身运动，实现了健身活动常态化，生活化，引导社会大众积极参加体育健身运动。开展各类运动项目培训，培养出游泳、田径、跆拳道、乒乓球、羽毛球、足球、武术套路等国家一级裁判员22名。培训拳击、射击、射箭、田径、乒乓球、散打、围棋、武术等国家一级运动员8名。组织开展太极拳、太极剑、健身气功、秧歌、广场舞、健步走等培训20余次，培养省一级健身指导员24名，国家级健身指导员3名。

按照“突出重点、打造精品、培养人才、寻求突破”的总体要求，发展竞技体育，不断完善体育训练机制、夯实训练基础、强化队伍建设、狠抓训练工作，青少年竞技体育成绩明显提高。全区运动员在全国比赛中共获得1金4银1铜，在省级比赛中获得9金5银10铜。6月20日，体育局组队参加了江苏省激情广场舞淮安赛区比赛，选送了“花枝俏”舞蹈队代表淮安市参加全省广场舞总决赛。8月，组织健身气功、健美、武术、舞龙狮四支队伍代表淮安参加省第七届全民健身运动会，获金牌1枚、优胜奖4个。

10月8日，清河区与清浦区合并，成立了清江浦区，服务基层体育专业人才得到加强，发展群众性体育运动的资源空间更为广泛。原两区体育局也合并。新办公地点位于延安路西路200号的原清浦民生大厦。清江浦区体育局为清江浦区人民政府直属正科级单位。内设办公室、体卫艺科与体训科。清江浦区城南体育场是体育局下属全额拨款事业单位，核定事业编制10名。清江浦区青少年业余体校为体育局下属全额拨款事业单位，设正股级干部一名。

【师院附小开展足球特色展示活动】 3月3日，江苏省校园足球办公室副主任杨潘顺、江苏省体卫艺处曹卫民、淮安市体卫艺处处长徐丰昌、安春艳等，在淮阴师范学院附属小学观看了师生自主编排会演的足球操和足球大课间展示活动。

【清浦区举办小学生篮球赛】 3月10日，清浦区小学生篮球赛在新民路小学举行，清浦区各小学均组队参加。新民路小学男子、女子篮球队，分别夺得小学组比赛的第一名。

【清浦区举行学校体育大课间评比】 自3月下旬开始，清浦区举办中小学体育大课间评比活动。全区有27所中小学代表队参加了比赛，比赛方式为组织专家组到各校现场打分，经过一个星期比赛，人民小学、城南小学、浦东实验小学获小学组一等奖；清浦

2016年7月2日永远跟党走微型马拉松主题跑活动

中学、清浦开明中学、盐河中心学校获中学组一等奖。

【清浦中学承办市第八届运动会暨教体结合中小学生篮球赛】 3月25—27日，淮安市第八届运动会暨教体结合中小学生篮球赛在清浦中学举行。本届赛事由淮安市教育局与市体育局主办，共分六个组十多支代表队参加比赛。清河区北京路中学篮球队获初中男子组冠军；清浦区新民路小学女子篮球队夺得全市小学组比赛的冠军。

【繁荣小学开展“游泳进课堂”活动】 3月31日，繁荣小学与社区游泳馆合作，开展“人人会游泳，生生有特长”的“游泳进课堂”活动，逐步形成在二年级学生中开展游泳普修课的惯例。

【清河区举办中小学生田径运动会】 4月15日，“2016年清河区中小学田径运动会”在北京路中学举行，全区12所学校近300名运动员参加本次运动会。经过角逐，北京路中学取得团体总分第一名，并打破男子跳远、男子1500米、女子跳高三项纪录。

【清江浦中学在“区长杯”校园足球赛中获奖】 在2016年清河区“区长杯”校园足球赛初中组比赛中清江浦中学男、女球队均获第三名。

【在省啦啦操锦标赛获奖】 6月4—5日，浦东实验小学健美操队代表淮安市，由江苏省健美操运动协会主办的2016年江苏省啦啦操锦标赛在南京大学举行。比赛分为大学组、中学组、小学组三个组别，共有35支代表队、近千名运动员参赛。学校20名队员组成的参赛队在戈洁老师的指导下发扬顽强拼搏的精神，浦东实验小学健美操队代表淮安市在全省小学组11支代表队中获全省一等奖。人民幼儿园啦啦操共16名选手，作为淮安市唯一的一支幼儿代表队，获幼儿园组特等奖。

【举行“永远跟党走微型马拉松”主题跑活动】 7月2日，由清河区体育局主办，淮安市“微马跑步队”协办的“永远跟党走”主题跑活动在钵池山公园举行，来自清河区教育局、体育局党员代表，及“微马跑步队”的近千人运动员参加了主题跑活动。

【清浦区射击场通过省级资格复审】 7月15日，省体育局、省公安厅联合对射击场枪支弹药、使用规范、安全等方面进行资格复审，清浦区射击场顺利过关。此前，该区投资10余万元在场地安装数字网络高清探头12只，增加2扇甲级防盗门等安防设施，并签订了《枪弹安全管理责任状》。

【组队参加中国体彩全国象棋业余棋王赛】 “江阴周庄”2016中国体彩全国象棋业余棋王赛“乐在棋中”江苏赛区淮安分站赛于8月27—28日在淮阴区举行。清河区组队参加了公开组、老年组、少年组、儿童组等全部组别的比赛。获得团体总分第一名。其中，老年组的赵建淮荣获该组别的“棋王”称号。

【清河区举办首届小学生“健与美”游泳比赛】 7月4日，清河区首届“健与美”小学生游泳赛在市老干部活动中心“健与美”游泳馆举行，。比赛由清河区体育局主办，“健与美”健身项目责任管理有限公司承办，来自清河区7所小学的选手参加了比赛，按男女A、B两个组别进行了25米、50米单项和4×100米接力项目开展比赛。

2016年7月4日首届健与美小学生游泳比赛

【清江浦举行首届"运河城市"马拉松赛】 12月25日，"运河一家亲，追梦清江浦"花漾城·中国运河城市首届马拉松接力赛在区古淮河生态公园开赛。区委书记仲凤笔致辞，副市长王红红为比赛鸣枪发令，市体育局局长卞玉，清江浦区长张笑等领导参加了开赛仪式。

【市啦啦操比赛获奖】 9月25日，淮安市第八届运动会暨第四届教体结合中小学生啦啦操比赛在淮安市天津路小学体育馆举行，比赛由淮安市教育局、市体育局主办，天津路小学承办。全市共有22支代表队展开了激烈角逐，清浦区纪家楼实验小学获一等奖，清河区繁荣小学获自选动作一等奖。

【淮海路幼儿园在全市国际象棋比赛中获奖】 12月3—4日，在淮安市举行的首届智力精英国际象棋比赛中，淮海路幼儿园喻兰宸、马浩轩小朋友获幼儿组男子个人冠、亚军，王艺雯、李思璇、王梓琳荣获幼儿组女子个人冠、亚、季军，幼儿园还获得团体奖冠军。

【城南体育场建成省级训练基地】 12月14日，城南体育场顺利通过江苏省2016—2017年度省级高水平体育后备人才射击单项训练基地验收，建成省级训练基地。

【2016年竞技体育参赛与获奖情况统计】 4月22日，全国女子拳击锦标赛在河北省迁安市举行，来自全国的38支代表队的200名运动员，在迁安市九江体育中心进行为期6天的激烈角逐，清浦拳击队高美玲获竞赛第二名。

4月份，清河实验中学参加淮安市第四届教体结合排球布点学校总决赛，学校女排获得了第二名。男排获第五名。

7月6日，在淮安举办的2016年江苏省青少年拳击锦标赛中，第一中学王宇荣获男子50公斤级第二名，清浦中学李倩芸荣获女子47～51公斤级第三名。

7月27日，在徐州举行的2016年江苏省青少年射箭锦标赛中，清浦射箭队王岩获男子甲组排名赛第一名与个人淘汰赛第一名，罗媛媛获女子个人淘汰赛第二名，女子团体获淘汰赛第二名。

8月15—19日，在扬州举行的2016年江苏省青少年跳水锦标赛上，清河区青少年跳水队，共摘得7枚金牌、1枚银牌、6枚铜牌，总成绩位列全省第一。其中，师院附小跳水队的黄秦淮获得男子乙组三米板第一名、五米台第一名、个人全能第一名、一米板第二名；胡谷安清获得女子甲组三米板第一名、五米台第一名、一米板第一名、个人全能第一名；谭哲予获得男子丙组跳台第三名、一米板第三名、个人全能第三名、五米台双人第三名；周越获得男子丙组五米台双人第三名；陈雨轩、何耀辉、张榕君、徐祥云则并列获得女子丙组团体第三名。

8月20日，在江苏南京方山举行的2016年全国射箭重点学校锦标赛中，清浦男子射箭队在男子丙组团体获第二名，女子射箭队获丙组团体获第二名。

8月28日，在江苏南京方山举行的2016年江苏省青少年射击锦标赛中，清浦中学张益源荣获男子18岁以下组60发卧射第二名，清浦实验初级中学杨振华荣获男子16岁以下组3×20 第三名，男子组荣获3×40团体第三名。

11月8—11日，2016年"九江杯"全国女子拳击冠军赛在唐山九江体育中心开幕，比赛由国家体育总局拳击跆拳道运动管理中心、中国拳击协会主办，河北省体育局承办，来自全国26个代表队的72名运动员参赛。清浦拳击队高美玲获得全国女子拳击冠军赛第一名，丁芸芸获第三名。

2016年11月8日至11日全国女子拳击冠军赛

QINGJIANG PUNIAN JIAN

社会保障

SHE HUI BAO ZHANG

- 劳动就业
- 养老保险
- 医疗保险
- 退管工作
- 社会保障
- 优抚安置
- 老龄工作
- 残疾人事业
- 妇女儿童事业

劳动就业

【人力资源市场】 清江浦区人力资源市场以创建“服务方式零距离、服务受理零推诿、服务标准零投诉、服务限时零积压”和“一流的环境、一流的队伍、一流的服务、一流的业绩”的“四零四一”优质服务窗口为载体，推进窗口单位服务工作标准化、规范化、制度化、信息化，内强素质，外塑形象。同时落实首问负责制，推行“三声”服务，对前来办事的群众做到来有迎声、问有答声、去有送声，有问必答、百问不厌，打造星级窗口服务品牌，做到为官有为、为官善为，树立人社部门为人民群众提供高效、便捷、优质服务的良好形象。一是人力资源市场招聘会常态化。每天接受区内所有招工企业预约并在网络及时发布招工信息，做到天天有信息。每周四采取现场招聘，让求职者与招聘人员面对面交流；二是重点企业用工动态监测制度化。按月监测重点企业职工总数、人员类别、合同年限、人员增减情况及原因等企业就业人员情况和企业的具体用工需求等，做到及时掌握企业岗位变化情况，分析其原因和规律，有针对性采取有效的预防和调控措施；三是服务企业人性化。对招聘企业提供人性化服务，加强就业政策的宣传，设立企业服务窗口，由专人负责接待咨询，答疑解惑。2016年，全年共举办招聘活动48场次，其中“春风行动”专场招聘会春节举办23场，进场单位576户次，提供岗位7188个，现场达成用工意向3367人。

【劳动人事争议仲裁】 为建设“强富美高”新淮安，自2011年“六五”普法全面启动实施以来，全市上下紧紧围绕“六五”普法规划确定的目标任务，

加强领导，健全机制，狠抓落实，圆满完成了各项普法工作任务。清江浦区人社局仲裁院院长陈守启于2016年荣获“2011—2015年全市普法工作先进个人”的称号，为推进法治淮安建设、维护社会和谐稳定做出了积极贡献。

2016年，清江浦区仲裁院共立案处理劳动争议案件381件，未发生一例人事争议案件，案件受理率达100%。其中，裁决133件，调解撤诉235件，裁决案件按期结案率达100%。一裁终局案件撤销率为0。仲裁管理信息系统运行率达100%。各类调解组织调解劳动争议案件占清江浦区劳动争议案件总数达50%。

根据人社部办公厅《关于印发基层劳动人事争议调解工作规范的通知》精神，清江浦区各街道和大中型企业均设立了劳动人事争议调解中心或调委会，调解机构运行良好，实现了机构、人员、场所、制度“四到位”。水渡口街道劳动人事争议调解中心示范点工作开展良好，为其他街道调解中心规范化建设树立了标杆。为充分发挥基层劳动争议调解组织的作用，清江浦区仲裁院还对部分受理的简易劳动争议案件采取委托调处的方式，由街道或企业对争议案件进行内部调处，力争劳资纠纷在基层得到化解。

清江浦区仲裁院一直把劳动争议仲裁员和调解员队伍建设当作一项长期工作来抓。分别于2016年7月和11月，组织仲裁员和调解员参加了省、市组织的调解仲裁员专业培训，有效提高了调解仲裁队伍的理论知识和业务素质。

2016年清江浦区仲裁院把开展“仲裁服务年”活动列为全年重点工作之一，全方位地为用人单位和广大职工提供高效便捷的服务。一方面，把仲裁庭审作为宣传劳动保障法律法规的重要阵地，通过公开开庭审理劳动争议案件，向用人单位下发仲裁建议书的形式，大力宣传劳动保障法律法规，不断提高劳动者依法维权意

高校毕业生专场招聘会

识和用人单位的劳动管理水平。另一方面，借助《淮海商报》劳动保障专刊、淮安日报等媒体平台认真剖析典型案例，并将案例和国家省市的最新政策及时刊登于报刊，在社会上进行广泛宣传；此外，还通过"三进三解三促"活动，走进街道、社区和规模以上重点企业进行政策宣传，积极帮助他们协调劳资纠纷。同时加强与清江浦区劳动监察大队的配合，对经常发生劳动争议纠纷且拒不配合调解的用人单位，建议列入黑名单，通过劳动监察执法检查，严厉打击违反劳动法的用工行为。

【就业与再就业】 2016年，全区突出重点群体帮扶就业，举办了"春风行动"、"高校毕业生专场招聘会"及"送岗进高校、进社区"等活动，以满足不同群体就业需求。2016年，全区城镇新增就业12565人，安置下岗失业人员就业再就业8596人，其中帮扶"4050"等困难群体再就业1053人，新增转移农村劳动力452人，城镇登记失业率控制在2.2%以内。

【职业技能开发】 大力开展就业技能培训、岗前培训、岗位技能提升培训，突出抓好新生代农民工、离校未就业高校毕业生、化解过剩产能企业职工、在岗职工等群体培训，指导培训机构对养老护理、家政服务及中式烹调师等市场需求量大的工种进行培训，促进城乡劳动者稳定就业。积极启动企业人才评价，不断扩大技能培训鉴定范围。2016年，全区共组织开展职业技能培训14705人，其中企业职工技能提升培训7883人，开展职业技能鉴定考试并取证4391人，其中高技能人才鉴定并发证1294人。

开展失地农民就业培训以促进农村劳动力有效转移。全年共开展就业培训5场，免费为518名失地农民提供车间操作、食品生产及操作和缝纫等职业技能培训。2016年3月3日至18日，在旺旺食品举办牛奶车间生产及操作技能提升培训，参培人数合计150人；2016年4月15日至22日，在正群鞋帽厂举办缝纫基础操作技能提升培训，参培人数合计368人。

【创业带动就业】 大众创业工程"深入推进　开展创客集市55场、创客论坛16期、创业项目推介8场。创业培训11638人，培育创客3149人，发放小额担保贷款1681万元，发放各类创业补贴407.2万元。

创业载体建设成效显著　积极开展创业孵化基地、创业培训（实训）基地、大学生创业园、返乡农民工创业园、众创空间等创建工作，努力打造"一地一园、一镇一品"创业品牌。2016年，创建成功1个省级创业孵化基地（江苏顺丰电子商务大学生创业园），2个市级创业孵化基地（清城创意谷、富强路创业孵化基地）和2个区级创业孵化基地（淮安万达写字楼、淮安越河青年创业街）。

大学生就业创业工作　2016年，苏建军的"文化创意设计"、蔡锐的"淮水人家环保检测"、史善文的"最美淮安音乐风光剧"以及朱龙的"冷冻食品推广与销售"这四个项目获得省级大学生优秀创业项目。积极落实各项政策措施，全力保障高校毕业生就业，确保有就业愿望毕业生就业率达95%以上。

【失业保险】 2016年，清江浦区严格按照文件精神，提高失业金发放标准，失业金及时足额100%社会化发放。截至年底，失业保险参保人数达到4.62万人，基金征缴达到1780.73万元，累计为7858人发放失业保险金1008.98万元；全年共为104家符合稳岗补贴条件的企业发放补贴271.1万元，受惠人数8312人。

【劳动监察】 清江浦区劳动监察大队通过狠抓基础建设，全力打造"服务型"劳动保障窗口单位，实现了劳动监察工作由职能型向服务型转变。

强化基础设施。健全、完善了劳动监察业务及投诉举报窗口的统一标牌、标识，配备了行政执法记录仪，更新了录音电话等基础设备。

建立信息系统。通过建立"信息准确、数据齐全、动态管理"的劳动保障监察信息系统，实现了对全区用人单位劳动保障监察的全覆盖。2016年，共受理案件178件，案件动态录入率达到100%，未出现一起案件逾期。

大学生招聘会现场

完善规章制度。进一步完善了作风建设管理等内部规章制度，有效地规范了全区劳动保障监察人员的执法行为，杜绝了办案效率低、推诿扯皮、执法不公等行为的发生。立足"服务零投诉、案件零差错"，进一步提升劳动保障监察效能，劳动监察整体面貌和社会形象有了很大提升。

实现网格管理。全面推进劳动保障监察"网格化、网络化"管理建设，实现监察执法向主动预防转变。构建横向到边、纵向到底、责任明确、跟踪及时，覆盖全区所有用人单位的劳动保障监察执法网。进一步提高劳动保障监察工作的信息化程度，建立具有信息共享、动态监控、预警预测等功能的劳动保障监察监控管理平台。不断拓宽举报投诉渠道，对发生农民工欠薪事件，农民工可就近向当地街道、社区反应情况。各街道实行预警周报制度，对发现辖区内有拖欠农工工资问题的，可以在第一时间向劳动监察部门提供预警信息，实现第一时间掌握欠薪情况，第一时间进行处理，进一步提高对全区劳动保障监察工作的宏观调控能力。

养老保险

【概况】 2016年，企业职工养老保险参保人数10.39万人，全区基金征缴收入4.58亿元，全区企业职工养老保险基金累计结余3.8亿元。全区离退休人员1.92万人，实发养老金4.09亿元，按时足额发放率100%，社会化发放率100%，全区企业退休人员人均养老金已达到1840元/月。

2016年开展"全民参保登记计划"实施工作，全区异常数据核对登记11.8万人，完成率达97%；开展省级社会保险经办示范服务窗口创建工作，经省厅考核验收，全区社保经办窗口成功获批"省级社会保险经办服务示范窗口"称号；推进降低企业用工成本工作，年内企业职工养老保险单位缴费费率下调1%，失业保险单位缴费费率下调0.5%。

【提高退休人员待遇】 原清河区调整涉及企业退休人员9419人，人均增资150元，增资后月人均养老金1741元；原清浦区调整涉及企业退休人员8790人，人均增资150元，增资后月人均养老金1818元。截至2016年底，清江浦区企业退休人员人均养老金已达到1840元/月。

【免费体检】 为进一步关爱老年居民身体健康，将领取居保养老金和土地换社保养老金的4000余名城乡老人纳入免费体检范围，由区人社局和卫计委联合实施，该项工作被列入区政府十大惠民工程——尊老敬老工程；体检项目与企业退休人员相同，费用全部从公共卫生服务经费中列支。同时，还对老年居民进行生存认证，此举在省、市均属创新，先后被《新华日报》《中国劳动保障报》等媒体聚焦报道。

【居保待遇核查】 通过全国居保平台比对和全民参保登记比对，共查出8人存在重复领取现象；同时，通过资格认证发现有9人已死亡，但未及时注销保险关系，致使多领城乡居保待遇。经过多方协调努力，部分重复领取人员主动退款；对不愿主动退款的，由企保部门协助代扣，共追回多领基础养老金2.79万元，减少了国家财产流失，保证了基金安全。

【养老保险改革】 认真落实机关事业单位养老保险制度改革工作。全年机关事业养老保险参保单位121家，共计约0.38万人，全区基金征缴收入558万元（原清河2016年起暂停养老保险征收）；全区参保退休人员0.13万人，实发养老金0.8万元，社会化发放率100%。

2016年继续开展机关事业养老保险改革工作，对试点期间3750名事业单位参保职工个人账户的核对工作，将历史数据予以完善；完成了全区视同缴费基数的测算工作；与财政部门对接了基金的预算安排，为下一步补征缴、补发放和补结算工作做好准备，确保基金征缴与支付工作稳妥有序开展；同时针对制度实施后可能出现的易发矛盾和历史遗留问题进行了走访调研，并提交了相关问题的处理意见。

医疗保险

【概况】 2016年，原清河、清浦两区所有的医保工作均完成甚至超额完成市局下达的年度目标任务。

原清河区：

1.城镇职工基本医疗保险:全年参加城镇职工基本医疗保险人数33512人，征缴职工医保基金为1.28亿元，分别完成年度目标的104%、122%。

2.城镇居民医疗保险：全年参加城镇居民医疗保险保险124657人，完成目标的103%，参保覆盖率达99.8%。

3.工伤保险：全年参保25907人，征缴工伤保险基金0.46亿元，分别完成年度目标的105%、153%。

4.生育保险：全年参保25611人，征缴生育保险基金0.1亿元，分别完成年度目标的109%、250%。

原清浦区：

1.城镇职工基本医疗保险:全年参加职工基本医疗保险保25805人，征缴职工基本医疗保险基金为0.99亿元，分别完成目标的100%、132%。

2.城镇居民医保：全年参保91443人，完成目标的101%，参保覆盖率达99.8%。

3.工伤保险：全年参保15905人，征缴工伤保险基金0.035亿元，分别完成年度目标的100%、118%。

4.生育保险：全年参保15605人，征缴生育保险基金0.033亿元，分别完成年度目标的100%、109%。

退管工作

【退管服务】 为进一步完善清江浦区一体化退管服务体系，努力营造"尊老敬老、老有所乐"的浓厚氛围，清江浦区全面实施"一体化退管服务全覆盖"工程，对里运河以北的40个社区一体化退管中心全面达标挂牌，让清江浦区广大退休人员和老年居民畅享"一体化退管服务"发展成果。2016年6月份联合市局举办的市区一体化退休人员活动场所集中授牌暨退休人员志愿者队伍授旗仪式，在全市属于首创，获得了省人社厅和市政府领导的一致认可。

【慰问】 做好对退休人员节日慰问工作。2016年春节、重阳节共对区属企业2671名退休职工进行了慰问，发放价值26万元的慰问品和慰问金。平时，对患重大疾病、生活特别困难的退休人员也开展多种形式的走访慰问工作，在政策范围内，及时送去党和政府的关怀。

【体检】 做好退休人员免费体检工作。2016年，共发放健康体检卡

32709张，实际体检25370人。“二年一轮”的退休人员体检工作顺利完成当期目标，在组织体检过程中没有发生一起意外事故。

【文体活动】 在2016年10—11月期间举办4批共400名退休职工一日游，在观赏美丽风光的同时，让他们充分享受到社会发展的成果；为庆祝中国共产党建党95周年，讴歌党的光辉历程，宣传离退休优秀老党员的模范事迹，展示他们良好的精神风貌，进一步深化“万人康乐工程”内涵，举办“庆七一展风采”征文活动、优秀模范事迹展播活动及典型人物先进事迹连载活动。每次活动都提前安排，精心组织，认真实施，做到既让老人开心，又确保老人安全。

社会保障

【提高最低生活保障水平】 建立最低生活保障标准逐年递增机制，加大低保对象挂钩帮扶力度，设立低保信息比对中心，完善低保户信息核查机制，实现“应保尽保，应出尽出”的动态化管理。7月完成了低保提标工作，城乡低保保障标准分别提至520元/月和400元/月。2016年，全区共有城乡低保5477户、10113人。新增低保140户361人，退保1141户2482人，累计发放城乡低保金约3927.58万元。

【特困群体救助工作】 完善出台困难群体救助政策，建立社会救助联席会议制度，实行社会救助“一门受理、协同办理”工作机制，探索对救急难进行事前救助的途径，切实解决突发性的群众生产、生活的实际困难。2016年，累计救助1882人次，资金243万元。

【特殊供养人员生活保障】 成立未成年人保护中心，实施患重大疾病孤儿住院享受医疗费用全额救助政策。逐年提高特殊供养人员保障水平，孤儿基本生活保障标准为1178元/人/月，城市“三无”老人供养标准调整为1427元/人/月。

【医疗救助工作】 规范运行医疗救助同步结算，实行动态管理。逐步实现基础数据集中化、统计决策科学化、流程管理智能化和为民服务信息化。医疗救助对象住院年救助最高限额为城镇居民医保报销封顶标准的50%，救助标准为医保范围个人自付医疗费用70%。低保边缘户家庭中患有10种大病或重症慢性病的成员，享受低保户同等住院医疗救助政策。2016年累计医疗救助5284人次，643万元。

【城乡居保】 截至2016年年底，城乡居保参保41488人，参保率99.56%；实际缴费31348人，征缴保费1602.8万元，基金积累9900.64万元；有26514人按月领取养老待遇，累计发放养老金3900.95万元，符合领取条件的做到应发尽发，基础养老金提高到每人每月115元；已对所有领取养老待遇人员，进行四次资格认证，认证率达100%；被征地农民社会保险覆盖面100%。

【被征地农民保障】 自2013年12月1日，严格执行省政府93号令。截至2016年底，已将新增被征地农民3281人纳入了社会保障体系，其中参加企业职工基本养老保险2041人、参加城乡居民基本养老保险193人，领取养老补助金1047人。

优抚安置

【落实优抚安置政策】 实行重点优抚对象抚恤金标准自然增长机制，做到优抚对象优抚金100%按时足额发放、义务兵家庭优待金、大学生应征入伍奖励金100%及时足额发放。切实做好优抚对象数据年度核查工作，做好退役士兵安置培训工作，以货币化安置为主，岗位安置为辅，实行阳光操作，积分选岗，创设岗位适应期一年，妥善完成安置任务。积极组织退役士兵职业技能培训，参训率达到自愿参训人数的100%。

【优抚对象医疗保障】 为重点优抚对象集中办理城镇居民基本医疗保险和新型农村合作医疗统筹，对重点优抚对象按不同类别标准发放医疗门诊补助经费，全面落实重点优抚对象医疗救助政策，每年组织重点优抚对象、参战涉核退役人员、无军籍退休职工参加健康检查。组织开展“优抚关爱行动”，为重点优抚对象、无军籍退休职工购买意外伤害保险。建立“国防关爱基金”，为突发困难灾害的优抚对象提供关爱救助。

【开展拥军优属活动】 在重大纪念节日，对家庭生活困难的优抚对象、军队离休干部、入伍新兵、本区户籍立功受奖现役军人和驻区部队等群体开展走访、座谈等形式多样的慰问活动。在烈士纪念日，组织开展烈士公祭活动，祭奠在革命战争中为国捐躯的烈士，慰问烈士遗属及部分残疾军人、复员军人代表。积极做好军休干部和无军籍退休职工的管理服务工作。

【复退军人信访稳定工作】 加大财政投入力度，切实帮助下岗失业志愿兵解决实际生活困难。对有就业愿望的，一律安排公益性岗位保障其就业。对55岁以上无就业愿望、无就业能力，生活困难无力缴纳养老金，愿意纳入“助保工程”的，帮助协调办理相关事宜。对于符合低保、廉住房的，一律纳入基本保障范畴。对于无政策的诉求，配合街道做好宣传解释工作，积极引导涉军群体理性、依法诉求，切实维护信访秩序和社会稳定。

老龄工作

【老年人权益保障】 2016年，全区60周岁及以上老人8万人。老龄化率约为12.3%。建立尊老金普惠制度。为全区符合条件的老年人提供免费公交卡、每月为80周岁、90周岁、100周岁以上老人分别发放100元、200元、500元尊老金，2016年累计发放尊老金约973.6万元，惠及10000余位高龄老人。为符合供养条件的320余位老人，发放供养资金约320多万元。

【养老机构建设】 在全市率先制定出台民办养老机构运营补贴暂行办法、养老服务业发展实施意见等政策文件，对民间资本兴办、参与养老体系建设给予扶持。积极探索医养融合，推进民办医院兴办护理型养老院。全区共有民办养老机构23家，床位数约2090张，每千人拥有机构养老床位数32张。

残疾人事业

【概况】 2016年，清江浦区持证残疾人总数为9179人，各类残疾人的人数及各占残疾人总数的比重分别是：视力残疾为1161人，占13% ，听力残疾672人，占7%，言语残疾41人，占0.45%，肢体残疾5209人，占56.5%，智力残疾1041人，占11%，精神残疾945人，占10%，多重残疾110人，占2%。残疾等级为一、二级的重度残疾人为4044人，占44%，残疾等级为三、四级的中度和轻度残疾人为5135人，占56%，城镇残疾人口为7466人，占81%，农村残疾人口为1713人，占19%。全区残疾人享受养老保险参保费用减免政策21人，已办理退休手续16人，退保1人，死亡1人。

残疾人工作坚持“改善民生就是最大政绩，发展民生就是发展经济”的基本理念，落实残疾人优抚政策，重视残疾人康复工作、就业工作、社会救助工作、积极创建残疾人之家，保证了残疾人的正常快乐生活。

【残疾人康复】 2016年，清江浦区对0~14岁残疾儿童康复训练给予为期11个月的救助。符合康复训练的各类别残疾儿童进行评估转介，根据医疗机构的评估结果开具康复训练转介单，到定点康复机构进行康复训练。对339名（原清河区173名、原清浦区166名）残疾儿童（其中0~6岁301人，7~14岁38人）转介至各指定康复机构，做到只要符合政策的残疾儿童均及时办理。为贫困白内障患者发放手术补贴117例（原清河区43例，原清浦区74例）。截至2016年12月底，共为546名贫困精神残疾人办理3000元/人/年基本用药门特。

【残疾人就业】 2016年，共举办各类残疾人职业技能培训38期，其中有盲人保健按摩、种养殖技术、面点制作、网店开发、定岗定向培训等，累计培训残疾人700余人。实现残疾人就业398人，其中灵活就业51人，按比例就业10人，集中就业50人，自主就业6人，辅助性就业281人。

【残疾人社会救助】 2016年，原清河区对所有类别（肢体、视力、精神、智力、听力、言语一、二级）无固定收入的重度残疾人都纳入救助范围，标准为520元/人/月，699人享受，按月发放；原清浦区对肢体、视力、精神、智力类无固定收入的重度残疾人纳入救助范围（无听力、言语一、二级），城镇520元/人/月，432人享受，农村400元/人/月，513人享受，按季度发放。2016年度清江浦区共计发放900.65万元。

【重度残疾人护理补贴】 2016年，原清河区对所有年龄段无固定收入的重度残疾人（肢体、视力一级及精神、智力一、二级）发放护理补贴，标准为200元/人/月，429人享受，按月发放；原清浦区对年龄在16~60周岁、无固定收入的重度残疾人（肢体、视力一级及精神、智力一、二级）发放护理补贴，城镇160元/人/月，301人享受，农村110元/人/月，255人享受，按月发放。2016年度清江浦区共计发放195.97万元。

【低保重残补贴】 原清河区对低保中的所有类别（肢体、智力、精神、视力、听力、言语一、二级）重度残疾人发放补贴金，150元/人/月，228人享受，按月发放；原清浦区对低保中的肢体、智力、精神、视力类重度残疾人发放补贴金（无听力、言语一、二级），城镇80元/人/月，197人享受，农村60元/人/月，297人享受，按季度发放。2016年度清江浦区共计发放约88.90万元。

【残疾人燃油补贴】 为256名驾驶机动轮椅车的肢体残疾人发放燃油补贴金68640元，为55名残疾学生发放教育补贴金66500元，为9126名残疾人购买意外伤害保险。

【特殊补贴】 对15名7~14岁大龄自闭症儿童康复费用、初次申请评残的残疾人评残费用以及三、四级轻度残疾人居民医疗保险费用进行全部补贴，为39名重度一级残疾人办理了养老保险参保手续。

【创建残疾人之家】 创建残疾人之家是省政府2016年民生实事之一，清江浦区选择了9个点作为残疾人之家建设试点，按照“七有、六服务”的标准，努力打造首批7个残疾人之家，分别是清河街道清隆家园社区残疾人之家、淮海街道新村社区残疾人之家、柳树湾街道富强社区残疾人之家、柳树湾街道西安路社区残疾人之家、和平镇秦墩村残疾人之家、黄码乡黄码村残疾人之家、清浦街道港口社区残疾人之家。

【建立阳光康复中心】 2016年，清江浦区依托淮安市第三人民医院建成阳光康复中心。将辖区内病情相对稳定的精神、智力残疾人集中在康复点，帮助、引导残疾人活动、治疗、工作、娱乐，并通过专业人员的心理护理，增强精神、智力残疾人的自信心，消除自卑感，提高积极管理自己病症的能力，把精神、智力残疾人的监护人彻底解放出来，提升其家庭的幸福指数。（高丽华）

妇女儿童事业

【概况】 2016年，清江浦区妇联认真学习贯彻落实《中共中央关于加强和改进党的群团工作的意见》精神要求，围绕区委区政府工作中心抓谋划，聚焦目标抓落实，在促进妇女创业就业、办好妇儿民生实事、维护妇儿合法权益、培育良好家风家规等方面工作扎实有效地开展，呈现出重点工作出新出彩、基础工作扎实有效的良好态势。

【促进妇女就业创业】 2016年，清江浦区适应经济发展新常态，突出抓好电商微商、现代农业、家政服务、面点、插花等技能培训，积极开展女性就业辅导、就业政策咨询等活动，进一步提升妇女就业能力。全年累计举办培训班30期，受训妇女2000余人次。成功申报省妇女儿童发展规划省级示范地区重点项目“爱助半边天，共圆幸福梦”——困境妇女援助计划、一类公益社工服务项目“宝妈网络创业扶持计划”，三类公益社区服务项目“为贫困留守妇女撑起半边天”获得15万元引导经费，指导闸口街道浦东社区建立巾帼电商服务站建设，邀请电商专家和微商女企业家现场为女性培训如何做一个好微商，帮助广大妇女拓宽创业思路，提升创业水平。

【关爱困境儿童】 通过政府购买服务的方式，依托江淮小站公益组织为全区22名困境儿童开展精神关爱服务。春节和六一儿童节期间动员各乡镇街道和机关妇联慰问辖区内困境儿童，帮助他们度过愉快的节日。

【关注妇女健康】 紧抓“2·14”“520”网络情人节、“七夕”情人节等登记高峰期，发放《免费婚前医学检查知情书》和《免费婚前医学检查情况统计表》，通过与卫生部门沟通协调，将新婚夫妇领证与婚检实现一站式服务，实现领证夫妇参加免费婚检率达97.69%。深入推进妇女“两癌”免费筛查项目，联合计生部门在全区城乡广大妇女中开展宫颈癌和乳腺癌筛查。积极排查区内“两癌”贫困妇女，并将符合救助条件的贫困妇女上报至省妇联系统。

【关心单亲特困母亲】 开展“单亲特困母亲圆梦行动”，进一步完善了单亲特困母亲家庭帮扶项目实施计划与方案，按照“一户一档”原则，建立单亲特困母亲家庭档案，向全区198户单亲特困母亲发放救助金和物品价值19.8万元。积极排查统计2016年符合救助条件的单亲特困母亲，对单亲特困母亲遇到的困难予以协调帮助解决。同时，依托社会公益组织、积极支持阳光心理咨询服务中心开展精神关爱服务、参与帮扶活动，开展“爱的链接——相约日月洲”单亲特困母亲关爱活动，帮助单亲母亲解决工作和生活中的实际困难，树立生活的信心和勇气。

【法制宣传】 大力宣传马克思主义妇女观和男女平等基本国策，重点是围绕实施《中华人民共和国反家庭暴力法》契机，开展新法新规系列宣传活动。利用“三八”维权周、“6·26”禁毒日为契机，联合阳光心理咨询中心在夕阳红法治广场开展“反对家庭暴力，维护妇儿合法权益”宣传活动，联合区法院走进府前街道京南社区、富春花园，发放宣传海报、《反家暴法知识二十问》等宣传材料，开展反家暴法宣传。组织乡镇街道、社区三级妇联干部参加全市《反家庭暴力法》学习培训班，通过妇女权益维护新规宣传等主题活动，进一步提高妇联维权干部维护妇女儿童权益能力和水平。

【法援服务】 联合司法部门在全区所有村和社区建立法律志愿者结对帮扶活动，对到区妇联反映诉求的妇女及时与法援中心、法院等部门沟通联系，给予她们及时的法律援助。2016年，区妇联共接待群众维权及咨询求助26人次，为22名妇女提供维权服务和免费的法律援助，依法维护了妇女儿童的切身利益。

【家风家规建设】 根据市妇联的工作部署和区委《关于开展“立家规、传家训、正家风”活动的通知》要求，联合区委宣传部、区级机关工委联合开展“学恩来家规·树清廉家风·创最美家庭”主题教育活动，选树了章侠、朱金龙、许少光、董方军、张桂珍等一批家规严家风正的正面典型。承办了市妇联“走家庭、访家规、话家风”纪念5·15国际家庭日活动，市委常委、组织部部长张彤、市妇联主席顾晓芳等领导一行参观了富春花园的家规公示栏、家风文化广场的家训亭和家规长廊，阅读了传统家训小故事，对全区的“立家规、传家训、正家风”工作开展情况给予充分肯定。

【传递和美家风】 通过“拉家常”“我说我家”故事会的方式，通过清河女性、QQ群、发放宣传海报等方式，加大活动的宣传力度，广泛发动各级组织推荐、群众自荐和互荐，常态化开展寻找“最美家庭”活动，引导党员干部以好家风带动好社风，5月15日国际家庭日，授予了潘玉莲、杜兴荣等“最美家庭”“最美女性”荣誉称号。深入开展“最美家庭讲好家训”百场巡讲活动，建立“最美家庭讲好家训”巡讲团，组织巡讲团成员走进机关、社区、校园等，引导全区党员干部及其家属通过聆听“最美家训”，感悟家庭精神、学习家庭美德，将“最美家训”中蕴含的和美家风传递到千家万户，营造了重家庭、重家教、重家风的优良风尚。

【呵护女童】 为女童撑起保护伞。整合学校和社会组织两大资源，招募“女童保护”公益项目志愿者，组织收看孙雪梅老师“女童保护”公开课，学习“女童保护”基金教案，鼓励各界热心公益、愿意帮助少年儿童的社会工作者加入到讲师队伍中。举行清浦区“女童保护”讲师专场培训与考核，共有61名老师和志愿通过，为培树女童保护公益讲师骨干队伍奠定基础。深入开展女童保护知识进社区、进企业、进学校活动，不断增强广大家长对女童保护的意识，不断提升女童自我保护的能力，为女童撑起保护伞。

【统计监测评估】 紧紧抓住妇女儿童发展规划年度监测评估契机，由妇儿工委牵头，全面部署全区的妇儿规划(纲要)年度统计监测评估工作，高度重视数据质量，确保数据的连续性、衔接性。做好《淮安市妇女儿童基本情况综合表》数据收集，完成了2016年度妇女、儿童监测报告。及时发现并解决规划实施中存在的问题，推进妇儿工委成员单位各项工作任务的落实。

【未成年人保护工作】 2016年，组织乡镇街道对全区困境儿童进行全面摸底排查统计，共有困境儿童118人、留守儿童253人、孤儿60人。全年累计发放孤儿养育费93.66852万元、物价补贴3192.8元、春节补贴7800元。

QING JIANG PU NIAN JIAN

法治建设

FA ZHI JIAN SHE

- 综述
- 公安
- 检察
- 法院
- 司法行政

综　述

2016年，清江浦区政法系统及综治、法治责任单位深入开展“两学一做”学习教育系列活动，在全市率先举办“政法系统文化节”，政法机关的向心力、凝聚力和战斗力得到加强，多项业务工作迈入国家、省、市先进行列。推进平安建设、法治建设和队伍建设，创新社会治理理念，取得新的成效。

2016年，全区三级综治中心建设标准高、功能定位准、机制运行畅、实战效果好，先后得到中央、省、市社会治安综合治理委员会办公室的充分肯定，并被表彰为“全省平安建设先进区”。创新成立“平安志愿者联盟”，“五位一体”治安防控体系建设取得明显成效，全区发破案情况总体呈现“两降一升”，即发案同比下降19.54%；可防性案件同比下降16.8 %；破案率同比上升5.64%。

2016年，清江浦区率先在全省将行政应诉工作纳入问责体系，率先在全市举办行政诉讼庭审观摩和清江浦法治论坛。在全省建成首家保护未成年人合法权益的“暖阳之家”；创新开展“三官一师”进社区网格行动；成功举办全市执法规范化现场会；法治创建“四化”模式在全省法治建设大会上作书面交流，并被省委省政府表彰为“江苏省法治建设示范区”。

2016年，清江浦区政法综治中心和社会管理服务中心各有侧重、相互补充、高效运转，探索出社会治理全方位发展的新路径。依托社会治理品牌优势，突出党建引领作用，推进基层党建网络与社会治理网格深度融合，并在全市政法工作会议上书面交流“两网融合”经验。

公　安

【概况】 2016年，清江浦区公安工作深入贯彻公安部“四项建设”和省厅“一体两翼”部署要求，以服务经济社会发展和城市棚户区改造为重点，以G20、党的十八届六中全会、省十三届党代会和世界互联网大会安保工作为主线，围绕中心，服务大局，全力维护辖区平安稳定，以合成化作战理念、体制机制和方法手段创新为动力，深耕主业、固本强基，实现打处绩效、基层基础、防控体系全面提优升级，涉法涉诉、刑事发案双双下降。2016年，区域共发案5780起，发案率同比下降19.54%；破案1022起，破案率同比上升5.64%；公诉人头769人，同比上升78.5%。累计抓获各类违法犯罪嫌疑人2820名，同比上升12.04%；其中刑事作案成员1284名，同比上升11.07%。连续10年实现命案全破。

【拓展情报渠道】 加强对社情民意和舆情热点的追踪把控，坚持网上网下同步推进，积极拓展情报信息来源渠道，努力获取具有内幕性、深层次、高价值的涉稳情报，2016年，累计收集情信息4595条，上报信息2354条，671条直接服务决策和处置，发挥了信息在推动矛盾化解方面的主导作用。

【群体性事件处置】 2016年，共处置各类群体性事件1352件，化解各类矛盾纠纷 774起。其中成功化解因商品房延迟交付而引发的群体性事件就达90余起，涉及建筑工地39个，涉事群众3800余人。

【依法维稳】 强化法制思维，正确处理维稳与维权的关系，运用法律手段帮助和引导金河国际、翠湖一号、禧徕乐商贸城等为代表的小区、商铺类维权业主依法维权，推动项目进入依法处理轨道，最大限度地化解不和谐因素。依法对“缠访”、“非访”人予以行政拘留，维护正常诉、访秩序。依法化解处置非正常死亡事件32起，由于现场处置得力、舆情导控及时，没有造成不良舆情传播和矛盾升级。

【打击犯罪】 始终保持对各类违法犯罪主动进攻态势，加强对方面性、系列性案件的研判预警，坚持做到在快侦快破大案的同时，不放过关乎民生的“小案”。2016年，破获现行案件1170起，刑事拘留690人，同比下降1.15%；逮捕394人，同比上升21.6%；移送起诉800人，同比上升44.67%。

【警务工作站建设】 为推动警力下沉、力量前置，年内在人口密集、治安形势复杂的汇通市场、万达广场商业圈建设警务站，警务站的通讯指挥、视频监控与商业圈的安保系统进行对接，初步形成了突发情况

处置联动、矛盾纠纷调解互补、安保巡防力量衔接、信息监控系统融合的区域联动网络。

【攻坚大案要案】 紧盯大案要案和部督案件，汇聚优势警力，调动侦查资源，用足技术手段，全力开展合成攻坚。2016年，成功破获“365”网络赌博案，抓获涉案人员23人，涉案资金3000余万元；组织力量集中攻坚特大虚开增值税发票案，涉案金额100余亿元。由于上述2起大案涉及地域广、资金多，已被公安部挂牌督办。抽组骨干力量组成专案组，全力侦办“808”非法吸收公众存款案。年内共破获公安部督办案件5起；破获八大类案件73起，破案率85.88%。

【构建技术防控体系】 积极构建“社区警务基础性防控、巡特警路面网格化布控、视频高点探头技术性监控”等“三位一体”的治安防控体系，做到人防、技防有效互补和对辖区的全覆盖。2016年，建成监控1870余个，基本实现了闭环式控制。利用系统在情报收集、调查取证等方面的技术优势，先后侦破各类案件1530余起，在打击、震慑犯罪中起到重要作用。在辖区结合部、主干道交叉口和9个大型停车场建设“微警务卡口”，对过往车辆号牌进行识别和记录，为侦查破案建立海量数据信息。

【建立预警发布机制】 针对方面性警情累计发出预警指令64期，为实战单位科学布警、精确打击提供支持，盗窃、诈骗两类主要侵财犯罪的高发趋势被成功遏制，其中盗窃案件下降了18.73%；盗窃电动车案件下降了20.97%；诈骗案件下降了31.25%。

【推进新型警务模式】 着眼信息导侦和警种成化作战要求，对原有机构设置进行整合优化，积极推行“三室七队一所一站”警务运行模式（三室：警务指挥室、警务保障室和警队管理室；七队：三支合成侦查大队，三支管控大队和执法监督大队），力求在体制建设上与警种合成化作战要求相适应。按照警种专业化、合成化、实战化要求，对新设机构的职能边界进行重新整合和科学界定，进一步理顺工作关系，优化人员配备，强化科技支撑，努力做精做强警种大队、做大做实基层基础。

【加强指挥体系建设】 2016年，投入200余万元，建成了以分局指挥室为中心，以派出所的勤务指挥室为展翼的二、三级勤指挥体系，初步构建了集指挥调度、情报研判、视频巡、查勤管理、执法监督为一体情报工作平台，情报引领指挥、情报服务决策、情报助力实战成为现实。在全局范围内挑选精兵强将充实勤务指挥室，通过对情报资源的深度研判，让情报更好地服务实战，为精确打击提供情报支撑。

检　察

【概况】 2016年8月30日，最高人民检察院正式批复成立清江浦区人民检察院（此前分别为清河、清浦两个区人民检察院）。清江浦区人民检察院成立后紧紧围绕全区改革发展大局，忠实履行法律监督职能，统筹推进司法办案、区划调整、检察改革、队伍建设等各项工作各项检察工作平稳有序开展，认真做好检察环节的社会治安防控工作。2016年度，清江浦区检察院依法批准逮捕各类刑事案件161件223人，提起公诉497件760人，查办职务犯罪案件11件12人，切实提升群众安全感和满意度。与区公安分局联合成立的全省首个未成年被害人一站式询问中心—“暖阳之家”的相关做法得到市人大、市政协和省妇联领导肯定，并在全市检察机关推广，全年共有3名干警分别被评为最美检察官、优秀女检察官和全市检察机关优秀转业军人，全院共有22人次被市以上表彰，16人次被区委区政府表彰，16名干警分别被评为江苏省检察机关专门型人才、岗位能手或综合骨干人才，1名干警荣获首届全省检察机关纪检监察业务标兵称号，2名干警分别被市检察院评为业务标兵或办案能手。

【职务犯罪侦查和预防】 2016年，清江浦区检察院坚决贯彻落实中央关于反腐败斗争的决策部署，坚持惩防并举，不断深化廉洁清浦建设。立案查处贪污贿赂案件7件10人，其中科级干部2人，贪贿数额20万以上案件4件；立渎职侵权案件3件4人，其中大案3件；共开展行贿档案查询656次，开展专项预防调查2件，开展警示教育和预防宣传46次，开展案例分析4件，推动形成预防制度5件。

【刑事犯罪检察】 2016年，清江浦区检察院受理提请逮捕案件163人，作出批捕决定114人，作出不批捕决定49人，不捕率30.06%，捕后不诉1人，已捕不诉率0.88%，捕后判缓刑和徒刑刑罚以下7人，占捕后生效判决分别为8.97%，监督立案1人，监督撤案1件，纠正漏捕1人，书面纠正侦查违法6件。无责任性捕后不诉和撤销案件。受理起诉案件285件465人，提起公诉375人，不起诉12人。侦查纠违7件，审判纠违6件，纠正漏诉3人，二审抗诉4件。无责任性无罪判决案件、撤回起诉案件和不当起诉案件。未检案件不捕率87.50%、不诉率46.15%，附条件不诉率23.08%，封存犯罪记录6人，法律援助7件，未成年人社会调查19人。刑事执行检察工作，书面纠正监管违法1件，监督收监2人，羁押必要性审查4件，书面纠正监外执行不当3件。

【民行行政检察及控告申诉检察】 2016年，清江浦区检察院民行部门不断适应民事行政检察工作带来的新变化，认真开展民事执行监督专项行动，多渠道开展民事行政检察监督工作。共受理民事行政监督案件9件，支持起诉5件，对审判人员违法行为提出检察建议1件，维护了群众与企业的合法权益，发出检察建议2件（均被法院采纳）。控申部门办结举报11件、控告11件，办理特困刑事被害人救助案件2件，发放救助金0.6万元。

【“清水蓝天”重点专项工作】 2016年，清江浦区检察院办理破坏环境类案件15件56人。制定了环境资源犯罪案件快速办理意见。“检察蓝”守护“淮安绿”——探索建立受损环境修复工作机制被评为淮安市2014–2015年度“十大法治事件”；昌旭初污染环境案庭审被市政法委“百百千”工程评为庭审评议一等奖；李广锋、吴红梅非法捕捞水产品一案的公诉意见书被市政法委“百百千”工程评为文书类二等奖。

【实施清风“365”廉政工程】 2016年，清江浦区检察院为进一步强化干警纪律作风建设，在全院开展以抓好“三”项建设、严肃“六”项纪律、落实“五”项制度为主要内容的清风“365”工程，正风肃纪，坚决把纪律和规矩挺在前面，实现全年365天纪律观念全面加强，作风改进持续深化。院纪检部门共对5名新进人员进行岗前谈话；对一名违反重大事项报告制度的副科级干部进行了诫勉谈话。

【推进司法责任制改革】 2016年，清江浦区检察院完成了首批20名入额检察官遴选工作和入额检察官工资制度改革工作，建立律师参与化解和代理涉检信访案件工作机制。与区司法局联合签定了《律师参与和代理涉检信访案件实施办法》，依法保障律师执业权利，构建新型检律关系的做法，在2016年10月“构建新型检律关系”杭州研讨会上交流。积极探索认罪认罚从宽处理机制，侦监部门共对3件4人认罪认罚的犯罪嫌疑人做了不捕决定，公诉部门共对3件3人认罪认罚的犯罪嫌疑人做了不诉决定或建议法院从轻量刑。

【加强司法规范化建设】 2016年，清江浦区检察院纪检监察部门定期组织传达学习全国检察系统违法办案典型案例，开展反面典型教育，要求职务犯罪侦查部门将“八条禁令”，打印张贴到每名干警办公桌前，政工部门将司法规范化学习，纳入各项主题教育活动计划；案管部门针对辩护人诉讼权利保护、被害人诉讼权利保护开展专项检查，充分利用统一业务应用系统开展在线案件评查，先后共计开展案件质量评查7次，共评查各类案件210件；公诉部门认真总结近两年办理环保类案件的成功做法，向市院公诉处专门报送了环保类案件审查工作指引。

【检察基础设施建设】 加大基础设施、科技、装备资金投入，加快检察信息化建设，新建了一套视频会议系统，实现内网文件集中打印，完成网络配线架及线路改造，购置入侵检测、漏洞扫描及大容量存储设备，完成了院内绿化美化工作，改造了消防、下水道、屋面防水设施，加强食堂管理工作，改善了办案办公环境。

【检察文化宣传工作】 2016年，清江浦区检察院共被省、市级检察机关采用信息24篇，被省以上各类刊物采用调研稿件13篇，被市以上各类媒体采用宣传稿件443篇，被最高人民检察院表彰为2016年度全国检察宣传先进单位。

法　院

【概况】 2016年，清江浦区人民法院（10月前分别为清河、清浦两个区人民法院）忠实履行宪法和法律赋予的职责，为全区的经济发展、社会稳定和民主法治建设做出了积极贡献。清河区法院全年收理案11846件（含旧存1993件），审执结9662件。清浦区法院全年受理案件9688件，办结9130件。2016年，清河区法院被最高人民法院评为司法宣传工作先进集体，自1995年起连续20年被省文明委评为省文明单位，院机关党委被市委表彰为全市先进基层党组织，立案庭荣立集体三等功。共有21项工作、38人次受到上级表彰和嘉奖。清浦区法院民一庭被中华妇女联合会授予“全国三八红旗集体”，少年庭被评为“全省预防青少年违法犯罪先进集体”。1名法官被最高院授予“全国先进个人”，19名法官荣获最高院“天平奖章”，业务部门和干警分别受市级以上表彰16次和39人次。

【依法严惩刑事犯罪】 2016年，清江浦区法院积极探索和完善刑事案件简案快审机制，运用刑罚手段惩治各类犯罪。清河区法院依法审结各类刑事案件302件367人，清浦区法院受理刑事案件289件，审结277件。贯彻宽严相济的刑事政策，两区法院共对136名罪行较轻、社会危害小的罪犯依法适用管制、拘役、缓刑，最大限度地遏制、预防和减少犯罪。

【妥善审理民商案件】 2016年，清江浦区法院主动适应经济发展新常态，充分发挥民商事审判职能，切实满足人民群众多元化司法需求。清河区法院共受理各类民商事案件5698件，结案5139件。清浦区法院受理案件1416件，办结1485件。清河法院加强民事案件调解工作，民事案件调撤率在65%以上；突出对经济领域的司法保护，妥善处理各类经济纠纷，办结经济合同案件625件、民间借贷案件589件，涉案金额达2.8亿元；妥善审结借款、保险、票据等金融类案件336件，同比上升11.27%。清浦法院先后化解了浦南外国语学校清算案、江苏尚兰格热能公司欠薪案和诚利达服装、华尔润化工、禧徕乐劳动争议案等一批有重大影响的案件，为农民工和其他劳动者追讨工资4300余万元。

【行政审判】 2016年，清江浦区法院着力化解行政争议强化诉权保护和依法监督，认真做好行政审判工作。清河区法院受理行政诉讼案件142件，依法办结125件，同比分别上升36.6%、42.5%。推动行政机关负责人依法履行应诉义务，两区法院区属行政机关负责人出庭率分别达90%和97%。

【加强和改进执行工作】 2016年，清江浦区法院积极落实最高法院提出的“用两到三年时间，基本解决执行难问题”要求，进一步加大执行力度，和对失信被执行人的惩戒力度，将失信被执行人信息列入最高法院网站和人民银行等各类征信系统“黑名单”库，并在市区显著位置、居民小区醒目位置及法院网站、微博、微信、LED大屏上曝光。清河法院共受理执行案件2654件，结案2139件，同比分别上升39.75%和44.11%；执行到位标的金额11.36亿元，同比增长41.55%。两区法院均被表彰为全省法院执行工作先进集体。

【便民司法】 2016年，清江浦区法院积极整合诉讼服务职能，精心打造诉讼服务、诉讼引导、立案登记、案件速裁、诉调对接、涉诉信访、司法辅助、在线咨询、案件查询等诉讼服务平台。清河区法院诉讼服务中心共接听12368热线电话836人次，网上立案1788件，提供查询等服务2800余人次；在诉讼服务中心参加轮值志愿者、律师495人次，为当事人提供诉讼服务1566件次。清浦区法院12368司法服务热线共接听来电1810人次，接听率100%。

【阳光司法】 2016年，清江浦区法院深化审判流程、裁判文书、执行信息三大司法平台公开建设，切实保障当事人知情权、参与权、监督权。主动积极适应“互联网+”时代，开通法院微信公众号，实现联系办案法官、获取司法服务等功能。清河区法院通过互联网进行庭审直播，展网上庭审视频直播150期；加大裁判文书上网力度，上网文书3756件，符合条件的文书上网率达100%。清浦区法院在“中国裁判文书网”公布裁判文书3687份，公开率100%。密切与网络电视媒体沟通，开展庭审直播262次，加快诉讼档案电子化工程建设，历史诉讼档案扫描和并网工作有序开展，共提供诉讼档案查询服务1600余次。

【着力提升司法能力】 2016年，清河区法院以司法能力建设为抓手，增强综合素质。坚持把司法能力建设作为基础工程，通过开展“三比三看”“庭审观摩”、青年法官论坛、“听百案庭审、评千案文书”等活动，努力打造学习型法官团队；组织干警参加政法大讲堂、法苑大讲堂11次，参加各类业务培训120余（人）次，不断提升干警业务水平。清河法院积极创新培养方式，与北航法学院、淮师法学院共建学术研讨基地，安排新进法院的青年干警到社区挂职锻炼。

【环境保护成效显著】 清浦区法院集中管辖全市九个县区涉环境资源保护一审案件。2016年，累计审结环保刑事案件40件，民事案件10件。建立环境资源恢复性司法机制，与区检察院、公安分局联合出台《关于对资源环境类案件实行恢复性司法工作的实施意见》，责令被告人修复土壤、补种树苗、放生鱼苗、放飞小鸟，对生态环境予以修复。出台《关于依法保障和服务创建国家生态文明先行示范区的九条意见》，为全市创建国家生态文明先行示范区提供司法保障。

【小额诉讼】 清浦区法院积极推进小额诉讼审判工作，从立案、审理到配套法律文书等整个流程以制度的形式加以固定，形成小额诉讼的“清浦模式”，减轻了当事人的讼累。最高法院杜万华专职委员肯定为“全国可复制可推广”，省高院发文要求在全省推广清浦法院的审判经验，全国29家法院前来学习交流。成立小额速裁庭，统一审理小额诉讼案件，法官人均结案421件，平均审理天数为34天，远远低于同期简易程序案件平均审理天数，无一件信访，充分展示了小额诉讼审判优质高效的特点。

【特色法庭】 清浦区法院创优交通事故巡回法庭工作模式，与交警队、保险公司紧密衔接，形成了靠前服务、联动化解、专业审判的高效运行机制，交通事故案件调解率达96%，被市中院在全市法院推广。劳动争议巡回法庭与区劳动人事仲裁委员会良性互动，建立调、裁、审一体化联动无缝对接机制，受到当事人的广泛欢迎，中政委综治办及省市领导多次前来视察。少年审判庭被命名为全省法院系统“青少年维权岗”，在《反家庭暴力法》实施之后，发出全国首份人身安全保护令，中央电视台在新闻联播等三个栏目中予以播出。

司法行政

【概况】 2016年，清江浦区司法行政工作积极履行法治宣传、法律服务、法律保障“三项职能”，全面提升工作质效，为促进全区社会和谐安定、经济发展做出了积极贡献。2016年区境新添2个省级法治文化示范点（古黄河法治文化园、区法治宣传宣传教育中心）和2个市级法治文化点（河堤路法治园、区法治宣传宣传教育中心）；2016年全区国家级民主法治示范村2个（和平镇大黄村、柳树湾街道富强村），省级民主法治示范村（社区）61个，创建率达54%，超过省法治创建考核25%的指标，市级民主法治村（社区）创建率达100%。115个村（社区）均建有法治宣传栏、村民法制学校、法律图书角，各村居配备法制类图书20种100册以上，实现全区乡镇（街道）法治文化阵地全覆盖。全年累计接收漫画、动画、微电影、微视频、宣传片、公益广告、H5页面7类70余部普法宣传、法治建设、依法行政等主题法治文化作品，题材广泛，特色鲜明，内容丰富，进一步厚植全区法治文化土壤。在全市第二届法治文化作品征集评选活动中，区法宣办荣获“组织奖”。清江浦区法律援助中心被评为2016年度江苏省法律援助工作先进集体。

【法治宣传】 开展“送法进工地”、“送法入商户”、“送法进企业、进市场”、“送法入田间地头”等各具特色的宣传活动，推动法律服务进村入户。4·8“司法日”期间，在夕阳红广场、一品梅广场开展以"深化法律六进 增强国家安全意识"主题宣传活动，"五一劳动节"、"6.26禁毒日"、中秋国庆等重要节点，针对不同人群开展法治宣传，扩大法治宣传影响力。举办12·4国家宪法日暨全国法制宣传日宪法宣传、法律咨询活动。所有活动总计发放宣传资料32000余份，发放法律服务联系卡6300余张，发放学法资料3800余份，回收调查问卷2100余份，张贴124张宣传标语，举办17场以案释法宣讲、58场法律咨询活动、12场典型案例巡展，共收集司法行政工作意见276条，普法微信公众号新增订阅人数53人，接待法律咨询2390余人次，受理矛盾纠纷39起。

法律咨询进社区

【举办"清江浦法治大家谈"活动】 聘请大中专院校教师、公检法系统专家定期举办法治讲座，实行一周一专题，采取现场讲课与播放视频课件相结合的形式，向前来办事的群众宣传法律援助、劳动维权、婚姻家庭、征地拆迁等法律知识。广泛征集各单位、各乡镇(街道)"以案释法"案例，整理筛选贴合群众普法需求、与居民生活联系紧密的法治案例，通过区域网站、微博微信、手机APP等平台选登推广，以身边的人和事宣传法律知识。

【推进村(社区)法律顾问制度建设】 搭建村居顾问律师和辖区司法所交流沟通的新媒体平台，通过律师积极介入，引导村(居)合理运用法律途经处理和解决矛盾纠纷，从源头上化解社会不稳定因素。2016年，律师在担任农村(社区)法律顾问中，参与修订涉法文书40余件，接受群众法律咨询412次，处理群体纠纷26件，参与调解纠纷58件，承办法律援助案件85件。

【法律一线服务】 安排辖区19家律师事务所律师每天轮流在区公共法律服务中心值班，解答来访来电群众的法律咨询，解答乡镇(街道)公共法律服务中心、村(居)司法惠民服务站转来的法律咨询，为困难群众代写法律文书等。区公共法律服务中心全年累计接待来访来电咨询3461人次。

【法律服务产品研发】 2016年，新研发各类公共法律服务产品3项(参与公共法律服务中心值班服务方案、律师参与处理涉法涉诉信访案件服务方案、律师参与公安分局派出所纠纷调解工作服务方案)。2016年，全区已建成覆盖城乡的三级公共法律服务网络，乡镇(街道)公共法律服务中心建成率达100%，村司法惠民服务站建成率达100%，群众足不出户就可以享受到全方位的法律服务。

【扩大法律援助覆盖面】 将公民申请法律援助的经济困难标准，放宽到最低生活保障标准的2倍，对城乡特困户、低保户以及因意外事件或者自然灾害等原因正在接受政府临时救济、政府扶贫对象和困难残疾人家庭等特定群体，对申请支付劳动报酬、工伤赔偿、人身损害赔偿的农民工，对遭受虐待、遗弃、人身权利受到侵害的未成年人、老年人，免除经济困难审查。经济状况证明表由原来的必须由乡镇(街道)出具，放宽到可以由村委会(居委会)或者申请人所在单位出具，逐步将涉及劳动保障、婚姻家庭、食品药品、教育医疗的事项，将消费者合法权益受到侵害主张赔偿的事项，将医患纠纷调处不成功进入司法程序的事项纳入法律援助事项范围。

【15分钟法律援助服务圈】 2016年，在全区16个乡镇街道依托司法所建立了法律援助工作站，115个村(社区)都建立了法律援助工作联系点，安排律师、村居干部做法律援助联络员，向群众宣传法律制度，帮助群众及时获得法律援助。在青年团、妇联、残联、工会、老龄委等机构设立法律援助工作站，便于为青少年、妇女、农民工、残疾人等特殊群体提供更加便捷、更加贴心的法律援助服务。

【提高法律援助质量】 在案件质量管理中坚持做到四到位，即"案前审查到位、案中督办到位、案后回访到位、结案归档到位"。2016年共受理各类法律援助案件575件，解答群众咨询2000多人次，未发生一起法律援助投诉案件，受援群众满意率始终保持达100%，为保障受援群众合法权益，服务社会发展做出了贡献。齐林建被评为2016年全省法律援助工作先进个人。

【基层调解组织建设】 以"规范化调委会"创建为抓手，结合社区司法惠民服务站建设，建实建强村(社区)人民调解委员会，确保基层人民调解工作组织健全、人员落实、工作规范、作用发挥，全区115个村(社区)人民调解委员会均达到了规范化建设标准。16个乡镇(街道)调处中心均达到了市级规范化标准，水渡口街道、武墩镇、城南乡、闸口街道调处中心达到省级规范化建设标准。规范专业性行业性调解组织，先后调整了医患纠纷、劳动争议、环境保护、企业管理、物业管理、市场管理、交通事故、诉前调解等专业调解组织，每个专业调解组织均明确了两名专职调解员。

【组建“人民调解道德模范帮帮团”】 将人民调解与道德教育相结合，充分发挥道德模范促进社会和谐关系的引领作用，让“人民调解道德模范帮帮团”成员发挥“法治宣传员”、“和事佬”、“调解员”、“评议员”的作用，运用自己的声望推动矛盾纠纷化解工作。同时倡导有一定社会影响的“五老”人员建立个人调解工作室，发挥“老赵调解工作室”品牌效应。

【开展“网上调解”试点】 建立“网上调解”平台，规范调处流程和操作方法，为群众申请“网上调解”提供便捷服务。抓好人民调解信息应用，切实做到调解完结的案件一周内录入，录入率不低于90%，准确率100%，2016年，全区各级调解组织受理调处的2949件矛盾纠纷已全部录入人民调解信息平台。

【基层调处中心建设】 加强区、乡镇（街道）两级调处中心基础设施建设。区调处中心办公用房达300平米，设有接待室、调解室、办公室、督查室等功能区域，配备电脑、电话、打印机、传真机、复印机、照相机、录音笔、档案橱柜、办公桌椅等办公设施。乡镇（街道）调处中心平均办公用房在120平米以上，均设有接待窗口、调解室、办公室、督查室等功能区域，配备电脑、电话、打印机、传真机、照相机、电动车、办公桌椅、档案橱柜等办公设施。

【建立司法行政经费保障制度】 将司法行政机关指导人民调解工作经费、区、乡镇（街道）两级调处中心年度工作经费、人民调解员补贴经费、专职人民调解员聘用经费纳入财政预算，完善人民调解个案补贴制度。2016年，区、乡镇（街道）两级调处中心、村（居）以及相关专业调解组织全部落实了个案补贴，共发放人民调解个案补贴23308.8元。

【社区矫正中心建设】 按照主城区“功能齐全、布局合理、精干实用”的原则建设社区矫正示范中心，新建宣告室、心理咨询室、技能培训室、检察警务室等11个功能区域，安装电子监控、同步录音录像和视屏会议系统。建立心理测评疏导系统，配备电脑、传真机、液晶多媒体电视、执法记录仪、照像机等，各项制度规范公示上墙。严格按照年初制定的考核管理办法加强对社工队伍管理，开展月考核、月通报、月培训，切实打造一支听招呼、守规矩、善做事、纪律严的专职社区矫正工作者队伍。

【矫正帮扶工作】 吸纳社会力量参与社区矫正和安置帮教工作，成立区社区矫正和安置帮教两个协会。2016年全区新接收社区服刑人员223人，解除矫正252人，在册社区服刑人员267人，其中，被宣告缓刑的249名，约占93%；被判处管制的0名；被批准暂予监外执行4名，约占2%；被裁定假释的14名，约占5%。2016年全区新接收安置帮教人员328人，目前在册安置帮教人员1682人。无因工作失职造成脱漏管和重新犯罪情况发生。

【执法建设】 2016年共接受调查评估251件，完成了237件审前调查、14件假释前环境评估。对假释人员，按照“双严”活动要求，开展好集中教育；严格履行请假手续，做好请假外出人员跟踪管理；加强重点人员管控，对困难特殊人群加强帮扶；做好值班安排，明确安全责任人；启动应急预案，落实重大事项报告制度。对于擅自触犯法律规定不服从监管的社区服刑人员严格按照规定进行惩处，年内对33名社区服刑人员依法给予警告处理，共依法提请撤销缓刑9人，其中一名被给予3次警告仍不改正的社区服刑人员依法提请原判法院撤销缓刑。

QINGJIANGPU NIANJIAN

公共管理

GONG GONG GUAN LI

- 计划与价格管理
- 行政审批
- 国有资产管理
- 安全生产监督
- 市场监督
- 统计
- 审计
- 民政
- 双拥
- 民防
- 民族宗教

计划与价格管理

【项目审批工作】 通过优化各项审批流程，建立健全工作规范，提升项目审批效能。做好企业和全区重点项目服务工作。实现了审批工作“业务零偏差、流程零障碍、明察暗访零违纪”。全年备案、核准、审批项目共计54个，总投资67.87亿元。

【重大项目建设协调服务】 提高重大项目编排和管理水平，做好重大建设项目的综合协调和服务工作，及时汇总、梳理、分析重点建设项目进展情况及存在的问题和困难并提出对策建议。年内共有36个项目列入市重大项目投资计划，全年完成投资127.1235亿元，投资计划完成率100.99%，竣工项目18个。

【行政事业性收费管理】 2016年，对行政事业性收费实行目录管理，做到目录之外无收费，从源头上杜绝自立项目、转移收费等违规收费行为的发生。实现收费动态监管系统网上录入申报，年度录入审核率达100%。

【价格举报平台建设】 加强“12358”“12345”联动机制，建立举报案件快速反应机制，随时接受和处理群众投诉的举报案件，“12358”举报电话品牌效应进一步增强，做到价格举报咨询办理率100%，回复率100%。

【开展收费专项检查】 开展涉企收费、旅游收费、电信资费、机动车检测收费等专项检查。配合市分局开展全市涉企收费和电信资费专项检查，检查单位十多家，通过专项检查有效地规范收费行为和市场价格秩序。

【节日市场价格监管】 开展元旦、春节、五一、端午等重要节假日市场价格监管，组织多个检查组对市区大型商场、超市销售商品明码标价情况进行重点巡查，规范市场价格行为。

【价格认定工作】 2016年，出具价格认定结论书144件，认定金额198.8万元。其中，受理涉刑案件财产价格认定141件，认定金额195.6万元；受理区属单位国有资产处理价格认定3件，认定金额3.2万元。

【价格争议调解处理】 建立区、街道、社区三级调解网络，强化了街道、社区二级联动机制，对群众反映强烈的价格矛盾和价格纠纷，主动作为开展调处工作，把矛盾化解在基层。

【重点行业、重点商品价格监测】 建立以钢铁、线材为重点的价格监测制度，对14种钢材（包括48种规格）价格进行监测，并在辖区内设立3个定点监测点，8个流动监测点。每月采集价格数据两次，撰写月度、季度分析监测报告，及时上报、归档。

行政审批

原清河区政务服务中心大厅位于北京北路100号河韵大厦一、二楼，有66个窗口、89人，涉及15个单位78项行政审批和公共服务项目。原清浦区政务服务中心大厅位于延安西路200号民生服务中心辅楼一楼，有43个窗口、43人，涉及10个单位65项行政审批和公共服务项目。

原清河区政务服务中心推行审批服务“一体区”模式。整合市场监管局、环保局、卫计委、消防大队等部门职能设立登记注册、环保、卫生许可、消防等“并联审批一体区”，联合人社局设立职工养老、失业、医保“征缴一体区”，联合市车管所、公安清河分局设立身份证、户籍、边境通行证“办证一体区”，实现咨询、查档、办理、缴费等服务一体化。2016年，人社窗口被评为“省级社会保险经办服务示范窗口”，区行政审批局被评为“区平安法治、社会治理先进集体”。

2016年，在市公共资源交易中心清江浦分中心进场交易工程建设249项，预算金额19290万元，成交金额17784万元，节约资金1506万元，节约率为8.47%；政府采购进场交易319项，预算金额13021万元，成交金额10837万元，节约资金2184万元，节约率为16.8%；公有资产处置176项，预算金额931万元，成交金额1217万元，增值286万元，增幅30.7%。

国有资产管理

进一步完善国有资产管理工作，结合《淮安市政府办公室关于印发淮安市行政事业单位国有资产管理暂行办法的通知》《清河区加强公有房屋租赁管理暂行办法》《清浦区行政事业单位国有资产管理实施细则》等相关资产管理办法，从国有资产的配置、使用和处置、收益、评估与清查、信息化和绩效管理、监督检查和法律责任等各方面对合并后的清江浦区资产管理工作进行再完善。强化资产清查，摸清行政事业单位的“家底”，经初步清查，合并后的清江浦区行政单位资产约12.25亿元，事业单位资产23.6亿元。同时积极推进资产管理与预算管理、财务管理相结合。

【政府采购】 2016年，在清江浦分中心交易的工程建设方面累计进场交易249项，预算金额19290万元，成交金额17784万元，节约资金1506万元，节约率为8.47%；政府采购方面累计进场交易319项，预算金额13021万元，成交金额10837万元，节约资金2184万元，节约率为16.8%；公有资产处置176项，预算金额931万元，成交金额1217万元，增值286万元，增幅30.7%。

2016年政府投资主要项目：关城花苑项目、吴圩安置小区工程项目、区2016年度公益事业建设一事一议财政奖补项目、清江浦1415历史文化街区建设项目、重点片区居民生产生活条件提升项目、农村村庄环境综合整治项目。

公共服务采购：2016年度社会化居家养老服务项目、单亲母亲、留守儿童困难人群精神关爱项目、清浦区残疾人心理关爱服务项目。

安全生产监督

【概况】 2016年，清江浦区安全生产工作认真贯彻落实习近平总书记、李克强总理关于安全生产工作的重要指示精神以及省委省政府、市委市政府关于加强安全生产工作的一系列部署要求，坚持科学发展安全发展，全面落实“党政同责、一岗双责、齐抓共管”的安全生产责任体系，由区安委办牵头，在道路交通、劳动密集型企业、建筑施工、养老机构、教育系统、危险化学品，粉尘涉爆等重点行业领域开展安全专项整治，提高市民安全生产意识。2016年全年亿元GDP安全生产事故死亡率0.6323%，全区安全生产形势平稳。

【完善安全生产监管体系】 2016年，先后下发了《清江浦区有关部门和单位安全生产工作职责暂行规定》以及《清江浦区安全生产“党政同责、一岗双责”实施细则》，实施细则明确各部门的安全生产工作职责，完善各项安全生产工作制度。

【落实安全生产责任制】 2016年，下发了《关于进一步督促企业落实安全生产主体责任的工作意见》，全区规模以上企业全部构建“五落实、五到位”的责任体系。加大企业安全生产主体责任专项督查，组织6个检查组现场检查34家企业主体责任落实情况。全区有4家企业正式下文明确安全总监岗位职责。

【规范行政执法行为】 组织安全生产工作执法培训，制定《安全生产行政执法工作规范细则》，对执法行为进行规范细化。按照市安全生产暗访抽查工作制度，要求各部门组织暗访抽查不少于4次。制定年度执法计划，统一执法文书，2016年度下达执法文书120多份，各乡镇、街道安监站检查生产经营单位达500家次。

【安全生产事故查处】 2016年，共发生生产安全事故（含建筑、特种设备）3起，死亡3人，直接经济损失300多万元。事故全部调查结案，并依法对事故发生单位和有关责任人员进行行政处罚。

【安全生产宣传教育】 组织“安全生产月”、“职业病防治法宣传周”活动，开展安全生产和职业健康知识“六进”、应急救援演练、警示教育、答题竞赛等主题活动，有效扩大安全生产宣传覆盖面。活动期间发放宣传资料1万余份、展出展板195块、悬挂横幅148条。在国家级及省、市级报刊发表安全生产文章20余篇。网站发表200余篇。

【安全生产标准化建设】 2016年，清江浦区积极开展安全生产标准化建设，指导帮助企业建立完善的安全生产管理制度，同时达到分层分类监管的效果。全区累计通过标准化三级以上评审验收的工贸企业12家，5家小微企业标准化建设达标。危险化学品企业11家生产储存企业通过三级标准化评审验收。 （供稿：卜翔）

市场监督

【概况】 2016年10月，根据国务院区划调整批示，原清浦区、清河区合并成立清江浦区，原两区市场监管局相应合并成立清江浦区市场监督管理局。

清江浦区市场监管局设16个内设科室和一个直属案件分局，6个基层分局，共有在编干部172人，承担着主城区8万多户市场主体的日常监管工作和全区近半数的事权项目。

【节日市场专项检查】 对元旦、春节等重大节日，"两会"、"中、高考"等重点时段加强食品督察，先后组织开展节日市场专项检查8次。开展了对活禽及禽类食品、进口乳制品等各类专项检查行动7次。共检查食品经营户3284户次，出动执法人员1416人次，取缔无照经营17户次，规范食品经营行为148户次。

区委领导检查节日市场

【重大活动食品安全监管】 在清江浦区举办的各类国内和国际性政治、体育等重大活动，提前介入，全程驻点监管，共派出食品安全监管人员169人次，圆满完成了国际高中篮球邀请赛、全国田径大奖赛、运河城马拉松赛等各类重大活动保障任务13起，直接保障就餐人数1万余人次，无一起餐饮食品安全事故发生。

【小餐饮整治】 深入开展小餐饮整治提升工程，按照"规范一批、提升一批、淘汰一批"的原则，对乐园街、万达金街、清河南路、前进路等小餐饮集中区域开展整治。至2016年底，已有1027家小餐饮单位取得了经营许可或备案，共升级改造小餐饮企业634家。

【药械安全管理】 严控药械安全不动摇。完成全区范围内零售药店监控系统升级，所有单体药店均使用市局信息监管系统，零售连锁药店数据对接工作正在稳步推进。所有开展经营活动的药品经营企业均通过新版GSP认证。所有在产药品生产企业均通过新修订GMP认证。

开展日常监督检查并组织各类专项行动10项，对全区"四品一械"经营、使用单位进行了全面检查，检查覆盖率100%；2016年，共完成医疗器械生产企业备案5件，医疗器械生产企业出口备案15件，二类医疗器械经营企业备案134件，完成二类医疗器械经营企业首次备案后现场核查77家。

【药品不良反应监测】 开展药品不良反应监测工作，共完成药品不良反应监测病例175例，医疗器械不良事件监测19例。

【食品卫生案件查办】 强化案件查办不松懈。以严肃执法树立威信，为日常监管提供有力支撑。着力打造专业综合办案队伍，围绕食品药品等民生热点展开案件查办，重点保障人民群众生命财产安全；采取合理激励措施，统筹协调部分目标奖对办案人员进行奖励，充分调动全局上下办案积极性；加强部门沟通协作，在重大执法活动中上注重与公检法、城管、街道乡镇的密切配合，形成执法合力，树立执法权威。2016年全年，全局共查办各类经济案件147件，移送司法机关4件，罚没款总数215万元，有效维护了市场经济秩序，树立了市场监管部门执法形象。

【"透明食药监"体系建设】 2016年，选取大中型骨干食品生产企业和涉及省、市食药局重点抽检的调味品、饮料、糕点、肉制品等生产企业16家参创"透明食品"建设；34家农贸市场、大型超市参创"透明菜市场"建设，全区范围内大型蔬菜批发市场日均抽检达100批次以上，随机抽检不低于20批次/周，实现检测全覆盖。

学校食堂、餐馆透明安全餐饮，在清河中学、清河实验小学幼儿园、实验小学、人民小学、月季花园大酒店、富春大都会、曙光国际酒店、芳芳私房菜、遇见好面等单位先行试点、规范打造，并召开现场会进行示范推广。2016年，学校食堂安装透明安全餐饮监管户数66家，完成年度目标数的100%；各型餐饮单位上线数达1200余家。

各项创建数目指标稳居全市前列。清江浦局的食品安全工作被中央及省市各级媒体多次进行了报道，得到国家及省市各级领导高度肯定，经营单位的一致认可，人民群众的广泛好评。 （张　金）

统　计

【概况】 2016年，清江浦区统计工作执行国家统计报表制度，开展各项统计调查工作，认真做好农业普查的前期准备和部分项目的登记工作；加大统计法规宣传，开展统计督察巡查活动，提高数据质量和统计规范化建设；开展多样服务，满足各

农作物产量实测

方面的需求；在业务上、组织上、制度上进行两区统计融合，统计工作整合到位。

【综合科获淮安市统计服务建设最佳团队】 1月27日，在淮安市统计工作大会上，清河区统计局综合科获淮安市服务型统计建设最佳团队”称号。

【开展服务业问卷调查】 3—4月，对辖区服务业进行问卷调查。首先对街道统计人员进行培训，对企业在上报过程中遇到的困难及问题及时解决；随时对企业上报质量进行审核，做到随录随审，发现问题及时通知企业修改；同时加大审核力度，增加审核频次的同时注重人工审核，重点关注相应指标的调整及关联指标的匹配性。5月份完成服务业调查单位问卷汇总上报工作。

【农作物产量实测】 对主要农作物小麦和水稻的产量进行实际抽样测量。按照测产方案，在农作物结穗后，在全区范围内选择了具有代表性的田块作为样本。在作物成熟前，邀请有经验的农业工作者，到样本田块进行实地查看，评估亩产量；待作物成熟后，派出测产工作人员，到样本田块进行实际丈量，经过收割、脱粒、晒干等工序，然后装袋称重；最后通过计算单产、推算总产，上报上级统计部门。小麦测产周期为4—6月，水稻测产周期为9—11月。

【专项整治“数据造假，以数谋私”】 2月，成立了专项整治领导小组，召开各乡镇街道园区统计负责人参加的专项整治培训会议，布置工作任务。对照整治工作要求。2月中旬至3月中旬各单位自查自纠，自查自纠工作结束后，区组织有关人员进行抽查，对抽查发现的问题，制定整改措施，限时整改，4月整改到位。

【农业普查前期准备工作】 3月份，完成了农普办公场所、人员、经费的“三落实”。普查涉及5个乡镇（街道办事处）、38个行政村（居委会）、576个村民小组，涉及2.95万普通农户。9月27日至28日，试点工作在盐河镇谢碾村正式开始。11月，对普查员进行分批培训。11月中旬开始到12月底，开展登记前摸底清查工作。调查运用卫星遥感、PDA电子手持终端调查和北斗导航定位技术对主要农作物种植面积进行测量，实现了从对“人”调查变为对“地”调查。

【省调查总队进行住户调查】 4月25日，省调查总队检查组到辖区检查住户工作，实地走访了城乡住户调查国家点中的大李村和官庄村，深入调查户了解记账户的收支情况，检查账本记录质量，与调查户交谈了解居民生活水平和收入支出，解答调查户提出的实际问题，就账本中的相关指标和记账规范性进行了指导，并与随行领导、业务人员就如何做好城乡住户调查一体化工作进行了交流和座谈。

【干部使用微信情况调查】 6月，开展了党员干部使用微信情况调查。调查采用现场培训、现场填答问卷的方法开展，共调查党员干部200人。调查结束后，对问卷进行整理、审核、编码和录入，进行逻辑审核。7月完成调查报表汇总上报工作。

【调研指导贸易企业】 2016，多次组织对贸易业进行调研。3月，走访部分限上贸易企业，宣传统计法律法规知识，指导企业的基础统计工作。4月，对中国石化销售有限公司江苏淮安石油分公司进行调研，了解一季度全市分县区的石油销售情况，将了解的情况向上级统计机构进行汇报。7

月，对小微企业鱼水情宾馆和常锦物资进行巡查，发现此两户企业对统计法执行不到位，巡查后，送达了国家统计局淮安调查队统计法律事务告知书。

【宣传统计法】 12月8日是国家统计法颁布纪念日，清江浦区组织开展了统计法宣传活动。以设立宣传点、悬挂横幅、现场咨询、分发宣传资料等多种方式向辖区内广大群众普及统计法、《江苏省统计条例》以及"全国第三次农业普查"相关知识，让辖区内的群众充分认识到《统计法》和"全国第三次农业普查"的重要性。宣传活动共发放400余份统计法知识宣传册，悬挂条幅2条，摆放展板2块。

【"三新"统计调查】 "三新"指新产业、新业态、新商业模式。6月，根据省、市部署，清江浦区开展了"三新"统计调查工作。召开"三新"统计任务布置会议，明确填报范围、行业类别，报表种类，下发《区"三新"统计工作方案》。其后，按照国家规定的流程，采集基础数据。在采集数据的基础上，对数据进行甄别，筛查，对符合"三新"企业数据进行审核汇总，上报上级统计部门。

【统计网络化建设】 2016年，加大投入，实现统计手段信息化。两区合并后，对统计信息网络进行更新升级，整合街道及乡镇的统计网络。

【统计队伍建设】 充实统计人员，提高基层统计工作能力，重点解决乡镇街道统计力量薄弱的问题，保证统计工作量较大的乡镇街道人员达到既定人数。保证社区有兼职统计人员。组织对乡镇街道统计工作人员配备专项督查，促进乡镇街道对统计人员配备到位，提升统计规范化建设水平。2016年，乡镇街道统计规范化合格率100%。列统企业统计规范化建设达标率达95%。

审　计

【概况】 2016年，清江浦区审计工作坚持依法审计监督，加快审计转型步伐，拓展审计领域、提高审计质量。全年完成审计项目404个，其中：预算执行审计项目14个；财务收支审计项目6个；经济责任审计项目21个；固定资产投资审计项目280个，累计核减造价19458.22万元；专项资金审计项目7个。为维护一方财经秩序，发挥了积极作用。清江浦区审计局被评为江苏省文明单位、淮安市审计系统审计质量优胜单位。

【审计职能部门机构调整】 2016年10月，清河区、清浦区两区合并。区划调整后，成立了淮安市清江浦区审计局，共有在职职工31人，退休工人19人。下设办公室、法规科、行政事业审计科、财政金融审计科、经济责任审计科、企业审计科、固定资产审计科7个职能科室和淮安市清江浦区固定资产审计中心全额拨款事业单位。

宣传统计法

【预算执行审计】 2016年，预算执行审计涵盖了2015年区本级、交通局、民政局、统计局、长西街道、淮海街道等单位预算执行情况，并对新区投资公司、城市资产公司、流通资产公司等使用财政资金的企业、事业单位进行了延伸审计，基本实现对重大资金、重点部门的审计全覆盖。

【政府投资审计】 政府投资审计，一是加强重点环节控制，把好报审项目资料接收关。二是做好审计现场管理控制，明确工作分工和重点，倒排时间节点，双人全程参与审计项目实地测量、计算等工作，确保工程的真实性和完整性。三是规范审计实施操作流程，提升审计效率，保证审计质量，确保财政资金合理高效使用。年内完成政府固定资产投资审计项目280个，累计核减造价19458.22万元。

【民生专项资金审计】 2016年，对民政、公共卫生、房屋征收、保障性安居工程、科技、教育与体育、涉农专项等专项资金实施审计。审计中紧跟专项资金的使用去向，不局限于资金流转环节，对街道、社区、学校等资金使用单位进行了延伸审计，一查到底，见人见物。

8月，组织对原清浦区4个乡镇(街道)6村(居)2013—2015年度财务收支情况进行了专项审计。针对审计中发现的村集体收支核算、内部控制管理、重大经济决策和执行廉政规定情况等方面存在的超标准发放工资及补助、违规列支招待费、物资采购未能执行政府采购的规定、建设工程未履行招投标程序等问题，分别向有关单位送达了财务专项审计的移送处理书。通过审计，促进问题整改，3名责任人被诫勉谈话，1名责任人被警示提醒谈话，达到了严肃查处"职级小但影响较大、金额小但性质恶劣、事情小但反映强烈"的"小官、小案、小事"，促进专项资金安全有效的目的。

【经济责任审计】 2016年,建立健全经济责任审计结果共享机制,下发了《经济责任审计结果运用暂行办法》。组织对卫生局、发改委、相关街道、相关乡镇、房产公司等单位领导干部经济责任审计。检查领导干部守法守纪守规尽责情况,依法依纪反映不作为、慢作为、乱作为问题,促进各级领导干部主动作为、有效作为,切实履职尽责。2016年共完成经济责任审计项目21项,其中上年度结转计划4项,本年度计划17项。

【交叉审计】 2016年,根据淮安市审计局委托,清江浦区派出审计组,对洪泽县经济开发区、金湖经济开发区、淮安经济开发区等单位领导干部任期经济责任实施交叉审计。参与对盐城市保障性安居工程专项资金实施交叉审计。

民 政

【概况】 2016年,清江浦区民政工作以"打基础、上规范、保住底"为基本要求,认真践行"以民为本,为民解困,为民服务"的工作宗旨,着力打造现代民政工作体系,全力推进民政事业转型升级、协调发展。

【改善社区服务设施】 全区76个社区均设有办公活动用房,其中,社区办公活动用房面积基本达到400平方米以上。按照"一委一居一中心(下设一站一办)"管理服务模式,社区服务设施功能不断完善,府前街道京南社区、京北社区事务服务站均已改造到位并投入使用。

【社区服务队伍建设】 通过依法选举、公开选聘相结合,不断配齐配强社区干部队伍,全区共有各类社区工作人员约700多人(包含各类协管人员)。不断加强社区干部能力建设,不定期举办各类培训活动,鼓励社区工作者参加全国社会工作职业水平考试,提升社区工作人员的专业素质。

【社区服务经费保障】 社区建设经费纳入区级财政预算,社区办公经费4万元/年;在编社区专职工作者、大学生社区干部工资参照事业单位人员执行绩效工资,并为其缴纳社会保险。

【创建和谐社区】 2016年创成6个省级和谐示范社区,全区累计有57个社区创成省和谐示范社区,创成率达75%。

【居家养老服务】 建立区信息化养老服务中心为平台,全面开通"9688980"为老服务热线,实施政府购买为老服务,创新启用为老服务卡,由第三方服务机构为全区1214位特定困难老人提供生活照料、精神慰藉等多项服务。全面推进社区居家养老服务中心(站)建设,建有99家社区居家养老服务中心,其中标准化居家养老服务中心72个。积极引进社会组织参与社区居家养老中心运行管理,提高社区居家养老中心使用效益。

社区志愿者带老人踏青

【社会组织管理工作】 2016年,批准登记民办非企业单位27个,社会团体7个,直接登记社会组织52个,新增获得3A社会组织10个,新增获得4A社会组织5个。截至2016年底,累计3A社会组织共有37个,4A社会组织有14个,2A和1A社会组织69个。

引导社会组织参与承接服务项目。2016年通过购买服务的方式,为409名困难群体开展精神慰藉和心理援助活动。安排扶持资金40万元,用于奖励10个获奖社会组织开展公益活动。

【婚姻登记管理】 规范婚姻登记管理制度,提升服务水平,优化婚姻登记服务流程,创新服务内容,引入专业婚姻家庭咨询社会组织进驻,为离婚对象免费提供婚姻调解、心理疏导等服务。2016年,共办理结婚登记2451对,离婚登记915对,补发结婚登记 357对,补发离婚证99份,整理婚姻登记档案归档材料3822份。

【殡葬惠民服务工作】 落实殡葬补助政策,2016年共计发放惠民殡葬补贴193.2607万元,惠及人数达2323人。做好清明节安全祭扫工作,在各公墓区拉横幅、张贴宣传标语、印发宣传单,推进"文明祭扫,生态安葬"。倡导鲜花祭扫、踏青遥祭等文明低碳的现代祭扫方式。清明节日期间,祭扫人员达11万人、车辆1.5万辆。

双 拥

【概况】 2016年,清河区"双拥"工作紧紧围绕清河区创建省级双拥模范区“四连冠”目标任务，高标准、高质量做好各项双拥创建工作，取得了较好的成效。

【春节慰问子弟兵】 为发扬拥军优属的优良传统，巩固和发展军政军民“同呼吸、共命运、心连心”的良好局面，在春节来临之际，1月28日，清河区委副书记朱维佳，区委常委、区人武部政委王文为，副区长祁素娟，区政协副主席张增元等区四套班子领导走访慰问了驻区某部、清河消防大队、干休所等部队官兵，向部队官兵送上了新春的问候和祝福，并为他们送去了慰问金和慰问品，受到了部队官兵的欢迎。朱维佳代表区四套班子领导和全区30万人民感谢驻区部队为清河跨越发展、和谐发展所做出的贡献。驻区部队官兵纷纷表示，新的一年，将继续推进部队全面建设，发扬拥政爱民的优良传统，维护社会稳定、保障人民安居乐业，为推动清河，乃至淮安跨越发展做出应有的贡献。

【清河区领导慰问驻淮部队】 2月3日，清河区委书记仲风笔走访慰问淮安军分区和淮安消防支队，向部队官兵致以节日问候，畅叙军地情谊，共谋发展大计。清河区领导张冲林、梁学文、朱维佳、李金平、王文为、安毅之、潘华春等参加慰问活动。仲风笔向驻淮安部队首长介绍了清河经济社会发展情况，他说，2015年，清河积极应对传统动力持续弱化、发展空间不断压缩等前所未有的挑战，经济社会发展依然保持了良好的势头，各项工作排名稳居全市前列，实现了“十二五”圆满收官。仲风笔对驻淮部队对清河经济社会发展的关心和支持表示感谢！希望驻淮安部队一如既往地关心和支持清河发展，祝愿部队发展取得更大成绩。驻淮部队首长对全区经济社会发展取得的成绩表示热烈的祝贺，感谢区委区政府对人民武装工作、国防后备力量建设和双拥工作的高度重视和关心支持。驻淮部队首长对清河的未来充满信心，他们认为，清河多年来一直是全市经济社会发展的排头兵，相信通过不断的努力，清河群众的生活水平必将迈上新台阶，清河的明天会更美好。他们表示，将努力加强自身建设，为清河经济社会发展保驾护航。

【淮安军分区干休所送医送药进社区】 在毛主席亲笔题词，号召大家“向雷锋同志学习”纪念日之际，淮安军分区干休所积极开展学雷锋送医送药进社区义诊活动。3月4日上午，淮安军分区干休所医学专家来到清河区柳树湾街道富强社区为清河辖区的残疾人义诊，为他们提供病症诊断、测量血压等医疗服务，对于病症较复杂的，则提出治疗建议，嘱咐注意事项，在近2个小时的义诊活动中接待了近40位残疾人，并现场发放治疗炎症、感冒、心脑血管等疾病的常用药品价值1万多元，受到残疾人一致好评。

【清河区举行军民共建签约仪式】 3月15日下午，由清河区双拥办牵头组织，清河区府前街道、繁荣小学、京北社区、繁荣社区与淮安军分区干休所举行了军民结对共建签约仪式。清河区委常委、人武部政委王文为，淮安军分区干休所政委赵兵、区双拥办主任张华以及府前街道和相关社区、小学领导等参加了签约仪式。

【清河区双拥工作领导小组召开全体扩大会议】 4月14日下午，清河区双拥工作领导小组召开全体扩大会议。区委书记、区双拥工作领导小组组长仲风笔强调，全区各级各部门要立足新起点，顺应新形势，落实新任务，进一步巩固军政军民团结、军地融合发展的大好局面，为争创省双拥模范区“四连冠”奠定坚实的基础。区领导关晓卫、王文为、谢华山，区人武部部长李斌等出席会议。

【清河区军地离退休老干部“两学一做”走进实践课堂】 5月10日党员活动日，清河区委老干部局、联勤部淮阴干休所和清河区双拥办联合组织军地离退休老干部前往周恩来纪念馆，开展“两学一做”教育实践活动，缅怀老一辈无产阶级革命家的丰功伟绩，用周恩来精神引导军地老干部铭记党员身份，继续发挥正能量，积极为党工作。

【驻清河区82医院为“与光同行”自闭症儿童康复中心教师送健康】 五一国际劳动节来临之际，驻军82医院为25名来自淮安“与光同行——自闭症儿童康复中心”教学一线的教师提供免费体检服务，并针对每位教师的身体健康状况给出具体保健建议。

【驻清河区部队与淮海路小学师生共庆“六一”】 6月1日下午，淮海路小学在校报告厅举行“红领巾心向党”庆“六一”文艺演出，驻清河区73821部队、73682部队、清河消防大队、区人武部等部队领导观看了演出并为获得优秀的少先队员颁发了荣誉证书。

【清河区领导慰问驻区部队】 7月26日下午，在“八一”建军节即将到来之际，清河区委书记仲凤笔冒着高温酷暑走访慰问了73821部队通信站、清河消防大队、解放军第82医院等驻区部队，向部队官兵致以节日问候，畅叙军地情谊，共谋发展大计。清河区领导关晓卫、李斌、谢华山等参加慰问活动。仲凤笔向驻区部队官兵介绍了清河经济社会发展情况，他说，2016年以来，面对复杂多变的宏观环境，全区上下紧紧围绕区委七届七次全会和区“两会”确定的目标任务，以“四个清河”建设为抓手，抢抓机遇、攻坚克难，经济继续保持平稳较快发展态势。

【清河区召开庆“八一”军政座谈会】 在第89个建军节来临之际，7月30日上午，清河区举行庆“八一”军政座谈会。区委副书记关晓卫，区委常委、区人武部长李斌，区人大常委会副主任孙勤，区政协副主席张增元以及驻区部队负责人参加座谈会，副区长谢华山主持会议。清河区坚持把双拥工作放在全区工作大局中谋划，创新理念、创新实践，双拥工作扎实推进，双拥品牌内涵不断丰富，军民共建鱼水情深，双拥工作取得了新成绩、实现了新突破。驻区部队和广大官兵，把清河当作第二故乡，积极服务地方经济社会建设，为清河科学跨越发展做出了积极贡献。

【清河区开展庆“八一”送书画进军营活动】 为庆祝中国人民解放军建军89周年，8月1日下午，清河区双拥办、清河区拥军协会联合邀请清河区书画家协会多名国家、省市级美协、书协的书画家来到驻区淮安军分区干休所，开展庆“八一”送书画进军营活动，与部队官兵同庆建军佳节。书画家现场挥毫，精心创作了一幅幅作品，与干休所官兵共话军民鱼水情。作品内容吉祥、高雅，各种书体形式丰富，深受广大老干部喜爱。活动持续了近3个小时，书画家们为干休所官兵创作了数幅书画作品，并合影留念，让在场的每位官兵深受感动。

【驻区部队开展爱心助残助学活动】 8月17日上午，清河区军营助残捐赠仪式在区教育局进行，区委常委、区人武部部长李斌，驻区部队首长以及区双拥办、残联、慈善总会等地方领导参加了捐赠仪式。

在捐赠仪式现场，驻区联勤部淮阴干休所、解放军八二医院、淮安军分区干休所、十五分部司令部和清河区人武部等部队首长代表驻区部队官兵向区20名残疾大学生、中学生捐赠1万元助学金。驻区第八二医院还向清河区残疾人机构——清河“与光同行”自闭症儿童康复中心捐赠50英寸液晶电视两台。

【清河区人武部、驻区部队捐资助学】 9月13日下午，清河区人武部、驻区73682部队80分队捐资助学仪式在淮海路小学举行，区委常委、清河区人武部部长李斌，73682部队80分队教导员居永池代表部队官兵现场向淮海路小学20名品学兼优的贫困学生捐赠10000元助学金。区双拥办、慈善总会及淮海路小学领导参加了本次活动。

【淮安军分区干休所开展捐资助学活动】 9月7日下午，淮安军分区干休所捐资助学仪式在清河区繁荣小学会议室举行，该所政委赵兵代表部队官兵和军队离退休干部现场向繁荣小学20名品学兼优的贫困学生捐赠10000元助学金。淮安市清河区双拥办及淮海路小学领导参加了本次活动。

【清河区举行驻区部队关注"留守儿童"爱心行动暨第九届"双拥奖学金"颁奖仪式】 9月22日,清河区驻区部队关注"留守儿童"爱心行动暨第九届"双拥奖学金"颁奖仪式在清河区实验中学举行,陈芷璇等25名留守学生获得资助,张露等68名同学获得了"双拥奖学金",区委常委、人武部部长李斌,副区长谢华山,区双拥办、区教育局及驻区部队领导参加了颁奖仪式。

(摄影、撰稿:李宓)

民 防

2016年,是"十三五"建设规划的开局之年。在区委、区政府和市民防局的正确领导,清江浦区民防工作以区教育实践活动为契机,坚持以目标任务抓分解,明确责任抓落实,各项工作扎实推进。

指挥通信及训练演练

【信息化建设逐步完善】 有线通信"五级网"向社区进一步展开,2016年向阳社区和重要经济目标单位(电信公司)的有线通信网络建设已经竣工,与市级基本指挥所实现了互联互通,并通过相关专家验收。

实战能力不断提高。指挥机构编实建强,实名率100%;人防专业队整训有力,原清河、清浦区各完成整组300人,5月利用民兵跨区联训完成集中训练,保证两支能随时拉得出的10人专业队以便点验。各支专业队伍圆满完成机动指挥所展示、跨区支援等演习任务,并在"淮防—2016"、9·18防空疏散演练中表现出色。

【突出训练演练】 制定机动指挥所、地面指挥所训练计划,利用每周五下午开展业务培训,周三与街道、社区保持互联互通。清江浦人防办多次成功保障各项大型会议及接待调研工作,结合"9·18"警报试鸣日、"5·12"防灾减灾日等时机,各级组织了各类防空防灾疏散演练。

【完善通信警报体系】 2016年,清江浦人防办注重加强指挥手段建设,不断完善人防通信警报体系建设。年初与各警报设点单位负责人签订警报器管理责任状,明确责任、奖惩制度,对人民防空警报设施实行正规化统一维护管理。8月组织召开了警报维护人员会议,进行业务培训,现场操作演示,提高了维护人员的自身素质。9月,按照市局的统一要求,组织了防空警报常规性试鸣,完好率和鸣响率达100%。

【健全预案方案体系】 人防办按照要求在全区范围内开展各种数据的采集,进行细致的调查摸底工作,在掌握第一手资料的基础上,不断完善区本级、街道和社区防空预案,为战时组织人员把战争潜力化作战争动力,组织战争支前和开展防空防灾工作提供了保障。

工程建设及平战结合

【完善工程标识标注管理】 根据工程分布情况,将所有标识牌管理划分到各街道、社区,街道人防办主任掌握辖区内范围所有工程情况,并指定专人负责,发现损坏立即上报。2016年来区人防办根据街道、社区提供的信息,集中维修各类标识牌20处。

【平战结合管理工作】 清江浦区人防办定期开展人防工程拉网式普查,以防火、防汛、防盗为基本要求,保证人防工程主体结构、内部设施设备及消防配套设施完好,杜绝不安全隐患,力争所有人防工程平时开发利用无事故。

【民防经费筹集与管理】 2016年,共筹集人防易地建设140.45万元,所收经费全额缴入财政预算外账户管理,并用于人防建设。

【民防宣传及法制建设】 不断深化民防工作进社区。围绕制度化、经常化、长效化,着力深化社区民防工作,通过抓好宣传、安排培训、组织演练、提供保障,进一步巩固和扩大民防工作在社区的成果。通过2011、2012两年的创建工作,实现区内42个社区全覆盖。2013至2015年向阳、上海路、健康路、工农兵、杭州路和三门六个社区先后被评为民防示范社区。2016年,清河区继续以"内容全、亮点多、要素齐"为目标打造社区民防工作,进一步巩固和深化社区人防工作全覆盖的建设成果,达到社区民防工作长效化机制。

"5·12"、"9·18"人防宣传周活动精彩纷呈。结合"5·12"民防宣传周、"9·18"防空防灾疏散演练活动,在基层全面宣传人民防空平战结合方针,宣传加强人民防空工程保护和维护,进一步强化全社会民防法律意识和法制观念,特别是带动了很大一部分住宅小区群众的爱国热情和主人翁意识,让其积极参与民防建设中来。一是演练工作常抓不懈。9月18日上午,原清河区人防在东方丽景社区香格里拉小区进行"淮防2016"防空疏散演练。本次演练以空袭为背景,在全市防空警报鸣响后,小区居民有序的从各个楼梯道疏散到人防工程,并开展紧急救助。民防工作人员以及民防志愿者们更加熟练地掌握了应对灾难时各种救援单位的协调以及各种救援器材的使用。原清浦区人防办在人武部大楼对民防志愿者进行点验,模拟在发生突发灾害情况下的快速反应,奔赴灾难现场进行支援。二是多管齐下,使民防宣传无处不在。为配合民防法制宣传周活动,全区每个社区都更新了橱窗内容,专题宣传人防法;印制了1000份《江苏省物业管理条例》摘要发放到人防工程使用管理单位,宣传人防工程平时使用特别是人防停车位使用管理的相关要求。5月14日,清江浦区人防办在几个人口比较密集的小区摆放展板,发放宣传手册,并开展防灾相关知识以及工程使用上的问题咨询。区人防办还在夕阳红广场等人群集中地摆放民防宣传展板供居民宣读,做到宣传阵地全覆盖,宣传对象全覆盖。三是着眼未来,让学生接受爱国主义洗礼。2016年,清江浦区人防办在辖区内各个中小学都发放了《民防知识读本》,学校定期开设民防课堂;同时部分学生还参观了人防办五楼的战争体验馆、模拟射击和模拟飞机驾驶等先进的场馆，结合此类场馆开展战时应急、防灾减灾等知识的培训可以起到相辅相成的作用。

"六进"工作扎实开展。清江浦区人防办共计印发《江苏省实施〈中华人民共和国人民防空法〉办法》、《清河区民防应急手册》、各类民防知识宣传单5000余份，发放家庭应急包、人防宣传扇、个人应急盒2000多个，并通过做人防知识竞赛试题，使机关、企业等工作人员对人防基本常识及人防设施的用途等有了初步的了解和掌握，加深了对人防重要性的认识，取到了较好的效果。2016年按要求完成本年度民防知识教材订阅工作的同时，在45个教学班2000余名中学生中开展了人防知识教育，免费发放《民防知识》课本，授课率达100%。

突出抓好媒体宣传。清江浦区人防办各科室积极向省、市、国家杂志投稿，在《中国人民防空》《江苏民防》、江苏民防网站、《淮海晚报》、《清河之窗》等见稿28篇，信息46条。

民防法制建设得到加强。一是组织人员开展学法用法活动。5月开始组织全办进行人民防空法律法规学习，每月抽出一定时间学习一项和民防相关法律法规，并就现实中遇到的问题进行探讨。二是抓好业务技能.学习。每周五下午开展人防工程建设、人防通信警报、人防财务等业务知识的培训和学习，采取走出去、请进来相结合手段，不断提高队伍的业务技能、工作能力和综合素质。三是严格执行战备值班制度，强化日常管理。继续推行服务承诺、首接负责等制度。

文明城市创建工作。清江浦区人防办在区创建办的安排下挂钩引河社区，在完成好本职工作的同时，分组在社区进行路面清洁、交通管制、宣传引导等工作。

双拥、扶贫工作。清江浦人防在"八一"建军节期间到人武部进行慰问工作，小小的生活用品却体现出浓浓的双拥情。另外，中秋节人防办在挂钩社区开展低保户帮扶活动，油、米、面等生活必需品让贫困家庭感受到来自人防人的关怀。

（撰稿人：李宓）

民族宗教

【综述】 2016年10月，两区合并，清江浦区民族宗教工作坚持贯彻落实党的民族政策，为少数民族群众解决实际困难、办实事、办好事，及时、妥善解决少数民族群众的生产生活困难。开展创建星级宗教活动场所，重视宗教法律法规宣传，积极做好维稳工作，全区2万多名信教群众未发生一起因教务管理问题引发的纠纷，42个活动场所未发生一起因管理问题引发的信教群众集体上访事件。

【发放少数民族食品补贴】 2016年8—12月，按国家有关政策，共发放回族等10个少数民族2929名少数民族群众的清真食品补贴，发放率达100%。

2016年，清江浦区民宗局依法为王紫阳等4名符合条件的少数民族子女变更了族别；在具体业务办理过程中，清江浦区民宗局采取谁接待谁办理、即办即走的办法，提高办事效率，对于超出职权范围的，耐心细致地向群众出示有关文件，说清规定要求；对属于其他部门工作失误弄错群众民族成分的，主动与有关部门沟通协调，帮助解决。

【民族团结创建活动】 2016年，根据中央、省、市有关文件要求，组织开展民族团结进步创建活动。确立创建活动的指导思想、总体目标、创建形式、工作机制和具体要求，制定工作计划和重点突破项目，加大对少数民族群众参与的专业养殖合作社的培育力度，帮助少数民族群众脱贫致富。

【帮扶少数民族特困家庭】 2016年12月，政府相关部门到黄码乡对7户少数民族特困家庭进行帮扶，送去价值1000多元的大米、大豆油等生活必需品。

【宗教法律法规宣传】 2016年，在宗教活动场所设立专栏，宣传宗教场所民主管理机制，宣传反邪教工作，做到"不听、不信、不传"。组织相关人员到宗教活动场所宣传宗教法律法规，引导宗教群众做合格信徒、合法公民，当和谐标兵，争文明市民（村民）。

【宗教机构、场所规范化建设】 2016年，指导帮助宗教团体和宗教活动场所建立完善各项规章制度，规范各宗教活动场所教务、事务、财务方面的管理。引导规范三自爱国运动委员会的慈善、培训、财务委员会的成立，帮助三个委员会把好章程、制度关，促进宗教团体在爱国爱教的前提下健康发展。

【宗教场所安全监管】 2016年，组织对宗教活动场所的专项安全检查，排查安全隐患，重点检查建筑物、燃香和私接乱拉电线等安全隐患。共排查出19个安全隐患，督促该场所对19个安全隐患及时整改到位。

【星级宗教活动场所创建】 2016年12月 ，组织宗教活动场所开展星级宗教活动场所创建。召开全区宗教档案工作推进会，系统介绍了神恩堂宗教档案工作的先进经验，以点带面推进星级宗教活动场所创建工作，引导宗教活动场所重视宗教档案建设管理工作，做好星级宗教活动场所创建的基础工作。

【宗教活动场所管理】 2016年12月，组织宗教界人士学习相关政策法规，举办《宗教事务条例》等专题学习讲座，提升宗教教职人员的素质和管理场所的能力，保证宗教团体和宗教活动场所管理工作正常化、规范化。

【宗教活动场所档案室建设】 2016年12月，组织对宗教场所档案工作人员进行培训，以加强宗教活动场所档案工作。全区已创成三星级档案室1家，二星级档案室7家，宗教活动场所90%以上建成了档案室，原清浦区基督教堂顺利通过省五星级宗教活动场所验收，原清河基督教中心堂、天恩堂、周陈基督教活动场所、朱桥基督教活动场所、唐桥基督教活动场所、桂花寺及观音庵均顺利通过市三星级宗教活动场所验收。

（撰稿人：任天立）

QING JIANG PU NIAN JIAN

地方组织机构

DI FANG ZU ZHI JI GOU

- 中共清江浦区委员会
- 清江浦区人民政府
- 民主党派
- 社会团体

中共清江浦区委员会

【中共清河区七届七次全体(扩大)会议】 2016年1月8日,中共淮安市清河区委召开七届七次全体(扩大)会议。会议听取和讨论区委书记仲凤笔代表区委常委会所作的题为《打造标志地 建设新清河 为实现新起点上更大跨越而努力奋斗》的报告并作出决议。会议深入贯彻党的十八大与十八届三中、四中、五中全会、中央经济工作会议及习近平总书记系列重要讲话精神,全面落实省委十二届十一次全会、全省经济工作会议、市第六次党代会第五次会议工作部署,回顾总结“十二五”和2015年工作,科学谋划“十三五”发展,研究部署2016年任务,动员全区各级党组织和广大党员干部群众,进一步解放思想、振奋精神,凝心聚力、创新实干,奋力推动清河实现新起点上的更大跨越。

【中共清浦区七届六次全体(扩大)会议】 2016年1月5日,中共淮安市清浦区委召开七届六次全体(扩大)会议。会议听取和讨论区委书记周青代表区委常委会所作的题为《秉持五大理念 决胜全面小康,奋力谱写清浦科学跨越发展新篇章》的报告并作出决议。这次会议是在全面建成小康社会进入决胜阶段召开的一次重要会议,对于规划和引领清浦未来发展具有十分重大的意义。会议充分肯定了过去五年来区委的各项工作,并动员全区广大干部群众,深入贯彻党的十八届五中全会、省委十二届十一次全会和市第六次党代会第五次会议精神,研究谋划“十三五”时期新目标、新思路、新举措,动员全区上下坚定信心、抢抓机遇、主动作为,努力开创各项事业新局面,向着更高层次科学跨越发展阔步迈进。

【中共清河区第八次代表大会】 2016年7月28日,中国共产党淮安市清河区第八次代表大会胜利召开。150名代表认真听取、审议仲凤笔代表七届区委所作的题为《勇担新使命 推动新跨越 为打造区域中心城市标志地而奋斗》的工作报告,听取、审议区纪委工作报告。大会认为中国共产党淮安市清河区第八次代表大会,是在顺利开启“十三五”新征程,奋力实现新起点上更大跨越的关键时期召开的一次十分重要的会议。大会认真总结区第七次党代会以来的工作,研究确定今后五年的目标和任务,选举产生中国共产党淮安市清河区第八届委员会、中国共产党淮安市清河区纪律检查委员会和出席市第七次党代会的代表,动员全区各级党组织、广大党员和干部群众,立足新起点,勇担新使命,抢抓新机遇,推动新跨越,加快把清河打造成区域中心城市的标志地。

【中共清浦区第八次代表大会】 2016年7月27日,中国共产党淮安市清浦区第八次代表大会胜利召开。146名代表认真听取、审议周青代表七届区委所作的题为《矢志攀新高 实干谱新篇 为加快建设“强富美高”新清浦而共同奋斗》的工作报告,听取、审议区纪委工作报告。大会认为中国共产党淮安市清浦区第八次代表大会,是在清浦区发展进入新的阶段召开的一次重要会议。大会回顾总结区第七次党代会以来工作,研究部署今后五年全区经济、政治、文化、社会、生态文明建设和党的建设目标任务,选举产生中国共产党淮安市清浦区第八届委员会、中国共产党淮安市清浦区纪律检查委员会和出席市第七次党代会的代表,动员全区各级党组织和广大党员干部群众,在新的起点上攻坚克难、创新实干,为全面建成小康社会、加快建设“强富美高”新清浦而共同奋斗。

纪检监察

【概况】 2016年6月,国务院批复撤销清河区、清浦区两区,成立清江浦区。2016年10月8日,清江浦区正式挂牌成立。2016年11月30日,市编办批复将原隶属于清河区纪委的区软建办与区阳光办整合,成立清江浦区“阳光·清江浦”办公室(简称区阳光办)。区阳光办隶属于区政府办,为正科级建制全额拨款事业单位,由区纪委对其进行工作业务指导。

【“作风建设年”活动】 区阳光办紧紧围绕区委区政府中心工作,开展“服务十三五、护航开局年”专项行动,重点护航重大决策部署、重点工作、重要民生实事和实体经济运行,推动发展环境不断优化。在全区开展“机关干部改进作风服务企业”活动,突出问题导向,以“转作风进企业、优服务促发展”为主题,促进各单位进一步转变工作作风,提高工作效率和服务质量。在全区窗口单位中开展优质服务竞赛活动,以“创造优美环境、建立优良秩序、推行优质服务、争做服务之星”为重点,促进窗口行业服务环境进一步改善,服务水平进一步提升,树立窗口服务行业良好社会形象,提升群众满意率。

【机关作风效能建设】 深入贯彻落实中央、省、市、区委关于改进工作作风、密切联系群众的相关规定,加强检查频率,强化问责力度,全面形成作风督查的高压态势。工作纪律执行和会风会纪督查情况效果明显,2016年,开展明察暗访39次,编发通报37期,问责159人次。

【文明城市创建工作】 为深入扎实做好国家文明城市创建,区阳光办积极开展督察,会同区文明办对全区各相关部门创建工作开展定期、不定期督查。为不断提高市民的知晓率和参与率,努力营造浓厚的创建氛围,根据清江浦区文明城市创建的工作要求,开展专项督察20余批次。对部分指挥部挂钩的窗口行业深入调查,及时排除问题解决困难。

【阳光纪检和12345政府公共服务平台】 2016年,阳光办共受理群众反映问题10274件(含原清河区、原清浦区)。其中,阳光纪检板块受理1893件,“12345”政府公共服务平台受理8381件。2016年,区阳光办报送的调研文章《加强反腐败网上舆论引导工作研究》,被市纪委评为2016年度全市纪检监察优秀论文二等奖。

组织工作

【机构整合工作】 扎实推进行政区划调整工作，机构设定坚持“严控总量、盘活存量、优化结构、增减平衡”原则，对111个机构重叠、10个职能交叉、16个设置不规范、33个越权设置以及4个职能弱化等情况进行规范，经过3轮机构整合，截至2016年12月底，设置行政机构61个，核减71个；设置事业机构275个，核减83个。调整科级干部3批共486人次，44名正科职干部退出领导岗位，27名副科职干部退出领导岗位。

【人事安排】 按照“稳定优先、尊重意愿、公开公正、组织统筹、综合平衡”既定原则，一方面突出抓好部门“一把手”选配，明确部门“一把手”一般从现岗位人选中产生，保证工作延续；同一部门只有1名人选的，原则上由该同志继续担任；同一部门有2名人选的，综合能力水平、群众口碑和个人意愿，由区委通盘考虑配备。调整以后，全区63名机关正职干部中，原清河30人，原清浦33人；47名科级事业单位正职中，原清河25人，原清浦22人，实现面上总体平衡。

【干部队伍思想融合】 从10月1日起，区委主要领导分别与30名四套班子成员、111名正科职干部进行一对一谈心谈话。区委分管领导分别与49个部门筹备组的294名班子成员及中层干部进行谈话，要求各级干部带头讲政治、讲党性，严守区划调整“五个严禁”纪律要求。坚持把谈心谈话贯彻干部调整全过程，每次干部调整后，区委都专门召开干部集体谈话会，分管领导与岗位变动干部谈心谈话，对消化调整的干部，认真把组织意图讲清楚，消除思想“疙瘩”，正确对待进退留转。人员调整中，区级层面实现“零上访”“零投诉”，92%的干部实现个人自选岗位意愿。

【“两学一做”学习教育】 认真贯彻落实中央和省、市委部署要求，精心谋划，扎实推进“两学一做”学习教育，原清河区、清浦区分别印发《区委常委会开展“两学一做”学习教育工作方案》，明确学党章党规、学系列讲话、做合格党员的标准要求、主要内容、具体安排和目标任务。

【加强干部德的考核】 积极探索解决干部“八小时之外”监督难题，原清河区出台《清河区党员领导干部“八小时之外”德的考核监督办法》，明确要求党员、干部尤其是各单位各部门主要领导干部，带头在社区亮身份、亮家规，为社区发展贡献力量，主动接受监督。借助党建网和社会治理网格“两网融合”，初步探索建立“社区(村)党组织书记、社区网格党支部书记和楼栋网格党组长”三级监督网络，依托网格员和党员志愿者开展有针对性的监督管理。

【干部监督工作】 为进一步完善干部监督工作机制，形成干部监督工作合力，根据《党政领导干部选拔任用工作条例》和有关干部工作法规的规定，原清浦区印发《清浦区干部监督联系工作制度(试行)》，成员单位由区纪委(监察局)、区委组织部、区委政法委、区委农工部、区编办、区台办、区外侨办、区信访局、区民政局、区人社局、区环保局、区住建局、区卫计委、区市场监督管理局、区审计局、区安监局、区商务局、区人民法院、区人民检察院、清浦公安分局、清浦国土分局等21个部门组成，并明确成员单位职能，制定运行机制。

【干部教育管理】 为贯彻落实中央《关于领导干部报告个人有关事项的规定》、中组部《领导干部个人有关事项报告抽查核实办法(试行)》、省委组织部《关于防止干部“带病提拔”的五项规定》等文件要求，原清浦区印发《关于做好干部报告个人有关事项工作的通知》，要求全区机关事业单位股级以上干部、乡镇事业编制人员、村(社区)“两委”干部和区属国有及国有控股企业领导班子成员(机关事业单位股级以上干部、村(社区)党组织书记和区属国有及国有控股企业领导班子成员填报工作由区委组织部负责实施；乡镇事业编制人员(不含乡镇事业站所负责人)、其他村(社区)“两委”干部由乡镇(街道)党(工)委负责实施)，全部如实上报个人有关事项，按照10%的比例随机抽查核实。对无正当理由不按时报告的，不如实报告或隐瞒不报的，根据情节轻重，给予批评教育、限期改正、责令作出检查、通报批评、诫勉、取消考察对象资格或调离岗位、改任非领导职务、免职、降职等处理；构成违纪的，依照有关规定给予纪律处分。

【加强专项资金管理】 为切实规范社区党组织为民服务专项资金(以下简称专项资金)使用和管理，根据《淮安市城市社区党组织为民服务专项资金使用管理办法(试行)》，原清河区制定《清河区社区党组织为民服务专项资金使用管理实施细则(试行)》，对列入财政预算的为民服务专项资金严格管理，对专项资金的使用范围、拨付审核程序、后续管理与监督进行明确要求，对违反专项资金使用管理办法，特别是利用虚假材料和凭证骗取专项资金、擅自改变专项资金用途、截留挪用和私分侵占专项资金的，依照《财政违法行为处罚处分条例》、《江苏省财政监督办法》等法律法规，追究当事人和有关领导责任，情节严重的追究法律责任，并视情核减或停止拨付专项资金。

【基层党组织强基固本】 为深入贯彻落实全面从严治党要求和全国、省市农村基层党建工作座谈会和组织部长会议精神，围绕省委“六强六过硬”、市委“七个一”工程目标任务，原清浦区《关于深入开展基层党组织强基固本“五大提升”行动的意见》，围绕“五强化五提升”(强化政治功能发挥，提升基层党组织凝聚力；强化党员干部队伍建设，提升基层党组织创造力；强化规范化管理制度建设，提升基层党组织执行力；强化服务型党组织建设，提升基层党组织号召力；强化经费运转机制建设，提升基层党组织保障力)目标，把各级党组织建设成为凝聚党员群众的坚强堡垒，力争形成规范化、常态化、长效化的基层组织工作制度。

【村居党组织队伍建设】 为切实加

强村(社区)党组织带头人队伍建设,充分发挥基层党组织的领导核心和战斗堡垒作用,激励基层党组织书记创先争优,推动改革发展稳定,根据中央和省市区委相关文件精神,原清浦区出台《关于加强村(社区)党组织书记队伍建设的实施意见》和《村(社区)党组织晋档升级考核办法(试行)》两个文件,建立健全村居党组织书记选拔任用机制、能力提升机制、管理监督机制、激励保障机制、责任落实机制,对村(社区)党组织进行ABC三个档次考核管理,并实施星级管理,考核结果与工资待遇挂钩、与评先评优挂钩。

【人才专项工程】 根据《江苏省中长期人才发展规划纲要(2010—2020年)》、《淮安市中长期人才发展规划纲要(2010—2020年)》《清浦区2014—2020年人才发展规划纲要》、市"十三五"人才规划精神,原清浦区出台《六大人才专项工程规划》,进一步提升人才工作科学化水平,统筹推进各类人才集聚,推动全区创新型经济发展,通过"211英才计划"工程、现代制造业人才工程、现代服务业人才工程、现代农业人才工程、文教系统名家名师工程、卫生人才素质提升工程等六项工程,力争到2020年,人才总量达到4万人,占人口总量的13%,在2015年的基础上,平均增速每年不低于10%,年净增人才3000人左右,主要劳动年龄人口受过高等教育比例达到15%以上,六大人才工程的人才分布和层次、性别等结构趋于合理,在生物医药、新材料、冶金机械三大支柱及特色产业集群和教育卫生、宣传文化等经济社会发展重点领域,形成区域性人才高地。

宣传工作

【概况】 2016年,清江浦区宣传思想文化工作以"凝聚清江浦合力,树立好形象;讲透清江浦故事,弘扬正能量"为目标,坚持围绕中心、把牢方向、服务大局,各项工作取得显著成效,为加快建设繁荣、幸福、美丽、文明清江浦提供了强有力的思想保证、精神动力、舆论支持和文化支撑。

【建设学习型党组织】 以区委中心组学习为龙头,建立"三学一考"(专家导学、组织促学、文艺传学、积分考核)机制,围绕党的十八大与十八届五中、六中全会精神,习近平总书记系列讲话精神,中国特色社会主义理论等重点内容,制定专题学习计划,编发《理论学习参考》,全年组织集中学习12次,形成有指导价值的调研报告和理论文章40余篇。

【理论教育宣讲】 围绕"传递党的好声音、解读惠民好政策、弘扬社会正能量、提振发展精气神"四大主题,实施理论武装"双提双增"(提振士气、增强干劲,提高素质、增强本领)工程,搭建清江浦理论大讲坛、清江浦国学大讲堂、清江浦理论大篷车三大载体,提高理论宣讲水平。省委工作简报大篇幅对清江浦区学习型党组织建设经验进行推介。

【党员冬训工作】 首次承办了全市党员冬训现场会,开展"五个一百活动"即百名书记上讲台、百堂党课进支部、百名典型传经验、百场演出送理论、百件实事惠民生,增强冬训的针对性与实效性。实施基层党员冬训"十百千"(组织"十上门"解民情化民忧、开展"百场宣讲"传政策学理论、征集"千条家规"树新风扬正气)行动,成功打造"书记开讲"品牌,被评为全省基层党员冬训工作示范区。

【社科理论研究】 落实制定政策、采取相应措施,推动社科普及和理论研究工作。组织全省社科普及宣传周活动,助推哲学社会科学服务好全区经济社会发展大局;指导社科普及基地建设,提升淮安摄影馆等基地建设水平。组织省、市社科课题调研申报工作,获得省、市立项课题各2篇;组织社科作品参加市第十三届社科优秀成果评奖,5篇作品获奖。

【主流媒体宣传】 围绕区委区政府中心工作,主攻大报大台、知名网站和品牌栏目,积极推介发展成就和鲜活经验。2016年,在《新华日报》等省级媒体刊发稿件170余篇,《淮安日报》等市级媒体用稿400余篇。清江浦区成立挂牌相关报道被《新华日报》、江苏卫视,以及新华网、中新网等各大媒体转载。

【网络文化建设】 围绕"弘扬主旋律,激发正能量,培育积极健康、向上向善的网络文化"这一中心,加强网络内容建设,把握网上舆论引导的时、度、效,营造生态良好的网络空间。开展"网友走进清江浦"系列网络文化活动,展示清江浦区良好形象,形成网上网下"同心圆"。参加"聚力起航圆梦淮安"2016年度淮安市网络文化节活动,获优秀组织奖,清江浦区政府门户网获文明网站奖。

【开设"今日清江浦"微信公众号】 利用新媒体传播的规律,结合区情,开设"今日清江浦"微信公众号。通过《清江浦区挂牌成立》《清江浦区委一届一次党代会》等系列报道,推介和宣传清江浦,提升清江浦的知名度和美誉度,公众号自2016年10月8日推出以来,关注人数已突破2万人。

【文明创建工作】 围绕创建全国文明城市目标结合文明清河建设,强化组织,细化任务,明确责任,推进创建工作。将文明城市创建列入区科学跨越发展目标考核体系。先后组织多轮拉网式排查,结合第三方测评,对近2000个问题,进行分析和交办。对西大院、石塔湖小区等38处破损路面和老旧小区进行升级改造,城区绿化、美化、亮化水平得到整体提升。建设富强示范街等特色街区、随想园等主题广场、布置北京路、健康路等道路墙体彩绘,打造一批文明风景线。推进群众性精神文明创建,组织了新一轮省级文明单位(乡镇、村、社区、校园)创建推报评选。2016年9月份,省文明委发文表彰,清江浦区共计有52家单位、6家社区、8个校园先后被评为省级文明单位、社区、校园。

【社科理论研究】 落实制定政策、采取相应措施,推动社科普及和理论研究工作。组织全省社科普及宣传周活动,助推哲学社会科学服务好全区经济社会发展大局;指导社科普及基地建设,提升淮安摄影馆等基地建设水平。组织省、市社科课题调研申报工作，获省、市立项课题各2篇；组织社科作品参加市第十三届社科优秀成果评奖，5篇作品获奖。

【“三重三做”主题教育活动】 扎实推进社会主义核心价值观建设，开展“三重三做”（重良好师德垂范，做爱岗敬业好老师；重良好家风塑造，做尽责有为好家长；重良好品行养成，做文明向上好少年）主题教育实践活动。搭建互动平台，开展校长论坛、开展“大手拉小手”礼仪教育活动。出台《不文明行为纠察训导活动方案》，构建不文明行为纠察队伍的建设机制、曝光机制、教育奖惩机制。利用社区宣传栏、户外电子大屏等平台开辟不文明行为曝光台，组织不文明行为纠察队上街巡查和发动广大市民随手拍并曝光，促进市民素质提升。

【开展典型选树活动】 利用百场演出、文化大篷车等群众喜闻乐见的形式加大对道德模范和身边好人的宣传力度。开展“身边好人”“文明家庭”“最美女性”“十佳最美职工”等评选。冯梦、周美荣荣登“中国好人榜”，朱华林等3人当选“江苏好人”，汤毅等5人当选“淮安好人”。

【道德文化建设】 下发《一月一主题志愿服务》方案，组织开展“关爱自然 美化家园”“文明礼让”“治安防控”等12大类主题志愿服务，推进志愿服务活动的常态化和制度化。2016年，清江浦区区推荐的万宇等10多人被评为淮安市优秀志愿者。持续推进未成年人的思想道德建设，深化“八礼四仪”养成教育，开展“学做美德少年”活动，引导未成年人参与“文明小义工”“爱心小天使”等实践活动。围绕春节、清明、“六一”、端午等重要时间节点，创新开展“七彩的夏日”“缤纷的冬日”等主题教育实践活动，组织“童心向党”歌咏活动。开展心理健康教育百场宣讲进学校、进社区、进村镇活动，全年举办各类心理健康宣讲40余场次。

【开展文化惠民活动】 成功举办“运河一家亲·追梦清江浦”中国运河城市首届马拉松接力赛、2016淮台文化经贸交流周、“魅力清江浦”文学影视论坛、中国淮安·清江浦庙会等系列文体活动。在北京人民大会堂创新举办纪念京剧大师王瑶卿135周年诞辰系列活动，开展2016“幸福清江浦·百场演出”、“书香”全民阅读节、清江浦区新春团拜会及新春联谊会、“我们的中国梦”新春文艺进万家基层巡演、清江浦戏曲票友交流演出活动等10多个专题系列活动。

【现代公共文化服务】 区图书馆加入江苏省少儿数字图书馆，采取线上阅读和线下互动的方式，开拓少儿阅读服务的新途径；开通与南京图书馆的VPN远程访问系统，让读者可以便捷浏览丰富的海量数字资源；实施主城区一卡通改造项目，与市图书馆、市少儿图书馆之间实现一卡通借通还。2016年外借书刊6万余册次，读者近8万余人次。新（改扩）建8个社区文化活动中心，新建10个24小时图书自助驿站。投资5万余元为车站、富丽花园、城西等社区文化活动中心配备了电视机、音响等设备。为社区（农家）书屋送书刊10600册。

【文化体制改革】 研究制定《推进国有文化企业把社会效益放在首位、实现社会效益和经济效益相统一的实施意见》，实现管人、管事、管资产、管导向相统一。出台《清江浦区深化文化体制改革、建设文化名区实施方案》《国有文化资产监督管理暂行办法》等产业扶持政策，优化帮办服务。探索混合所有模式，成立运河文旅集团，推进“三中心一街区”建设，打造文旅集聚中心。

【文化产业发展】 积极组织、指导区内文化企业申报省、市文化产业引导资金，参加深圳文博会、苏州文博会、西安西部文博会和济南非遗博览会。83文创园进驻企业65家，其中一家在港交所上市，4家Q板上市；广告产业园进驻企业58家；王瑶卿戏曲艺术馆、老舍茶馆、苏盐生活家等一批特色文创项目入驻清江浦1415街区；众筹模式建设阅读主题泊岸众创咖啡馆。古淮河文化生态产业园区成功创建成淮安首家省级文化产业园，83文创园成功获批国家大学科技园，清城创意谷荣获国家级众创空间。

【文艺精品创作】 挖掘历史文化资源，出版《清江浦画册》《王瑶卿画册》，扩大影响力。加大力度对本土文学作品《咸丰清河县志》点校本、长篇小说《白马湖畔》进行扶持、包装与出版。围绕区划调整及社会主义核心价值观等主题，新创歌曲《大美清江浦》、小品《一张字条》等作品，其中，《白马湖畔》《王瑶卿画册》入围市“五个一工程”奖，小品《一张字条》获华东六省一市戏剧小品大赛银奖、江苏省“五星工程奖”银奖。

（姚　枫）

统一战线工作

【概况】 区委统战部主要职能：协助区委贯彻落实党的新时期统一战线方针、政策和任务；调查研究，向上级统战部门反映全区统一战线情况，提出开展统战工作的意见和建议；负责并协调本区统战理论、政策研究和统一战线的宣传工作；

负责联系驻区各民主党派人士，加强交流，反映意见；落实党领导的多党合作和政治协商制度以及党对民主党派的方针、政策；做好发挥民主党派参政议政和民主监督作用的工作；为区委同民主党派和无党派人士进行政治协商，做好组织联系工作；受区委委托，向民主党派和无党派人士通报中央及省委、市委、区委的重要工作，帮助区各民主党派加强自身建设，选拔、培养新一代代表人物；承担民族宗教工作，负责调查研究和协调检查民族宗教政策在全区的贯彻执行情况；联系少数民族干部和宗教界的代表人物；协助区有关部门做好少数民族干部的培养、举荐工作；负责开展以祖国统一为重点的海外统战工作，联络香港、澳门和海外有关社团及代表人士；协助区台办做好对台工作；负责党外人士政治安排，会同区有关部门做好培养、考察、选拔、推荐安排党外人士担任乡、科级行政领导职务的工作，做好党外后备干部和新的代表人物队伍的建设工作；协助驻区各民主党派、工商联及有关团体进行干部管理工作；规划和组织对党外人士的培训工作；负责联系海外工商界社团和代表人士，开展经济领域的统战工作；调查、研究并反映全区非公有制经济代表人士的情况，协调关系，提出政策建议，帮助、引导、教育非公有制经济代表人士，积极开展思想政治工作；负责调查研究全区无党派代表人士、党外知识分子的情况，反映意见、协调关系、参与制订有关政策措施，联系党外高、中级知识分子，物色培养代表人物；指导各乡镇、街道、区直各部委办局党委(党组)做好统战工作；协助有关部门帮助民主党派，工商联和有关团体改善工作条件；完成区委和市委统战部的其他工作任务。

【党委重视统战工作】 1月，原清河区委、区政府下发《清河区2016年度区直部门科学发展目标考核实施办法》文件，将全区统战工作纳入科学跨越发展目标考核内容，将统战工作内容纳入各街道、部门党建工作责任状；将统一战线“两站一会”特色品牌纳入全区“文明清河”重点项目建设。

1月，召开专题辅导报告会，由区委书记主持，邀请市政协副主席、原市委统战部部长仲波为全区领导干部和各民主党派、工商联、知联会领导班子及支部负责人专题宣讲中央统战工作会议精神，并对《条例》进行解读。区委统战工作会议上，区委书记仲风笔作题为“扩大团结面、画好同心圆，全面汇聚推动清河科学跨越发展的强大力量”的重要讲话。

2月，区委统战部对各街道、各部门下发了《2016年统战工作考评细则》，从“加强领导”“政治协商”“经济统战”“学习宣传”等四个方面进行考核。

【基层统战工作】 清江浦区共有12个街道(城南街道、清浦街道、浦楼街道、闸口街道、长东街道、长西街道、淮海街道、府前街道、清江街道、柳树湾街道、清河街道、水渡口街道)、4个乡镇(黄码乡、武墩镇、盐河镇、和平镇)。均已建立区、乡(镇、街道)、村(居)三级统战网络，完善了三级统战网络名册、党外干部人物库、海外人士人物库，所有乡(镇、街道)党工委配备专、兼职统战委员达到全覆盖。

8月，原清河区委统战部在长西街道河堤路社区成立淮安市首家“社区党外人士工作室”(在省统战动态刊登发表)，充分发挥党外人士“五员”作用，即党的国家政策宣传员、矛盾纠纷的调解员、社情民意的收集员、民主协商的监督员、社区建设的服务员，并准备在全区范围内进行推广。

【港澳台和海外统战工作】 6月，原清河区台办接待台湾连锁加盟促进协会理事长、百乐门国际集团董事局主席等一行6人访问团实地考察。

8月，原清浦区委统战部下发了《关于开展全区统战成员情况统计的通知》，以街道社区为单位，对包括辖区内港澳台侨胞及亲属进行统计汇总，台办、外侨办等相关单位及各民主党派、工商联、知联会积极做好配合工作。建立完善港澳台、海外“四有”人物档案。

10月份，区委、区政府主办为期7天的苏台(淮安)美食文化嘉年华活动，接待南台湾中小企业访问团到清江浦区实地考察。

11月份，清江浦区台办主办“同胞情、一家亲，2016年淮台文化经贸交流”活动，举行2016年淮台学术交流研讨会。

11月，清江浦区台办组织学习习近平总书记在“习洪会”上重要讲话精神、习近平总书记纪念孙中山先生150周年诞辰重要讲话精神等。

【党外干部工作】 原清浦区新提拔党外副科级干部1名，调整党外科级干部3名。

3月，原清河区委统战部下发了《关于调整区委领导班子成员与党外人士联系交友对象的通知》，有关党外代表人士队伍建设措施正在逐一落实。

3月，原清浦区委统战部向区委推荐了13名党外科级领导干部后备人选。

8月，原清浦区委统战部建立完善党外代表人士数据库，通过发放信息采集表的形式，排查整理出机关单位230人，教育系统969人。

【经济领域统战工作】 清江浦区工商联会员冯伟哲作为全市首位优秀中国特色社会主义建设者，受到中央领导接见。宁阳被评为见义勇为先进个人，陈浩、张斐当选为淮安市青年联合会第六届委员会委员。

1月，原清河区委统战部会同原清河区工商联为商会企业举办“公司并购法律风险防范”知识讲座。

4月，原清浦区委统战部会同原清浦区工商联组织商会35位企业家赴淮阴卷烟厂参观学习，帮助清浦企业家开阔视野，组织30余名企业家代表赴泗洪考察。

5月，原清河区委统战部在条件成熟的淮海街道车站社区成立淮安首家社区商会。

6月，原清河区委统战部开展“同心律师团”送法进社区活动，清河区检察院、工商联召开护航非公经济发展工作会议。

6月，原清河区委统战部会同原清河区工商联成立由年轻、优秀的非公有制经济人士组成的新生代企业家商会。

7月，原清河区委统战部会同原清河区工商联组织非公有制经济代表人士参加“淮安市非公有制经济代表人士延安培训班”。

9月，原清河区委统战部会同原清河区工商联组织新生代企业家代表赴台湾参加第二期青年企业家创新创业台湾研习营。

10月，新生代企业家商会开展银企座谈交流活动。

10月，清江浦区委统战部在人大、政协、工商联换届过程中，严格按照上级文件要求，规范党外代表人士和非公经济人士的推荐、考察工作。建立由16个部门组成的联席会议制度，定期开展综合评价工作，促进“两个健康”发展。清江浦区共评价非公经济代表人士553人，其中评价市人大代表候选人6人，区人大代表候选人76人，市政协委员候选人5人，区政协委员候选人94人，新生代企业家商会13人，列统企业146人，其他213人。

11月，成立上海市江苏淮安商会

清江浦分会。

【信息工作】 2016年，清江浦区统战信息被《中国统一战线》人民语录选登1条；《中国统一战线》简讯选登1条；《挚友》信息在线刊登1条；在“经济领域统战工作信息”刊登1篇；在《江苏统战动态》刊登信息1篇。

【实践创新工作】 8月，原清河区委统战部在河堤路社区成立“社区党外人士工作室”，进一步推进了统战工作深入基层社区。结合区情，倾力打造“两站一会”平台（“党外专家工作站”和“社会服务工作站”、工商联基层商会），扎实推进统战工作进社区，有效地突破基层统战瓶颈。

原清浦区委统战部为响应中共中央提出在全体党员中开展“两学一做”学习教育的号召，与时俱进，指导党外成员向中共学以看齐，做以尽责，在清江浦区统战成员中开展“学党章党史、学系列讲话、做合格成员”学习教育活动（简称“两学一做”）。以“五个一”活动为载体，通过讲座、观摩、演讲比赛等形式多样的活动，突出思想建设、突出问题导向、突出经常性教育，进一步解决党外干部队伍在思想、组织、作风、纪律等方面存在的问题。

【理论创新】 根据淮安市委统战部2016年调研课题计划，清江浦区委统战部完成理论创新调研课题4篇，分别是：①中央统战工作会议精神和《中国共产党统一战线工作条例（试行）》贯彻落实新情况新问题研究（原清河、清浦各一篇）；②新的社会阶层人士统战工作研究；③加强党外代表人士队伍管理工作研究。

【加强自身建设】 5月份，原清河区委统战部组织63名统战成员到省社会主义学院举办为期7天统战成员培训班，邀请了省委统战部、省社会主义学院及省委党校教授进行授课。

农村工作

【新型农业经营主体建设】 2016年，清江浦区积极培育发展新型农业经营主体，全年完成市级示范社5个，家庭农场24个。

【农村产权流转交易平台建设】 2016年已成交172笔，3462.28多万元。其中土地经营权交易33笔，交易额1885.9万元；集体资产交易54笔，交易额710.3万元；涉农项目交易75笔，交易额634.7万元；其他交易8笔，交易额231.38万元。

【土地承包经营权确权】 登记颁证工作，清江浦区农村土地承包经营权确权登记颁证工作自2014年开展试点，确权登记颁证工作基本完成，涉及4个乡镇，25个行政村，393个组，17330户。完善合同17326份，打印证书17273本，发证到户16715本，颁证率达到96.5%。

对台工作

【概况】 2016年，围绕淮安打造台资集聚新高地，不断扩大淮台交流合作，优化台商投资环境，推进台企创新发展，加快台资产业集聚，不断提高对台工作的能力和水平，更加扎实做好对台工作，更大力度支持台商发展，努力把示范区建设品牌做得更实更强更响。

【打造101服务台企理念】 建立了台企挂钩联系制度，对区内现有近20户台企，每人挂钩4户，经常性地走访了解生产经营情况，及时帮助企业解决实际问题，不断优化台企服务环境。3月，与市台办领导一行走访了神旺大酒店、公爵啤酒屋、全方位教育咨询有限公司等台资企业，详细了解企业生产经营情况。为了更加全面的掌握和了解企业投资经营状况，收集台商台企反映的问题及对相关部门提出的意见与建议，此次调研还发放了《淮安市台资企业情况调查表》。5月，区委常委陶效春调研区对台工作，走访了旺旺食品和神旺大酒店，详细了解企业生产经营情况和存在的困难。8月，积极配合市台办做好“与台企同行”活动，邀请企业负责人参加“话税事，助台企”税收政策解读会。9月，开展了台商中秋国庆联谊活动，加强与台商的联谊和对台企的服务工作。

【助推对台交流交往】 6月，台湾连锁加盟促进协会理事长李日东、百乐门国际集团董事局主席赵世崇等一行6人到清河区考察交流。9月，台湾经贸交流俱乐部一行5人到清河交流考察。10月，在第11届台商论坛举办之际，淮安市台办、清江浦区与台湾海峡两岸文教经贸宗教交流协会共同筹办了苏台（淮安）美食嘉年华活动。10月，南台湾中小企业访问团来清江浦区考察投资环境、农业发展等。11月，“同胞情 一家亲”2016年淮台文化经贸交流周开幕，此次活动进一步推动清江浦区与台湾两地文化经贸等各领域深化合作、互利互惠。

【招商引资】 强化主动作为，开展对

台招商。4月,区委书记仲凤笔率商务考察团一行6人赴台参加市政府举办的"2016台湾·淮安周"活动,同时在台开展系列招商和商务洽谈活动;4月,原清浦区委书记周青组团赴台参加"台湾·淮安周"活动,并在台湾开展招商推介活动,进一步加强与台湾的经贸、文化交流与合作。8月,原清河区台办主任尤东随市台办到台湾开展文化经贸交流活动。

【台属台胞服务】 建立了台属台胞联络制度,及时掌握台属台胞动态,为他们排忧解难。在春节、中秋等节日期间,对区内困难台属走访慰问,送去慰问金和慰问品,让她们感受到党和政府的温暖。

【涉台宣传工作】 做好涉台宣传信息工作,利用春节、中秋等传统节假日组织台属开展涉台宣传教育活动;举办学习会,加强对台干部队伍建设;充分利用省、市台办网站、《两岸关系》《台湾工作通讯》等刊物进行宣传,截至年末,在市台办网站刊登50条,省台办网站刊登28条。

老干部工作

【概况】 2016年,清江浦区有离休干部119人,其中抗日战争时期参加革命工作的26人,解放战争时期参加革命工作的93人,平均年龄86岁。全区老干部工作坚持认真落实党的老干部政策,提升为老干部服务的整体水平。促进老干部事业的健康发展。

【老干部党支部活动】 2016年,清江浦区建立了67个社区离退休干部党支部。免费提供学习资料,组织老干部参加省、市、区不同层次的党支部书记培训班。4月,组织了全区老干部党支部书记集中参观学习和交流活动,参观了"淮安市老干部史料陈列馆"。江苏省试点社区上海路社区老干部党支部、江苏省老干部先进集体夕阳红党支部,分别作了老干部党支部建设的经验交流。5月,组织军地离退休干部到周恩来纪念馆,开展"两学一做"教育实践活动。组织原四套班子离退休干部党员,到省廉政教育基地常熟沙家浜廉政教育馆开展教育实践活动,接受廉政文化的熏陶和教育。

【落实老干部政治待遇】 2016年,组织老干部参加了原清河区委七届七次全体(扩大)会议、原清河区《政府工作报告》征求意见座谈会、原清浦区第八次代表大会、清江浦区第一次党代会报告征求意见座谈会、清江浦区第一次党代会、清江浦区老干部座谈会等会议12场。为全区老干部征订了《银潮》《新华日报》《老年周报》《世纪风采》等报纸杂志。

【落实老干部生活待遇】 2016年,从1月份起,按有关政策提高了离休干部的护理费标准,并落实了老干部优先就诊政策,确保离休干部离休费按时发放,制度规定范围内医药费实报实销。

区委书记仲凤笔慰问老干部

【老干部困难帮扶】 全年累计帮扶区困难离休干部和离休干部配偶(遗属)近80人次,发放帮扶资金4.2万元。及时看望慰问住院及家庭重大变故的老干部。探望住院老干部46人次,送去慰问金1.2万元,探望去世老干部家属18人。

【重大节日慰问】 春节期间,区委、区政府主要领导走访慰问了原四套班子退休领导、全区离休干部、易地安置在清江浦区的老干部及老干部遗属,了解他们的需求,听取他们的建议和意见,解决他们的实际困难,做到了离休干部不缺一户、不漏一人。共计送出25.7万元慰问金和价值4万元慰问品。对到外地过年的老干部,电话问候,年后将慰问金及慰问品送到家。

【做好老干部服务工作】 加强"老干部家庭病床"建设。依托"一床五心"打通联系服务离休干部"最后一公里"。全区设立家庭病床医院 3家,家庭病床60余张,诊疗区域全覆盖。中国组织人事报新闻网以"淮安清浦区'一床五心'服务离休干部"为题作了报道。

【老干部居家养老服务】 原清河区信息化养老服务中心9688980平台和原清浦区"老干部居家养老服务超市",通过服务平台为离休干部和区原四套班子退休领导提供紧急救助、家政、情感陪护、代办事务等服务。全年平台服务老干部近800人次,20多位老干部得到平台救助。

党校工作

【概况】 2016年,党校按照年初签定目标任务,组织开展党员干部培训轮训、科研调研、理论宣传工作。全年共举办各类培训班7期,培训3300余人次；申报省级课题3项、市级课题3项，在市级以上刊物公开发表论文13篇，完成调研报告7篇；组织基层宣讲22场，受训4350余人次。

【培训轮训】 2016年，按照中央和省、市委各级党校工作会议精神，突出主业主课，抓实各主要班次培训。全年共举办清河发展论坛5期，围绕区情实际和“两学一做”学习教育活动邀请知名学者到淮安授课，参训人员2500余人次；举办专题培训班6期，培训800余人次；组织基层宣讲10场，受训350余人次。其中，5月29日至6月3日，与区委组织部赴上海复旦大学联合举办青年干部创新思维和综合素质研修班，6天安排11节课、2个现场教学和1次学习交流，课堂教学与现场参观相结合，内容包括宏观形势、创新思维、作风建设等；4月8日，与区城管局联合举办城管系统业务培训班，重点学习周恩来精神和法治思维课程；5月10日，与区级机关工委联合举办2016年上半年预备党员、发展对象、入党积极分子培训班；5月11日，与区级机关工委联合举办区级机关干部培训班；6月14日，与清江街道联合举办“两学一做”专题教育培训班；6月16日，与区委政法委联合举办法制建设骨干培训班。

【调研科研】 2016年，党校申报省级课题3项、市级课题3项，在市级以上刊物公开发表论文13篇，完成调研报告7篇；参加市委党校组织学习中共十八大六中全会精神征文活动和区委各项征文活动，全校撰写征文13篇，撰写心得体会33篇。其中，省级期刊发表文章3篇，《淮安文化旅游整体开发模式研究》（论文）获淮安市第十三届哲学社会科学优秀成果三等奖1篇，《试论周恩来精神在全面从严治党实践中的合理运用》获市委党校征文一等奖、《打破历史周期律与强化人民监督》获市委党校征文二等奖、获三等奖3篇，《赢在起点，重在作为，成在跨越——新时期清江浦精神之我见》获区级征文二等奖。

【“两学一做”巡回宣讲】 2016年，组织部牵头，原清浦区委党校开展优秀党员、优秀党务工作者“两学一做”学习教育先进事迹巡回宣讲工作。与区委组织部商定宣讲对象、从全区演讲比赛优秀选手中选定5名宣讲人、收集先进事迹材料、对材料进行修改到巡回宣讲的组织实施等各项工作。从8月8日开始，带领宣讲团成员深入到各个乡镇、街道、区直机关进行宣讲12场次，听众4000多人次。实现了“树榜样、立标尺”的既定目标，广大党员干部又接受一次党性教育。

【师资队伍建设】 党校年初与所有教职工签订目标责任状，内容涉及学习、教学、科研、管理等，并进一步完善、出台一系列的规章制度保障师资队伍建设。一是到上级党校听课学习、外出培训和集体学习，认真领会上级党校工作会议精神，及时关注理论动态，提高专职教师的政治理论水平和科研实践能力；二是开展教学竞赛、集体备课等途径，提高教师教育教学水平和综合素质。全年共选派优秀教师赴上海、延安、井冈山、南京参加师资培训5次，提高教学科研能力。

【基础设施】 2016年10月8日，按照区划调整工作安排，原清河区委党校与原清浦区委党校合并整改，地址在大同路88号（原清河区委党校校内）。校园面积为10735平方米，配备有综合报告厅1间、中心组学习室1间、接待室1间、会议室1间、多媒体教室8间、主控中心1间，微机房配置电脑61台。

清江浦区人民政府

2016年6月8日，国务院批准撤销清河区、清浦区建制，设立清江浦区。10月8日，清江浦区正式挂牌成立。2016年，原清河区全年实现地区生产总值190亿元、社会消费品零售总额177亿元、规模以上固定资产投资205亿元。原清浦区全年实现生产总值198.2亿元、规模以上固定资产投资168.3亿元。

区政府常务会

【清河区政府】 2月19日，区政府召开八届15次常务会议，专题听取2016年政府工作报告撰写、“十三五”规划纲要编制和政府购买服务情况汇报。区长张冲林主持会议并提出要求。区政府领导班子、党组成员，各街道、相关部门主要负责人参加会议。区人大、区政协、区人武部相关领导，部分区政协委员应邀列席会议。

3月25日，区政府召开八届16次常务会议。区长张冲林主持会议，区政府班子、党组成员出席会议，区人大、政协、人武部相关领导、各街道办事处和相关部门主要负责人列席会议，部分区人大代表、政协委员应邀列席会议。

7月8日，区政府召开八届17次常务会议，研究部署、推进落实当前重点工作。区长张冲林主持会议并作重要讲话。区政府班子、党组成员出席会议，区人大、政协、人武部相关领导、各街道办事处和相关部门主要负责人列席会议，部分区人大代表、政协委员应邀列席会议。

【清浦区政府】 2016年1月19日，区政府召开八届三十七次常务会议，会议研究完善城乡居民基本养老保险制度的问题。

2016年8月29日上午，区政府召开八届三十九次常务会议。会议听取了淮安现代商务集聚区投资发展局关于文庙三期安置小区项目和运河上城二期项目建成后可以对外销售的说明函的有关情况汇报。

2016年9月12日下午，区政府召开区政府八届四十次常务会议。会议听取了区民政局关于城南乡撤乡设街道工作情况的有关汇报。

2016年9月20日上午，区政府召开区政府八届四十一次常务会议。会议听取了淮安市现代商务集聚区管委会关于江苏现代国际新城项目缴纳建设规费的有关情况汇报。

【清江浦区政府】 2016年11月11日下午，区政府筹备组召开区政府筹备组成员第三次会议，研究划分畜禽养殖禁养区限养区等有关问题。区政府筹备组副组长、党组成员，淮安现代商务集聚区、工业园管委会主要负责人，各乡（镇）长、街道办事处主任，相关部门主要负责人参加会议。

11月24日下午，区政府筹备组组长张笑在区会议中心第六会议室主持召开区政府筹备组成员第四次会议。区政府筹备组副组长、党组成员，工业园管委会主要负责人，相关乡镇、街道办事处，相关部门主要负责人参加会议。

区长办公会议

【清浦区政府】 2016年3月21日，区政府召开区长办公会议，对淮安宏进农副产品物流中心项目相关问题进行了研究会办。

2016年4月28日，区长张笑主持召开专题会议，研究会办市二中校园拆迁改造过程中剩余7户房屋安置、新闸高架桥影响新闸村居民生命安全隐患（噪音污染等）等两个问题。

城市建设

【清河区】 以城市功能提升为抓手，统筹城市规划、建设、管理三大环节，中心城区城市品质不断提升，城市生态环境日益改善。全面整治繁荣新村、环美小区等58个老旧小区，完成革命小区、北新村等10条后街背巷改造工程，提升大寨河中段、石塔湖、小盐河北段等城市水体环境，建成2个城市绿色小客厅，新（改）建公共停车位、垃圾中转站、公厕等一批便民设施，实现无人管生活院基本物业服务全覆盖，城区绿化覆盖率达41%以上，主要污染物排放率、优良天数达到省定标准，城市长效综合管理水平保持全市领先。

【清浦区】 全年整治改造老旧生活小区40个、背街后巷5条，新增城区公共停车位200个，新改扩建公厕4座、垃圾中转站2座、城市绿色小客厅2个，北京南路便民疏导点投入使用。深入推进文明城市创建，顺利完成"931"工程整治任务。进一步巩固村庄环境整治成果，落实长效管护机制，完成15条区乡级河道疏浚整治。新建勤政南路、长阳路等市政主次干道6条、污水管网30余公里，建成农村公路5.7公里、桥梁22座。实施顺河洞灌区改造、电厂河泵站拆建等重点工程。完成新一轮农村饮水安全工程，惠及5.5万农村居民。启动国家生态文明示范区建设，新建绿化示范村10个、无公害粮油蔬菜生产基地16个。落实严格的管控措施，区域内环境空气质量进一步优化。实施最严格生态红线区域保护和最严格水资源管理等制度，加大饮用水源地环境综合整治力度，创成国家级节水型城市。

社会事业

【清河区】 创业就业持续深入，大力实施"大众创业工程"，开展创业培训11035人，培育创客3149人，城镇新增就业7333人，帮扶下岗失业人员再就业5442人，"4050"等困难群体再就业631人，高校毕业生创业就业率达95%以上；民生保障持续加强，大力实施"全民参保登记计划"，城乡基本社会保险覆盖面达98.5%。社会救助水平稳步提高，低保标准由每人每月490元提高至520元，实施医疗救助3375人次，救助资金244万元，为200名困难群众购买关爱服务、680名困难老人购买居家养老服务；教育发展更加优质均衡，师院附小新校区、老坝口小学、万达小学建设加快推进，成功引进国内外知名的优质教育资源枫叶国际学校，教育现代化建设水平在省级监测中位居全市第一、全省前列，2016年，区跳水队在全国少儿跳水冠军赛上获5枚金牌，师院附小创成国家级足球特色学校；大力实施社区卫生服务机构提档升级工程，基层卫生机构运行机制改革深入推进，淮西社区卫生服务中心被评为"全国优秀培训基地"；两孩政策稳步推进，计生服务水平持续提升；书香城市创建活动扎实开展，新改扩建4个社区文化活动中心和5个24小时图书自助驿站，图书馆等文化场馆实现免费开放，现代公共阅读服务体系加快构建，公共文化服务水平不断提升。

【清浦区】 深入实施民生幸福工程，以民生实事为抓手，不断加大民生投入力度，增加公共服务供给，提高公共服务共建能力和共享水平。全年组织城乡劳动者就业技能培训4211人、创业培训603人，新增城镇就业5206人、扶持创业成功346人；实施医疗救助共计1930次，救助资金 250余万元，临时救助670人次，救助资金103万元；养老服务体系初步建立，新建标准化社区居家养老服务中心3个，为全区600名经济困难家庭老年人购买养老服务；教育现代化建设成效明显，新获批省级课程基地建设项目、前瞻性教学改革实验项目各1个，新创成4所省优质幼儿园；医药卫生体制改革进一步深化，与市二院、市中医院共建医联体，创成省级示范村卫生室3个、省级特色科室1个；两孩政策稳步推进，计生服务水平持续提升；新建21个社区文化活动中心、村民文化健身广场、5个24小时公共自助图书阅览室，全区39个行政村实现农家书屋全覆盖。

项目建设

【清河区】 坚持现代服务业和都市型工业双轮驱动，深入实施产业转型升级工程、科技创新工程，花漾城、颐高数码、宏元国际购物广场等项目加快推进；全域旅游战略深入实施，御码头运河文化中心、阅读中心项目加快推进，古淮河文化生态景区代表淮安成功入选省申创5A级景区后备单位名录，清河区被列入全国第二批全域旅游示范区创建单位名单；光电产业园、8英寸集成电路芯片生产线等一批重大项目签约落户，苏益电器在"新三板"成功上市。全年实现工业增加值19.2亿元、规模以上工业开票销售28.2亿元、入库税金4.1亿元。高新技术产业加速发展，全年实现高新技术产业产值45亿元，科技进步对经济增长贡献率超过50%，清城创意谷获批苏北首个"国家级众创空间"。茂业时代广场、华信广场、淮安金融中心等重大项目加快建设。全年实施棚户区改造项目11个、征收面积110万平方米，华希广场、御码头运河文化中心、经贸大厦南侧、西郊淮建宿舍等地块完成征收。

【清浦区】 全年新引进亿元以上项目16个，开工亿元以上项目10个，竣工亿元以上项目4个，盐卤产业升级、烟叶梗丝切片等项目开工建设，红椒冷藏交易中心、楚轩物流等项目竣工。全年实施中心城市建设项目170个，完成投资256.19亿元。实施棚户区改造项目12个、征收面积109万平方米，市区快速路一期清浦段房屋征收任务基本完成。清江人家、金品商务广场等项目建成交付，南京外国语淮安分校、创业创新科技园等项目加快建设，吴圩安置小区、关城花苑、康居名城二期等安置小区主体部分封顶。

重大项目签约

【清河区】 2月19日，苏北综合物流基地项目成功签约，该项目由盐河生态科技城管委会引进，由国内知名的现代综合物流运营商---中铁物流集团有限公司投资建设，项目占地320亩，总投资5亿元。项目位于盐河生态科技城姚庄路东侧、长江东路南侧、S237省道西侧、临河路北侧。建筑面积约15万平方米，主要建设电子商务产业孵化中心、城市配送综合体、区域大型配送中心、第三方物流运输分拨中心、物流公路港结算中心等，打造服务于淮安市及苏北地区的综合型现代物流产业基地。

8月27—28日，澳洋顺昌超百亿国家级半导体产业园重大项目落户清河。市委书记姚晓东出席签约仪式。市长惠建林出席国家级半导体产业园集成电路一期项目开工启动仪式，并为澳洋顺昌美国硅谷IMOSTECH（艾默斯）研究所揭牌。副市长唐道伦、淮安澳洋顺昌光电技术有限公司董事长陈锴、江苏澳洋顺昌集成电路股份有限公司总经理陈军，区领导仲凤笔、张冲林、马乃骏、刘春梅、潘华春、薛莉等出席有关活动。

9月8日，清河区政府·淮阴师范学院全面战略合作协议暨科创中心项目签约仪式举行。市委常委、组织部长张彤，副市长唐道伦，淮阴师范学院党委书记朱汉清、校长朱林生，香港润天集团董事长胡志宏，意大利佛罗伦萨手工业精品协会副会长尤茗茗女士、史蒂芬先生出席签约仪式。区委书记仲凤笔主持签约仪式，区长张冲林介绍与淮师全面战略合作情况以及科创中心项目建设构想。区领导马乃骏、刘春梅、潘华春、陈志勇等参加活动。

机构编制

【清江浦区行政机构设置】 新成立的清江浦区设置区委工作机构9个，区政府工作部门23个，群众团体9个，区委部门管理机构4个，区人大机关，区政协机关6个。

【商务领域行政执法体制改革】 为全面履行商务市场执法监管职责，根据《省政府办公厅印发关于开展综合行政执法体制改革试点工作指导意见的通知》《关于淮安市商务领域综合行政执法体制改革试点实施方案的批复》《关于淮安市清浦区商务领域综合行政执法体制改革试点实施方案的批复》等文件精神，结合清浦区实际，出台了《关于印发淮安市清浦区商务领域综合行政执法体制改革试点的通知》，承接了淮安市商务局下放的17类32项行政执法职能，通过清浦区商务局委托区市场监督管理局行使，将执法编制划入清浦区市场监督稽查大队，双方签订《商务综合行政执法委托书》，相关工作接受清浦区商务局监管和指导，形成一整套管理和运行机制，初步建立起简约高效、权责明确、运转协调、执法有力的商务综合行政执法体制。

【权力清单标准化建设】 编制标准规范的权力清单及行政权力办事指南，是政府部门管理能力和服务水平的集中体现，是推进政府治理体系和治理能力现代化的重要举措。11月22日，根据省政府的统一部署，区政府召开清江浦区权力清单标准化工作推进会，按照“权力事项一个不能多，一个不能少”的原则，做到部门全覆盖、类型全覆盖，切实做到省市区三级同权、同名、同码。

【统一社会信用代码赋码】 根据《中央编办关于开展机关、编办直接管理机构编制的群众团体统一社会信用代码赋码工作的通知》、省编办《关于开展机关、编办直接管理机构编制的群众团体统一社会信用代码赋码工作的通知》和市编办《关于开展机关、编办直接管理机构编制的群众团体统一社会信用代码赋码工作的通知》精神，两区编办组织开展机关、编办直接管理机构编制的群众团体统一社会信用代码赋码工作，按时完成证书发放和数据传送等工作。

外侨事务

【因公出国（境）管理】 严格执行中央“八项规定”和省市区有关规定，认真履行工作职责，切实加强因公临时出国境审批工作，强化外事纪律执行，严格控制出境团组、人员和经费，有效的控制了出访的团组和人次。2016年，全区共审批11个出访团组，18人次，其中教师团组6个，13人次。

【入境管理】 接受外国人来华审批咨询21批次，全年累计办理外国人入境来华资料审核25人次。

【为侨服务工作】 区现有境外华侨（含华人）、侨眷10人；归侨2人，1人为朝鲜归侨，1人为日本归侨。积极开展以商引商，以侨引侨，在对外宣传推介清浦的投资环境上发挥了积极的作用，累计新批外资项目18家；主动对接区内侨企，积极帮助榕槿实业、澳洋顺昌等项目解决相关难题；做好基层侨务创建工作，指导社区做好社区侨务工作，推动全区社区侨务工作，向阳社区创成全国社区侨务工作示范单位，富春社区、城西社区已经成功创建省级社区侨务工作示范单位。

民主党派

中国国民党革命委员会清江浦委员会

【概况】 民革清江浦区基层委员会于2016年12月成立，下设医卫、科教、综合三个总支，现有党员75人。

【党建工作】 4月，原民革清河总支组织党员开展“观革命先烈故居，走多党合作之路”活动，赴绍兴瞻仰邵力子故居，缅怀民革先辈孙越崎。

7月，民革清河总支组织党员开展“瞻仰周恩来故居，重温总理生平事迹”活动，通过对革命先烈系列活动，进一步弘扬党员爱国热情，积极传播正能量。

12月18日，民革淮安市清江浦区基层委员会成立，同日召开民革清江浦区全体党员大会，选举第一届基层委员会委员和领导班子，选举下设的3个总支委员、主副委员，搭建好首届基层委员会组织架构。

2016年新发展民革党员6名。

【参政议政工作】 完成社情民意信息共48篇，民革省委采用24篇，省委统战部采用4篇，其中《建议在全国试点取消乡镇(街道)招商引资职能》被民革中央采用。

开展“0~3岁早教市场发展现状”课题调研，在前期对原清河区范围内早教机构普查的基础上，进行走访调研，分析存在问题，提出针对性建议。

【服务社会工作】 6月24日，阜宁遭遇了特大台风，受灾严重，原清浦总支购买了方便面、饼干、矿泉水等生活必需品，用一辆轿车、一辆面包车运往灾区，并组织总支内部部分医生、擅长心理疏导的教师参加救援。

5月份组织社区老劳模、老党员和部分低保户乘游船游览风光带到河下，感受淮安近年发展成果，并为老人发放了近万元营养奶粉。

积极组织参加“爱心速递”活动。原清河总支组织13名党员与家庭较困难的13名小学生建立爱心联系，在小朋友生日或六一节市送上祝福。

专家工作站工作成效显著，全年邀请市中医院张雨、汤立新主任到清江浦区市中社区卫生服务中心实地指导4次，通过联合查房、座谈交流的形式提高基层医疗服务水平，更好服务社区群众。

中国民主同盟清江浦委员会

【综述】 2016年12月11日下午，民盟原清河区总支与原清浦区总支合并，成立民盟淮安市清江浦区基层委员会，薛睿担任主委。基层委员会下设三个总支和三委三处一中心，共有盟员102人，经济、医卫、机关和教育界占比分别是40%、11%、16%和25%。2016年被区政协立案的集体提案和个人提案共计23件。开展的捐资助学、扶贫济困、公益捐助等各类社会活动，全力打造社会服务品牌。

【党派联谊】 1月12日，民盟清河总支主委薛睿及部分盟员应农工党清浦总支主委朱延会邀请参观了清浦区规划展览馆和清江浦历史文化展览馆。薛睿主委和朱延会主委就党派工作进行了交流，并表示今后将加强民盟清河总支与农工党清浦总支之间的合作，利用好两个党派的现有资源共同开展活动帮助群众和企业，履行好民主党派的职责和义务。

【新春联谊】 1月28日，民盟清河总支主委薛睿偕部分盟员与市民盟文化支部盟友共同举办了迎新春书画名家联谊活动。

【年度工作会议】 3月5日，民盟清河总支召开了2016年工作会议，民盟清河总支主委、政协副主席薛睿主持会议，民盟市委副主委朱伊帆、秘书长朱春霞出席会议。会议上，朱伊帆主委为全体盟员讲解了中国政党制度，带领大家重温了民盟发展历史。薛睿主委对民盟清河总支2015年工作进行了总结，对2015年先进个人进行了表彰，并对2016年工作进行了部署。

【教育活动】 3月8日，为热烈庆祝第106个国际劳动妇女节，清浦民盟教育支部与淮安市民盟市委的朱伊帆主委和朱春霞秘书长欢聚一堂。在清浦中学的大会议室里，各位盟员畅谈工作、学习和生活，清浦中学的党委书记徐静波和副校长刘跃向与会的盟员介绍了清浦中学蒸蒸日上的发展的现状。

3月12日，民盟清浦总支的教育支部盟员跟随淮安市民盟市委一起到洪泽大堤进行植树造林活动。教育支部的盟员为洪泽湖大堤捐赠了黑松等适合在堤岸生长的树木并积极参与植树活动。

6月5日，民盟清河总支邀请农工党清浦支部主委朱延会及部分成员到清河区参观交流，民盟清河总支主委薛睿、副主委徐金玲、汪盛等参加活动。先后参观了江苏顺泰包装印刷科技有限公司、清河新区淮扬菜博物馆、清河区非物质文化遗产传承基地、季华云工作室、淮安市书妙翰缘科技发展有限公司和江苏化石文化传播有限公司等特色鲜明的科技文化类企业。

7月30日，民盟清河经济一支部与长西街道河堤路社区共同开展了红色之旅活动，并组织了众多社区老党员参与活动。一支部工作人员积极帮助社区联系车辆，考虑到参加活动的老人居多，还安排驻车医生，使得本次活动顺利开展。

8月30日，民盟清河总支与长西街道河堤路社区共建的党外人士工作室举行揭牌仪式，区政协副主席、工商联主席、民盟清河总支主委薛睿和长西街道办事处党工委书记何喆为“河堤路社区党外人士工作室”揭牌，区委常委、统战部部长潘华春，区统战部副部长、工商联党组书记赵宏扬，区工商联副主席周晓明，各民主党派主委、常务副主委，各街道统战工作负责人参加了揭牌仪式。

9月10日，民盟清浦总支庆祝教师节暨传达“两学一做”会议在四星级高中江苏省清浦中学召开。清浦总支主委冯勇老师和副主委梁平老师传达了加强党员教育管理的“两学一做”活动，明确了党要求党员开展“学党章党规、学系列讲话，做合格党员”的活动。

12月18日，中国民主同盟淮安市清江浦区第一次代表大会在清江浦区政府会议中心举行。大会宣读了《成立民盟清江浦区基层委员会的决定》，50名代表依照相关程序选举出第一届委员会委员，选举产生了以薛睿同志为主委的民盟清江浦区基层委员会第一届领导班子，听取了第一届委员会工作报告和表态发言。

中国民主建国会清江浦委员会

【综述】 2016年12月17日下午，民建原清河区总支与原清浦区总支合并，成立民建淮安市清江浦区基层委员会，周海山担任主委。现有10个支部，会员248人，占到民建淮安会员总数的1/3。年度在《团结报》发表3篇，淮安统战2篇。在参政议政履行政治职责方面，被市委会以上采用社情民意211篇，向人大、政协提交各类议案、提案、视察调研报告等30余篇。

1月12日，民建清河二支部到富强社区慰问了社区中的14户残疾家庭，为他们送上了价值2000多元的大米、大豆油等生活慰问品。随后，民建清河二支部安排车辆组织14位残疾人到棉花庄采摘园、花卉市场进行采摘、插花等职业培训，以便他们能适应社会，找到一份适合的工作。

1月24日，民建清河总支五支部会员们走进丁集敬老院看望并慰问了36位年过花甲的孤寡老人。给每一位老人奉上慰问金，并提前给他们拜早年，随后支部会员与“淮安阳光义工”队员们为老人们包饺子，活动现场气氛温馨、其乐融融。

1月28日，民建清河三支部组织部分会员到清河区繁荣社区，开展新春扶贫慰问活动，为社区10名困难群众送去了慰问品和御寒用品，将新年祝福和温暖送到他们的身边，使困群众在寒冬中感到春天的温暖。

1月31日，淮安民建清浦总支会同清江街道办事处，对清江街道辖区内的70余户困难群体开展了“思源工程节日慰问”活动，为困难群众送去生活物品和节日问候。民建市委主委高岱明、副主委庞进亮，清浦区政协副主席、统战部部长杨长万，副部长朱亿元以及民建清浦总支主委周海山等参加了慰问活动。

2月3日，民建清浦区一支部到清浦区城南乡敬老院，对该院的孤寡老人进行春节慰问活动。民建市委庞进亮副主委、城南乡有关领导受邀参加慰问活动。

3月10日，清河总支五支部邀请市中医院相关科室医务志愿者在夕阳红广场为社区居民进行“关爱百姓健康”为主题的免费义诊活动。

3月11日，民建淮安清河一支部组织会员在清河总支石鹏中主委带领下赴徐州开展结对交流活动。民建徐州市委副主委赵英、市委秘书长潘玉珍、市委宣传组织部长张媛等参与活动。

4月2日，民建清河一支部召开专题学习会议，共同学习习近平总书记在全国“两会”民建、工商联界联组会议上的重要讲话精神。民建市委主委高岱明出席会议并讲话。会议还着重学习了洪慧民主委对习近平总书记在全国民建、工商联联组会议上重要讲话的解读以及对全省企业家会员提出的四点要求。

5月8—12日，民建中央组织了民建全国基层组织主委培训班，全国30个省市区近500位民建基层组织主委参加培训。

5月29日，随着高考的日益临近，民建清浦一支部会员企业——江苏中玮工程有限公司到高考考点清浦中学，对学校的10千伏变电设备预试检修，并对教学楼等低压用电设施进行安全巡查、检修，为高考期间的用电安全做好保障工作。

5月31日，民建清浦三支部联合淮安市农科院走进淮阴区丁集镇七一村开展支农服务活动，共为当地55户村民送去喷雾器、育苗基质等农资产品，还就如何使用育苗基质做了技术指导。该项活动对当地村民应用新技术，科学种植起到引领作用，受到村民的广泛欢迎。

7月9日，由民建清河一支部发起，民建市委大力支持的淮安、无锡、徐州三地民建基层组织建设经验交流会在淮安清河区召开。民建淮安市委主委高岱明、副主委庞进亮，民建无锡市委副主委许建樟，民建徐州市委秘书长潘玉珍、民建徐州市鼓楼总支主委孙大芳以及淮锡徐三地民建的基层支部会员代表共80余人参加了会议。

8月14日，民建清浦一支部在副主委周正刚的带领下冒着酷暑，到了大别山腹地的穷困山区。在柳畈小学校长安四清的陪同下走进了住在大山深处的留守儿童家里，送上民建人的关爱。

9月9日，民建清河四支部会员走进水渡口街道沈阳路社区开展“庆中秋、送温暖”关爱老人系列活动。支部主委孙季林、马继业等代表四支部，带着月饼等慰问品看望沈阳路社区居家养老服务站的老人和部分困难老党员。民建市委副主委庞进亮、市委委员、淮通物流董事长朱太峰等参加了中秋慰问活动

9月11日，“中秋节”前，民建清浦总支再次到清江街道办事处，对清江街道辖区七个社区的78户困难群众开展一年一度的“思源工程——中秋捐助”慰问活动，为困难群众送去生活物品和节日问候。民建市委副主委庞进亮，清浦总支主委周海山、清浦二支部主委孙建军以及部分民建市政协委员等参加了慰问活动。

9月15日，在传统中秋佳节来临之际，民建清浦区一支部、二支部部分会员在民建市委副主委庞进亮、清浦区委统战部副部长魏良刚和民建清浦总支主委周海山的带领下，到清浦区城南乡关城敬老院进行慰问活动，为老人们送去日常生活用品与节日的问候，让老人们感受到来自民建的爱心与温暖。

12月21日，为加强基层组织建设，推动新成立的清江浦区基层委员会各项工作的顺利开展，清江浦区基层委员会领导班子召开支部主委座谈会，市委委员、清江浦区基层委员会主委周海山出席，所辖十个支部的主委、常务副主委以及部分骨干会员到会座谈，会议由区基层委副主委陈兵主持。

（撰稿人：周劲松）

中国民主促进会清江浦区委员会

【综述】 2016年12月17日，民进淮安市清江浦区基层委员会成立大会在市行政中心107会议室举行，民进淮安市委副主委、淮安信息职业技术学院院长田敏，民进淮安市委秘书长、淮安区政协副主席马世良，市委统战部党派处处长王利，清江浦区委统战部副部长、台办主任韩静宇出席会议，民进清江浦区会员代表45人参加会议，民进市委副主委、市政协办公室副主任李萍主持会议。民进原清河区总支与原清浦区总支合并，成立民进淮安市清江浦区基层委员会，周爱芹担任主委。民进淮安市清江浦区基层委员会现有6个支部，会员97人。在参政议政履行政治职责方面，被市委会以上采用社情民意128篇，向人大、政协提交各类议案、提案、视察调研报告等10余篇。

2016年5月16日至20日，淮安市清河区委统战部在省社会主义学院举办清河区党外干部培训班，各民主党派成员共50余人参加培训。民进清河总支组织全区民进各支部骨干会员共7人参加了此次培训。此次培训提高了会员们的统战理论水平，拓展了会员们参政议政的工作思路，并增进了会员们与其他各党派成员之间的友谊。

2016年6月3日，民进清河总支积极举办了“助力建设新清河”知识竞赛，区政协副主席、区委统战部部长张增元应邀出席，民进清河总支主委周爱芹主持活动，民进清河总支四个支部共二十余名会员分别组成代表队参加竞赛。此次竞赛不仅加深了会员们对全区“十二五”期间建设、发展总体规划的认识，增进了会员们对现阶段统战重点工作的了解，同时也极大提高了会员们的使命感和责任感。

2016年7月11日，民进淮安市清浦区总支委员会第四次大会暨换届选举大会召开，民主选举总支及各支部委员会委员。民进江苏省委副主委、淮安市政协副主席、民进市委主委朱毅民出席了会议。会上选举产生了新一届民进清浦总支委员会领导班子，李萍担任总支主委，高海波、王晓明、陈壹明三人担任总支副主委，陈建洪、张爱红、王静三人担任总支委员。会议同时选举产生了各支部委员会委员若干名。朱毅民对此次换届选举大会的召开表示祝贺，对民进清浦总支多年来的工作给予了充分的肯定。朱毅民希望新一届总支领导班子能够继承和发扬民进的优良传统，进一步增强新形势下民主党派工作的责任感和使命感，切实加强自身建设，努力提高履行职能的能力和水平。

2017年7月14日上午，清浦区委开展了“双月看”活动。通过观看宣传片、实地考察、听汇报、座谈讨论等形式对淮安商务区全方位的调研。民进清浦总支主委李萍和副主委陈壹明应邀参加了此次活动。会议上，李萍主委就淮安商务区的基本情况、美好愿景给予充分肯定，同时，也给商务区的后期发展提出了前瞻性、可行性的建议。

2016年7月20日下午，民进清浦总支“国学 进社区、进乡村”活动首场报告会在闸口街道博古社区举行。淮安市心理健康教育学科带头人、淮安市未成年人成长指导中心首席咨询师、淮安市第一中学副校长、民进青浦总支副主委陈壹明在闸口街道博古社区为居民做了《国学对家庭的积极影响》的讲座，和大家一起探讨了国学中的经典《三字经》和《弟子规》，通过发生在大家 身边的一些小事，将国学博大的精神传播给在场的每一位居民。“这样的讲座不枯燥，不走形式，实实在在。”社区居民用最热烈的掌声给予了回报，纷纷表示这样的讲座以后要多多走进社区。据了解这次活动只是一个良好的开始，“双进”活动将进一步有序进行。

2016年7月21日下午，民进清河总支和区政协港澳侨台委共赴淮安市清河与光同行自闭症儿童康复中心，对自闭症儿童康复的相关情况进行调研。

2016年12月27日，民进清江浦三支部在清河区与光同行儿童康复训练中心组织一场捐赠仪式，为该中心的自闭症儿童捐赠了钱物。该中心取得了八年为300名学生和500个家庭提供训练服务，回归社会比例高达16.6%的好成绩。对于关爱自闭症儿童和家庭，要充分发挥民主党派的作用，呼吁社会上更多的人了解并关注这个特殊群体；在充分调研的基础上，提出可行性建议，切实为自闭症儿童和家人解决困难。

中国农工民主党清江浦区委员会

【综述】 2016年12月20日，农工党原清河总支与原清浦总支合并，成立农工党淮安市清江浦区基层委员会，夏浦担任主委。现有4个支部，党员51人。2016年清河和清浦总支共撰写市、区人大代表建议和政协提案27篇，其中1篇被市人大常委会表彰为优秀建议，2篇被区政协表彰为优秀提案，党派活动稿件共计26篇，其中7篇被《淮安日报》和市电视台采用，较好地提升了清河和清浦两区农工党组织的党派影响。

2016年初，农工党清河总支被授予“中国农工民主党先进基层组织”、农工党清河和清浦总支被授予“农工党淮安市委会2015年度优秀基层组织”等荣誉称号。

1月，毛德祥副主委代表农工党清河总支在清河区政协大会上做了题为《关于加快推进医养结合服务的建议》的大会发言；总支委员沈士杨撰写的《关于改善公交服务，提升城市形象的建议》的提案（提案号：75066）荣获淮安市政协优秀提案；在市人代会议上，主委杨绚丽提出了《关于提高物业服务水平的建议》，并进行了沟通和交流。

2月，农工党清河总支一支部党员谷亚云、胡燕华、范金虎等积极响应区卫生计生委号召，踊跃参加无偿献血活动，以实际行动践行“三严三实”，积极向社会传递正能量。

3月，清浦总支组织党员与清河民盟到清河开发区参观淮扬菜博物馆、工学院大学生创业园等。清河总支一支部医疗志愿者服务队成员张堃、谷亚云、赵惠军等深入东方丽景小区参加“志愿服务进社区，文明清河人人创”的主题实践活动，为社区居民开展义诊和健康咨询服务，受到了社区居民的一致好评。积极组织总支骨干女党员参加农工党淮安市委组织的“深入开展中国特色社会主义学习实践活动”——户外拓展训练活动。清浦总支来到了还在布展建设中的淮安市遗体捐赠纪念馆，开展了“共植一棵树，缅怀捐赠者”活动，既美化环境，同时又褒扬志愿者们的无私奉献精神。

4月，在第21个“世界防治结核病日”来临之际，清浦总支联合清江社区卫生服务中心在乐园小区开展结核病防治宣传工作。

5月，清浦总支组织部分党内医务人员开展一年一度的“迎六一”免费体检活动，赢得广大家长一致好评；清浦总支在人民社区设立咨询台，宣传预防接种宣传周，让群众依法预防接种，享受健康生活。5月份的最后一天，也是第29个世界无烟日，清浦总支健康团队到淮安市开明中学宣传吸烟的危害，号召孩子们远离烟草。

6月，清浦总支和市委会、82医院等多家单位在新新家园小区开展第九届中国环境与健康宣传周活动，围绕“健康中国”主线，为广大市民免费送医送诊，得到了现场群众的好评。农工清浦总支与清安社区服务中心党支部结合“两学一做”活动，前往周恩来纪念馆参观，瞻仰周总理，学习其精神。为了加强党员之间的交流，由统战部牵头，清浦总支组织党员到夏浦副主委所在淮安现代商务集聚区进行走访参观，组织党员走进清江古韵水岸风情街、中央商务区项目(CBD)、淮扬情大舞台。通过交流，不仅对党员进一步了解，还为参政议政工作提供素材。清河和清浦组织总支党员参加农工市委会第三届“里运河健步走”活动，用运动践行“美丽中国”“健康中国”理念。在盐城阜宁、射阳等地区发生龙卷风、冰雹特别重大灾害时，清河总支积极响应上级号召，第一时间印发通知，组织全体党员积极开展爱心捐款活动，总支全体党员共捐款2300元，以实际行动支持灾区恢复生产，共渡难关，重建家园。

7月，清浦总支受淮阴区支部邀请参加“敬老健康行”主题活动。在坦诚深入的交流中，不仅丰富了支部间和党员的彼此情感，还找到了与兄弟支部的差距，增强了自身能力提升的紧迫感。

8月，为认真做好清河区征兵体检工作，充分发挥人才优势，挑选、组建医术精湛、业务能力强的骨干党员成立医疗队伍参加清河区征兵体检工作，确保输送健康合格的优秀青年参军入伍。自2000年沈士扬担任主检以来，清河区连续十七年未出现一例身体原因退兵，清河区征兵办先后被江苏省政府、省军区及南京军区表彰为征兵工作先进单位；农工党清河总支杨绚丽、沈士扬、王义标、毛德祥、谷亚云等人先后荣获“淮安市征兵工作先进个人”荣誉称号，以实际行动诠释了农工党人对双拥工作的支持和无私奉献。

10月，清河总支农工党员、清江浦区市中中心医师范金虎与刘玉波、徐林汐组成的淮安市代表队，在南京参加了由省卫生计生委和省总工会主办的以“竞技练兵、展我风采”为主题的全省基层卫生岗位练兵和技能竞赛，凭借扎实的业务知识、过硬的心理素质、丰富的临场经验，不畏强手、勇于拼搏，最终取得团体二等奖的优异成绩。

九三学社清江浦区委员会

【综述】 顺应原清河、清浦两区合并发展态势，2016年12月16日，九三学社原清河区委员会与原清浦区委员会合并，成立九三学社淮安市清江浦区基层委员会，选举产生社区委主委：简振龙，副主委：刘爱荣、钱光磊、章嘉恬、周文林、王守强、李建芹、汪洪武。下设经科支社、机关支社、文教支社、综合支社、老龄一支社、老龄二支社6个支社，社员共66人。年度向人大、政协提交各类议案、提案、视察调研报告等20余篇。

1月9日，九三学社清河区委围绕节气文化开展了传统文化进社区活动，与淮安汉韵国学社一起为府前街道京北社区送上了一份“文化大礼包”。

活动中，穿着汉服的文化志愿者讲解了二十四节气文化的相关知识，带领社区内的部分孩子诵读国学经典，同时开开展了包饺子比赛，其乐融融的氛围让大家感受到传统文化是融入生活的传承，并非想象中的高不可攀。

九三学社清河区委每年定期组织开展文化进社区活动，内容涵盖国学经典诵读、文化艺术辅导、民俗文化常识及传统手工艺等多个方面，既推动了社区文化建设，也弘扬了传承优秀文化的精神。

3月22日下午，九三学社清浦区委员会组织区九三界别政协委员就2016年全国“两会”精神进行专题学习座谈。委员们认为，此次全国“两会”是在我国进入全面建成小康社会决胜阶段召开的一次重要会议，对于统一思想，凝聚力量，协调推进“四个全面”战略部署和中央各项重大决策部署贯彻落实，具有重大意义。

3月23日下午，九三学社清河区委员会在北京北路社会管理服务中心二楼会议室召开工作例会，部署下一阶段的主要工作安排。

10月9日，九三学社清河区委组织老龄社员参观清河新区，与老社员共度传统佳节。副主委周志红等参加。（章嘉恬）

清江浦区知识分子联谊会

2016年以来，清河区无党派知识分子联谊会紧紧围绕区委、区政府中心工作，积极参政议政、建言献策，广泛开展岗位建功和社会服务活动，为推动经济社会协调发展作出了应有贡献。

【助力“两站一会”，服务社会民生】 知联会按照区委统战部“联系街道结对共建，走进社区交友调研，融入网格为民办事”的工作思路，与府前街道结对开展合作共建活动，创建了“同心社区实践基地”，把服务工作延伸到社区，并将此作为社情民意收集点，为参政议政收集第一手资料，发挥了知联会在街道建设和街道服务中的积极作用，不断提升无党派知识分子参政议政能力和服务社会水平。在淮安光明眼科医院挂牌的专家工作站也积极参与社会公益活动，扶贫助困，奉献爱心，展示了广大无党派知识分子的良好社会形象。积极组织会员开展为盐城灾区捐款活动，为灾区献爱心。

【建言献策】 组织广大会员围绕区重点工作建言献策，为区委、区政府做好决策参考。上半年，清河区知联会根据有关调研工作安排，就清河区物流园区发展情况进行调研，赴临沂市金兰物流园和天源物流园及考察，走访了淮安市兄弟县区物流园建设情况，就清河区物流园区建设发展研究对策建议，形成题为《关于促进清河区物流园区发展的调研报告》一份。组织会员开展了清河区环卫事业管理运行情况调研活动，并提出了相关建议。结合调研活动报送《清河知联会为盐河生态科技城现代物流业发展建言献策》等信息。

【加强团队建设】 按照区委的部署和要求，在知联会成员中开展新时期清河精神大讨论活动，并组织知联会成员召开座谈会集中讨论新时期清河精神，累计收集新时期清河精神8条，新时期清河好干部特质8条，新时期清河城市标识6个。组织知联会会员参加省社会主义学院举办统战成员培训班，对中央统战工作会议精神进行系统学习。12月18日，在清江浦区政府大楼会议厅成功召开清江浦区无党派知识分子联谊会成立大会。李桂琴当选为理事会会长，吸收首批会员77名。

社会团体

工商联

2月13日，原清浦区工商联联合区妇联、团委在文庙主办了“智爱一生 缘定清江浦”大型相亲会，现场气氛相当热烈，活动结束时，已有近10对单身男女牵手成功。

3月24日，原清河工商联组织十二名企业家赴中国人民大学开展企业管理培训，提高企业管理水平。

5月13日，原清浦区工商联组织30余名企业家代表赴泗洪双沟酒厂进行了考察，帮助企业家开阔视野、学习先进的技术及管理经验。

5月27日在车站社区成立了车站社区商会，富贵园大酒店总经理李玉喜当选首任会长。

6月30日，原清河区工商联召开了新生代企业家商会成立大会，淮安市黄埔商业投资管理有限公司董事长杜其洪当选为首届会长。

7月2日，原清浦区工商联组织工商联副主席、副会长到市第一人民医院进行集中体检，体检和“健步走”比赛都是“关爱企业健康发展，从关爱企业家健康入手”系列主题活动中的内容，旨在通过关爱企业家健康来达到促进企业健康发展的目的，活动增强了非公企业家对工商联的认同感，提高了工商联的凝聚力。

【成立青年企业家商会】 2016年7月5日，原清浦区工商联召开新生代企业家商会成立大会，市工商联副主席徐震，区政府副区长赵正府，区政协副主席、工商联主席尹希海等出席了本次会议。会议选举产生了第一届理事会，江苏凯润建设集团董事长魏宝军当选为商会会长。商会后更名为青年企业家商会。

【精准扶贫进社区】 7月下旬，区工商联组织中天钢业有限公司、永固自动门厂、欣佳尼龙有限公司、振华鞋帽有限公司开展了“光彩行动·精准扶贫进城南”及“光彩行动·精准扶贫进浦楼”两项活动，为困难户送上了慰问金。8月12日，组织新生代企业家们为和平镇后左村居家养老中心捐助了急需的空调、冰箱等家用设备。

5月13日，中华全国工商业联合会办公厅发文确认淮安市清河区工商业联合会为2015年“领导班子好、会员发展好、商会建设好、作用发挥好、工作保障好”的全国“五好”县级工商联。

【成立上海淮安商会清江浦分会】 为促进清江浦企业在上海的抱团发展，11月下旬，上海淮安商会清江浦分会在上海农展馆多功能厅正式举行成立大会。区工商联还邀请了相关四套班子领导及部门负责人参加了会议，区委副书记王娟为分会揭牌，希望企业家们立足上海，在做大做强自身事业的同时，努力为建设家乡做出更大贡献。

2016年12月30日召开淮安市清江浦区工商业联合会第一次会员代表大会，尹希海当选为主席。

区总工会

【概况】 2016年10月8日，清河、清浦两区正式合并成立清江浦区，两区总工会合并成立清江浦区总工会，合并后全区共有区域工会联合会20个(4个园区、4个乡镇、12个街道工会)，社区(村)工会联合会129个、行业工会6个，独立(联合)基层工会340个，覆盖法人单位数1392个，有工会会员30598人。

【开展“立功竞赛”活动】 原清河区总工会在全区职工中开展了以重点工程建设、旧城改造、招商引资等为重点内容的“践行新理念·建功‘十三五’劳动竞赛活动，助推区委、区政府中心工作落实。长西街道工会在竞赛中，积极配合党政做好人民剧场地块拆迁和房屋征收工作，充分调动每一个工作人员积极性，征收工作组之间展开激烈竞赛活动，形成良好的工作氛围，提前完成区委、区政府下达的目标任务，街道被评为目标考核一等奖，也被市总工会授予“五一劳动奖状”。原清浦区总工会在组织开展“建功‘十三五’、岗位作贡献”劳动竞赛中，注重发挥一线基层单位和职工参赛积极性。区环保局工会和江苏井神盐化二分公司工会共同在公司全体职工中以“建功‘十三五’、岗位作贡献”为目标，重点围绕“降本增效、节能减排、技术创新、班组建设”等方面开展系列劳动竞赛，实施节能减排技改项目40余项，节约各项费用68万元。科圣化机、医疗器械等企业制定出台了具体的节能技能创新奖励机制，鼓励职工开展技术创新工作，取得企业和职工共赢的良好局面。

【"技能大赛"活动】 原清河区总工会在全区医疗护理、中式烹饪、物管电工、汽车修理、客房服务等五大行业工种中开展了"五行十佳"职工职业技能大赛。竞赛分理论考试和技能操作两个部分进行,全区共有近百名选手参加决赛。为保证竞赛顺利开展,区总工会拨出13万元专项活动经费。经过初赛和决赛,区总工会对各职业(工种)决赛总成绩优异选手和组织单位,分别给予奖金和授予荣誉称号。其中,市中卫生服务中心3名护理专业优秀选手代表淮安市参加全省基层卫生岗位练兵和技能竞赛总决赛,获团体二等奖的好成绩。原清浦区总组织14名选手参加第三届淮安技能状元大赛,江苏科圣化工机械有限公司的朱磊、何涛两名选手分获全市焊接工种第一和第三名的优异成绩,并代表淮安市出席第三届江苏技能状元大赛,充分展示了区行业"工匠"的时代风采。

【"劳模创新"品牌效应】 区总工会充分发挥劳模示范引领作用,激励职工创新创造,着力推进劳模(职工)科技创新工作室创建工作。淮安澳洋顺昌光电技术有限公司和淮安麦德森制药有限公司分别建立了以省劳模芦玲和市劳模刘榜惠命名的"劳模科技创新工作室";原清浦区教育局、区法院工会和原清河区公安分局成立了分别以劳模命名的"名师工作室""调解工作室""警务工作室";省先进工作者、原清浦区信访局局长张步亮先进事迹作为"两学一做"先进典型在全区进行宣讲,充分展示了劳模示范带动的品牌效应。原清河区总还组织劳模创新工作室领头人,走进基层企业,同一线职工代表座谈交流,将劳模爱岗敬业、无私奉献、吃苦耐劳、创新创优的精神送到企业和职工中去,引领广大职工树立正确的人生观、价值观、事业观,为实现"十三五"目标贡献智慧和力量。

【组织庭审观摩活动】 2016年5月17日上午,原清河区总工会组织全区各基层工会主席、人事劳资负责人及部分职工代表近150人走进清河区人民法院三楼第一法庭观摩劳动争议案件庭审全过程。此次法庭公开审理的是原告淮安市某某大酒店诉被告王某某工伤保险待遇纠纷案,庭审现场双方就本案相关有争议的问题进行多个回合的激烈争辩和举证,最后经过审判员法律宣传和多次说服调解,双方同意就相关事项进行协商,达成调解协议。在两个多小时的过程中,庭审现场气氛严肃庄重,观摩者聚精会神旁听了这桩劳动争议案件庭审全过程。这次旁听活动,是由区总工会为深入推进"法治清河"建设,落实"五一劳动法律宣传月"相关工作要求,提高广大职工和企业经营者的法治意识,提升工会干部依法维权工作水平而精心组织的。活动得到了区法院的大力支持,区法院党组成员、副院长黄波亲自担任本次庭审的审判员,保证了案件庭审优质高效进行。在庭审暂时休庭时,区总工会副主席姚秀春接受了电视台记者的采访。

【工资集体协商扩量提质】 区总工会通过立机制、建队伍、重培训、树典型等举措,有序推进全区各类企事业单位工资集体协商提质增效,截至目前,全区共有238家独立建会企业、69家区域(行业)完成工资集体协商;50人以上建会企业合同签订率达到100%,选树43家典型,有效推进了全区工资集体协商扩量提质。原清河区总"推进工资集体协商'六要素工作法'"被省厂务公开领导小组认定为"创新推进厂务公开民主管理探索实践项目";原清浦区"区域企业一元二次工资集体协商"创新办法被评为市厂务公开民主管理创新成果奖。

【搭建职工会员"幸福站"】 区总工会以区职工服务中心、乡镇(街道、园区)服务站、社区和企业服务点三级职工服务体系为依托,真心实意做好职工扶贫帮困工作,为119名职工核发了特困证,并发放购药卡、办理了意外伤害险;广泛开展春送岗位、夏送清凉、金秋助学、冬送温暖等节日帮扶慰问活动,全年共向特困职工、困难职工、农民工和困难劳模等1500多名困难群体、发放70多万元慰问金及物品。实施女职工关爱行动,为困难及单亲女职工提供生活助困、健康体检、子女就学等救助服务。完成市总工会下达的8000名参加职工特殊疾病医疗互济会目标任务。

【打造"爱心驿站""升级版"】 对全区"爱心驿站"进行全面的调研统计,摸清现有状况,对原有职工"爱心驿站"不适用和不适合的场所进行改造或迁移,由主干道向支干道、由社区向企业、工地延伸,并在新的区域增加新的站点,扩大服务场所的数量和容量,为"职工爱心驿站"提供场所保证。同时完备服务设施,在市总工会大力支持下,配套专项经费,对全区"职工爱心驿站"分批次增添电视机、冰箱、洗衣机、药箱等用品,尽可能地为户外职工提供更周到、更细致的服务。进一步拓展"爱心驿站"服务内涵,由原来的服务环卫职工为主的"爱心驿站",向出租车司机、交通警察、快递员等户外劳动者延伸,提供更多服务功能。相关做法先后被《今日中国》、江苏工会网、江苏文明网、淮安电视台、《淮安日报》、淮安视听网等新闻媒体宣传报道。

【撑起职工安康"保护伞"】 重大节日前,区工会总配合安监、消防等部门对人流量较大的商场、超市、学校、饭店、专业市场等场所进行安全检查,对发现的问题及时指出,督促整改;组织基层企业开展"安康杯"竞赛、"1+3"安全监控工作体系推行、"安全隐患随手拍"等活动,发动基层职工查隐患、促整改,预防安全事故,减少职业危害。原清河区总被省总工会、安监局授予安康杯竞赛组织工作优秀单位荣誉称号。组织1.2万多名职工分别参加省职工"网上安康课堂"劳动安全卫生知识普及教育竞赛活动和市"增力牡丹杯"安全生产知识竞赛活动,进一步普及劳动安全卫生知识,提升职工安康素质水平。强化职工法律法规保障措施落实,全区建会企业劳动安全卫生专项集体合同和女职工特殊保护专项集体合同签订率均达到90%以上;"三八"前夕,组织1800名困难企业女职工和特困女职工免费体检、两癌筛查,保护女职工身心健康。4—5月组织全区

300余名劳模进行了集中体检，组织12名省市级劳模参加市总安排的疗养活动。

【职工文化】 原清浦区总工会为庆祝“五一”劳动节，开展了“赞美劳动·讴歌清浦”诗词、摄影作品征集活动，从133篇作品中评选出26篇作品编印成册，并对作者进行表彰。区教育工会举办了全区教育系统卡拉OK比赛，评选产生十佳歌手；区法院、井神二分公司加大工会阵地基础投入，分别获得市职工书屋示范点和市书香企业称号。原清河区总工会组织全区女职工开展“智慧女性·幸福家庭”和写家书·传亲情”读书征文活动，共收到30多篇读书征文，其中清河实验小学女教师胡纯梅的《致我的父亲》获评全国总工会优秀家书，王丽的《给婆婆的一封信》等8篇征文被市总工会评为优秀征文。在参与书香城市创建活动中，举办了职工读书月活动，通过向职工推荐好书、建立基层工会流动书屋等深入推进职工读书活动，促进职工家庭文化建设，树立良好家风。区总工会先后组织排舞、围棋、乒乓球、羽毛球代表队参加市运会职工部比赛，羽毛球代表队荣获了团体第二和第三，排舞获得团体第八、县区级第二的成绩。主动做好工会新闻宣传和信息报道工作，全年被国家级新闻媒体录用10多篇，被省级录用80多篇、市级录用40多篇、区级录用30多篇，全市工会系统综合排名第一，全省排名第五。

【完善工会经审监督机制】 组织工会财务经审人员参加市总工会组织的工会财务知识培训，提高专业人员的法纪观念和业务水平，开展对本级经费预算及预算执行情况审查审计，加强工会经费审计工作。指导区机关事业单位工会开设独立账户，及时做好工会经费和职工福利相关审核工作，按时完成工会经费预决算工作和其他报表的报送工作。原清河区总工会对7个街道、新区及教育、卫生、法检两院的工会经费使用情况进行全面检查，确保工会经费的正确使用。原清浦区总会同市总工会财务部，对教育系统等单位开展了工会财务审计工作，发挥工会经审督察机制作用，保证工会经费的合理、合法使用，做到用好人，管好钱，把好关，不出事。

【结对共建联手强家】 根据市总工会《关于开展“结对共建、联手强家”活动的通知》精神，区总制订了详细的实施方案。通过对全区获得全国及省、市模范职工之家的基层单位进行排查摸底，结合这些单位目前生产经营情况、工会工作开展等情况，就近联系基础薄弱的工会组织双方携手，确定“结对共建”单位。按照“五个一”要求，带动结对单位工会尽快达到“六有”标准，建成合格职工之家，争创模范职工之家。通过选树示范典型、召开推进会、开展业务指导、调研座谈和挂钩考核等举措，目前90%以上的市以上模范职工之家都成功结对相关单位，签订了“结对共建、联手强家”协议书，推进了活动的开展，带动全区工会工作整体水平的提高。

【职工之家实体化建设】 原清浦区总工会对创建模范职工之家实体化建设工作，实施了“123”工作推进机制，即各乡镇、街道、园区工会年内培育至少3个工作示范点、开展至少2次全域性工会活动、实施至少1个创新项目。6月初，区总工会在区法院召开了专题工作推进会，实地观摩法院职工之家实体化建设工作，并听取了淮阴医疗器械、城南乡、清浦工业园、江苏增力商贸等工会建家经验介绍，有效的推进了全区工会实体化建设开展。原清河区总采取培育、选树、宣传、交流、联动等举措，利用淮海广场清扫班、上海路社区、富强社区等全国、省模范职工之家典型，发挥他们的示范引领作用，带动了全区工会职工之家建设整体水平的提升，成形了一批全区工会工作品牌和亮点。2016年区建会单位的职工之家建设实体化开展率达到90%以上。

红十字会

【概况】 区红十字会成立于2016年10月。原清河、清浦两区红十字会合并组成清江浦区红十字。原清河、清浦区红十字会成立于1985年，当时办事机构由区卫生局代管。2006年3月，在区委、区政府的高度重视和支持下，先后在全市理顺管理体制，红十字事业走上了良性发展的快车道，实现了跨越式发展。

清江浦区红十字会是从事人道主义工作的社会救助团体，是中国红十字会的地方组织，由区政府领导联系，其机关党的工作由区级机关工委领导，干部按区委组织部有关规定进行管理，经费由区财政单列预算。主要工作职责包括：三救“备灾救灾、应急救护和救援、救济救助”，三献“无偿献血宣传、捐献造血干细胞、捐献遗体(器官)”、红十字青少年工作、志愿服务工作和国际友好交流合作等。

2016年原清浦区红十字会救助全区各乡镇、街道困难群众100户；慰问了194名70周岁以上孤老及100周岁以上老人；慰问了城南乡、武墩镇敬老院15名“五保”老人；慰问了捐献造血干细胞、救护教师、注册志愿者、博爱超市、健康快车等志愿者87名；救助100名特困学生；救助了贫困的患白血病、尿毒症等重大疾病患者37名，慰问款物合计约22.24万元。

一年一度新春佳节来临之际，为弘扬“人道、博爱、奉献”的红十字精神，原清河区红会在全区范围内7个街道共40个社区开展了“博爱送万家”活动，共计发放毛毯400床、救助款3.9万元，共救助427户。

1月30日是第63届“世界防治麻风病日”。为进一步落实麻风病防治政策，呼吁全社会共同关注麻风病患者及畸形者这一特殊群体，支持麻风病防治工作，1月26日下午，原清河区红十字会联合区疾控中心在夕阳红广场开展了一系列宣传活动。此次活动以“麻风病可防可治”宣传为核心，以悬挂宣传横幅，发放宣传单、宣传日历、健康咨询等多种宣传活动。现场为老年人讲解关于麻风病的防治要点。

2月5日，原清河区淮海街道联合清河区红十字会等单位为解放军第八二医院送上了新春的问候和祝福，并为他们送去了慰问品，受到了部队官兵的欢迎。

3月3日原清河区长西社区组织了一批老人学习急救知识，让更多的社区居民掌握急救技能，在紧急事故、突发灾难或意外伤害时，能及时开展有效的现场自救互救。本次急救培训主要由救护师资讲授了心肺复苏、意外伤害等方面的知识。

3月4日下午原清河区红十字救护师上门为淮安市福满多食品有限公司职工进行应急救护培训，在培训过程中培训，救护师就现场急救的创伤救护、心肺复苏等内容做了全面讲解，并借助模拟人现场演示了心肺复苏术的操作方法，还请在场职工模拟了急救现场。

3月4日上午，在东方丽景小区门前，原清河区委宣传部、区文明办组织的以“志愿服务进社区、文明清河人人创”为主题志愿服务进社区集中行动。活动现场，区红十字会发放了造血干细胞捐献知识宣传折页。为了丰富现场宣传，红十字会救护师为来往的居民演示了应急救护技能操作，并指导居民胸外心脏按压和口对口吹气，解答救护方面的问题，现场气氛非常热烈。

3月5日，原清河区红十字会联合上海路社区对来自淮阴工学院和师范学院30名大学生志愿者进行了造血干细胞捐献知识培训。为大家讲解造血干细胞捐献的基本知识和捐献流程、如何成为一名合格的造血干细胞志愿者。希望通过此次培训大家能对造血干细胞的捐献有一个初步的认识。捐献造血干细胞不会影响身体健康，更不会减弱捐献者的免疫和造血功能，但对血液病患者来说，却是重获生命和健康的希望。呼吁更多的人了解造血干细胞的相关知识，积极加入到造血干细胞志愿者行列，为挽救生命奉献自己的一分力量。

3月31日，淮安市遗体捐献者纪念园落成仪式暨清明缅怀追思活动在原清浦区举办，缅怀那些捐献遗体、器官(组织)的志愿者们，宣传他们无私奉献的大爱精神，弘扬、传递社会正能量。副市长、市红十字会会长王红红和原清浦区委书记、区人大常委会主任、区红十字会名誉会长周青为“淮安市遗体捐献者纪念园”揭牌。省、市红会领导和区委常委、组织部长高进锋、副区长、区红十字会会长李萍，江苏护理职业学院学生代表，以及区医务工作者、机关干部、红十字志愿者和登记捐献遗体器官的志愿者代表参加活动。

4月29日，原清浦区清江街道身患系统性红斑狼疮的女孩杜鹃在志愿捐献遗体申请登记表上签名，实现了她多年来准备捐献遗体的心愿，淮安电视台、《淮海晚报》等多家媒体对此事进行了报道。

5月6日，经过原清浦区红十字会捐献造血干细胞知识培训后，80名志愿者在市二院成功采集了造血干细胞血样。志愿者王萌成功实现跨国捐献，成为原清浦区首例跨国捐献的志愿者，全国30多家媒体对王萌的先进事迹进行了报道。

5月12日上午，原清浦区区红十字会工作人员及红十字志愿者到区残疾人托养中心看望托养残障人员，为他们送去旺旺大礼包、牛奶和玩具，红十字志愿者还和托养中心的孩子一起做游戏，包饺子，陪他们度过了快乐的时光。

5月28日上午，原清河团区委联合淮安市慈善总会、市国税局团委、原清河区妇联、原清河区红十字会、淮安万达影城、市农商行、大手拉小手公益社团为留守儿童和困难家庭的学生们开展的“爱心速递 欢乐童年”庆六一主题教育活动。活动开始，老师和志愿者领着孩子们排好队依次进入万达国际影城。孩子们笑容灿烂、满脸期待，偌大的影厅洋溢着温暖和幸福。在温情的氛围中，放映影片《愤怒的小鸟》……影片结束后，老师结合电影情节，与孩子们进行互动教育，孩子们欢呼雀跃、踊跃发言，现场气氛非常热烈。

5月28日上午，原清浦区红十字会对清江街道20户困难户进行端午节慰问活动，为他们发放粽子、鸭蛋、米油等生活用品，共计5000余元。中秋国庆期间为全区敬老院94名老人每人发放4袋月饼，慰问了11名成功捐献造血干细胞志愿者，21名志愿服务队志愿者及其他志愿者，为特困家庭和重大疾病困难志愿者14人发放慰问金13500元。

6月2日下午，中国红十字总会党组成员、副会长王汝鹏一行到原清浦区调研，副市长、市红十字会会长王红红，市政府副秘书长王立华，市红十字会党组副书记、常务副会长张月芹，区长张笑，副区长、区红十字会会长李萍等陪同。

6月24日，原清浦区红十字会以造血干细胞捐献志愿者先进事迹为背景的情景剧《为你点亮生命的灯》作为全省红会5个优秀节目之一参加全省大爱相髓纪念全省造血干细胞捐献突破500例现场直播晚会。

12月28日，蔡玉宝成功完成了造血干细胞的捐献，成为江苏省第547例、淮安市第31例、清江浦区第13例成功捐献造血干细胞志愿者，而蔡玉宝也是清江浦区造血干细胞捐献者中医务人员捐献的第一人。

【红十字健康快车】 2016年，原清浦区红十字组织市二院、中医院、八二医院、区疾控中心的六位知名专家莅临城南乡、和平镇等乡镇进行义务诊治和咨询，发放健康处方；乡镇卫生服务所的部分医务人员与专家一起为前来问诊的1500多名群众免费提供了各种疾病的诊疗、咨询服务，针对患者症状发放健康处方，活动现场还免费测血压、发放了“三九”感冒冲剂和板蓝根等药品，深受群众欢迎。

【开展“红十字博爱超市】 自2006年以来，“红十字博爱超市”一直作为原清浦区品牌项目。“红十字博爱超市”成功开业9次，先后救助了清安、黄码、清江、城南、浦楼294名特困群众，救助物资累计达7.35万元。每次开展慰问活动，都对救助群众开展红十字会知识宣传。 (孙 佳)

QING JIANG PU NIAN JIAN

乡镇　街道

XIANGZHEN JIE DAO

- 城南街道
- 清浦街道
- 浦楼街道
- 闸口街道
- 长东街道
- 长西街道
- 淮海街道
- 府前街道
- 清江街道
- 柳树湾街道
- 清河街道
- 水渡口街道
- 黄码乡
- 武墩镇
- 盐河镇
- 和平镇

城南街道

【概况】 1958年5月清江市太平、韩城两乡合并成立城南乡，同年9月撤销。1964年秋，淮阴县复设城南乡并改称城南人民公社。1972年11月，城南人民公社由淮阴县划归清江市管辖。1983年3月，清江市以里运河为界南北分治，城南人民公社为新成立的清浦区所属。同年，城南人民公社称城南乡。2016年5月26日，江苏省政府批准撤销清浦区城南乡，以原城南乡行政区域设立清浦区城南街道，街道办事处驻柯山路8号。

城南街道位于大运河淮安段南岸，为新成立的清浦区政府所在地，东邻淮安市高教园区，南与黄码乡，武墩镇毗连，西隔淮沭新河二河段与淮阴区相望，北跨京杭大运河与清浦街道相连，总面积27平方公里，下设城南、柴米、先锋、新闸、关城、福田庵、韩城7个行政村，7624户，户籍总人口31830人。

【经济与社会发展】 2016年，城南街道实现地区生产总值312543亿元，按可比价格计算，比上年增长11.5%。其中第一产业增加值增长2.3%，第二产业增加值增长12.4%，第三产业增加值增长11.2%，三次产业增加值比例由上年的5.6∶34.5∶59.9调整为5.45∶33.2∶61.35。完成规模以上企业固定资产投资20.92亿元，其中工业投资4.33亿元，增长2%；房地产开发投资11.08亿元，比去年同期增长15%，技改投资4.6亿元。实现财政总收入226088.31万元，比上年增长6.15%，其中国税136028.87万元，地税74259.44万元，公共财政预算102330.74万元。

农业 2016年城南街道境内的粮食种植主要分布为西片的韩城，先锋，新闸三个村。粮食总产量达4688吨，比上年增加990吨，增长26.7%，其中夏粮2064吨，比上年增加245吨，增长13.5%；秋粮2624吨，比上年增加845吨。年末农业机械总动力454.8万千瓦，增长7.5%。全年完成水利总投资75万元，实施关城大沟的疏浚、改造4.5千米，完成红旗河、柴米河河流治理，整治村庄河塘310亩，整治排水河道9.2千米，完成农村饮用水安全工程，解决3万人的不安全饮用水问题。创建成省级节水型企业3家，节水型社区15个。新增高效设施农业378亩，渔业面积400亩，获得产业产值 1890万元、400万元。

工业 建筑业 2016年，城南街道完成规模以上工业增加值20.66亿元，比上年增长5%。高新技术产业产值20.3亿元，占规模工业产值比重39.9%。全年规模以上工业企业实现主营业务收入85.6亿元，比上年增长8%，利税11.9亿元，增长 8.2%，其中利润5.3亿元，增长20.2%。全年完成建筑业增加值0.48亿元，增长7.5%。完成建筑业产值1.9亿元，比上年增长10.1%。

商贸商务 2016年，城南街道实现批发零售业销售额103017.4万元，增长17.8%；实现消费品零售额14302.4万元， 比上年增长20.9%。2016年，城南加快推进流通重点项目建设，在原有的设施基础上又投入150万元，扩大充实完善关城农贸市场的建设，同时对的村自由市场进行了规范化管理。

【教育文化】 2016年，辖区拥有一所公办初中——江苏省淮阴中学教育集团清浦开明中学，一所民办学校——启英外国语学校，两所小学:城南中心小学、新闸小学。全区域小学共有32个班级，在校生1178人，教师79人，教师中专科以上学历达90%以上。一批市区骨干教师，学科带头人到城南中心小学任教。如今学校办学条件现代化，学校声誉有很大的提高。

2016年，城南街道建成 23 个社区文化活动中心，电影固定放映点全覆盖，送电影到社区336场，送书 5万余册。村村建有文化室，图书阅览室，免费为群众开放。

【卫生】 城南社区卫生服务中心建成江苏省数字化预防接种门诊，建立电子健康档案29167份，建档率80.8%，糖尿病管理数1688人份，高血压管理数4844人份、电子规范化管理率分别为97.7%、96.7%、98.5%。0~6岁儿童建档数2434人份、65岁以上老年人管理数2103人份、重症精神病人管理数108人份。重点人群进行签约共签约1136户，目前重点人群与正常人群签约共3773人。健康档案纸质和电子档案录入结束，符合新规范要求，并确保了真实性；健康教育工作：健康教育栏10块，每月更换一次，留有图片资料，完成2016年入户资料的发放，有领取手续，健康教育课60期，卫生日宣传12期；预防接种工作正常开展，一类苗接种20677人次，各种指标率进入区平均以上水平；妇儿保健及重大妇幼工作能常规进行，各种率达到标准；老年人健按规范体检了2890人；慢性病管理目前筛选出高血压病人4844人，糖尿病人1688人，均进行随访，重型精神病人管理登记108人，均建立了健康档案，进行了体检108人，在管病人108例；卫生协管规范开展，其他业务工作按照正常开展，成功处置非法行医2例。对老年人进行了中医药体质辨识，对儿童进行中医保健指导。

【劳动与社会保障】 2016年，街道参加城镇职工基本养老保险68人，参加城镇居民基本医疗保险人数达26702人，参保率100%，农村养老保险参保3697人，参保率90%。城镇居民医保补助标准提高到680元/人·月，政策范围内住院报销比例相应提高，大病最高可以报销23万元。辖区内人员参加就业前培训，再就业培训和创业培训120人，组织农业多余劳动力转移和劳务输出，并办理有关手续和服务1507人。

2016年，街道办与上级同步建立残疾人护理补贴标准增长机制。为重度肢体残疾人免费发放残疾车8辆以及辅助器具，0~6岁儿童免费抢救性康复(每人每年6000~1000)元。

【风景名胜】

韩信城 城南街道韩城村境内有著名的韩信城遗址。韩信是楚汉时期伟大的军事家，对于他的传说和典故非常多。如“一饭千金”，“胯下之辱”，“成亦萧何、败亦萧何”，“韩信点兵、多多有益”，“十面埋伏”、“四面楚歌”等。现关于韩信城遗址的由来,经广泛收集资料整理如下。传说当时韩信与项羽二人打赌造城,以某日开始到某日凌晨启明星升起为止结束,先造成的为赢,后造成的为输。于是,二人开始各自造城。后项羽发现自己的造城速度不如韩信快,手下一个谋士就献了一计,在截止日还未到凌晨,在风筝下面挂一个灯笼,派人到高升桥附近(今原兴庄村境内)放上了天空,韩信看到信以为真,把灯笼误认为启明星,感觉自己输了。此时城还没有建造成功.就下令停止造城。而项羽却接着造城,最终项羽造成了楚州城(今淮安区主城)。韩信城只落下后来的遗址——韩信城,外城廓和内城垣在文化大革命时期遭破坏。

韩母墓　“韩母墓”俗称“清水墩”。位于清江浦区城南街道先锋村七组境内。“韩母墓”是汉初大军事家韩信母亲之墓。司马迁游历各国,曾亲赴淮阴凭吊“韩母墓”,并在《史记,淮阴侯利转》道“吾如淮阴、淮阴人为余言;韩信虽为布衣时、其志与众异。信母死、贫无以葬,然乃于行营高敞地,令其旁可置了家。余视其母,良然”。经两千多年的风雨侵蚀,现“韩母墓”底部直径约7.95米,高约13米左右。是淮安有关韩信的重要遗址之一。现为淮安市文物保护单位。

【村委会换届】　2016年12月29日,根据村民自治组织法,清江浦区城南街道办事处所辖7个行政村,98个村民小组组织村民参加集中选举,选出村级领导班子。村委会委员43人,占总人口的0.1%,其中村委会女委员10人,占委员总数的23.3%。

清浦街道

【概况】　1983年10月,清浦区以区境清安河为名增设清安乡并划原清江市郊区人民公社在清浦区境的各行政村归其辖。2001年10月,清安乡改建为清安街道。2016年11月,经淮安市政府批准清安街道更名为清浦街道。清浦街道,位于淮安市城区东南部,东接淮安市生态新城,南临大运河,西至北京南路,北起解放路。北京南路、淮海南路、承德南路、天津路、通浦路穿境而过,解放路、延安路、前进路及清安路横贯东西,辖区总面积11.2平方公里,下辖清安、东风、蔬菜3个行政村(同时挂社区牌子)和南港、四季青、富春花园、淮三路、淮海南路、大桥、港口、运河新村、东风花园、新新家园、天津路、日月星辰12个社区,总人口13.7万人,常住人口79132人。

【经济建设】　2016年,街道财税收入稳步增长,公共财政预算收入、服务业税收等指标完成目标任务,工业经济运行平稳,项目建设扎实推进。财税方面。街道年全年实现一般公共财政预算收入26983.03万元,税收收入为31713.74万元,其中税收增值税5508.3万元,企业所得税2289.96万元,个人所得税380.1万元,营业税17594.75万元,城建税1565.98万元,房产税250.56万元,土地使用税330.6万元,印花税161.22万元,车船税47.75万元,土地增值税2921.18万元、教育费附加662.78万元。

2016年,街道完成签约亿元重点项目2个,分别为嘉福颐养中心和水产品冷藏交易中心项目;开工项目2个,至2016年底,水产品冷藏交易中心项目已经封顶,红星国际广场商业部分已经完成桩基工程;竣工项目1个,为清江人家综合商业项目,年底清沐酒店已营业,交通银行清浦分行正在内部装修。清江人家、烨宸广场、红星国际广场、漕运古城商业街、医养康公共卫生服务中心等体量大、质态好、效益优的项目成为街道经济加快发展的引擎。

【劳动与社会保障】　2016年,街道新增就业再就业人数2400人;城镇居民医疗保险参保人数28800人;新农保参保率99%;被征地农民基本生活保障覆盖率95%以上;企业退休职工社会化管理率达100%;劳动监察信息咨询230条,退休人员资格认证14000人,体检单发放4900人次,发放社保补贴320万元,发放初次创业补贴、租金补贴23万元。先后对521户特困家庭开展调查摸底工作,主要是对癌症、白血病、尿毒症、心脏搭桥等患者家庭进行调查申报到区民政局,进行慈善、医疗和临时救助,救助金20万元。街道持证残疾人1304人,享受月520元重残救助212人,享受月80元重残补贴120人,享受月160元重残护理补贴133人。为81人办理精神病免费3000元服药手续。

【文化教育体育】　街道增加文体事业投入、丰富内容、强化管理,“打黄扫非”、文化市场管理、文化体育活动、文化阵地建设等工作成效明显。先后开展送文化进社区、纪念建党95周年文艺会演、军民鱼水情端午送温暖、军民联欢过八一等活动,取得了较好的效果。街道在清浦区32届“五月赛歌会”中获得最佳组织奖,参赛选手分别获得比赛二等奖、三等奖。在农民歌手大赛中,街道参赛选手分别获得一等奖、二等奖。完成了东风花园社区文化长廊、新新家园社区文化阵地的改建。港口社区、日月星辰社区建成24小时自助图书馆。2016年12月30日上午,清浦街道组织40人参加“活力清江浦,阔步新征程”迎新年文体活动启动仪式暨健步走活动。街道在全国文明城市创建中开展城市环境综合整治、政务效能提升、市民素养提升等行动,在中央文明办测评组入户问卷调查中评价良好。

【平安创建】　街道积极做好民主法治和平安创建工作,社会保持和谐稳定。一是法治宣传方面。街道辖区主要道路两侧设置84块法治宣传公益广告牌,开展普法宣传活动78场次,受教育人数达4000人次,累计发放各类法律法规宣传材料8000余份。二是社区矫正方面。开展监管工作专项整治活动,社区矫正工作走上规范化、程序化、网络化,街道司法所会同派出所民警、社区矫正志愿者严格抓好日常矫正对象的监管和教育,确保了矫正对象无脱管、漏管现象,接管率100%。三是社区治安方面。全面落实好平安志愿者“定人、定岗、定时、定责”勤务规范,指导南港社区开发了“南港百姓快捷通”APP手机应用平台，快捷便利地解决群众的诉求。街道综治办牵头，联合各部门整体联动，坚持滚动排查，滚动整治，边排查，边整治，要求做到日排查、日报告，有效地维护了街道社会的安定稳定。四是安全生产方面。严格落实安全生产责任制，共拉横幅28条，制作橱窗宣传画8期，共4次156人参加了安全警示教育活动，2次70人参加安全知识讲座，在企业、居民中开展了3次应急疏散演练活动。利用元旦、春节、全国“两会”、“安全生产月”、中秋、国庆以及区划调整等重要时间节点的契机，开展安全生产大检查活动，按照“全覆盖、零容忍、严执法、重实效”的要求，加大隐患排查整改力度，没有发生重大安全生产事故。

【基层组织工作】 街道党工委下辖12个社区党委、3个村党总支，共62个党支部，2079名党员。街道党工委以“两学一做”学习教育为主线，严格党员教育管理，认真执行“三会一课”、远程教育、党群议事等制度，着力提升基层党员政治素质。加大党组织阵地建设，对村（社区）为民服务、党群活动场所进行提档升级，增加场地面积，购置硬件设备，更新配套设施，目前全街道15个村（社区）公共服务面积均超过400平方米，均建有专门的便民服务大厅和党群活动室。党建创新亮点纷呈，南港社区“民情日记”、东风村“村民博客”、富春花园“家风文化示范点”建设已成为特色鲜明、富有影响的党建品牌，得到上级组织部门的充分肯定。党风廉政建设扎实开展，加强党风党纪党规教育，组织党工委中心组和村居党员干部认真学习党纪党规，不断提高党员干部对廉洁自律的思想认识和行动自觉。2016年，街道党建创新项目“推进‘有形化’建设 促进家风文化与社会生活和谐互动”获得全区“两学一做”暨基层党建工作创新案例评比二等奖。共青团工作成绩显著，构建了“街道—村居”两级团建工作网络，加大党建带团建工作力度，街道团委“情近未来”主题活动、淮海南路社区“青少年之家”等特色做法和创新载体得到上级的肯定和好评。街道团委获评“2016年度清浦区共青团先进集体”称号。

【拆迁安置】 2016年，街道主要承担快速路一期航运东新村段、清安医院段、清浦街道范围内延安路沿线扫尾任务以及棚改A、B、C地块房屋征收工作，7月底成立了由区领导坐镇指挥，街道党工委、办事处主要领导任副总指挥，抽调骨干30余人组建征收指挥部，征收过程中，严格依法征收，遵守征收拆迁法律法规，统一政策标准，在征收的任何阶段、任何环节都坚持“不触红线、不开口子”，做到“一把尺子量到底、一个标准补到底”，确保公开公平、公正透明，切实提高征收拆迁的公信度和满意度。快速路一期164户，签约162户，签约率达98.8%；棚改签约344户，签约342户，签约率达99.41%。街道被区委区政府表彰为“2016年度城市建设暨棚户区改造工作先进单位”。

【城市长效管理】 街道成立街道城市长效管理委员会，由街道党工委、办事处主要负责人任组长，由1名街道班子成员专门分管；下设城市长效管理办公室，配备办公室专职主任1名，副主任2名，工作人员4名，设立一支巡查队8人。建立健全城市长效管理各项工作制度，工作人员分工分片负责，取得较好效果。街道和区城管执法局于2011年联合创建解放东路示范管理一条街、石桥路爱国卫生健康教育一条街，并保持长效至今。

【基层政权建设】 全街道15个村（社区）全部建立村（居）务监督委员会，认真执行村务公开、居务公开、财务公开、党务公开等制度，民主法治建设不断完善。顺利完成村居党组织、村（居）委会换届工作，2016年9月，全街道15个村居完成党组织换届工作，2017年1月，完成村（居）委员会换届工作。村居组织建设不断加强，打造了一支政治素质好、业务能力精、群众评价高的村居干部队伍。

【领导视察调研】 2016年5月12日下午，在“5·15国际家庭日”即将来临之际，江苏省淮安市妇联联合清浦区委在富春花园家风文化广场举行“走家庭、访家规、话家风”活动。市委常委、组织部部长张彤，市人大常委会副主任李冰，市政协副主席仲波等出席活动，原清浦区委书记周青陪同。

2016年6月2日上午，市长惠建林率队到清浦区天津路西侧棚改项目指挥部，现场查看项目进展，座谈研究解决相关问题，调研推进该区棚户区改造项目建设。市委常委、常务副市长戚寿余随同调研。

2016年10月29日下午，区委书记仲风笔赴清安街道调研，实地察看了医养康公共卫生服务中心、红星国际广场等项目和南港社区，听取了清浦街道主要负责的工作汇报。

【新人新事】 淮三路社区党委创办了《淮三风采》社区报，将党的方针、政策及时传递给广大党员和群众，为社区和群众沟通搭建平台，主要栏目：领导寄语、班子建设、“两学一做”、党员学习、双拥在基层、党员谈家风、专题报告会、书记上党课、为民办实事等。

2016年3月初，原清浦区委、区政府为打造清浦家风文化品牌，促进“两学一做”学习教育开展，指导街道、富春花园社区因地制宜，利用3个多月的时间打造成占地约5000平方米的家风文化广场。该广场是淮安市区以家风家规家训为主题的文化广场。广场建设秉持突出自然生态、彰显家风文化的理念，实现社会发展与家风建设有机融合。广场内部设有多个功能区，旨在引导广大党员干部、群众学习好家规、定立好家规、践行好家规，形成全民家规的新风尚。

南港社区推出“民情日记”升级版“南港百姓快捷通”APP手机应用平台，实时、全面收集民情、社情，为市民提供高效、快捷的服务。

新新家园社区把普及科学知识、弘扬科学精神、传播科学思想及科学方法作为一项重点工作来抓，大力实施科学素质工程，从抓科普设施建设（社区科普馆）、营造科普氛围（科普走廊、科普宣传栏）等方面积极推进科普工作群众化、社会化、经常化。2016年6月，该社区被评为“全国科普示范社区”。

【社区管理与服务】 街道全面加强社区管理和服务，加强社区机构规范化管理。突出社区党组织和居委会的核心作用，协调处理好居委会和物业企业、业主委员会的关系，既服务好居民群众，也做好与物管企业的协调对接，明确三者的职责、权利和义务，做到“责随事移、费随事转”，切实提高社区服务质量和效率，提升社区管理服务的科学化水平。

浦楼街道

【概况】 浦楼街道组建于1984年6月。东至长青路、电厂河，南至大运河，西至大运河与里运河西交叉口，北至里运河，面积4.7平方公里，常住人口约3.2万人，设运河、城西、大庆、化工新村、化工二村、延安路、洪门、浦楼8个社区居委会。中烟公司淮阴卷烟厂、中石化清江石油化工公司、淮阴发电有限责任公司、安邦电化公司、中海华邦公司（原华尔润）、科圣化工机械有限公司、沙钢集团淮钢焦化分厂等大企业均驻扎该街道。

浦楼街道老旧小区多。企业改制以及倒闭企业遗留下来的职工宿舍区多在境内，老旧小区面积达40万平方米，计5300余户，2万多人。辖区有低保人员344户、561人，优抚对象27人，残疾人员584人，登记失业人员1215人，失独家庭23户。100周岁以上1人，90-99周岁27人，80~89周岁482人，社区矫正人员13人。

【经济与社会发展】 浦楼街道2016年全年实际完成财税收入2330万元，列统企业开票销售增幅3.2%，利用外资开工项目到账50万美元，注册外资到账98万美元，在建重点项目金品商务大厦、伊美翡翠城有序建设。

【落实惠民利民政策】 2016年，街道累计发放低保金233.4万元、尊老金34.5万元、优抚补助46.2万元、申请廉租户76户、取消低保101户。帮扶4050就业困难人员再就业，办理城镇居民医疗保险10960人、调处简易劳动纠纷52起。新增再就业1108人、发放社保补贴233万元、全年组织3次创业就业培训。

【社区文化建设】 街道文化站以“一居一品”为目标，进一步发挥“廉政一条巷”、大庆社区“爱心服务驿站”、延安路社区“趣味小院”文化阵地作用。共开展各类文化体育活动40余场，广泛调动辖区居民参与活动的热情。在区文广新局举办的“五月赛歌会”中荣获最佳组织奖。发挥道德讲堂、好人广场等平台作用，开展“文明家庭”、“身边好人”等先进典型评选。开展向“见义勇为”好保安黄志刚学习系列活动，宣传3—4月淮安好人周玉华的事迹等。

基层党建工作坚持在落实中求创新，在突破中求发展，把为民服务贯穿到党建“连心工程”的各个方面，全面提升基层党组织的服务能力，增强党员的责任感，提升党组织战斗力。坚持分类指导，切实提高针对性和实效性。立足社区居民和服务资源实际，党组织“连心”服务空巢孤寡老人、留守儿童、下岗失业和企业在职人员，按照“挂钩单位+社区+在职党员+党员群众”模式，采取技术技能培训、就业政策宣讲、居家养老服务、社企联建等形式，“一帮一”“多帮一”结对帮扶党员群众200余名，切实解决群众的热点难点问题89项。打造“连心书屋”“连心广场”“连心驿站”“连心公益坊”等8个基层党建新载体，在服务群众中赢得广泛点赞；探索开展党建“连心接待日”“党团引领成长，红色点亮青春”“党建引领促征收”等主题活动等，开辟了服务党员群众新模式；深化“社企党员积分制”“连心卡”等项目，掀开了党员教育管理的新篇章。

区委书记仲凤笔在浦楼社区调研

【多渠道开展教育活动】 2016年，浦楼街道开展“助推企业发展”“强化民生服务”“加强法治意识”“转变工作作风”四大主题教育活动，搭建“村官讲理论”“五老宣讲团”“车间课堂”等形式多样的基层宣讲平台，用群众语言解读方针政策。打造“红色电子阅览室”“红色沙龙QQ群”“便民信息服务站”“趣味小院”“网上党课微平台”“连心书屋”等精神平台，为广大党员、居民提供学习读书场所。

【党建工作不断加强】 2016年，在区委、区政府的正确领导下，浦楼街道

【棚户区改造】 2016年11月，清江浦区政府积极响应市委市政府的棚改规划，推进街道境内清棉北院地块的棚改拆迁工作，共有民房826户列入第一批棚改拆迁名单，截至2017年2月，825户已经拆迁结束，剩余1户按上级统一部署，有计划的实施征收程序。党工委副书记张秀玲、文化站站

清棉棚改工作

长吴东被评为“2016年度城市建设暨棚户区改造工作先进个人”。

【落实计生政策】 2016年，浦楼街道计生办共办理生育服务证明235本、核发独生子女一次性奖励金4.8万元、为新增7户特服家庭提供服务。

【安全生产】 2016年，浦楼街道共组织烟花爆竹专项检查6次，查处无证经营户（点）4处，取缔“前店后宅”、“上店下宅”经营户4户，消除灭火器失效、烟花放置不合理等安全隐患3处，有力地促进了烟花爆竹经营活动的规范有序。同时对辖区内聚丰园食品，新天地食品，德盛铸造等7家生产企业，组织检查组8个，参加检查45人次，共检查企业、烟花爆竹经营户、公共场所70余家次，排查一般隐患、违章（违规）行为30余处，现场整改27处，整改率97%。对于一般生产企业，街道全年共组织检查登记45次，检查生产经营单位及个体200余家次，排查一般隐患60余处，整改60余处。组织安全生产教育，制作并张贴横幅16条，向各社区、企业发放各类安全生产宣传资料300多份，向群众进行了安全知识宣传交流，并派发宣传资料300多份。

【司法行政】 2016年，浦楼街道司法所积极开展人民调解活动，共调处民事纠纷127起，其中31起形成制式卷宗，其余96起为口头卷宗。全面开展社区矫正工作，社区矫正对象共有23名，其中缓刑22人，假释1人，无重新犯罪情况，无脱漏管情况。建立社区服刑人员矫正小组“6+1”模式，加强街道居委会、民警和司法所的联系，共同对矫正对象进行监管。积极开展法制宣传教育，做好普法工作，共开展法律宣传活动5次，印发宣传资料100余份，制作法制宣传横幅3条，社区黑板报2期。

【社区事务公开】 浦楼街道8个社区建立居务监督委员会，认真执行村务公开、居务公开、财务公开、党务公开等制度，顺利完成社区党组织、居委会换届工作，2016年9月，8个社区完成党组织换届工作，2017年1月，完成居委员会换届工作。

闸口街道

【概况】 1961年3月，闸口人民公社由清江人民公社析出，时属县级淮阴市管辖，1964年10月改属清江市。1981年，闸口人民公社改称闸口街道办事处。街道辖区东起清隆桥，南至解放东路，西至淮海南路，北临里运河，总面积4.7平方公里。辖东门、博古、环城、花街、城东、石桥、南园、宝塔桥、城河、浦东10个社区居委会，约6万余人。辖区内省、市、区属单位21家，中小学校5所。辖区经济以第三产业为主。辖区内有文庙、清江大闸、慈云寺、周信芳故居、吴公祠、若飞桥、老花街等名胜古迹和楚秀园、月季园等休闲公园。

【重点项目建设】 成立招商办开展专业招商、精准招商，新签约投资5680万元钻石王朝项目（即将竣工）、投资2000万元水清益香薰浴客栈项目2个，清江浦1415街区、文创中心、酱醋坊、文庙三期安置小区等重大项目加快推进。

【主要经济指标】 加大协护税力度，对辖区范围重点在建工程、重点税源大户加强沟通协调，完成公共财政预算收入1900万元，招引总部经济项目27个。主动服务国栋米业、双穗鞋业、振华鞋帽等6户列统工业企业，加强与众森环保、浦楼酱醋等企业的联系，截至6月底实现工业开票销售2.8亿元，销售增幅等指标达序时，申报列统企业2户。

【社会事业】 大力实施一批富民惠民项目，以东门社区“先锋众创”空间为平台，以常态化组织开展劳动就业技能培训为手段，不断创新举措做好聚焦富民文章。打好全国文明城市创建攻坚战，突出问题导向、强化责任落实、狠抓整改到位，确保不丢分、得高分。严守安全生产“红线”，加大宣传检查频度力度，人民群众安全生产意识不断提高。以开展“矛盾化解年”活动为契机，将历史遗留信访问题包干到人、专题会办，部分积案取得显著进展。

【党风廉政建设】 狠抓党风廉政建设责任制落实和反腐倡廉建设工作，党政班子议廉、廉政谈话和责任追究等十余项廉政制度更加健全。多次组织开展作风建设明察暗访行动，通报批评9人次。深入推进查办案件工作，自办基层党员干部违纪违法案件2件。

【基层党建】 大力推进“8点15分”基层党建特色圈书记项目，持续推进社区党组织为民服务专项资金使用管理“一书二票三表”制度，大力实施社区党委书记素质提升工程，基层党建工作根基全面筑牢夯实。融合特色、结合实际扎实推进“两学一做”学习教育常态化制度化工作，筹备成立“社区党校”，表彰了一批“学习型党支部”“学习型党员”。以“三进三帮”工作满意度“反向测评”机制为倒逼方式，督促党员干部以身作则“沉下去”解决问题。

【食品卫生监督】 街道专门配备了食品安全员，对辖区内餐饮业开展日常巡查，共检查企业、经营门店168户，查处违规经营5户，并责令限期办理证照，在检查中对发现的9户经营户台账账物不符的，现场进行了指导纠正，街道食安办借助食品安全宣传周配合市、区部门，举办各种宣传活动，其中各类食品安全培训班6期，现场会1次，广播宣传13次，发放宣传资料4000余份，悬挂横幅10条，张贴标语500余张，接受群众咨询200余人次，现场检验样品数量24个，合格率达到了100%。通过宣传培训，促进了人人重视食品安全，人人参与食品安全监督的良好局面，为食品安全工作顺利开展营造了有利的工作环境。

区领导指导街道工作

【普法教育】 2016年3月4日，作为“法润江苏 2016春风行动”法律服务进社区活动的开始，闸口街道司法所举办了“缘法而行”法律专题讲座，邀请了市引航律师事务所律师为社区居民讲解了基本法律理念。

【安全生产】 街道召开安全生产会议，明确分工，责任到人，党政领导亲自部署重点地区排查整治工作，多次在大会、小会上强调重点地区排查整治工作的重要性，对于重大的重点整治工作亲自参与，并实行街道领导班子挂钩责任制，使全街道各社区都有一名领导具体负责重点整治工作。年内，街道对辖区内安全质量进行多次集中整治，排查了辖区重点行业领域单位、场所120余家，其中有建筑单位1家，消防单位52家，危化品4家，烟花爆竹14家，学校4家，职业危害场所1家，人员密集场所26家，其他场所7处。查出存在隐患的单位、场所共9个，当场通知负责人，严格落实整改，对暂时不能整改的隐患和问题，制定落实防范措施，指定专人盯守，直至消除安全隐患。

【环境整治】 街道成立专门领导小组，对重点区域实行加大巡查力度，实行定期巡查，做好巡查记录。今年以来共收到市、区防违办交办单58件，拆除违章建筑13处。3月，积极开展防治违法建设宣传月活动，向市民宣传违法建设的定义及特征，呼吁市民积极支持、配合相关部门拆除违法建设的工作，切实改善了街道城市环境，提高了人居环境水平。

长东街道

【概况】 1954年10月设立长东镇，1956年9月改为街道办事处，1958年9月撤销。1962年起，属新成立的城北人民公社(20世纪80年代后改称街道办事处)。1984年，城北街道划一为三，“长东街道”为其之一。现长东街道北止淮海东路，南至里运河北岸，东自翔宇大道，西止淮海北路，面积约3平方公里，常住人口约2万余人。下设兴隆、三门、越河、清淮路、工农兵5个社区居委会。

【财税收入】 2016年，街道公共财政预算收入共完成15245.4万元，其中房地产税完成10675.3万元，建安税完成1351.1万元，基本户完4438.65万元。

【资产保值增值】 街道注册了长东街道国有资产经营管理公司，加强对街道所属资产的经营管理，通过市场化运作，继续盘活壮大，提升街道经济实力。街道3000平方米资产收益楼已经竣工，又多方联系协调，通过收购银行抵押资产等方式开展资产运作，先后取得和平路12号和越河路美食街16-1号2处房屋产权，其中和平路12号房屋在宏元广场项目房屋征收中资产净值达1800万元。经过几年努力，街道净资产已从2010年的4000万元左右增加到如今的1.1亿元。街道的经济发展进入新阶段，为十三五发展奠定坚实的基础，为跨越发展提供了有力保障。

【招商引资】 2016年，街道主要领导多次拜访淮安郦城、宏元广场、颐高广场等企业，帮助解决项目建设中的问题和困难，扩大在淮投资，实现实际到账外资注册资本375万美元，完成亿元签约项目2个，开工项目1个。引进上海星源集团投资御码头运河文化中心项目，以外资入股方式与区城市资产公司成立混合所有制淮安文旅集团，总投资38亿元，其中一期已全部完成签约。

【完善和规范矛盾纠纷调处工作机制】 进一步构建融人民调解、行政调解、司法调解于一体的大调解工作体系，对重大矛盾纠纷和不稳定因素实行领导包案负责制度。加强人民调解工作，充分发挥社区居委会调解组织在调处化解矛盾纠纷中的基础作用，最大限度地把矛盾和问题解决在当地、解决在基层，有效预防和减少“民转刑”案件、信访问题和群体性事件的发生。全年未发生一起因调处不及时或调处不力引起的“民转刑”案件的发生，实现了“小纠纷不出社区，大纠纷不出街道，重大疑难纠纷不激化”的目标。

【广泛开展法制宣传教育】 为深入开展法制宣传教育，推进依法治理进程，建立健全了普法、学法制度，长东街道充分利用横幅、法制讲座、简报、标语、社区橱窗、黑板报以及市民学校等形式，加大对普法工作的宣传力度。按照“六五”普法工作计划，积极落实各项工作。全年，共开展法律宣传活动12次，印发宣传资料600余份，制作法制宣传横幅30条、标语宣传50条。

【预防和减少青少年违法犯罪】 着力加强未成年人思想道德建设和青少年法制教育，进一步完善中小学校聘请法制副校长、法制辅导员的工作制度。积极整合家庭、学校、社会三方面力量，大力开展“未成年人零犯罪社区”创建工作，切实加强对闲散青少年、流浪未成年人、因父母外出务工而留守在家的未成年子女、服刑在教人员的未成年子女等特殊群体的教育、维权、矫正等工作。切实推进平安文化市场建设，加大对网吧和音像市场的整治力度，净化青少年成长环境，有效预防和控制青少年违法犯罪。

【促进“社区戒毒”】 积极协调各部门认真履行工作职责；禁毒办负责社区戒毒人员的日常尿检及帮教工作；民政、劳动等部门负责落实社区戒毒（康复）人员最低生活保障，做好社区戒毒（康复）人员就业培训等工作；司法所负责加大毒品预防宣传教育工作力度，做好社区戒毒（康复）人员的矫治、援助等工作；工会、共青团、妇联等群团组负责对社区戒毒（康复）人员进行行为矫治、关怀救助、教育挽救等工作。

【人民调解】 2016年，街道司法所及辖区各调委会共调处各类民间纠纷215件，成功率达100%。一是通过宣传教育抓预防。针对群众关心的热点、难点和辖区纠纷的特点等问题，广泛开展法制宣传，相继开展了《行政强制法》《环境保护法》《物权法》《婚姻法》《治安管理处罚法》《妇女权益保障法》等法律法规的宣传，引导居民群众通过合法的途径和方式维护自己的合法权益。二是加强对矛盾纠纷和不安定因素的排查。实行集中排查和经常性排查相结合，争取调处工作主动权，切实把矛盾纠纷消灭在萌芽状态。

【党建工作】 街道在党建工作上化“虚”为“实”，通过党建引领，把基层党组织建设成为推动发展、服务群众、凝聚人心，促进和谐的战斗堡垒。抓责任转思路。针对部分党组织负责人“重业务、轻党建”的现象，坚持“书记抓抓书记”，签订责任状，层层压实责任。抓项目创品牌。细分网格，搭建平台，把社区党员、在职党员、社会组织等力量下沉到网格里，以“两学一做”学习教育为契机，开展“立家规正家风”、“五亮先锋行”、“爱心之家”志愿服务等活动，教育引导广大党员干部以学促知、以知促行、做到知行合一，传导了压力，增强了动力，激发了活力，党员干部与群众零距离、面对面、心贴心、办实事，得到了省市区领导的一致肯定。抓廉政重作风。坚持聚焦主责，种好“责任田”，班子成员、各社区签订党风廉政建设责任书，划分廉政“责任田”，实现“责任三包”，包党风、包作风、包廉政。坚持以廉政教育为抓手，引导广大党员干部强宗旨、知得失。注重突出制度建设，狠抓风险源头治理。出台《街道党政正职权力运行制约监督实施办法》《街道机关作风建设督查问责办法》《街道加强机关效能建设暂行办法》等制度。

【帮办重点项目】 紧密围绕开竣工项目和重点推进项目，创新实干，锐意进取，全力以赴做好项目帮办服务工作。大力帮办解决项目存在问题，与建设方、施工方密切配合，积极主动帮助各项目解决手续办理、矛盾协调等问题，有力地推动了辖区各项目的进展。宏元广场项目一季度顺利通过市十亿元重点项目考核；协助解决了颐高数码港相关证照办理问题、广告问题、城管问题、罚款问题、市政道路施工问题等；协调解决嘉福广场阻工问题等，有效地推动了项目的顺利进展。重点项目和发改委重大项目考核在全区均名列前茅。

【提升计生工作水平】 2016年，长东街道加强计划生育基础管理工作，坚持与辖区单位、社区签订计生工作责任状，全面落实计划生育目标管理责任制，指导监督落实计划生育一票否决制。并通过加强对计生专干的培训，提高了工作人员的业务素质和政策理论能力。全年共办理《生育服务证明》289本，其中一孩180，二孩109本，办理照顾再生育一孩11例、“流动人口婚育证明”4本，现场办证指导书189例。

【创建幸福家庭】 街道以“爱母亲、爱家庭、连协会”为主题，积极开展幸福家庭创建工作，利用“母亲节”、“国际家庭日”、“计生协会会员活动日”及“7·11活动日”等节日开展大力宣传，同时还组织以“幸福淮安人”“二孩来了，你准备好吗”为主题的文艺作品征集活动，会同淮东社区开展免费服务进社区活动，受到了群众欢迎。

【爱心帮扶】 街道全面落实好人口计生各项惠民政策，开展“1+4”挂钩帮扶工作，加强对特扶家庭的帮扶和救助力度，落实好“亲情关爱”帮扶工程，为他们提供抗风险、养老和心理援助等亲情服务。2016年，街道为17户特扶家庭购买了24份综合保险，并且每月发放计划生育特别扶助困难金，同时为7户特扶家庭购买了居家养老服务，1户特扶家庭提供心理援助服务服务。同时结合春节慰问等方式广泛开展上门便民服务活动，对辖区计生困难户进行走访慰问，慰问金额全年达1万元，申报当年独生子女死亡家庭童国成一次性公益金

3000元，上报符合当年独生子女考上普通全日制大学的困难家庭独生子女5户。每户给予一次性补助2000元，父母双方或一方发生意外，导致严重伤残、重病或死亡，且子女未满18周岁的低保家庭，每户给予一次性补助2000元。

【劳动保障】 街道劳动保障工作坚持以服务社会、服务百姓为宗旨，实现充分就业为目标、平台建设为基础、再就业援助为重点、挖掘就业岗位为核心、强化服务为手段。2016年完成新增就业人数435人；失业人员再就业1039人；就业困难人员就业85人。办理就业创业证421本；困难群体认证76人。新增创业户358户，实现创业带动就业856人；开展创业培训1385人；开发新的创业项目16个；扶持创业典型5户；支持成功自主创业人数97人；扶持农村劳动力自主创业人数10人；引领大学生创业人数10人。创业引导资金办理，初次创业补贴办理197人，394000元，租金补贴92人，342500元。共有七个创业基地，其中市级基地两个，区级基地五个。现有270人享受城乡居民社会养老保险待遇，有65人办理城乡居保参保缴费。

【人武、人防】 街道按照上级要求，及时完成民兵整组任务，调整和加强了街道和社区人武工作力量。圆满完成区下达的征兵工作任务，且无一退兵，获得区征兵工作先进单位；在完成人防进社区工作的基础上，工农兵、清淮路、三门社区成功创建人防进社区示范单位，市人防局领导对街道创建工作给予高度评价。

【三门社区积极开展志愿服务】 2016年3月5日“雷锋日”、3月31日“全国食品药品12331主题宣传日”活动中，社区积极组织在职党员、社区党员志愿者、市直挂钩单位青年志愿者合计86位志愿者为辖区800余位居民提供了法律咨询、政策宣传、免费义诊、科教普及、素质检测、真伪辨别、残疾保障、就业指导、检验检疫、花卉培育、儿童就学等系列志愿服务。

【三门社区为老人设立微信课堂】 2016年下半年，三门社区联合淮海晚报，在社区二楼会议室设立老人微信课堂，通过邀请在校大学生志愿者，为社区60余位手机微信感兴趣的老年人提供免费培训，满足社区老年居民对新社交的需求，促进了辖区和谐社区的建设。

【工农兵社区推进服务“三到位”】 2016年，工农兵社区以深化“两网融合”为主线，织密“一张网”，优化网格管理。把党小组建到楼栋，设立75个楼栋党小组，使党小组长成为上传下达、为民服务的联系人、牵头人，实现党组织服务一线化、精准化；创设“两平台”，优化为民服务。积极搭建社区信息平台和服务平台，以信息化、社会化推进为民服务，切实解决老旧小区管理难问题；推进“三到位”：一是居民参与自治到位；二是党员下沉网格全覆盖到位；三是党员发挥模范带头作用到位；全力推进居民参与自治，实行“小事自己处理，大事讨论处理，难事商量处理”。

【工农兵社区探索基层党建新模式】 2016年，工农兵社区探索基层党建新模式，获得上级部门肯定，社区党委书记荣获“江苏省优秀党务工作者”称号。

“四权下放”强堡垒。社区党委将低保户初核提名权、困难群众节点慰问权、党员服务积分兑现权、社区干部评议权下放给网格支部，凝聚了党员群众，激发了支部活力，建强了战斗堡垒。四个网格支部全年共核减不符合条件低保户21户，慰问困难党员86户，为92名党员兑现了服务积分奖励。“五亮”引领先锋行。社区党委建立党员承诺墙，设置志愿积分榜，举办家规故事会，鼓励党员在社区“亮身份、亮家规、亮职责、亮承诺、亮业绩”，这一做法得到了社区群众一致好评。

【清淮路社区加强小区党建工作】 清淮路社区主要由郦城国际、金域华府、亿力未来城三个高档小区组成，其中亿力未来城一期是目前建成较早、入住率较高的小区，小区建筑面积21万多平方米，目前入住已超1000户。社区党委以亿力一期为试点，成立小区党支部，在显目位置安装公示栏，以楼栋为单位，公示社区党委、业委会、物业公司、楼栋党员、社会组织、志愿者等信息，业委会负责人由党员担任，通过小区内党建整合，网络延伸和拓展党组织功能，强化共建意识，发挥小区党员在小区治理中的先锋模范带头作用。积极探索通过党建引领小区治理，发挥社区党委的作用提升基层社会治理水平，提升小区生活品质。

【越河社区成立爱心志愿服务站】 2016年，越河社区与江苏省财经技术学院财会学院联合挂牌成立越河社区爱心志愿服务站，社区成为财经技术学院长期挂钩志愿服务社区，学生

越河社区志愿者服务

志愿者每学期定期到社区参加各种志愿活动，学期末到社区举行汇报演出服务活动。

【清淮路社区推进居家养老服务中心建设】 清淮路社区居家养老服务中心位于亿力未来城24号楼，总面积200多平方米，于2015年12月建成并投入使用，配有专职管理人员，设有日间照料室、文体活动中心、法律援助工作站等多个功能室。引进专业娱乐养老团队，开展日常服务和志愿者招募管理。居家养老服务中心开展多种精彩活动吸引老人参与，不仅丰富了社区老年人的晚年生活，也促进了小区居民之间的沟通交流，获得了小区居民的一致好评。

【兴隆社区常态化开展"两学一做"】 社区党委共有党员259名，分5个网格党支部。每个月组织党员集中学习"如何做一名合格党员"1次，共学习了15次；一年来带领党员重学党章党规12次；每位党员每月坚持做学习笔记5次。

【兴隆社区切实开展民生工作】 兴隆社区共计低保户50名，在中秋、春节等传统节日，社区及挂钩单位给予生活必需品等方面资助；社区残疾人116人，居委会帮助其申请轮椅46个、拐杖70个，联合残联为她们提供生活用品共计163件，联系辖区医院，为她们免费定期体检23次。

【越河社区建设法制宣传一条街】 2016年，越河社区利用水韵天成农贸市场200米围墙，精心设置了法制宣传一条街。以综治、信访、安全、劳动、人民调解、土地、婚姻、计划生育、村民自治等贴近群众、贴近生活、贴近生产的法律知识为主要宣传内容，采用文字口号、谚语、三字经、漫画、法规条文等群众喜闻乐见、易于接受的形式，让群众在休闲和健身中潜移默化地受到法制教育。法制宣传一条街既美化了社区环境又彰显了社会和谐，实现了法律宣传教育与社区建设的有机结合，同时也有效增强了社区法制宣传教育的影响力和渗透力。

长西街道

【概况】 1954年，永宁镇与铜元镇合并为长西镇，1956年9月改为街道办事处，1958年9月撤销。1962年起，属新成立的城北人民公社(20世纪80年代后改称街道办事处)。1984年，城北街道划一为三，"长西街道"为其一。 现长西街道东起淮海北路，西至北京北路，南临里运河，北至淮海西路，面积约2.88平方公里，常住人口3.79万人。辖区内有南京军区联勤部第十五分部、淮安市青少年宫、淮海路小学、周恩来童年读书处、市海事局、联勤部干休所等76个驻区单位。街道下辖人民路、上海路、长西、引河、河堤路5个社区。街道设有5个社区党委、36个党支部、922名党员。街道先后被表彰为省科普示范街道、省基层安监机构能力建设合格单位、全市社会管理服务中心规范化建设先进单位。上海路社区获被江苏省委组织部评为江苏省远教示范站点、获得全区唯一的全国和谐示范社区，河堤路获得全国科普示范社区，人民路社区获得省充分就业社区，引河社区获得省民主法治示范社区等表彰。

【经济建设】 2016年，街道完成公共财政收入15477.69万元，其中总部经济为9821.95万元，基本收入5655.74万元，建安税收860.49万元，房地产税收2722.73万元，个体定额户131.22元，其他民营企业收入 1268.45万元，个体房屋出租19.4万元。

【社会事业】 街道坚持把改善和保障民生作为发展的出发点和落脚点，做优民生服务水平，提升群众幸福感。一是劳动保障方面。加大对就业人员的帮扶力度，发布各类岗位信息，增加公益性岗位和灵活就业人员数量；加大扶持创业成功人员，尤其是大学生创业，利用创业带动就业；积极召开招聘会、项目推介会和创业座谈会、创客集市、创客论坛、城乡劳动者职业技能培训等。二是民政方面。开展医疗救助、召开优抚座谈会、发放临时救济金和尊老金。全面完成2016年低保提标工作，实现了动态管理下的应保尽保，应出尽出。三是计生方面。制订了《长西街道人口计生工作考核方案》，与各社区、辖区各单位签订了人口目标责任状，加大对信息准确率、随访服务率等重点指标的考核力度。上海路社区建成的亲情家园融心理咨询，团体活动，困难救助等为一体，市区领导多次考察调研，已经成为关爱特殊群体的服务品牌。四是残联方面。登记持证残疾人，发放生活补贴、护理补贴、燃油补贴、高教补贴。在春节、中秋等节日进行慰问帮扶。康复"四进家庭"新增示范户1户，19名残疾人加入了省残疾人幸福生活推进计划。

【平安创建】 2016年，街道共受理矛盾纠纷86起，调解成功86起，调解成功率达100%，群众满意率达100%。对社区矫正对象9人均实行"一人一档"，分类管理、教育和帮助，已形成了一套完整、规范的基础性台账。目前街道辖区内有刑满释放人员42人，均已建立档案，并确定具体的帮教人，完善帮教记录。通过学习教育，提高矫正对象的思想认识，改变其思想观念，矫正其不良行为，提升其道德品行。维护信访稳定，加强综合治理。积极落实区信访稳定工作会议精神，对"两会"和"十八大"期间的安全稳定工作进行了全面部署。组织街道人员对辖区单位、市场、住宅小区等进行安全大检查，排除安全隐患。切实加强隐蔽战线斗争，严格落实防范监控责任制，对刑释解教人员、信访不稳定人员，有重点分层次的进行了排查和监控。认真开展矛盾纠纷排查调处工作，预防群体性事件的发生。制定了2016年治安防控体系建设总体规划，形成人防、物防、技防相配套的治安防控体系。街道和社区分别建立了巡防队伍，有专职人员在辖区范围内24小时巡逻，在重点部位和夜晚、节假日、敏感时期等重要时期加大排查力度，确保了辖区居民的安全。加强城市长效管理。上半年，街道城管、卫生等部门协作，对上海路乱堆乱放、乱挂乱晒、摆摊设点以及占道经营等为行为进行了集中整治，重点解决流动摊点和马路市场问题。使上海路面貌得到大大提升。下半年，街道对辖区内的养鸡现象及夜市大排档进行专项整治，取得了良好的效果。另处，长西街道经常召开座谈会，听取群众意见，鼓励群众积极参与城市长效管理，并积极发动志愿者、物管人员参与防违治违工作，确保巡查全覆盖。所发生的10起违建均在第一时间拆除，确保违建不过夜。

【拆迁安置】 2016年，街道紧抓总理童年读书处地块扫尾攻坚不放松，新签约3户、交房拆除3户，其余的2户正在加紧洽谈并同步进入司法程序。顺利完成在水一方地块、人民剧场二、三期地块前期入户调查工作。市级统筹的中液公司宿舍区地块涉及被征收居民363户，10月11日进行价格公示，正式进入签约阶段。在指挥部全体人员的共同努力下，圆满实现在奖金期内提前20天实现签约、交房两个100%。

【城市长效管理】 坚持以文明城市创建为抓手，狠抓环境综合整治，推进长效机制落实，营造健康文明干净的城市环境。综合整治下力气，街道城管办多次联合区执法大队开展联合执法，突出重点区域、重点部位，对上海路、人民路、清河路、漕运路等路段占道经营、流动摊点问题进行集中整治，共解决占道经营、环境卫生等问题50余项，纠正取缔流动摊点40多起、共拆除乱悬挂广告横幅100多处、清洗"牛皮癣"约1000多处。出新非机动车停车线约3000米。以"老城出新貌"为标准，整理后街背巷、清除卫生死角，确保社区环境"旧而不乱、旧而不脏"。共清理楼道182条，乱堆乱放120多处，小广告1200余处，有效地改善了社区环境。在漕运西路沿路打造围挡约400米，清理建筑垃圾及生活垃圾，查处5起偷倒建筑垃圾行为。防违治违不放松，街道定制防违治违举报牌100块，张贴在小区、路段醒目位置。按照"守土尽责"的原则，加大巡查力度，做到分片包干，责任到人，管理全方位，巡查无缝隙，建立健全四级巡查网络，充分发挥城管队员、社区网格人员、保洁员、老党员志愿者的作用。确保违建都在第一时间拆除。

【基层党建】 建立了街道班子成员挂钩联系社区、非公企业、社会组织和困难户制度，与社区党委签订党建工作责任状，并将党建工作目标层层下达，实现基层党建工作"书记抓、抓书记"。实行"六力"并举，促进党组织网络与社会治理网络深度融合，将党组织和党员的作用发挥到社会治理的最前沿，服务居民群众：在总理童年读书处周边特色街区地块、中液公司宿舍地块的房屋征收工作中，推行党员与被征收户结对认亲、党员先锋榜等行动，党员户都提前签约交房，较好地推动了地块房屋征收工作进展。认真抓好"两学一做"学习教育工作，在河堤路社区党委搭建学做平台，让社区"银发党员"学起来做起来，焕发出"金色余晖"。通过与开发商、物业公司共建、党员中心户自愿以及对社区现有资源进行整合，就近解决了网格支部不低于20平方米的活动阵地，让"银发党员"重新有了"家"的温馨。在河堤路社区推行"志愿者服务积分"制度，最大程度调动辖区党员和志愿者参与社区建设、为民服务的热情；大力推进党组织"三亮""六有"规范化建设，上海路社区该项工作得到了省委组织部充分肯定，27个网格支部均通过资源共享实现了"六有"；引河社区新增办公活动用房528平方米，协调争取专项经费8万元；长西社区新增办公活动用房260平方米。在基层党建活动经费上按需足额给予保障，应支尽支。条目式细分20万元专项资金使用范围，确保资金专款专用。以开展"两学一做"学习教育活动为抓手，突出问题导向，抓实"书记项目"，紧紧抓住市直部门结对帮建社区机遇，着力推进非公组织党建工作，实现辖区范围内非公企业党组织组建率达95%以上。切实加强党员教育管理，每年都组织机关全体党员走进总理纪念馆等实境课堂，重温入党誓词。坚持在"七一"期间为街道党员上专题党课。"七一"、春节前夕，组织慰问新中国成立前老党员、模范党员和生活困难党员等123人，发放慰问款物28700元。积极做好"十佳五德干部""十佳勤廉社区干部""优秀基层党组织、党组织书记、优秀党员"推荐评比工作，许兰英获区"十佳勤廉社区干部"表彰，上海路社区党委获市"优秀基层党组织"表彰。

换届工作方面，严格按照上级部署和要求，谨遵选举程序和纪律，圆满完成8名区党代表推荐选举工作；社区党委严格按照"两推一选"的方法，在区委组织部的精心指导下，谨遵工作程序，严肃换届纪律，平稳、有序、圆满地完成了换届，实现了把组织放心、群众满意、社会认可的优秀党员选拔到社区党组织中的目标；

【基层政权建设】 认真贯彻落实省、市有关人大换届选举工作会议精神和文件要求，把人大换届选举作为当前工作的重中之重，精心组织，周密安排，充分发扬人民民主，尊重选民选举权利，在街道、社区电子屏滚动播放宣传标语，宣传换届选举知识，宣传人民代表大会制度，发动选民广泛参与投票选举，保证让每一名选民充分履行自己的选举权利和义务；以服务中心，人大代表积极主动作为，围绕中心工作，充分发挥职能作用，认真依法履职，撰写代表意见建议121条，帮扶困难群众460人次，累计金额达137800万元。

【领导视察与调研】 2016年9月7日下午，市委常委、宣传部部长陈涛，清河区区长张冲林，区委常委、宣传部部长李金平等领导赴长西社区视察文明城市创建工作。陈涛一行仔细查看了富华园小区环境卫生、文明创建宣传氛围、社区道德讲堂、社区活动室等，并深入了解后街背巷路面毁损情况等。在社区服务大厅，陈涛与社区工作人员亲切交谈，询问了平时居民到社区办事情况，社区志愿活动情况等。

【新人新事】 2016年，引河社区荣获"十佳社区"。上海路社区被淮安市委组织部表彰为"先进基层党组织"、被中共江苏省委组织部表彰为"江苏省远教示范站点"。

【社区管理与服务】

长西社区　倡导在职党员进社区"认亲交友"活动，完善社区党员"关爱机制"。组织开展"百场演出进社区""百场电影进社区"等文化活动，共计为群众带来六场电影及文艺演出。八月份开始对富华园老旧小区进行改造，共计修复破损路面672平方米，漏水屋顶487平方米，更换雨水管20根400米，添置监控探头五十多个，拓展消防通道483米。2016年，社区共为32户困难家庭解决最低生活保障，临时救济10人，全年为33户低保边缘户协调19800元帮扶资金，帮助申报残疾证共计35人，为居民申报及协助申报廉租房3户。社区社会管理服务工作推行"网格化管理、组团式服务"的网格化社会管理工作，整合居民代表、五老人员、志愿者、民警、驻区法官等优势人力资源促进工作高效推行，以"社会管理跟踪服务"制度为保障、"民情收集服务日"活动为载体，利用社区QQ群、社区博客等开放式渠道为居民提供全天候无缝隙的精细化服务，全年共服务居民累计达900余人次，为居民解决难题400余件。

引河社区　2016年，社区对辖区内的1004名退休人员进行了认证、对568名人员进行了健康体检、258名75岁以上的老人领取了重阳节慰问品。对广大就业困难人员实施重点援助，多渠道搜集3000余条就业信息，拓宽就业渠道，促进其再就业，发布各类招工信息100余条；为下岗失业人员进行再就业培训6次，培训280人次，共有180人实现再就业；发放社保补贴20人，社区医疗统筹100%全覆盖。此外为了加大健康知识宣传力度，提高居民健康意识，社区还向居民发放宣传资料1000余份，制作宣传板报12期，组织健康知识讲座12次，培训人员600余人次，制作宣传牌26块，更新宣传栏12次。引河社区坚持以文化育文明，在周恩来童年读书处和利苑六区广场、一号大院成立文化活动阵地，针对社区居民的文化需求和业余爱好，组建了老年腰鼓队、合唱队、舞蹈队，歌咏队，太极拳队等五支队伍，在元旦、春节、党的生日、重阳节等重大节日，为居民开展丰富多彩、主题鲜明、形式多样、群众喜闻乐见的文体活动，不断提升居民的文化素养，也将健康文明的文娱方法传递给每一位居民，将科学、文明的生活方式带进社区、带入家庭。

河堤路社区　定期召开党委会和党建联席会，研究、讨论、决定社区党建及社会治理工作等事项。策划、组织社区共驻共建活动，协调辖区单位参与社区党建和社会治理工作，充分利用辖区单位党建、阵地等各类资源，在党委的积极牵动下，共建结对活动精彩纷呈，2016年年初河堤路社区与中天集团共同举办的"中天华庭杯"全市广场舞大赛，端午节前，与华东医院、凤凰新村幼儿园共同举办的大型"浓浓端午情　爱在父亲节"主题活动、"六一"前与童星幼儿园共同举办"老少同台　共庆六一"活动、特别是"七一"社区党委举办的"歌舞飞扬　绚丽河堤"以及纪念抗战胜利70周年的文艺演出活动中，广大党员群众积极参与，自编自演。先后多次组织辖区广济药房、华东医院等为居民开展健康讲座、免费体检等，为符合条件的老人及时办理政府购买服务项目，组织他们参加各种有益的活动：参观红色基地、游览城市新城、参加掼蛋比赛等，如今社区"鼓舞飞扬"艺术团、"淮上明珠"艺术团、新淮艺术团等三支文艺团队，吸纳文体爱好者200余人，常年活跃在社区，每逢传统佳节都会为广大社区居民呈上一台精彩的"文艺大餐"。

人民路社区　2016年，社区召开党员大会、举办党课讲座12场次，组织开展各类活动9次，增强了社区党员的党性和觉悟。通过开展党员"五个一"活动（当好一名联络员，带好一幢居民楼，帮好一家困难户，出好一个金点子，办好一件社区事），鼓励党员加入到社区志愿者服务中来。社区购置了DVD、购置各类书刊、杂志等200余册，充实社区阅览室、居民活动中心，并专人负责全天候向社区居民开放，使社区居民经常自我"充电"，丰富文化知识；利用辖区单位、社区人口学校、石塔湖健身园等场所，举办科普讲座，普及科学文化知识，倡导健康文明生活方式。结合"交通安全进社区"、"法律服务进社区"等活动，以及健康教育、计生、消防、禁毒、暑期教育等内容，组织活动18场次，发放各类宣传材料2000多份，接受咨询服务的群众达1200多人次。在文明创建工作中，社区工作人员和清洁工不分昼夜，对社区内楼幢、庭院、绿地、卫生死角全面消杀、整治，共投入费用3万余元，组织辖区单位、志愿者开展义务劳动6次，拆除违章搭建4处，清运杂物30余车，对沿街200多个店面乱张贴的2000余处小广告、牛皮癣等进行清理，新增宣传栏、标语、展牌等120块。

上海路社区　2016年，上海路社区被淮安市委组织部表彰为"先进基层党组织"、被中共江苏省委组织部表彰为"江苏省远教示范站点"，为和谐社区建设奠定了坚实的组织基础和群众基础。2016年以来，组织了志

区委书记仲风笔调研上海路社区

愿活动26次、发放2700余张服务联系卡、帮扶困难群体100多户解决因生活、身体状况和突发事件问题;受理调解了社区矛盾1200余件(其中涉及安全隐患18件,家庭邻里矛盾820件,重点项目帮办3件,民生需求等500件)。依托社区综合服务中心,积极扶持发展社会组织,开展了"爱心护航"青少年援助、"亲情关爱"失独家庭心理援助,"情暖夕阳红"老年人关爱等专业服务项目,通过引导,促使他们关爱社区、支持社区,发挥其特殊作用。在全市率先引进了10个社会团体和3家民非组织的特色服务载体,搭建了"居民梦想舞台"社区艺术平台,让社区居民有了归属感与依托感。定期开展"七一"党日主题教育活动,组织"红色之旅"、"抗日英雄宣讲会"、"两学一做"有奖征文和"家规"故事征集等活动,同时也组织形式多样的文化文体娱乐活动,开展了"钵池山健步走"、"趣味"运动会和"迎新春"联欢会等,极大地丰富了党员群众的精神文化生活。

淮海街道

【概况】 1984年,清河区城北街道划一为三,始设淮海街道。淮海街道位于淮安市的中心城区域,是全市的政治、经济、文化和商贸中心。行政区域东起沈阳路与万达广场金融中心相邻,西到城区主干道淮海北路,南止商业集中区淮海东路,北临古黄河自然风光带。辖区设交通、新村、健康路、黄河南、向阳、立新、车站、北新村等8个社区,面积约4.73平方公里,常住人口28554户,73504人,辖区单位1530家,其中机关企事业单位17个,非公有制经济组织116个,新社会组织5个,个体商业网点1396家。

【"微"字入手,助推廉政教育新常态】 为扎实推进基层廉政教育工作再上新台阶,取得新突破,淮海街道从微字入手,打造三微工程,不断拓宽廉政教育渠道。廉政知识"微讲堂"。每月邀请区纪委、检察院和相关大中院校的专家学者前来讲课,从抓教育的细微入手,以法纪法规知识、相关案例为重点内容,全力提升党风廉政建设工作水平。廉政电影"微教育"。街道精心组织了一批和基层工作人员密切相关的廉政微电影,在每次召开全体人员会议之前进行播放,不断加大教育力度,提高党员干部自我保护意识。廉政短信"微提醒"。街道纪工委每周选择一条富有亲和力、感染力,启发干警自重自醒自警自励的廉政短信,通过短信、QQ、微信等方式发送给街道全体干部群众,使廉政提醒无处不在,从而达到润物无声的效果。

【推进楼宇经济发展】 近年来,淮海街道高度重视发展楼宇经济,成立楼宇经济发展中心,对辖区中鑫上城、恒荣国际大厦、曙光国际大厦等9幢重点楼宇逐一摸清底数,广开引资渠道,着力招引一批总部、楼宇企业,切实做好重点楼宇产业集聚及税收工作。2016年,街道进一步明确重点楼宇发展目标,将中鑫上城等9幢重点楼宇包干到人,分组推进目标任务。下发《淮海街道2016年重点楼宇经济发展考核办法》文件,通过双月评比,季度考核、年度奖励等办法激励全办发展楼宇经济,实现楼宇招商及税收再上新水平。

【改进工作作风】 为进一步明确个人工作目标,确保各项工作落到实处,2016年初,淮海街道对街道机关人员制定了个人工作清单。清单共分两大类,一类为个性工作,指部门、个人承担的街道相关职能,一类为共性工作,指按照街道、办事处统一安排所布置到个人的包括引进一次性税源、引进项目、注册企业及宣传报道等内容。个人工作清单的制定,有效督促了各项工作落实,在街道形成了比、赶、超的良好工作氛围。

【突出服务意识】 街道抽调精干力量,专门成立总部经济招商服务中心,在中鑫上城、曙光国际大厦、新亚国际大厦等主要楼宇设置服务点,通过制定招商手册、国地税开票服务指南等广泛宣传创业支持、创新支持等方面的优惠政策,鼓励企业入驻,全面提高辖区重点楼宇企业税收贡献率。同时加强对基本户企业的分类管理和服务,明确社区走访年纳税20万元以上企业的收入任务和年纳税20万元以下企业的监控任务,明确街道部门挂钩企业的服务和信息采集任务,明确税源领导小组服务协调年纳税百万元以上大企业的任务。通过举措创新和严格督查,重点调查了解房地产企业运营情况,主动联合地税部门解决重点项目进度和开票不对等问题,确保基本户企业公共预算收入增幅的稳步提升。

【提升计生工作水平】 2016年,淮海街道加强计划生育基础管理工作,坚持与辖区单位、社区签订计生工作责任状，全面落实计划生育目标管理责任制，指导监督落实计划生育一票否决制。通过加强对计生专干的培训，提高了工作人员的业务素质和政策理论能力。全年共办理"生育服务证明"618本，发放"独生子女父母光荣证"132本，办理"照顾再生育一孩"9例，办理"流动人口婚育证明"7本，发放行政指导书482例。

【开展幸福家庭创建工作】 街道以"爱母亲、爱家庭、连协会"为主题，积极开展幸福家庭创建工作，通过"母亲节"、"国际家庭日"、"计生协会会员活动日"、"7·11活动日"等多个活动日大力宣传，开展了以"幸福淮安人"、"二孩来了，你准备好吗"为主题的文艺作品征集活动，与市中医药健康产业发展学会联合开展了"健康百岁"中医大课堂免费服务进社区活动，受到了群众的一致好评。

【计划生育暖家行动】 街道全面落实好人口计生各项惠民政策，开展"1+4"挂钩帮扶工作，加强对特扶家庭的帮扶和救助力度，落实好"亲情关爱"帮扶工程，为他们提供抗风险、养老和心理援助等亲情服务。2016年，街道为34户特扶家庭购买了58份综合保险，并且每月发放计划生育特别扶助困难金，同时为7户特扶家庭购买了居家养老服务，9户特扶家庭提供心理援助服务服务，9名城市无业居民缴纳基本医疗保险，年满60周岁、生活不能自理的2人给予每人每月500元的生活补贴。同时结合春节慰问等方式广泛开展上门便民服务活动，对辖区计生困难户进行走访慰问，慰问金额全年达33000元，全年申报大学生助你飞翔公益金9户。

【重点项目建设】 2016年，街道重点建设项目共有6个，分别为华信广场、奥林大厦、九龙国际大厦、金地广场、洲际酒店及新天地花苑项目。街道进一步明确项目帮办责任，由班子、部门、社区共同服务，突出"问题性"帮办，每周进行项目会办，及时解决项目难题，对项目进展实行挂图督办，以季保年，以月保季，以周保月，各项目进度均达序时。

【严守房屋征收政策】 2016年，街道坚持依法征收、亮底征收的操作模式，攻坚克难，奋力拼搏，圆满完成了经贸大厦南侧地块及化妆品一条街地块的房屋征收工作，取得了优异成绩。经贸大厦南侧地块838户被征收户签约831户，签约率达99.2%，化妆品一条街地块1016户被征收户签约1008户，签约率达99.2%。同时还完成了新天地花苑、奥林大厦及有轨电车三个项目的扫尾项目，保障了项目的顺利推进。

在征收实施过程中，严格按照房屋征收政策法规规定，履行征收调查、评估机构选择、征收决定下达等程序，确保程序合法、操作规范。始终坚持公正、公开、公平，严格执行征收补偿政策，绝不突破政策底线，乱开政策口子，坚持做到"一碗水端水"，"一把尺子量到底"，对个别诉求无理，漫天要价的"钉子户"实施依法征收。为了增强房屋征收透明度和公信力，街道还在项目征收指挥部设置大型公示栏，将对评估价格、补偿安置协议、旧房交割单、领款单、补偿款支票存根等全部公示上墙，接受大家比较、监督。同时，为了给被征收居民带来更多的实惠，街道还组织专场房产推介会，免费提供房地产市场信息、搬家等服务，并针对特殊人群组织街道相关部门逐一排查，及时解决就业、就医、养老等问题。

为确保完成街道棚户区改造任务，街道专门成立棚改领导小组，主要负责人亲自抓，分管负责人现场负责，并抽调街道及社区80%精干力量参加征收工作，明确目标，明确责任。协同公安、法院、法制、信访等部门建立健全征收矛盾纠纷调解机制，专门负责解答疑虑、矛盾化解工作。对征收政策有异议的，及时组织召开听证会，向群众详细介绍政策制定依据。设立项目政治部，加大征收工作人员的表现考察、纪律考评、绩效考核力度，与工作组签订廉洁自律保证书，凡出现执行政策上弄虚作假和"吃、拿、卡、要"的，一律严肃处理。同时聘请群众代表作为房屋征收监督员，对征收政策执行、征收行为规范进行监督。

【圆满完成征兵任务】 2016年夏秋季征兵工作中，淮海街道严格按照上级指示精神，早动员、早联系、早落实，全面部署征兵工作。街道结合实际，制定征兵工作方案、计划和奖罚措施，明确目标责任。在辖区主要道路及住宅小区悬挂横幅、张贴宣传标语，制作宣传栏，公开咨询热线和工作人员手机号码，设立兵役登记、参军报名处，接受群众咨询和应征青年报名，向预征青年发放征兵宣传册300余份，兵役登记率超90%。开展入户宣传动员，加大新兵征集条件、部队工资福利待遇、退役优抚政策等宣传，帮助适龄青年家长算好经济账、政治账，赢得广大家长的支持。为确保兵员质量，街道对53名适龄青年进行多次体检、复查复检，并与辖区派出所走访调查应征青年个人、家庭及学校等情况，进行政治考核。在征兵工作中，街道及时传达学习上级廉洁征兵政策规定，发放廉洁征兵监督卡，开设举报电话，设置举报信箱，提高征兵工作的透明度。2016年，共有23名优秀青年应征入伍，无身体、政治思想等原因责任退兵，圆满完成征兵任务。

【维护社会和谐稳定】 街道司法所认真落实人民调解、社区矫正、安置帮教、普法依法治理等工作，全力维护社会和谐稳定。每月召开矛盾纠纷排查调处工作例会，对排查出的矛盾纠纷进行梳理，登记造册，建立台账，全年共排查调处矛盾纠纷66起，调处率100%，调处成功率100%。对辖区内2011年以来104名刑释解教人员建立帮教小组，及时了解他们的思想动态和现实表现情况，帮助他们解决实际困难，由于确保刑释解教人员不失控，安置帮教措施落实到位，辖区内刑释解教人员无一人重新违法犯罪，帮教率100%。在社区矫正工作中，街道建立健全了街道、社区两级社区矫正机构，采取多种管理方式，多元化、人性化管理，促进社区矫正对象改过自新，重新做人。2016年，结合"法律六进"活动，街道开展了法润江苏春风行动、打击非法集资等多次专项法治教育宣传,还利用寒暑假对辖区青少年进行了以预防青少年犯罪为主题的法制教育活动16次,受教育青少年达600余人次,收到了很好的效果。

【社会管理工作“五个坚持”】 街道立足群众需求、回应群众关切、帮助解决实际问题,大力推动直接联系群众工作,全方位、全覆盖,实现服务群众“零距离”,做到“五个坚持”。一是坚持认识到位。各网格组长站在“服务群众新常态”的起点上,统一思想,加强认识,形成了以联系服务群众为抓手推动网格工作的共识。二是坚持责任到位。全街街道共组建42个网格工作服务组,设立网格组长民情民意“收集站”,形成意见收集、跟踪、反馈机制及时收集相关资料归档。三是坚持机制创新。综治办严格按照考核要求开展工作,形成了每周一召开一次“社管周例会”,由网格组长介绍上周工作情况,沟通协调解决工作中存在的问题。 四是坚持考评结合。街道综治办对以“网格小组为单位,对联系时间、联系对象、联系内容、联系效果等进行全程记录存档,实行“提房知人、提人知事、提事知情”进行考核,将各网格组长直接联系群众工作中的表现作为年度考核、评先评优的重要依据。五是坚持效果为先。各网格组长带着责任、带着情感、带着方法下去,围绕“宣传政策、了解情况、联络感情、了解问题”开展工作,当好“千里眼”、“顺风耳”,发挥好“传声筒”的作用。

【遏制青少年犯罪】 街道实施“三个强化”,即强化组织领导、队伍建设、责任意识,义务监督全街道6家网吧,有效遏制了青少年犯罪,受到辖区内群众一致好评。一是强化组织领导,将有爱心,有责任心的老同志充实到工作组中,明确社区副主任为网吧义务监督组组长,并聘请“五老”监督员24名,保证每个网吧配备3~4名监督员,实现了网吧监督全覆盖,传递爱心、责任心,遏制青少年违法犯罪。二是强化队伍建设,为使义务监督员真正起到宣传员、信息员、巡察员、监督员的作用,营造一个文明健康的网络文化环境,街道对监督员实行“四抓”:抓学习,学习《关于进一步加强网吧及网络游戏管理工作的通知》和《中华人民共和国未成年人保护法》、《中华人民共和国预防未成年人犯罪法》、《互联网管理条例》等法规。抓培训,组织网吧监督员参培训班,使他们熟悉网吧经营场所管理业务流程,随时发现、举报和制止各类接纳未满18岁以下未成年人进入网吧,教育未成年人遵守国家法律法规、自觉远离网吧。抓交流,定期召开网吧监督组组长工作交流会,对网吧监督成效显著和一些好的做法进行交流和宣传。抓关爱,对无私奉献的“五老”义务监督员给予适当的鼓励和奖励,对6个网吧监督社区和有突出贡献的2名“五老”义务监督员进行了表彰奖励,激发正能量。三是强化责任意识,为了强化网吧义务监督员的责任意识,提高监督水平,在监督检查中坚持做到“五个结合”,即定期与不定期检查、集中与分散检查、分工和协作、明查和暗访、监督和宣传政策法规相结合,做净化社会文化环境,促青少年健康成长的卫士与战斗员。

【劳动保障工作】 街道劳保所落实“以人为本”、构建“和谐社会”的要求,全力推进居民医保参保工作,街道社区工作人员利用业余时间,走进企业、走进社区、对居住社区、邻里进行走访宣传,做到家喻户晓,社区针对缴费人员较多的情况提早了上班时间、延后了下班时间,加班加点服务居民完成缴费。全年参保人数23249人。为进一步推进统筹城乡的社会保障体系建设,加快实现社会保险全覆盖,街道劳保所按照“信息比对、入户调查、做实登记、推进参保”的总要求,围绕“做实”开展各项工作,做好不漏户、不漏人、不漏项,为全市参保人员信息动态管理打下良好基础,全年共完成总登记人数37678人。2016年,劳保所全力做好创业工作,开发创业项目32个,新培育带动5人以上就业的创业典型31个,扶持创业成功463人,创业带动就业2118人,新增创业户573户,创业补贴申报220人,其中初次创业人员155人,补贴奖金1105500元,成功创成省大学生创业园1个(淮安市淮海大学生创业园),市级创业基地3个,为创业带动就业提供了强有力的保障。

【安全生产】 街道紧紧围绕经济发展中心,坚持“安全第一、预防为主、综合治理”方针,强化督促检查,狠抓隐患整改,街办安全生产形势整体平稳有序。加强组织领导,强调安全生产“党政同责”、“一岗双责”和“一票否决”权,与8家社区、729家辖区责任单位签订安全生产目标管理责任状,签定消防承诺书418份,加强安全生产管理。坚持每日排查制度,对辖区内大小企业进行了2560家次逐一排查,共排查出一般隐患480处,已全部整改,检查出“三合一”“多合一”场所94处,目前基本整改到位。持续深化重点领域专项整治工作,对158家餐饮场所燃气安全进行专项整治、对化妆品一条街“三合一”场所消防安全隐患进行整治,在辖区内开展危险化学品企业(加油站、液化气灌装点)开展安全生产大检查,并协同街道物管办、招商办以及消防、公安等部门对经营户等按照打非治违的内容开展专项检查,配合有关部门依法查处取缔未经安全生产(经营)许可的企业。

【低保自查工作】 按照上级部门统一部署,街道从3月底开始对344户低保家庭进行全面清查,对42户不符合低保条件的家庭,陆续停保。街道还定期组织人员深入详细了解低保家庭实际情况,多次上门调查,核实财产、工作等相关情况,确保街道低保工作有实效,做到应保尽保,应出尽出。

【文明城市创建工作】 街道贯彻落实市、区关于文明城创建的统一部署,紧紧抓住工作关键点,强力推进创建工作。一是加强组织领导。街道党工委高度重视文明城市创建工作,及时调整了创建工作领导小组,明确专人全面推进创建工作,将文明城创建工作作为街道工作的重中之重,抓好落实。按照条管块包原则,明确由城管办、文明办等部门全面指导社区文明创建工作，对辖区的后街背巷、生活小区实施社区属地管理，社区对责任区域实行包干到人，明确责任人、责任要求，形成了一级抓一级、一级对一级负责的工作机制，确保推动各项创建任务落到实处。二是强化措施推进。街道坚持将文明创建工作作为当前工作的重中之重，以扎实举措不断深化创建活动，增进创建工作实效。加强深入宣传。多措并举全面深入宣传，对沿街商铺电子屏由社区明确专人逐一进店操作确保全到位，在小区楼道口、宣传栏定期更换文明标语，发挥网格员、“五老”、志愿者等方面作用，加大宣传，提高居民对文明创建工作的知晓率、参与率及支持率力度。加强重点整治。主要围绕市容秩序、环境卫生、农贸市场等重点工作推进。对市容秩序城管办加强管理力度，明确区域，明确人员，加大力度；对后街背巷、老旧小区环境卫生问题，城管办、社区、保洁员等共同加强管理，每天早中晚六次巡查，发现问题现场整改；对农贸市场内部问题积极与商务局、市场局等部门沟通协调对照创建标准整改到位，对市场外部管理问题，街道城管办组织队员每天早上7点起加强巡查，发现占道队员问题即时整治。开展集中行动。组织物管小区与项目管理员集中清理楼道小广告，对拥军路狗市场占道问题开展了为期2个月的集中整治，对农贸市场周边占道问题进行了集中清理，对小区乱堆乱放现象利用晚上时间也进行了集中清运，均取得显著成效。三是加强督察整改。街道成立三个文明创建督查小组，对各部门、各社区的责任区域每天进行督察，发现问题及时交办，取得明显成效。对文明创建工作强化责任追究，对创建工作表现不力，工作上拖后腿的部门或个人，在其个人的年度绩效考核和评先评优方面实行“一票否决”。进一步保持长效，对文明创建工作中取得的成果继续明确责任，坚持巡查、治理相结合，严防问题反弹，特别是无人管理生活小区、流动摊点、店面外溢等重、难点，加大管理力度，确保长效、常态。

【“两学一做”主题实践活动】 2016年，街道扎实开展“两学一做”主题实践活动，成立组织机构，制定实施方案，广泛深入宣传，召开动员大会，进行党课宣讲，进一步加强党员干部的管理，深化党员干部对党章党纪党规的学习，促进党员干部工作作风、生活作风持续转变。在实践活动中，全体党员干部做到原原本本学，学到精髓，补好“钙”，加足“油”；认认真真思，力求创新思路，促进工作；扎扎实实抓，抓好学习、工作两落实；切切实实查，查实问题，查明短板，以良好的精神状态、改革的勇气胆识和实干的工作作风，争做“两学一做”学习教育的标兵。

【组团式结对党建活动】 淮海街道与挂钩社区的市直单位负责人、社区党建指导员共同推进社区组团式结对帮建党建工作，签订共建协议书，每季度至少召开一次联席会，每半年总结一次，进一步完善机关单位和领导干部直接联系基层、服务群众制度，推动人才、资金、资源向社区聚集，同时也强化社区党组织政治功能和服务功能，着力提升社区共建共享水平。

【社区两委换届工作】 2016年，街道精心组织，建立健全社区居委会换届选举组织机构，严格按照既定的方案抓好换届工作，确保社区换届工作的顺利开展。及时成立了换届选举指导小组及其办公室，下发了《淮海街道社区居民委员会换届选举工作实施方案》文件，制定了选举工作日程表，建立了班子成员包片制度，成立了选举指导队伍，及时督促检查、指导社区开展工作，并协助解决遇到的问题，成功选出了群众信得过、靠得住、普遍满意的社区“两委”班子成员。

【立新社区党建有特色】 2016年，立新社区处于经贸大厦南侧房屋征收特殊时期，社区党委狠抓理论学习与实际相结合，社区通过“两学一做”学习教育结合房屋征收工作实际，对本社区内有房子的在职党员及社区管理的党员进行了认真统计，建立了管理档案，有针对性地多次开展学习教育，上了一堂精彩的党课，召开了学习交流会，并签订了党员模范带头协议书，取得了党员同志的全力支持。

【向阳社区居民活动丰富多彩】 向阳社区以社区文化活动中心为载体，广泛开展形式多样的居民活动，得到了社区居民的热情参与和高度评价。社区充分利用校外补习班、市民学校等平台举办专题学习培训。利用寒暑假和双休日，邀请社区民警、社区关工委、志愿者等开展“两学一做”学习教育专题报告会、学习周恩来“五德”精神、“八礼四仪”图展、“成才学子报告会”“青少年法制教育”

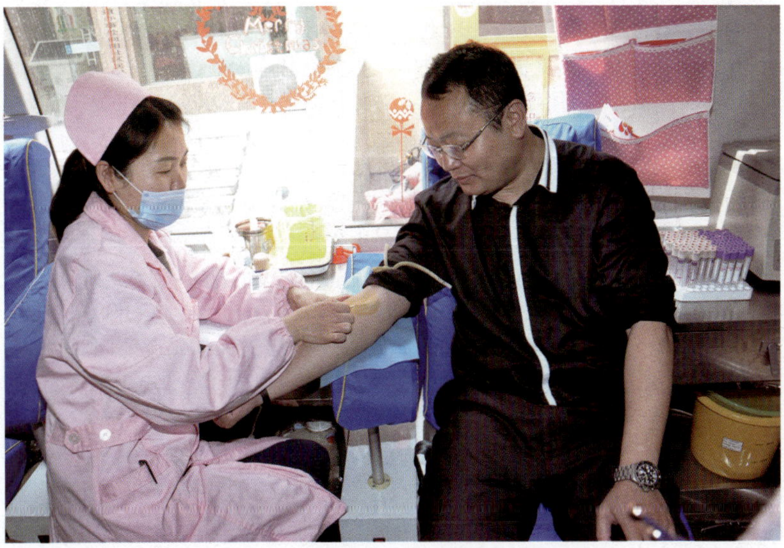

向阳社区无偿献血活动

"消防安全知识"、健康知识讲座等活动，提高了居民的文明素养。此外，还开展了"我们的节日""七彩夏日"等主题活动，以及"节水型家庭户""五好家庭"、优秀共产党员、志愿者评比表彰等多样化社区活动，不仅增加了社区居民之间的感情，也激发了居民热爱社区的情感，为构建和谐、温馨社区发挥了重要作用。

【向阳社区创新党建新载体】 2016年，向阳社区立足实际，创新两大党建载体，团结了党员队伍，充分发挥了党组织的战斗堡垒作用和党员的先锋模范。一是成立了"老爷爷工作室"。辖区离退休的老干部、老党员、老模范、老教师较多，社区抓住这一有力人力资源，成立了"老爷爷工作室"，在加强青少年思想道德教育方面做了许多实际工作，取得了较好成绩。二是成立"双五"服务队，由社区引进的清河区娱乐养老俱乐部牵头，将在职党员、社区党员以及社区志愿者队伍整合，成立五支服务队，分别为五类人群服务，通过开展各项群众乐于参加的活动，拉近了社区与群众的距离，搭建了社区与群众交流的桥梁，更好地为社区居民服务。

【交通社区打造居民活动乐园】 交通社区与辖区单位淮阴师范学院实现校社共建，从资源共享到人员共享，再到制度共建，不仅拓宽了社区居民的活动舞台，还拓宽了服务居民的渠道。2016年，学校与社区共同建立了离退休人员党支部，设立了居家养老服务站，用于服务离退休教师和居民。淮阴师范学院的退休员工活动中心也已经全面向社区居民开放，其中包括图书馆、电子阅览室、棋牌室、练歌房、乒乓球室以及桌球室等场馆，大大丰富了居民的业余生活。此外，学校在居民学习教育方面也开展合作，学校将周恩来研究基地的研究成果应用到社区"家风家规"的宣传教育当中，为社区居民开展关于周恩来'家风家规'的专题讲座，离退休教师在社区思想教育、关爱青少年成长等方面做出了许多贡献。

【健康路社区结对互助 党员助残】 健康路社区第二网格支部将网格内党员和社会组织——残疾人手工工坊紧紧联系到了一起，结对互助，发挥党员优势，帮助残疾人手工工坊拓展销售渠道，创新营销模式，联系公益组织一起外出义卖，增强残疾人的自信心，让他们能够将这一爱好发展成自己的事业。

【健康路社区党委"两学一做"出新招】 为推进"两学一做"学习教育深入发展，健康路社区党委与市委党校一起成立教育说唱团开展"两学一做"演出活动，自编自演了数个节目，通过歌曲、朗诵、相声、小品、演讲等多种群众喜闻乐见的形式向社区的党员同志宣传、诠释了"两学一做"的政策理论，给社区的党员送去了耳目一新的"党课"视听盛宴，送去了不一样的"党课"教育演出活动。

【北新村社区探索"十个一"党员管理办法】 北新村社区党委积极探索，制订了"一个组织网格、一套档案材料、一本流动党员证、一封工作信函、一次组织活动、一次工作汇报、一张责任卡片、一张联系卡片、一个服务机构、一套学习资料"的社区党员"十个一"管理办法，及时联系社区党员，掌握流动党员动态，了解党员意向，主动服务，强化党建，激活基层党组织能量，增加党建活力。

【北新村社区小网格大平台】 北新村社区以党建为龙头，加强社区社会化网格管理服务，满足网格居民的多样化需求。在党员中开展设岗定责，共设置治安巡逻岗等8个志愿岗位，使广大党员实现"有职有责、有岗有位、有位有为"，发挥了党员的模范带头作用。社区加强社会管理网格化规范化建设的打造，动态更新网格信息资料，成立以"有事您开口，让您满意走"为宗旨的便民服务团队，把社区干部、在册党员、居民志愿者、共建单位等网格成员多角色参与到网格内的医疗卫生、文化娱乐、社会福利等公共设施的建设中来。通过网格化管理，实现组团服务综合化。具体服务内容包括由社区工作人员提供的民政、城管、劳动、计生、医疗、民防、人武等服务；对居民群众提供全方位的服务，进一步确立群众利益无小事的思想，善解民意，善待群众，尽心竭力地为居民办实事、办好事，特别是对网格内的空巢老人、残疾人、低保家庭等群体作为重点服务对象，做到服务有重点，工作有方向。同时，对有关民生民情进行分类记录，解决一件，注销一件，让工作落在实处。

【车站社区推行党员服务储蓄积分兑换制度】 车站社区党委积极推行服务储蓄制，在社区党员中推广志愿服务"积分制"管理，党员参与社区志愿服务活动即可获得相应积分，参加一次为民服务活动积1分，提供一条有价值的信息积1分，加入一个社会组织并发挥作用积2分，结对帮扶一户困难群众积2分。积分可以兑换物品、社会服务，如积满10分兑换12寸一个大蛋糕。此项活动充分调动党员参加社社区党委开展的"四个一"活动，增强了党组织的凝聚力。

【车站社区民情恳谈会成常态】 车站社区定期召开民情恳谈会，强化社区自治管理。恳谈会主要内容集中在房屋漏雨、下水道破损、落水管损坏等基础设施问题，还有居民提出对流动人口加强管理，对出租房屋的安全进行排查等问题。恳谈会中居民代表踊跃发言，提出了很多对小区合理的化意见和建议。社区针对居民反映的问题，进行详细的记录，对亟须解决的问题尽快整改、处理到位，对社区无法解决的及时上报上级部门处理。对于"民情恳谈会"上所反映的问题的落实情况，社区将在下次民情恳谈会上反馈，形成了"征求、恳谈、解决、反馈"的格局，加深了群众对各部门工作的了解，融洽了党群干群关系。

【黄河南社区关爱留守儿童】 黄河南社区积极开展了关爱留守儿童活动，社区志愿者给留守儿童辅导功课，与孩子们亲切地交流沟通，开展心理抚慰，社区工作人员给孩子们赠送了生活、学习用品，鼓励他们好好学习，帮助解决他们的困难，为他们送去了特殊的关爱。此项活动的开展，得到了广大群众的好评，为社区预防青少年违法犯罪工作起到了良好的推进作用，也推动了社区的和谐稳定。通过活动，让孩子们体会到社会的关爱与真情，让他们用阳光般灿烂的笑脸面对生活，面对学习，自强不息，快乐健康地成长。

【新村社区加强党建推进和谐社区建设】 新村社区党委充分发挥党员在联系群众、推动社区发展中的模范带头作用，在服务民生实事中更好地激发社区党组织活力，有力推动了和谐社区建设。为充分发挥党员收集社情民意的纽带作用，新村社区党委将辖区划分为4个网格，组建以居民小组长、党员楼栋长为主的57名红色网格员队伍，充分发挥老党员、老干部熟悉组情、楼情优势，定期深入各居户和群众集中活动地点，通过社情民意信息箱、社区网、QQ群、微信群等方式畅通居民反映问题的渠道，建立常态化社情民意收集机制。党员带头参与社区建设、维护社区环境、践行文明新风、参加志愿服务等，通过一系列活动，新村社区实现了单位和社区对党员的双重管理。在文明创建工作中，社区辖属党支部还自发组织党员志愿者，文明劝导、小区铲除小广告、整治小区卫生等使创建工作顺利推进。同时将加强社区党建和推进社区治理相结合，实行在职党员和驻区单位党组织向社区党组织“双报到”制度。新村社区针对老社区弱势群体多的实际，社区党委组建了多支服务小分队，开展了“上门进户问民需”活动，社区工作人员通过入户走访的方式与群众零距离接触，为每户居民发放便民联系卡，并常态化组织党员开展关爱困难职工、义务帮扶孤寡老人等志愿服务活动，发挥党员在小区建设、管理和服务中的先锋模范作用。

【新村社区民情日记本】 淮海街道新村社区自实施网格化社会管理以来，改变了以往坐等居民办事的模式，转变为主动去熟识居民、服务居民，实现为民服务“零距离”。社区网格员下户走访携带民情日记本，在网格内转转，看看片区里的困难户、独居老人家里需要什么。谁家有难处、哪家困难需要帮扶、居民反映急需要解决的问题等都要一一记录在册，将急需解决的问题第一时间上报社区领导，问题解决后必须把结果记录下来。网格员深入小区走访广征询社情民意，着力解决居民反映的实际困难和问题。2016年至今收集民情民意16条，帮助群众协调反映强烈的问题8次。一本本“网格民情日记本”既为社区工作人员提供了方便，也成为社区了解民情、倾听民声的一个平台，是拉近居民与社区距离的“连心簿”，是居民冷暖的“接收器”，也是衡量社区工作人员为居民服务的一把尺子，也得到社区居民的好评。

府前街道

【概况】 1989年清河区析长西街道设立北京路街道。辖有京南、京北、西园、北京北路4个居委会，2010年6月，区政府划淮海街道淮西、工农路两个居委会和繁荣村入北京路街道并同时更名为府前街道。至2016年末，街道辖京南、京北、西园、北京北路、淮西、工农路6个居民委员会和繁荣村（繁荣居委会），分设147个居民小组，31个村民小组；辖区面积为4.5平方公里，常住人口有6.2万人；在管辖范围内成规模的市场有6家，分别是乐园步行街、五金市场、布匹市场、工农路食品城、淮海路菜场和丰登路市场。街道2016年度共完成一般预算收入3927.28万元，辖区共有企业、个体工商户13000余户，纳税企业2100多户，其中二产完成764.58万元，同比增长47.06%，所包含的企业有191户；三产完成3162.7万元，同比增长21.28%。

【街道党建工作】 2016年初，街道着手成立街道层面的“两学一做”领导小组，制定详细的学习计划，开展多种形式的学习。根据受教育党员情况不同，制定了街道和社区的党员分头学习和集中学习的方法，采取多种学习形式：线上线下教育，分类开展，稳步推进学习教育活动全覆盖；各社区均成立了领导小组和支部领导的学习小组，也都布置了详尽学习计划和学习任务，社区党委还与驻区的单位成立了“党建联席会”，由驻区单位和帮扶单位的党建指导员以及社区党组织负责人组成，召开不少于两次的工作研究会，专门研究和讨论社区党的建设和精神文明建设等重大问题，激发各单位党建主体的内在动力，使他们积极和主动地投身到社区党建工作中来。

【社区特色活动】 工农社区倡导民主自治、共建文明风尚，利用辖区资源、充分发挥合力以知情权、参与权、决策权为内容，积极推进社区民主自治，激发社区居民参与社区建设的热情，组织居民参加义务劳动，自己动手改变自己的居住环境，这一方法不仅让居民们参与了社区建设工作，也使他们体会到保洁工作人员的辛苦，促使居民们养成良好的生活习惯，减少保洁方面的负担；强化社区服务、关爱居民生活，西园社区以“强化服务、以人为本”为宗旨，坚持“民思我想、民需我为、民求我应、民困我帮”的扶贫帮困工作理念，全面落实各项政策，每逢传统佳节，社区工作者都会准备生活用品前去慰问辖区的困难户，竭尽所能为他们解决生活上的困难；繁荣社区文化，提升社区品味。活跃社区文化、不断满足社区居民日益增长的精神文化生活，是社区文化建设的宗旨。淮西社区积极利用市民学校，以未成年人教育为载体，利用寒暑假聘请社区老党员、管片民警、市关工委的领导，对社区青少年先后开展健康知识讲座、禁毒教育、捡白色垃圾等一系列活动，教育他们树立正确的人生观、价值观、使青少年的思想素养得到进一步提高；加强综合治理、打造优美环境，繁荣社区努力维护社区的安宁，营造安民环境。建立了社区警务室，巩固、发展了治安巡逻队伍，加大了监督、协调物业落实各项工作制度的力度等，使社区治安有了进一步的改善。为保持社区环境整洁，特聘用人员专门负责社区卫生，并组建一支志愿者义务 巡逻队，佩戴红袖套，每天对辖区内的环境进行实地检查，发现问题，及时进行清理，并做好记录。

【服务民生，为民服务】 街道红十字会一直本着“服务民生”的理念，真心地为有困难的民众服务，一旦接受民众的救助申请，立刻就着手调查了解工作，待核查齐备后，立即上报上级有关部门，对个别特困户，还主动与街道的劳保所和社区联系，尽力解决她们的实际困难。2016年，共救助52人。

【特色社区创建】 2016年9月1日，京北社区荣获“国家地震安全示范社区”称号。

【社区办公房建设】 府前街道共辖7个社区，2016年5月，京南社区的办公用房开工建设，10月底竣工；2016年3月，北京北路社区办公用房乔迁至北京北路97号，办公面积共有1000平方米。截至年底，7 个社区均有了新的办公场所，办公条件都得到了基本的改善。

【招商引资】 街道招商引资办公室坚持101%服务的理念，积极为投资企业做好服务工作，截至2016年底，街道共新签约亿元以上项目2个，分别为印象·淮安文化创意产业园、中澳华美达酒店。

【健康教育讲座】 街道爱卫办主动与市中卫生服务中心联系，每月坚持在社区举办一次健康教育知识讲座，在开讲座的同时，市中卫生服务中心还向居民分发《健康教育读本》，深受与会居民的喜爱。

【加强摊贩管理】 街道食安办常年坚持辖区走访工作，对经营食品的小摊贩进行长期有效的管理，随时督促他们完善有效的备案手续。

【社区教育】 2016年度，街道社教中心继续履行《清河区府前街道办事处社区教育考核细则》，取得了显著的成绩，各项工作依然走在清河区（包括合并后的清江浦区）的前列：

①江苏省社指中心在依据“月、季、年度”考核中，每次（期）都及时在省级网站上公布考核的详情，街道社区教育中心的卫军主任全年共拿到由省社指中心颁发的证书16本（张）；同时其在“江苏学习在线”网上学习的学分，已经超过22000分，远远超过区内的其他学员。

②5月，卫军参加在南京举办的“江苏省成教协会理事会工作会议”，参与制定和研讨了社区教育“十三五”规划纲要。

③7月，卫军参加了在昆山举办的全省社区教育干部“科研能力提升”培训班的培训。

④11月，街道社区教育中心参与原清河区长东、柳树湾街道的省级社区教育中心的创建工作，取得了圆满成功，受到区教育局领导的高度肯定和赞扬。

⑤12月16日，街道社区教育中心“老年诗词和老年养生系列讲座”被市教育局评为“2016年淮安市终生学习活动品牌”。

⑥12月16日，街道社区教育中心主任卫军的论文《淮安市府前街道社区教育品牌项目运营》一文被市教育局评为“2016年淮安市社区教育实践创新工作项目优秀案例二等奖”。

清江街道

【概况】 清江街道，因辖区范围主要是原清江市主城区而得名。1958年9月，清江市与淮阴县合并成立县级淮阴市。同年11月，原清江市城区基层政权机构合并成立清江人民公社，归属淮阴市管辖。1961年3月，清江人民公社划分为闸口、城北、清江三个人民公社。1964年10月，清江市与淮阴分设，清江人民公社归属清江市领导。1983年3月改属清浦区管辖后，改称称清江街道办事处。清江街道东隔淮海南路毗邻闸口街道，南隔解放西路毗邻清安街道，西隔北京北路毗邻浦楼街道，北隔里运河毗邻长西街道。辖区范围东至淮海南路；南至解放西路；西到北京北路；北至里运河，面积1.95平方公里。下设北门、人民、施家桥、公园、城南、西门、南门、洪门和浦楼9个社区，共有居民14878户，人口4.43万人。

清江街道辖区内有百年商业老街西大街、南门小街等历史古街；文化底蕴深厚，有漕运总督府旧址（清晏园）、苏皖边区政府旧址、淮阴解放攻城纪念亭、丰济仓等人文古迹；有省重点中学淮阴中学、省重点小学实验小学、市重点小学人民小学、新民路小学等。

【招商引资取得实效】 2016年，街道正式签约亿元项目是元明粉、石膏加工分包装项目，该项目计划总投资为10160万元，设计年加工分装元明粉5万吨、石膏7万吨，拟征地约43801.84平方米，建设石膏加工分装车间、元明粉加工分装车间、原料仓库、成品仓库、五金仓库、配电间、办公楼、综合楼等建筑，该项目技术先进，环保性强，可创造良好的经济效益和社会效益，据估算，项目建成投产后，年产值21950万元，利润总额3022.33万元，上缴所得税755.58万元。此项目已于4月顺利开工，目前1万平方米综合楼和主厂房地上一层已建成，因为工程进度比较快，有望在年底竣工。

【居民委员会换届选举】 街道成立换届选举工作领导小组，指导、解决选举问题，制定《清江街道社区居民委员会换届选举工作的实施方案》。强化人员培训，组织工作人员进行集中培训，确保换届选举工作依法有序进行。扎实开展选举宣传工作，多渠道向群众宣传选举事宜，在各小区和生活大院悬挂横幅2条，居委会和辖区各单位悬挂横幅1条。总计悬挂横幅52条，张贴告市民书70张。同时，采用微信、QQ等微媒体对居委会换届选举工作的意义、原则、要求、程序等进行深入宣传，营造浓厚的选举氛围。2016年年底，居委会基本情况和居委会委员干部的现有职数调查汇总工作、民主评议工作已完成。

【消防安全工作】 成立消防安全工作领导小组，下设办公室。与社区签订消防工作责任状，把消防安全工作任务层层分解到社区和企事业单位，并实行隐患事故排查责任制，健全防火制度、消防活动日制度、学习培训制度、安全隐患零报告制度及消防安全检查制度。用制度管人，按制度办事，保障消防安全工作落实到位。通过专题讲座、展板宣传、网络宣传、观看纪录片、消防宣传日等多种形式，各社区开辟宣传专栏，不断更新消防安全知识。街道召开专门会议，印发工作方案，要求各社区在关键时间、火灾多发易发期加强排查整治，对居民进行宣传教育，动员广大居民积极查找自家在使用液化气、用电器过程中的安全隐患，做到早发现早预防，减少乃至杜绝火灾事救的发生，提升居民自防自救能力。同时要求各杜区严格执行消防检查制度，有专人对安全防火工作进行检查，排查隐患，并做好记录。2016年，街道共组织开展图片、火灾纪实、法律法规、安全知识等宣传活动17次，主要领导及分管领导带头到电子市场、钱柜KTV、民政养老院等20多个人员密集场所稽查26次，全年未发生重、特大火灾事故。

【基层党建工作】 以党的先进性建设为主线，以加强党员队伍管理为目标，结合“两学一做”学习教育，推行党员管理“一证三单”，建立科学完善的党员管理评价机制，推动党员日常教育管理精细化、规范化、长效化，激发党员干事创业热情。“一证三单”即“党员活动全程纪实证、学习清单、奉献清单和义务清单”，社区党组织每月至少组织一次集中学习和志愿服务奉献活动，党员持证参加；党员每参加一次集中学习或志愿服务奉献活动，计5分，满分60分，党员不履行义务、不服从党组织管理、违反党规党纪的，每有1次扣10分，年底，得分90分以上的可评为优秀党员，得分60分以下的视情况确定为不合格党员。考核按照党员申报、社区登记、集体评议的程序进行。党员每月向社区党组织提供参加集中学习和服务活动的记录和证明材料。社区党组织及时登记党员参加的各种学习、奉献活动，每月核算1次党员得分情况，建立党员得分管理台账。社区党组织每月召开1次党员会议，吸收部分群众参加，介绍党员申报材料和得分情况，按月将党员积分情况在党务公开栏、微信群、QQ群等平台进行公示。制度试行以来，各社区党委坚持每月至少开展一次志愿服务奉献活动，围绕党员“十个带头”，组建了安全生产检查、文明城市创建、法律援助、安全巡逻、困难帮扶、模范党员宣讲团等30多支志愿者服务队伍，开展志愿服务奉献活动100多次，参与奉献的党员2000多人次，解决群众反映强烈的各类问题30多个。

【法治建设】 街道成立了由党工委书记任组长，党工委副书记任副组长，相关部门和各社区负责人为成员的综治与平安建设工作领导小组。街道党工委与各部门、社区等责任单位均签定目标责任状，明确工作目标和职责。街道党工委先后3次召开专题会研究部署综治和平安建设工作，党政分管领导组织召开政法综治工作会议5次。街道共划分出23个网格，配备网格员及信息员，结合“红袖章”义务巡视，7个社区平均参巡人员不低于5人。以街道社会管理服务中心为依托，大力推进法治阵地建设，已建成华城小区法治宣传阵地，施家桥社区法治宣传书画苑，各类宣传栏、居民法治图书馆等共22个阵地。健全联动机制，加强特殊人群管理工作，街道目前共有刑满人员55名，社区服刑人员19名，精神障碍患者29名，吸毒人员2名，社区矫正及安置帮教等重点人员均在派出所管控之下，帮教管理工作开展有条不紊，未发生违反规定和危害社会安全的事件。以七个社区为平台，以警务室为依托，整合区域资源，成立街道平安志愿者协会，组建社区平安志愿者服务队，初步形成较规范的“协会—支队”梯级服务网络，目前已吸纳社区干部、小区楼院长、社区协管员、治安积极分子等社会各界力量2000余人，组建平安志愿者服务队14支，开展义务巡防151次，解决矛盾纠纷431件，参与平安校园活动7次。

【文明创建】 2016年以来，新增、更换各类公益广告430余幅，新增大型公益广告展板2个，引导辖区商户、单位利用自有电子宣传屏刊播社会主义核心价值观，实现了主次干道、后街背巷、居民小区的公益广告宣传全覆盖。以“全民发动、全民参与、全民共享”的原则，引导辖区“党员带头参与、群众积极参与、辖区单位主动参与、挂钩联系单位鼓励参与”；以辖区分块、分路段的方式，制定责任区域，实行日报制度，强化考核监督，做到第一时间发现问题、解决问题，保障了文明创建工作持续有效地开展。

【信访稳定】 街道高度重视信访维稳工作，深入开展不稳定信息的收集和源头预防工作，要求各社区实时了解、稳控有越级和非法上访可能的人员，做到在源头上遏制各种非访工作。涉及重大事项的信访件，往往处理难度较大，涉及范围较广，为更好的解决此类案件，明确责任划分，均明实行领导包案制，切实落实维稳工作责任。2016年以来，街道累计接待、处理各级信访交办案件38人次，妥善解决群众合理诉求，将矛盾化解在基层，确保辖区和谐稳定，信访形势总体平稳。

【民生保障】 一是为丰富群众文化生活。组织了社区少儿京剧文艺队、老年歌舞队、淮剧艺术团等队伍进社区表演精彩节目，北门社区、公园社区、施家桥社区先后登上省综艺频道《加油！社区》栏目，公园社区获得“十佳社区之人文社区”的荣誉称号。二是加强民生保障力度。积极帮助137名创业人士申请补贴37.4万元，实现就业再就业1411人；对40名大病患者进行大病救助，为90对新婚及符合再生一孩夫妇提供“助您好孕—免费孕前优生健康检查”。

【服务青年零距离】 青年之声平台线上答疑解惑：由23名专兼职团干部和相关领域专家学者组建起的青年之声平台服务团队自组建以来，以即知即答和留言回复模式，通过青年之声APP回复留言提问139条，其中创业问题类35条、心理咨询类45条、成长关爱类32条、政策咨询类12条、日常生活类15条。青少年之家综合服务平台线下缓急相济：位于清浦区西大街乐园小区12栋101的青少年之家，目前已配备了专兼职工作人员8人、注册志愿者30人，现开展服务项目有：针对素质提升的青春加油站，针对知识拓展的青春微讲堂、针对开拓视野的青春阅读、针对成长关爱的青春悄悄话等项目。自2015年3月成立以来，通过志愿者清江派出所副所长周加军多方牵线搭桥，为辖区患血友病的徐姓青少年募集捐款共计13000元；2名青年通过平台联络成功创业，开设销售水果和面膜的网店；15名青少年参加了书法培训技能学习；19名青少年对电脑维护产生浓厚学习兴趣；在寒暑假，开展阳光心理咨询活动；在传统节日开展"老少手牵手·心连心"系列活动，例如端午包粽子、重阳打扫卫生、中秋共赏月等志愿服务活动。

【党风廉政建设】 年初，与各社区、部门签订了2016年度党风廉政建设责任书；召开党风廉政建设专题会议，向各社区下发了《党风廉政建设十项任务书》。以邀请专家开展专题授课、观看《周恩来家风家规》《永远在路上》宣传教育片、祭念先烈、开展党章党规知识竞赛等方式开展学习教育活动19次。街道纪工委利用周一晨会、班子会将市、区纪委的通报及时传达到街道每一位工作人员，通过各地查处的"四风"和腐败问题，以案说纪，以案示警。街道纪工委成立了作风效能督查小组，对街道工作人员进行考勤，对工作纪律进行检查，每周一通报，每月一测评，作为年底等次的评定依据。2016年以来，街道纪工委对街道机关、社区工作作风不定期开展检查26次，发现问题13个，约谈7人，通报问责4人。查办党员违纪案件2件，上报案件线索3件。通过开展"小五长"专项整治，22家单位共查摆问题39个，24名单位负责人及报账员查摆问题34个，相关单位和个人存在的问题已全面整改到位，遵章守纪、规范用权的意识得到了极大的提升，各项工作制度进一步完善。

【防治违章建设】 街道成立了由办事处主任、分管领导为正副组长的领导小组，街道三套班子成员全部挂钩到社区担任防违治违工作负责人；社区层面，成立相应领导组织，以社区书记为直接责任人，所有社区工作人员下沉到小区大院，形成了层层有人负责，户户有人监督的组织网络。各社区组织社区工作人员、网格员每日巡查，重点关注采购、堆放建材居民，严格杜绝无证施工，发现违建第一时间制止、第一时间上报、第一时间拆除，绝不姑息。街道先后制定了防违治违工作考核制度、巡查制度、信访举报制度、日报制度、奖惩制度等各项工作制度，严格考核督察，确保各项制度落到实处、取得实效。今年以来，清江街道承办市信访件1件、区信访件9件，全部按时办结到位，全年未发生一起新的违法建设。

【法治教育管控】 街道辖区内有青少年3100多人，街道组织开展"1+3"警民联手关爱问题青少年活动，形成1个问题青少年安排1个民警、1个五老和1个青年志愿者的结对帮扶格局。积极开展禁毒和无毒社区创建工作，推进社区警戒毒、社区康复工作，现有涉毒人员2人，根据被管控对象情况，制订管理服务方案，明确责任人，做到不失控，不脱管。各社区每季度上报禁毒、社区戒毒、社区康复工作情况，保证工作抓好做实。抓好公共安全管理，各社区、辖区主要单位签订责任状，管理督察、整改同步，辖区连续多年未发生重大安全人身和设备事故。街道召开专题工作会议，贯彻落实省、市区有关工作精神，结合自身实际大力开展校园及周边治安管理和预防青少年违法犯罪活动10余次。

【民政优抚】 清江街道民政工作在街道党工委、办事处和上级民政部门的领导和指导下，真正发挥了"上为政府分忧，下为群众解愁"的职能作用，扎实地开展各项工作，圆满地完成了各级组织交办的任务。对新增低保家庭上门了解情况，符合条件的及时得到救助。对于本街道积极做好80岁以上高龄老人登记工作。扎实做好优抚发放工作。截至2016年12月份，该街道低保户141户，320人，全年累计发放低保金636078元。春节补助18800元。全年共优抚补助金375285元，60年代定补和遗属补助17520元。2016年对678人，累计发放尊老金245850元。对街道2名孤儿全年共发放孤儿基本生活费26720元。

【落实计生政策】 为辖区92对夫妇提供免费孕前健康检查。发放独生子女父母奖励金1273人5.092万元，计生特殊困难家庭帮扶救助18户，合计22000元。发放持独生子女父母光荣证一次性奖励金20人合计40000元(其中持独生子女父母光荣证退休企业职工一次性奖励16人合计32000元，持独生子女父母光荣证城镇非从业居民一次性奖励4人合计8000元)；申报公益金救助52人合计26000元；发放特扶家庭社保、基本医疗保险补贴18人14400元。发放计生特扶家庭保单31户。

【城市长效管理】 小区生活大院专项整治280余次，校园周边专项整治90余次，背街小巷专项整治200余次，小广告专项整治180余次，占道经营、店外店专项整治200余次，下水道疏通150余条。排查并清理出卫生死角900余个，大部分死角形成了长效管理机制。接到市、区长效管理、阳光清浦交办单236件，办结236件，办结率100%。拆除违章建筑5处，连续8年被市政府表彰零违建单位，城市长效管理工作，连续五年在区里考评中名列前茅。

柳树湾街道

【概况】 2010年6月，淮安市政府批复清河区政府《关于清河区街道区划调整的请示》，将西安路街道办事处更名为柳树湾街道办事处，并划原淮海街道朝阳社区归柳树湾街道办事处管辖。柳树湾街道位于清江浦区西北部，因辖区北部的柳树湾风景区，东西长3200米，南北宽450米，面积2300亩。其间沟壑纵横，乔林掩映，风光宜人，街道因此而得名。街道东至淮海北路—健康西路—北京路，西北至古淮河和西安路，南至里运河。辖区总面积7.4平方公里，人口7.1万人，辖富强、西郊、西安路3个村居合一的社区以及朝阳、城西、富丽花园3个纯社区。

2016年，柳树湾街道获区创建全国文明城市工作先进街道、市优秀司法所、市党员冬训先进集体、全省城市环境综合整治先进集体等多项荣誉。

【主要经济指标超额完成】 街道全年实现规模工业产值18亿元，同比增长25%，实现利税1.29万元，同比增长23.1%。通过开展招商引资、帮助原有企业扩大规模等措施，全年培育新增工业规模企业1户，服务业企业11个，超额完成5个。应对税收政策调整，加大宣传服务力度，实现税收应征尽征、不滴不漏，全年共实现财税收入3.15亿元。

【招商引资】 变全办招商为专职招商，重新调整人员，组成了4个招商小分队，多次赴上海、浙江等地开展敲门招商。新签约亿元项目3个，分别为西城广场、时尚香大酒店和兰亭御园；新开工项目2个，分别为西城广场和时尚香大酒店。其中西城广场由淮安倚天置业有限公司投资开发，占地16亩，由3幢商业楼宇组成，建筑面积1.8万平方米。

【棚户区改造】 通过政策交底、补偿亮底、服务彻底的"三底工作法"，全年共完成4个项目，分别是柳树湾公园环境整治项目、西郊淮建宿舍项目、外国语小学综合楼项目、西安路快速路一期项目。4个项目均已在奖金期内实现100%签约拆除，快速路一期项目共涉及民房122户、公房24户，为快速路全面开工奠定了基础。

【"创建国家文明城市"】 投入专项资金10多万元，制作宣传道旗 34块、宣传牌180多块，各物管小区、老旧生活院配置2200个垃圾容器，新增毒饵站820多个。在各居民小区、生活大院设置"文明城市创建"宣传栏400多处，定期更新内容，宣传创建知识。针对一些地方特别是城中村存在的"脏、乱、差"现象，多次开展集中整治活动，全年共取缔流动摊点1130余个，清理乱拉乱挂472处、整治店外店369户、涂刷清理小广告27000余处、拆除乱搭建、不规范广告牌460余平方米，拆除违法建设近700平方米，清理建筑垃圾约1400多吨，生活垃圾约750多吨，清理卫生死角乱堆放660多处。新增绿化近万平方米，有效夯实了创建基础。

【社会保障工作】 对辖区内低保对象进行全面核查，实行动态管理，将不符合要求的100户及时退出，新增4户。至12月街道共有低保户262户，508人 。2016年尊老金新申请174人，截至12月核定发放尊老金共866人。为200余户居民申请各类临时救济、救助计10万多元。

【优质计生服务】 稳妥扎实落实全面两孩政策，全年共办理生育服务证明618本，其中一孩256个，二孩362个，照顾再生育审批14对。为辖区已婚符合条件260对夫妇提供孕前优生健康检查，组织963人参加了RTI和两癌筛查。根据本人需求为特扶家庭提供居家养老服务8户，心理援助服务8户，办理综合保险38份。

【就业与再就业】 全年举办14次送岗位进社区招聘会活动，实现登记下岗失业人员再就业1040人，就业困难人员再就业92人，城镇新增就业630人，开发辖区内各类就业岗位5430个。

【化解信访矛盾】 加强社会矛盾调处工作，建立"三项排查"工作机制，全年排查调处35起社会矛盾纠纷，调处率100%。实行领导干部信访接待制度，共接待群众上访20余起，受理信访35件，排查矛盾10起，已化解信访矛盾30起。全年未发生一起因工作失职引发的重大群体性事件和重大信访事项，为经济社会发展创造了良好的环境。

【安全生产】 健全完善街道、社区、企业三级安全生产责任制及安全生产管理网络，全年安全生产检查排查15000余次，查出一般性安全隐患1200多处，全部按期整改，实现安全生产零事故。与区综治办紧密配合，明确专人负责，建成城西、西郊、西安路、富强几个社区技防并投入使用，协助公安机关侦破、偷盗等案件，有序维护社会稳定。大力开展预防电信诈骗方面的宣传教育，发案率较去年下降63%。

【富强社区"美好城市、法律相伴、你我共创"倡议推广行动】 2016年9月11日，由省法宣办、司法厅发出的"美好城市 法律相伴 你我共创"法制宣传倡议活动在富强社区举办。这次活动意在提升社区的依法治理和市民的法制意识，进一步引导居民学法、知法、懂法、遵法、信法、守法、用法，全面提升社区干部群众的法律素

"美好城市、法律相伴、你我共创"全省倡议推广行动

质，为创建美好城市营造浓厚的法治氛围。

【加大党建经费投入】 城西社区建成了面积约800平方米的新办公楼并已经入驻，富强社区打造的400多平方米的党建中心也已经投入使用，街道各社区办公用房已经全部达到400平方米。市、区两级为每个社区安排了社区党组织为民服务专项资金20万元，街道加强指导，确保专款专用、民主公开、取得实效。

【富强社区打造社会治理服务中心】 投资100万元，建成350平方米的智能化、集成化、多功能社会治理服务中心，包括四个功能板块：网格服务板块是社区平安服务的“连心桥”，社区的6名网格组长集中在中心办公，对上级交办、排查发现和群众反映的问题协同会办、处置、上报；矛盾调处板块是社区平安服务的“减压阀”，通过社区矛盾调处工作室，律师工作室可一站式为群众进行纠纷调处和法律服务；网格警务板块是社区平安服务的“守望哨”，设立社区民警工作台，便于民警在社区接处警和服务群众；科技防范板块是社区平安服务的“千里眼”，在各交通卡口和后街背巷设置了23个高清探头，监控实时图像呈现在中心的监控大屏上，安排专人值守，及时发现和处置问题。四个板块实行一体联动工作机制，对各类在手问题和需处置的事项，每天一交流一会办，真正实现“身边事不出网格，一般事不出社区，重大事项及时处置”。

【富强社区开展“我们的节日”系列文化活动】 2016年，分别举办了“金猴闹元宵 阖家享团圆”、“书声琅琅诵经典·情意悠悠庆六一”“粽意伴书香 悠悠端午情”“我们的节日·快乐重阳”等各类大小活动40余次，用文化活动的形式丰富了广大社区居民，展示现代文明新风尚。

【西安路社区改善居民居住环境】 社区制定城市长效管理机制，充分利用创全国文明城市的契机，重点对西安路村各组进行整治，清理垃圾死角，硬化边角地段。另一方面，居委会对全社区的保洁设施、保洁车、垃圾箱、垃圾桶进行定期更换补缺，加强对保洁员的管理，加强对无物管小区管理整治，彻底改善了居民的居住环境和生活质量。

【西安路社区共建爱心联盟】 为了弘扬社会正能量，西安路社区党委整合辖区及党建共建单位资源，“5·20”志愿者服务队联合辖区第三人民医院、北京路中学、淮西社区卫生服务中心、淮阴工学院、淮安市家慧多超市组成爱心联盟，成立西安路社区党委5·20志愿者服务队—共驻共建爱心联盟。对辖区和挂钩帮扶敬老院开展志愿服务活动。

【在职党员慰问敬老院老人】 2016年3月9日，西郊社区党委组织市质监局、城管局、交警队卫生服务站等市值区值单位的在职党员进社区，走进辖区颐园老年公寓慰问敬老院的老人，淮西卫生服务站的医务人员给老人量血压测血糖，有的为老人打扫卫生收拾房间，有的和肉馅包饺子，有的陪老人聊天，给他们送去一份快乐、关爱和温暖。自颐园老年公寓2011年9月成立起，西郊社区就定期组织网格员、党员志愿者、大学生志愿者为老人献爱心。为老人表演节目等，为老人们送去温暖。

【区人大代表进社区帮助居民】 2016年5月12日上午，区人大代表深入西郊社区，与居民“零距离”交流，耐心听取居民意见，代表们耐心听取并认真做好笔记，并针对居民提出的问题做了耐心细致的现场解答，切实帮助居民解决民生问题。

【西郊社区与共建单位庆七一】 在建党95周年之际，为提高基层党员干部的党性修养，2016年7月1日上午，西郊社区党委和共建单位市质监局组织党员参加进军营庆七一过党日活动，与高炮旅党委一同组织开展了座谈会。

【朝阳社区“世界读书日”】 第21个世界读书日来临之际，为激励青少年的读书热情，培养青少年的读书精神，朝阳社区党委、关工委联合吉昵童书馆以“营造书香朝阳，建设和谐社区”为主题，于2016年4月23日上午9:00在市级机关宿舍西大院广场开展“世界读书日”阅读活动。活动分精美童书展、童书馆哥哥姐姐讲故事以及百米长卷亲子共写绘三个环节。

朝阳社区开展“世界读书日”阅读活动

【朝阳社区关心辖区青少年成长】 2016年，利用寒暑假和周末时间，朝阳社区关工委先后在校外辅导站和市民学校，举行周恩来精神宣讲报告、青少年法制知识、安全知识、学子成才报告会等活动，举办各类报告30余场，受益青少年100余人次。关工委定期和不定期对辖区内2家网吧进行督查，尤其是周末和寒暑假期间，加强网吧督察，对沉迷网吧的青少年进行劝导教育。为辖区青少年健康成长营造良好的社会环境。2016年朝阳社区关工委获得清河区关心下一代工作先进集体、优秀校外教育辅导站、青少年零犯罪创建先进集体荣誉称号。

【富丽花园社区节水型创建工作】 广泛开展各种宣传活动，营造节水型城市的良好氛围。利用横幅、宣传栏等途经宣传节水的重要意义。使得节水观念走入家庭，深入人心。为幼儿园小朋友开设节水知识讲座，让孩子们充分了解，人们赖以生存的地球目前水资源贫的情况，以及水污染的严重状况，使他们从小养成节约用水的好习惯。通过各种途径的节水宣传，全社区形成了处处节约用水，人人积极参与创建的浓厚氛围。

【富丽花园社区两学一做办实事】 2016年6月8日，富丽花园社区党委以深入开展“两学一做”学习教育为契机，组织社区党员、居民等30余人，举办“两学一做办实事　情浓端午送温暖”包粽子献爱心活动。在社区领导的带领下走访慰问辖区空巢老人和失独、伤残家庭以及困难群众，为他们送去温情的粽子和节日的慰问。

【富丽花园社区发挥退休党员先锋作用】 2016年7月富丽花园社区党委在柳树湾公园环境提升工程地块房屋征收中，积极发挥党员先锋模范作用，退休党员干部戴少华主动做好亲属工作，4户亲戚很快签订了协议，起到很好的示范作用。

【山东省济南市天桥区领导考察城西社区党建工作】 2016年3月17日，山东省济南市天桥区委组织部携相关街道负责人一行，到城西社区，就基层党建工作进行考察调研。考察组现场察看了城西社区推出的3个为民服务特色项目，参观了社区网格化工作室，听取了社区负责人网格化服务工作汇报，对社区开展的各项党建创新服务给予充分肯定和一致好评。

【安徽省泗县领导考察城西社区党建工作】 2016年4月14日，安徽省泗县县组织部携相关部门负责人一行，到清河区城西社区，就基层党建工作进行考察调研。考察组现场察看了城西社区推出的3个党建为民特色项目，参观了社区网格化工作室，听取了社区负责人网格化服务工作汇报，对社区开展的各项党建创新服务给予充分肯定和一致好评。

【贵州省瓮安县领导考察城西社区社会治理创新工作】 2016年4月14日，贵州省瓮安县委政法委系统负责人一行，到清河区城西社区，就基层社会治理创新工作，进行实地考察调研。考察组现场察看了城西社区推出的老旧小区“三自”管理模式等社会治理创新项目，听取了社区负责人网格化服务工作汇报，对社区开展的各项社会治理创新给予一致好评。

贵州省瓮安县领导考察城西社区社会治理创新工作

【城西社区迎来全区现场观摩会】 2016年4月28日，区网格化社会治理一季度现场观摩会在城西社区第四网格十排房花苑召开。区领导李金平，各街道、社区负责人近百人参加了活动。与会人员参观了十排房花苑“三自管理”现场，听取社区负责人的工作介绍。

【市政协领导考察城西社区党建和社会治理创新工作】 2016年6月20日，淮安市政协副主席朱毅民一行30多人，到城西社区，就基层党建和社会治理创新工作，进行实地考察调研。考察组现场察看了城西社区推出的“五彩志愿周”、“和谐社区天天乐”、“一好二快三满意”等一批党建和社会治理创新项目，听取了社区负责人网格化服务工作汇报，对社区开展的各项党建和社会治理创新给予一致好评。

【区委书记仲凤笔视察城西社区党建工作】 2016年7月8日，区委书记仲凤笔，在区委常委、政法委书记李金平陪同下，考察了城西社区党建工作开展情况。城西社区负责人汇报了开展“两网融合”以来，党建工作发生的新面貌、新变化，并重点介绍了第四网格“三自”管理模式，以及社区新党群服务中心打造情况。仲书记对城西社区探索在无物业小区实施的“三自”模式等工作给予了充分肯定，并对下一步党建工作提出了指导性建议。

【苏州市政法委考察城西社区两网融合工作】 2016年8月23日，苏州市政法委携下辖各区（市）政法负责人一行，到城西社区，就党建网社会治理网两网融合工作进行考察调研。考察组现场察看了社区综合服务中心推出的3个百分百服务、3+3+3服务新模式等为民服务特色项目，参观了社区党群活动中心打造的两网融合文化长廊，听取了社区负责人网格化服务工作汇报，对社区开展的各项创新服务给予充分肯定。

【省委宣传部考察城西社区文明社区创建工作】 2016年9月7日，省委宣传部相关部门领导，到城西社区，就省文明社区创建工作，进行实地考察调研。考察组一行现场察看了社区综合服务中心、社区党群活动中心、社区五彩志愿服务中心、社区天天乐演艺中心等便民服务场所，对社区推出的“天天读·天天演·天天乐·天天看”等一批基层党建和为民服务创新项目给予充分肯定。

【苏州相城区领导考察城西社区党建工作】 2016年9月27日，来自苏州市相城区委组织部、苏州大学、相城区北桥街道等单位负责人一行，到城西社区，就基层党建和社会治理创新进行考察调研。考察组察看了社区党群服务中心推出的3个百分百服务、3+3+3服务等特色项目，参观了社区两网融合文化长廊、天天乐演艺中心等，观看了社区专题片，听取了社区网格化服务工作汇报，对社区各项创新给予一致好评。

【市文广新局领导考察城西社区文化工作】 2016年10月18日，市文广新局局长张冲林、副局长许长坡，到清江浦区城西社区，就基层群众文化工作进行考察调研。张冲林一行现场察看了城西社区24小时自助图书馆、志愿服务文化长廊、社区天天乐演艺中心和社区国学大讲堂，听取了社区负责人工作汇报，对社区各项工作给予充分肯定。

清河街道

【概况】 清河街道办事处成立于2004年3月，至2016年历经三次更名，成立初期为清河区京沪路办事处；2010年8月更名为清河区白鹭湖街道办事处；清河区、清浦区两区合并为清江浦区以后，2016年11月25日经淮安市人民政府批复更名为淮安市清江浦区清河街道办事处。清河街道地处清江浦区东北角。东至贵阳路，西至宁连路，南至深圳东路，北至古黄河；分别与市经济开发区、淮阴区、接壤；辖区面积8.62平方千米，现有居民9767户，常住人口23865人，流动人口2017人；设清新花苑、清隆家园两个社区和老坝、三坝、团汪3个行政村及一个场圃。

【经济建设】 2016年街道财政收入3650万元，入库税收12398.94万元。其中纳入清河街道辖区列统企业中年纳税百万元以上的共有：南京医药（淮安）天颐有限公司（健康产业园项目）。苏益电器股份有限公司。淮安康润汽车销售服务有限公司。淮安雨田投资集团有限公司、淮安宝瑞祥泰汽车销售服务有限公司、淮安舜天元泰汽车销售服务有限公司、淮安五菱汽车销售服务有限公司、淮安长菱汽车销售服务有限公司、淮安丰泰电商产业园管理有限公司淮安市汽车机电产品有限公司等10个单位。

【项目建设】 2016年，清河街道帮办4个重点项目：中宏双创产业园，位于水渡口大道111号，至年底已进行住宅小区电力安装；北侧广场大理石铺设完成。

浩源新能源汽车配套设施，位于水渡口大道121号（浩源汽配城），110台新能源汽车充电桩已安装完成，投入试运营，配套设施正在筹备建设。百富格林豪泰连锁酒店，位于水渡口大道119号，经营面积约1.2万平方米，引进国内知名品牌“格林豪泰”连锁酒店，建设150间客房，有300平方米室内网球馆及大小会议室、餐饮、休闲、健身等配套设施，已与格林豪泰连锁酒店签订加盟协议，进行房屋装修招投标准备工作。百富教育培训基地，位于大治路21号，面积约5000平方米，由百富汽车汽配交易市场投资建设培训学校，已进行装修。

【社会文化建设】 清河街道文化工作有着丰富的群众基础和良好的氛围，两个500平方米社区文化活动中心建设走在前列，2016年接待省级观摩1次，居民业余文化生活丰富。综合文化活动中心坚持每日开放，8个功能室设备齐全，配备专职工作人员1名，兼职工作人员5名。街道文化站每年组织各类文艺演出60余场次，由文化站自编自导自演的情景剧《家训代代传》在2016年原清河区委组织部“两学一做”专题文艺演出中荣获一等奖。

【省教育厅领导观摩师院附小】 2016年4月26日下午，江苏省教育厅厅长朱卫国，淮安市副市长王红红等领导和各足球布点学校校长来学校观摩，书记周迎春陪同。

【淮安恩来枫叶国际学校开学招生】 2016年9月，淮安恩来枫叶国际学校开学招生。该校由大连枫叶教育集团有限公司与原清河区教育局、清河新区投资发展有限公司合作创办。学校坐落于淮安市清河新区飞耀路1号体育文化社区，集小学、初中为一体。

【社区体育丰富多彩】 2016年辖区共有广场舞代表队、太极拳代表队、空竹代表队、健步走等10个运动队伍，近30个晨、晚练点，每日参与体育活动的群众逾千人。街道广场舞代表队在“2016清河区广场舞”比赛中荣获“二等奖”。

【老年体育竞赛】 2016年重阳节期间，街道老年体协在街道文化体育活动中心举行了重阳节老年人掼蛋、象棋和乒乓球三项竞赛活动。36名老年选手参加，参赛的老同志欢聚一堂，遵章守纪，文明参赛，奋力拼搏，经过三个半天的角逐，潘亚华、王万东，范成奇，赵银龙四位老同志分别获得掼蛋、象棋和乒乓球一等奖，还有8名老同志分别获得了二、三等奖。

【社区公共卫生】 2016年，辖区医院门诊总人次6558人次，清隆家园社区卫生服务站年服务医疗定点人数3500人次；清新花苑社区卫生服务站流动服务4.5万人次。

【社区低保工作】 2016年，街道按照最低生活保障的有关规定，对新申请低保户，严格按程序办理，召集人大代表、纪工委、村民代表不少于20人召开民主评议会，严格审查申请申请人家庭收入，初审合格后，进行公示，公示期间吴异议，街道民政工作人员逐户上门走访调查核实，确保达到应保尽保，保障了被征地农民的基本生活，维护了辖区的稳定和无上访事件发生。至12月底，办事处享受城市低保家庭共173户308人；孤老22户24人；孤儿3人。

【特困帮扶】 办事处机关工作人员和各村对辖区内263户困难家庭进行了一对一帮扶，2016春节和中秋相关帮扶单位、办事处工作人员共捐款6.3万余元、捐物折款2.1万余元，为困难群众共送去温暖，确保了辖区范围内困难群众家庭都能够过上一个开开心心的传统节日。

【优抚优待工作】 2016年街道保证抚恤、定补、优待金等各项经费都能按时、按标准发放，做到一个不漏，各项优待政策全部落实到位。春节和中秋，办事处召开了分别优抚人员座谈会，为他们每人送上了价值500元的慰问品。

【慈善救助】 街道开展慈善周、一日捐、金秋助学等捐款活动，共计捐款5.5万元；为了响应区政府“博爱清河区、人道万人捐”活动，街道发动机关工作人员、村居干部计捐1500元上交区红十字会；一方有难八方支援，2016年街道辖区党员干部为阜宁特大龙卷风灾害共捐款16812元。

【老龄工作】 社会养老：经过调查核对，2016年全办共有80岁以上老人136人、90岁以上老人21人，100岁以上1人。为了帮助生活困难家庭的老人、残疾老人、空巢老人，关心老人生活，街道扩面政府购买服务由32位老人，扩面到92位老人。

【平安创建】 清河街道始终坚持“两手抓，两手都要硬”的方针，切实加强治安防范，推进综治与平安建设，有力维护了街道大局持续稳定。2016年被市综治委评为了“平安街道”。

一、强化排查整治，提升维护社会稳定水平

1.抓好社会矛盾纠纷排查调处和四项排查工作。严格执行日常矛盾纠纷排查工作机制，按照属地管理原则，认真组织开展矛盾纠纷排查调处活动，坚持经常性和集中性排查调处工作相结合，做到了每周一排查一报告。在特定时期和重大节假日，组织集中排查调处工作，认真排查、化解民间矛盾纠纷。2016年共排查矛盾纠纷965起，化解955起，化解成功达到了95%以上。

2.抓好高危人群排查管控。通过有效组织社区（村）、机关和企事业单位深入开展拉网式集中排查活动，共排查高危人员32名（刑释解教、社区矫正、肇事肇祸精神病人、社区吸毒人员、全能神邪教人员等），并逐一落实稳控措施。对于辖区内重点人员，组织开展每周一次的跟踪服务活动，对于辖区内重点诉求人员要求每天一帮扶，确保把重点人员管好用好。划分高危重点人群排查责任区，各责任区按照“属地管理，分级负责”和“谁排查、谁负责”原则。

二、强化治安防控，打造全覆盖防范体系

1.构建多层次群防群治网络。建立治安防范“三支队伍”。即：专职巡防队；村（社区）、辖区单位机关干部组成的红袖标义务巡防队；村（居）民小组治安积极分子、退休人员自愿组建的义务巡防队。积极申请安装监控设备，确保街道所有安置小区做到监控全覆盖，有力地打击偷盗等危害群众财产安全的根本利益。

2.落实好校园周边安全监管。街道综治办按照上级关于《关于加强校园安保和学生安全工作的紧急通知》要求，针对开明中学、师院附小实验小学等中小学和幼儿园组织开展加强学校幼儿园安保和学生安全专项工作。

三、强化基层基础，积极推进社会管理创新工作

1.深化打造街道社会管理服务中心。努力把街道社会管理服务中心建成集矛盾调解、社会防控、治安管理、平安建设和法治建设等多种功能于一体的工作平台。

2.深入推进街道流动人口服务管理。街道继续推行流动人口服务管理长效机制，即健全流动人口服务管理组织机构三级网络、完善信息采集三条渠道、实现日常管理三个层次、推行综合服务三个到位。积极推行流动人口分色分级管理，在楼栋口公示公开辖区常住人口、流动人口区分图。并动态予以管理。

3.重点开展系列平安创建活动。清河街道以平安街道、平安社区为基础，重点开展平安企业、平安校园、平安家庭等创建活动；以整治突出问题和重点场所为基础，重点开展平安工地、平安拆迁、平安市场、平安文化娱乐场所等创建活动；以家庭和谐美满为目标，重点开展平安家庭创建活动。

【安全生产】 2016年街道监管范围有各类安全生产责任主体170余家，重点单位为2个网吧、4个洗浴中心、5家宾馆、7个烟花爆竹经营点和20余家饭店。监管范围为清新花苑小区、清隆家园小区、清荷家苑小区和沿街经营门市、小区内部百货店、汽车4S店27家及辖区内学校、企事业单位及淮扬菜集团等单位。其他规模企业均有新区管委会负责监管。

【基层组织换届】 2016年9月，清隆家园、清新花苑两个社区和老坝、三坝、团汪三个行政村及果林场，按党的基层组织法要求，进行换届选举。

【党建第一责任人】 2016年街道党工委坚持履行书记抓党建第一责任人的职责，从严要求，以党建促发展、改善民生、服务群众，努力提升街道党建工作整体水平。在“两学一做”教育实践活动中，街道提出了以党组织书记带头“立家规、亮家风”活动，通过党工委书记带头说家风小故事，党支部书记讲家风家规专题党课，在社区宣传栏亮党员干部家风家规等形式开展活动，取得了良好的效果。街道文化站自编自导自演的情景剧《家训代代传》，在原清河区“两学一做”文艺节目会演中荣获一等奖，让党员干部的学习成果得到充分的宣传和展示。

【架构党建新网络】 2016年，街道创

新组织设置，打破条块限制，构建起“街道大工委—社区大党委—网格党支部—楼栋网目党小组”四个层次的组织架构，强化街道、社区党组织在社会治理中的核心作用和服务功能，推进共驻共建、共建共治。建立由社区“两委”成员、党员代表、居民代表、辖区单位代表等组成的党建共建委员会，共同研究区域内的重大事项，解决存在的问题，实现单位党建、行业党建和区域党建互联互动互补。充分发挥社区党组织、群众自治、社会组织、法治、科技、政府购买服务等“六支力量”的作用更好地推进社区化发展。

【关心下一代工作】 2016年，街道关工委在党工委的正确领导下，在综治办、司法所、共青团、妇联、民政等部门大力支持下，街道、各社区村党组织、关工委和广大“五老”咬定目标不放松，上下齐动创“六好”。做到了“组织网络落实到位，‘五老’作用发挥到位，规章制度落实到位；站校活动落实到位；阵地、经费落实到位；宣传创新落实到位”。经过努力，2016年全街道实现了青少年零犯罪。经区关工委考核，街道6个基层单位“六好关工委”创建工作全都达标，并且有两个社区一个村跨入优秀行列（清隆家园社区、清新花苑社区、团汪村）同时这三个单位的校外辅导站也是优秀辅导站，街道关工委的考核优秀率达到了50%。3月份街道关工委被淮安市关工委表彰为先进乡镇（街道）一等奖，周永成代表街道关工委在表彰大会上做了题为《防治并举抓创建　三年实现“零犯罪”》的交流发言。6月街道关工委被江苏省关心下一代工作委员会、江苏省精神文明建设指导委员会表彰为“关心下一代先进集体。

2016年，街道有校外教育辅导站6个，辅导点14个。正常参加校外辅导的“五老”骨干有35人，志愿者19人，街道关工委在三楼设有20多平方米的办公室、有2台电脑、一部电话；各社区（村、场）还配备了多功能会议室、活动室，配备了乒乓球台、象棋、扑克等活动器材，还有三个单位（团汪村、清隆家园社区、三坝村）有了青少年电子阅览室。合计已经有20台电脑。2016年全街道各校外教育辅导站总计活动197次；总计辅导学生2.8万人次。

街道每年都拨付3万元左右的专款作为关工委的活动经费，有力保障了关工委各项工作的顺利开展。2016帮困学生39人次，帮困金额达21400元。街道、社区、村都有关工委主任办公室，至年底各单位用于关工委工作和校外教育辅导站的经费合计为46728.4元。

街道关工委还在五个居民小区内开辟了关心下一代工作宣传栏，每两个月出一期，图文并茂，宣传党的各项方针政策，用正能量教育广大青少年，关注未成年人的健康成长。2016年全街道关工委稿件在国家级网站刊登了10篇，省级2篇，市级报刊、网站11篇，区级网站42篇，创历史新高。

【城市长效管理】 2016年2月4日，街道被淮安市委、市政府表彰为“零违建”先进乡镇（街道）。

2016年街道坚持城市长效管理工作常抓不懈，促进辖区环境卫生上质量，落实市、区城市管理工作目标任务，落实城市管理长效机制，建立科学的绩效考核办法，使辖区的市容市貌有了改观。

明确工作目标，确保实现长效管理，全面推行市容环境管理责任制，建立考核制度，定期对照各社区、村、场、城管中队的管理情况，打分考核，有奖有罚，调动一切力量参与城市管理，做好每月文字、图片、录像以及其他城管工作的小结，上报区城管办。

健全完善城市管理工作社会监督机制，街道在接受市、区督察管理工作，增派人员，自查自纠，不断改进和提高城市管理工作水平。

充分发挥数字化城市管理的功能和作用，专人负责，及时发现并解决城市管理常发性问题，使管理工作始终有时效性、有效性、结案率。

认真抓好城市环境治理，狠抓道路、绿化带、河道，以及清新花苑、清隆家园二个社区4个生活大院、二个农贸市场的卫生和管理情况。年初就全面清理小区中存在的建筑垃圾、生活垃圾、绿化带乱扔垃圾以及其他遗弃物200多吨，各类旧木板、破衣服170多车，清理各类废弃车辆150余辆，清除各类小广告2万多条，清洗店面50余个。集中力量对马路市场、农贸市场、店面外溢、乱堆乱放、乱贴乱画等突出问题进行攻坚整治。取缔马路市场2个。在八月份到十一月份，拆除各类棚子6户，同时利用文明创建契机，深入小区、道路及其他背角死角等处认真整改，将小区脏乱差等现象彻底整治，均取得了较好的成效，受到辖区居民的一致广泛好评。

环卫清扫保洁工作，加强监督、检查力度，加强辖区环境卫生管理，使垃圾及时清运，日产日清。及时更换生活小区垃圾桶200个，街面垃圾桶50个，各社区购买垃圾袋1万个，清扫街面，保洁小区和道路，均作了不小的人力物力投入。

全力做好爱国卫生活动，三月份，全市上下开展十大不文明评、议、改活动中，街道将这次由不文明向文明转变的运动做实做透，大力宣传，利用一系列载体和宣传途径，广泛发动群众，使辖区明白文明行为在日常生活与工作中的实际意义。城管办先后在《淮安日报》、淮安市政府网、清河区政府网，以及其他网站上发表各类关于不文明向文明转变的文章近10篇，大干三月、苦干一百天，顺利完成评议改工作。加强健康教育宣传活动，发放宣传资料5000余份、健康壁报等300份。先后开展健康教育讲座15次，制定健康教育专栏并更新12期，投入资金6万元。推动了社区健康教育工作的开展。全年各在小区中建立毒饵站1500个，发放鼠药8箱计50公斤，灭蚊、灭蝇、灭蟑螂药物190多公斤。

【自治组织换届】 2016年12月，街道所辖社区与行政村按照地方组织法要求，陆续进行换届选举，产生新一届自治组织机构。

水渡口街道

【概况】 水渡口街道位于历史文化

名城——淮安市主城区东侧的中央商务区，地处淮安市区东部，东至宁连路，南至珠海路—丰收河—深圳路，西至翔宇大道，北至古黄河，下辖沈阳路、合肥路(果园村)、杭州路(洪福村)、东郊(东郊村)、东方丽景(新建村)5个社区，除沈阳路社区外，其余均属村居合一的社区。街道辖区下辖万达公寓、万达小区(两期)、香格里拉(四期)、茂华国际、旺旺家缘、东海畅园、融侨华府、云梦清河(一期)8个规模商住小区；还有水渡新村、健康新村东区、枫丹白露、东方丽景、洪福小区、和达雅苑、清泓花苑、清枫花苑(两期)9个市、区政府的安置小区；另有云梦清河二期、香格里拉五期等多个小区在建，共有居民16000多户近45000人，土地面积约6平方公里。街道地理位置优越，交通便利，新长铁路、宁连一级公路穿境而过，宽广的翔宇大道、水渡口大道以水渡广场为起点向邻区、县延伸，钵池山公园坐落其中，万达广场、嘉华酒店等先后进驻水渡口中央商务区，淮安金融中心、江苏银行等项目顺利开工，水渡口街道将已逐步成为辐射淮安及其周边乃至苏北地区的金融商务、文化展示、文化创意、商业贸易和休闲娱乐集聚区。

【财税工作】 2016年，街道完成公共财政预算税收任务25385.39万元。2016年街道财政拨款2756.14万元，上年结余540.23万元，本年支出2961.63万元，累计结余334.74万元。街道预算外资金收316.92万元，全部上缴区财政。

【文化工作】 在万达广场，成功举办“琴动清河，情满社区”水渡口街道首届吉他文化艺术节，受到各大新闻媒体关注；7月20日，省新闻出版局领导周琪局长调研东郊社区农家书屋建设情况；10月31日下午，香港警务处校长郭荫庸率团考察水渡口街道东郊社区社区文化综合服务中心建设情况。

【招商引资工作】 2016年，街道继续加大招商力度，先后组织招商小分队赴北京、上海、浙江等地开展招商引资工作，共拜访企业30余家，接待来淮考察客商30多个批次。共有5个在谈项目，分别是：枫丹白露综合楼高端双语幼儿园项目、高端口腔医疗机构项目、金融中心商业楼宇项目、北京华录文化产业园项目、星海新能源总部项目和立东升项目。万达福壹家超市项目建成营业，淮海康复医院项目预计2017年建成营业。

【综治工作】 顺利推进社会治安综合保险工作、G20峰会期间辖区维稳工作，在G20峰会期间对辖区内铁路沿线开展排查整治专项行动，接受市综治办对铁路护路联防工作及综治与平安建设、法治建设工作检查。

【司法工作】 2016年5月4日下午，淮安市委副书记练月琴实地考察清河区水渡口司法所，调研指导司法行政基层工作，区长张冲林陪同调研；2016年6月24日，全市司法行政社会组织培育现场会在水渡口街道举行，全市各县区司法局长、办公室主任参加了活动；2016年11月10日，区领导谢华山到水渡口街道调研如何用法治手段化解基层矛盾。

【计生、妇联工作】 2月初，市计生协刘正处长陪同国家计生协领导参观水渡口街道人口和文化服务中心。2月26日，街道计生办、妇联组织“相约二月桃花季”相亲大会，参加相亲人员176人，淮安电视台，淮安综合频道，江苏省电视台连续三天播报。晚报头版头条也进行了报道；4月初，山东省妇联到水渡口街道妇联参观学习。5月22日，街道计生办、妇联组织了“让爱不残缺——残健互助联谊会”127名残疾人和健康未婚男女参加，淮海晚报头版头条进行了专题报道。中国优生优育网也进行了报道。5月24—27日，街道计生办、妇联请来医院的专家，分别在沈阳路社区、东郊社区、东方丽景社区、杭州路社区、合肥路社区进行了全办已婚育龄妇女生殖道感染综合防治检测，共检测1026人。中国优生优育网进行了报道。淮安、清江浦也进行了报道。5月26日，组织“军民共建、鱼水情深”活动，街道辖区范围的失独家庭、部队官兵、计生干部共计26人参加活动。中国优生优育网进行了报道。7月11日，世界人口日，计生、妇联联合组织了“爱心传递、亲情关怀”活动，传递祝福爱心接力，学技能、包饺子，话家常，让辖区的计生困难户和单亲家庭和计生、妇联干部的心贴的更近。中国优生优育网进行了报道。7月12日，市卫计委流动人口半年考核；7月22日市妇联调研，水渡口街道妇联代表清江浦区16个街道发言。

【慈善工作】 举行了“阳光助学活动”，认真贯彻“不让一个贫困生失学”的宗旨。2016年区慈善总会为街道报销3户低保家庭上幼儿园的学费8000元。2016年9月5日首个“中华慈善日”，街道辖区企业捐款15000元。

【村委会换届】 第六届社区换届选举(第十一届村委会选举)2016年11月启动，5个社区均采用居民代表选举，且全部一次性选举成功。

【双拥】 在春节和八一时候为部队送去了慰问品，体现了党和政府对部队官兵的关心。端午节，街道还组织部分干部、群众和部队官兵一起包粽子，为部队官兵营造了浓浓的端午氛围。

【助残帮扶工作】 在新春佳节到来之际，街道残联慰问残疾人困难家庭17户，为他们送去了1箱油、2袋米、1袋面、1床被子和慰问金。为32名贫困残疾人申请省残疾人福利基金会公益项目受赠(电视机7人、洗衣机7人、电风扇7人、电饭煲5人、太阳能6人)。为16名0~6岁残疾儿童申请免费康复，为5名白内障患者申请免费复明手术。为23名精神病患者免费服药的年审工作。为6名残疾人发放彩金项目辅助器具；为2名残疾人发放就学残疾人辅助器具；为20名残疾人发放四轮轮椅。为13名残疾人申请燃油补贴；为5名低保外无固定收入的精神、智力三四级申请护理补贴。组织1名视力残疾人参加区残联盲人按摩培训，5名残疾人参加市残联举办的残疾人招聘会，4名残疾人推荐就业。为了提高了人民群众的爱耳、护耳意识，有效地减少听力残疾的发生，促进听力残疾预防与康复工作。在第十八个全国“爱耳日”即将到来之际，街道残联组织观看防聋治聋健康知识讲座。积极配合区残联在爱耳日当天的宣传活动。在助残日到来之际，水渡口街道残联联合水渡口街道妇联为辖区内单身残疾人举办相亲联谊会，希望借助这个平台能够让他们早日走进婚姻的殿堂，开启幸福人生。3月9日和5月16日街道残联各组织10名盲人及亲属观看盲人专题电影活动。对水渡口街道国华残疾人托养站的残疾人进行调查，上半年国华托养站新增残疾人5人。水渡口街道杭州路社区的残疾人之家已申请登记完毕，投入使用。认真开展购买意外伤害保险，帮助街道辖区内所有残疾人办理了参保登记手续。为62名轻度残疾人办理居民医保返还手续登记。

【劳动保障工作】 2016年10月，开始打造省级创业型街道，全年开展全民参保调查5090人，居民医保征缴14737人，企业退休人员认证5092人。

【沈阳路社区】 2016年春节期间，社区组织社区文艺团队开展了庆元旦、春节、元宵节、中秋节、重阳节、端午节、建党日、国庆节等文艺演出活动10场；2月，社区还组织党员开展趣味运动会比赛活动；岁末年初，社区党委为老党员举办集体过生日活动。每月10日是全区党员固定学习日，也是本社区为老人免费开展理发日，这一天，社区不仅组织党员开展远程教育学习，社区组织志愿者们在早晨开展为老人免费理发活动，而“两学一做”和远程教育课件是党员固定学习日学习的重点。建立了“两站一室”，即社区广播站、科普加油站、大春工作室，广播开播后，主要宣传党建、文明城市创建、科普文化、征兵公告等，受到群众欢迎。2016年6月，市人大陈洪玉等人召集相关部门走进沈阳路社区召开督办会，重点解决铁牛路路中心排列的9根电线杆影响交通问题（电线杆进行拆除，管线全部下移到地下）；同时，对铁牛路上破损破旧的水泥型灯柱全部进行拆除，更换成铁柱型灯柱。社区全面开展文明城市创建工作，同时社区联系市、区物管部门对所辖健康新村东区、水渡新村、清拖宿舍等三个老旧小区进行全面改造工作，主要解决了小区楼道灯坏不亮问题、屋面渗水问题、下水道不畅通；健康新村东区未划定车位形成车辆乱停乱放问题、水渡新村消防通道狭窄、车辆乱停乱放、大门破损等问题、清拖宿舍大门破损、破损路面未硬化问题、三个小区监控死角或监控损坏问题。沈阳路社区志愿服务项目《亲情养老之家》项目被市文明办推荐参加了江苏省委宣传部、省文明办、省民政厅、团省委联合举办的“志交会”，获得好评。社区在2016年底开展了社区两委换届选举工作，新一届社区两委班子成员顺利步入新的社区建设发展轨道。

【东郊社区】 2016年2月6日，区安监局、消防大队和街道社区一起对万达广场进行消防安全检查。2016年7月20日省新闻出版局局长周琪调研东郊社区农家书屋建设情况。2016年7月29日淮安市计生委进东郊社区计生服务中心进行视察。2016年9月22日，市委宣传部副部长调研非公企业万达影城党建工作开展情况。2016年10月31日下午香港警务处校长郭荫庸率团考察水渡口街道东郊社区社区文化综合服务中心建设情况。2016年8月开始东郊社区党委和东郊村党支部是换届选举工作。2016年12月开始东郊社区和东郊村的换届选举工作。2016年10月开始清江浦区人大代表换届选举工作。

【东方丽景社区】 2016年5月，东方丽景菜场改造。2016年7月1日组织辖区党员瞻仰刘老庄八十二烈士陵园。2016年8月社区党委、村支部换届选举工作。2016年12月居委、村委换届选举工作。2016年10月清江浦区第一届人大选举工作。2016年全面开展文明城市创建工作。

【杭州路社区】 全面开展全国文明城市创建工作。顺利完成清江浦区第一届人大代表选举杭州路社区选区人大代表选举工作。顺利完成杭州路社区党委、杭州路社居民委员会，洪福村党支部、洪福村民委员会换届选举工作。顺利完成清泓花苑、清枫花苑门面房的招租工作。成立清泓花苑小区党支部、业委会。

做好淮海康复医院、云梦清河东区、茂华二期、融侨二期等重点项目帮扶工作。完成市级残疾人之家的建设工作。

【合肥路社区】 顺利完成清江浦区第一届人大代表选举合肥路社区选取人大代表选举工作，顺利完成合肥路社区、果园村党组织、村、居委员会换届选举工作。全面开展文明城市创建工作。

黄码乡

【概况】 清江浦区黄码乡于1983年由淮安区区划建立，几经调整，目前乡域面积31.5平方公里，下辖运西、吴圩、周陈、三乐、邱庄、黄码6个行政村101个组4137户2.1万人。乡域耕地面积21539亩。乡内工业以盐卤产业和纺织品加工类为主，拥有各类企业237家，其中列统企业11家，乡内有井神股份第二分公司、淮安市国联井盐公司、盛威织造、金香玉织造等知名国有、私营企业。乡域内现有九年制中心学校1所，乡级卫生院1个，乡域群众文体广场7个1.1万平方米，公路里程74.23公里。2016年，该乡地区生产总值113617万元，其中第一产业20718万元，第二产业79270万元，第三产业13629万元。

【三农事业】 2016年，全乡小麦面积13800亩，红椒交易市场3000平方米，新拓展蔬菜大棚1200亩，新培育市级示范合作社1个，新增家庭农场8个。完成三乐、周陈5000亩高标准农田基础设施建设，全年秸秆机械化还田2.6万亩，综合利用率达93%，综合机械化水平达到100%。落实国家农业支持保护补贴政策，97个村民小组、4504户、补贴面积1.975万亩。2016年黄码乡第三次全国农业普查，涉及农户4579户，人口20536人，其中普通农户为4395户，规模农户为

184户，农业法人单位50个，耕地面积为18053亩。共组织五期400多人次参加了新型职业农民培训班，专家学者亲临授课和指导，组织农民到山东寿光参观学习，使参训农民在获得知识与技术的同时思路也得到很大改观。对全乡范围内农资经营户进行12次检查，禁止买卖违禁品。每月定期对辖区内蔬菜生产基地进行抽检，全年共抽检蔬菜样本600个，检测合格率100%。

【重点工程】 成功签约重点项目3个，分别为南京外国语学校项目、食品加工项目和总投资10.5亿元的井神股份盐卤产业升级技改项目，其中南京外国语学校项目、井神股份盐卤产业升级技改项目实现开工。2016年3月以来，吴圩范围重点项目勤政路（南苑路至创业路段）、长阳路、光辉路征用村7个村民小组181户农户154.736亩土地，吴圩村安置小区东侧毓秀路、西侧启秀路征用三元、金徐、陈庄三个组农户土地26.5575亩。

【特色产业】 "淮安红椒"于2010年成为江苏省第一个成功注册的设施蔬菜地理标志证明商标，2014年底"淮安红椒"被国家工商总局认定为中国驰名商标。淮安红椒果实粗牛角形，色泽水红色，微带淡黄；辣味适中，风味独特，营养丰富，维生素C含量高，适于炒菜和花色搭配；果表光滑，果肉较厚，耐贮运，货架期较长。"淮安红椒"源自清江浦，产于黄码，以早提春和秋延后保护地栽培为主，黄码乡农民开创新的采用"三膜两帘"（地膜、中棚膜、大棚膜、中棚帘、大棚帘）的保护地栽培模式种植红椒，优良的气候生态环境和无公害标准化生产技术的全面应用，决定了淮安红椒良好的外观商品性状和独特的内在优良品质，深受海内外市场欢迎。"淮安红椒"特色蔬菜产业的发展作为现代农业成功典范，成为黄码农民增收致富主导产业，不仅加速了黄码农村经济的发展和农业增效、农民增收进程，而且为我国辣椒产业的发展做出了重大贡献，具有广阔的发展前景。黄码乡拥有黄码辣椒合作社等多家专业合作经济组织，先后成长出1000多位农民经纪人，近年来，黄码输出大量红椒种植、经营人才，辐射周边地区，有力推动"淮安红椒"的标准化生产和产业化经营。2015年黄码乡（淮安红椒）被农业部认定为为全国一村一品示范村镇。

【信访纪检】 2016年，黄码乡共接待信访群众86批135人次，调解矛盾纠纷47件，办理阳光信访系统交办件40件，其中区级以上信访32件，已化解23件。黄码乡在上级纪委指导下开展"小五长"不正之风和腐败问题专项整治，活动中通报曝光3人，问责4人，诫勉谈话3人，给予党纪处分4人，调整工作岗位1人，基层"五长"不正之风和腐败问题得到了有效遏制。

红椒种植户　　（张振平 摄）

【民政优抚】 2016年，共计发放城乡低保金182.3万元，发放五保供养经费25.8万元，发放各项优抚经费共计35.62万余元，发放孤儿生活费3.4万元，尊老金28.01万元，合计275.13万余元。对全乡低保家庭进行全面核查，重点核查低保家庭成员在世情况、人户分离情况、车辆及房屋购置情况。通过核查取消低保户156户，对部分情况好转的家庭予以降标，共计14户。

【扶贫参保】 2016年1月，黄码乡精准扶贫工作开始，建档立卡阶段共计462户、1305人，年底按脱贫计划成功脱贫145户、396人。2016年4月全民参保登记工作开始，截至12月，黄码乡共完成核对录入5120人，系统工作量统计为5930人。

【基础设施】 区域供水工程基本完工，完成110千伏高压线路架设服务工作，建成村级卫生室800平方米，武黄路9月份完成整修全面通车，集镇亮化工程顺利收官。全乡村级"一事一议"财政奖补投入33.4万元，铺设道路1327米。

长效管护　黄码乡在全域整治工作过程中总计投入154.76万元，整治沟塘共计45条，出动人工7540余人次，挖机205余台次，拖运机械380余台次，清运生活垃圾7040余吨。其中投入2.6万元购置400个垃圾桶发放至各村，投入7.3万余元用于乡辖各村内的废弃沟塘、武黄路沿线大沟整治，投入资金1万余元用于武黄路沿线花池维护、除草，乡政府院内花木维护、除草，投入5万余元用于垃圾中转站机器维护检修、消毒，农贸市场门前铺水泥地坪约70平方米，市场内下水道改造约150米，污水处理厂机器维护检修，危墙重建约40米，集镇面貌得到改善。

【防治防疫】 在七支、通港路、黄码村中心路等处种植常绿树种800棵。

共计投入3.5万元，切实做好美国白蛾防治工作，并建立园林植物病虫害统防统治信息网络。完成全年动物防疫任务，牲畜W病、W1病、禽D病、猪蓝耳病、猪瘟等接种率达100%，做好家禽H7N9预防、夏季消毒、秋季突击防疫工作。做好畜牧日常防疫、病死猪无害化处理工作，禽流感防控消毒共计1124户，11452间，124891平方米。

土地确权　2015年4月至2016年11月，在黄码乡黄码村、邱庄村、三乐村、周陈村四个村开展了农村土地承包经营权确权登记颁证工作，2016年底，发证已完成。此次确权共计涉及4个村，68个组，3021户农户，家庭承包地块数12606块，家庭承包地面积14349.14亩，实测面积14974.48亩，完成颁证2985本。

【辖村基本概况】　黄码村　黄码村东临京杭大运河，距离市区15公里，2014年被评为省级生态村，2016年荣获"水美乡村"的称号。全村共计14个村民小组，710户，3328名村民，辖域3.75平方公里，可耕地面积3300亩，水面300亩，四季分明，村民种植蔬菜大棚，黄码红椒驰名商标。黄码村为传统农业村，盛产辣椒、茄子、芹菜、莴苣等反季节蔬菜，主要以出售农副产品为主要经济来源。去年村集体经营性收入达到15万元，村民人均收入为13500元。全村基本实现居住方式城镇化、生产方式产业化、就业方式多样化。

黄码村共有泵站4座，桥梁涵闸28座，农田灌溉基本都是防渗渠，所有斗渠都铺设水泥路面，龙渠也基本实现道路硬化。

邱庄村　2001年由原三节、邱庄、港心合并而成。现784户，3783人口。设一个党总支，共计69人。村两委共有9人，男性8名，女性1名。低收入农户75户，共计226人。集体资产总额145万元，2015年村集体经济收入23万，2016年村级集体经济收入35万元。农民人均收入2015年14000元，2016年人均收入16000元。邱庄村地处黄码乡武黄路两侧，距淮安区4公里，市区15公里，村级水泥道路四通八达。地域面积约2.2平方公里，耕地3913亩，是淮安红椒主要种植基地之一。村内基础农业设施齐全旱涝保收。

村内企业有永思园殡葬服务有限公司，占地80亩，十兆瓦光伏太阳能电站占地450亩，集休闲、旅游、体验于一体的城市化休闲农庄占地240亩，为丰富群众文化生活而兴建的4000平方米的邱庄综合文化广场，2000平方米的红椒交易市场正在运行。

三乐村　位于六支东侧，南至团结河向南200米，北至七斗以北100米，东至三节路，西至五支以西300米。有20个村民小组，850户，人口3600人，拥有劳动力1800人，其中外出400余人，拥有耕地面积5760亩，人均纯收入达到16000元，全村道路硬化率达99%，自来水入户率达100%，武黄路南近2000亩耕地水利设施配套齐全，路北欠缺较多。

三乐村是市定经济薄弱村，其中贫困人口92户，266人，2016年已脱贫33户71人。全村人均纯收入达到18000元，2016年村级集体经济收入22.69万元，超过经济薄弱村"摘帽"的18万元/年标准。

吴圩村　位于淮海南路西侧，南邻宁涟、宿淮盐高速，西靠宿淮盐高速出入口和北京南路，北邻城南街道、高校园区，交通便捷，享有淮安清江浦区"南门"之称。全村共17个村民小组，801户，3892人，耕地面积4851余亩，吴圩村党总支现有党员64人，村两委班子成员9人，村务监督委员会3人，民主理财小组5人。为服务于宁淮项目，全村17个组已拆迁12个组，征地约2100余亩。2016年底集体经济收入176万元，农民人均年收入1.3万元。

运西村　位于京杭大运河西侧，与淮安区一河之隔紧邻相望。村域面积3.8平方公里，耕地面积：1100亩农作物（水稻、小麦）。村道路硬化率100%、楼房居住率97%、12个村民小组743户、3433人、党员58名。现8个组的土地已流转，主要用于市人防军事基地、锦园酒店项目建设、港口建设。

周陈村　位于黄码乡西大门，面积约1.5平方公里，有16个村民小组，共695户，全村总人口3022人，劳动力人数约2000人，土地资源有耕地面积3583亩，其中农作物（水稻、小麦）面积2700亩，大棚蔬菜800余亩。产业主要以农业为主。无村办集体企业，有个体工商户10余户。村级集体固定资产总额280万元左右。

【辖区重点企业】

江苏井神盐化股份有限公司第二分公司　江苏井神盐化股份有限公司第二分公司为江苏井神盐化股份有限公司的下属子公司。公司厂区占地面积170675.2平方米，可开发矿区1.185平方公里，制盐盐硝年产能60万吨以上。公司拥有年产30万吨真空精制盐生产线一条，年产10万吨盐+2万吨硝的盐硝联产生产线一条，年产20万吨特

黄码乡邱庄村的黄码天合10MWp光伏设施农业发电项目

种用盐生产线一条;拥有生产矿井7对,年采输卤能力300万方以上;公司自备热电站,拥有国产全自动粉粒包装机8台,品种盐年生产能力5万吨;拥有年吞吐量100万吨的自备码头1座;现有在职员工850名。公司主要产品有真空精制盐系列、食用碘盐、味精盐、颗粒盐、调味盐、强化营养盐系列和肠衣盐、工业盐、液体盐、沐浴盐、芒硝、海水晶、印染助剂、矿泉晶等。经国家轻工部海湖盐质量检测中心、江苏省食用盐检测中心检测,产品各项指标均达国家级标准,先后被评为"标准实施监督合格单位"、"贯彻产品质量法先进单位"、"定量包装商品生产企业计量保证能力合格单位"、淮安市"绿色企业"和"环境保护先进集体"。公司是首批国家食盐定点生产企业,在盐行业率先通过ISO 9001质量管理体系、ISO 1400环境管理体系、OHSAS 18001职业健康安全管理体系、HACCP食品安全管理体系认证。拥有进出口自营权。生产的食用盐(加碘、无碘)、钙强化营养盐、锌强化营养盐、硒强化营养盐、低钠盐等6个产品荣获绿色食品证书。公司连续多年被评为"贯彻标准化先进企业"、"环境保护先进集体"、"重合同守信用企业"、"江苏省特级信用AAA企业"、江苏省食品饲料工业百强企业"、"免检企业"、淮安市"富民兴淮建功立业集体一等功"、省级"文明单位"。

淮安市国联井盐发展有限公司公司　淮安市国联井盐发展有限公司公司由淮安市国有联合投资发展集团、清浦区国有资产经营公司、清浦区投资建设公司共同出资2117万元,于2014年12月18日成立淮安市国联井盐发展有限公司,公司位于清江浦区黄码乡境内,公司经营范围包括岩盐开采与销售;盐产品深加工(食用盐需取得食品生产许可证后方可生产)等。

淮安市富地冶金炉料有限公司　淮安富地冶金炉料有限公司,位于淮安市清浦区黄码乡科技创业园南侧2号,主要经营铁屑粉提炼。2016年开票7000万元 ,入库税金63万元。

淮安市嘉德纺织有限公司　淮安嘉德纺织有限公司(原淮安振翔纺织有限公司)公司主要专业于三星级以上酒店、宾馆、浴场的布草开发、生产、销售服务。公司在淮安市首家一次性引进四十台剑杆织机,配电子提花蓬头,生产的毛巾产品巾面平整光洁,手感蓬松柔软。公司以16支单纱生产的螺旋提花、螺旋缎档、铂金缎、缎档毛巾等为主,产品定位于高中档消费群体,已形成较为稳定的销售网络。同时为了满足不同的市场需求,公司还生产21S/2、31S/2纱线毛巾作以补充和延伸。2016年开票2130万元,入库税金45万元。

淮安市盛威织造有限公司　淮安市盛威织造有限公司位于淮安市清浦区黄码工业项目集中区,主营螺旋毛巾、浴袍开发、设计、生产、销售、OEM贴牌生产等。2016年开票2000万元,入库税金41万元。

淮安市宇盛机械配件制造有限公司　淮安宇盛机械配件制造有限公司是经国家相关部门批准注册的企业。主营机械加工:减速机加工等,公司位于中国江苏淮安市清浦区淮安青浦黄码工业园区内。2016年开票410万元,入库税金37万元。

【重点项目建设】

黄码天合10MWp光伏设施农业发电项目　黄码天合10MWp光伏设施农业发电项目由常州天合光能投资有限公司下属的全资子公司江苏天合太阳能电力投资发展有限公司投资1.1亿元兴建,项目坐落于黄码乡邱庄村,总占地335亩,已于2015年12月底竣工投产。项目自2015年3月28日开工以来,在完成土地流转、地质勘探、水文环评、国土规划等手续后实施,项目安装预应力桩26614.5米,安装多晶太阳能255组件6058800块、260组件4015440块,建成逆变器承载平台8个,安装逆变器、变压器各8台,安装光伏智能汇流器120台。铺设电缆33550米,建成综合设施用房及门卫室等820平方米。12月底底10MWp已全面并网供电,同时获得电力业务许可证,并签订购售电合同。年发电量1031.1万千瓦时。

盐卤产业升级项目　盐卤产业升级项目由江苏井神盐化股份有限公司第二分公司投资建设,建设地址位于清江浦区黄码乡境内,占地面积219亩(其中新征地34亩),固定资产总投资10.51亿元。该项目新建食盐加工车间、深井岩盐车间、深井岩盐包装仓储车间、生产原料库、卤水净化车间、办公楼、配送中心、给水站等生产及附属用房,总建筑面积10.36万平方米。淘汰现有的3条制盐装置,购置安装具有国际先进水准的机械蒸汽热泵、蒸发罐、循环泵等设备1594台(套),配套800万方/年卤水净化和13对井组及管道设施。项目在保持原有79万吨/年精品盐产能的前提下,改原五效真空制盐工艺为机械热压缩真空制盐工艺,采用饮用水净化处理卤水工艺、多效蒸发、分效淘洗排盐、高硝母液集中外排等深井岩盐生产工艺,实现食盐产品符合GMP标准的目标。该项目已获得省盐业集团批复,于2015年11月启动IPO资金的募集,建设周期3年。项目投产后,将成为华东地区最大的高端食用盐生产基地。年产真空深井盐60万吨、自然晶盐15万吨、低钠盐4万吨、氯化钾1万吨,年净化卤800万立方米、高硝母液64万立方米,预计年产值10亿元,利税1.5亿元。

武墩镇

【概况】　武墩镇位于二河(淮沭河)东岸,东与盐河镇、黄码乡接壤,南与和平镇毗邻,西枕淮沭河,北与城南街道交界,境域总面积36平方公里,下辖王庄、普墩、武墩、三闸、唐庄、严集、王桥7个行政村,94个村民小组,4760户居民,总人口2.3万人(其中常住人口2.01万人)。武墩镇陆地面积4.2万亩,用于农作物生长的面积1.93 万亩,主要种植小麦、水稻。全镇共有水面0.9万亩,绝大部分用于养鱼,亦有少数开展泥鳅、龙虾等特色养殖。2016年武墩镇实现公共财政预算收入1.54亿元,增加13.5%;农民人均纯收入18800元;工业总产值36.68亿元;全社会固定资产投资额56.8亿元。

【产业经济】

农业　建设高标准农田1000亩,

新增设施蔬菜大棚605亩，平均亩产值近2万元。突破性发展了畜牧业，养殖大户68户，大户养殖占比98.5%。全镇生猪养殖量2.91万头，羊0.86万只，牛40头，家禽饲养量139.2万羽，其中养鸡132.5万羽，养鸭4.3万羽，养鹅2.4万羽。

农技推广专业培训10期600人次，完成科技入户工程270户，筛选科技示范户120户，其中蔬菜种植类60户，生猪养殖类20户，稻麦种植类40户，配有农技员8名，每月入户指导农业生产10次。

享受省级农机补贴35户，购买农机设备35台套，新增高速插秧机3台，半喂入收割机4台，100马力以上拖拉机7台。

对种植三麦、水稻、大棚蔬菜的农户提供农业保险全额投保，大棚投保面积2061.97亩，金额137327.20元（包含钢架，薄膜，附加蔬菜）受灾面积12.8亩，赔付2764.8元；水稻投保面积17732.47亩，金额42557.928元；三麦投保面积17787.34亩，金额42689.616元，受灾面积126.25亩，赔付15039.60元。

镇域其他经济　工业经济发展势头平稳，培植蓝天化工、鼎盛太阳能、广达石粉、中油天达压缩天然气有限公司等16个列统工业企业。全镇民营企业56家，个体工商户896户，总部经济项目402个。

【招商引资】　2016年，一季度开展招商引资“春季攻势”活动，镇主要领导带领招商人员奔赴宁波、杭州、张家港、江阴、广州等地开展招商。全年新签约项目两个：红椒冷藏交易中心项目、国信燃气管道项目。其中红椒冷藏交易中心项目于年内开工并实现竣工。

【城镇基础设施建设】　2016年，全镇铺设自来水管管道25万米，实现居民与城区百姓饮用水实现同质同源。铺设道路总工程量28588.04平方米，其中王庄村12522平方米，普墩村9347.7平方米，三闸村、武墩村6718.34平方米。

【社区教育中心】　总占地14亩，有教学楼两座，建筑面积2560平方米。分行政办公、教育培训两大区域，有图书室、阅览室、书画室、多媒体教室、会议室等30间专用功能室。配备电脑31台，全部接入互联网，各类图书5100余册，乒乓球桌2张，腰鼓45个，室外健身器材1套。

【义务教育】　全镇义务教育阶段入学率100%。镇中心学校2016年创成省绿色学校；市规范汉字书写特色学校；市数字化校园和礼仪特色学校，完成农村中小学教育装备水平提升工程。“希望来吧”确定为省少先队文化建设特色项目，该校是市羽毛球、篮球教体结合布点项目学校，有3个班级被评为市、区周恩来班。

【中医特色专科建设】　实施中医特色专科建设战略，开辟中医特色诊疗区——中医馆，面积约800平方米，引进骨质疏松治疗仪、中药熏蒸舱、中药熏蒸仪、微波定点给药仪、中药全自动煎药机等大型中医药诊疗设备，为中医科诊治工作的开展提供了有力保障。常年外聘市中医院专家两名，开展包括中药内服、针刺、艾灸、推拿、拔罐、刮痧、耳豆、穴位敷贴、中药膏滋、中药茶饮、中药泡酒、中药热熨、黑膏药、中药足浴熏蒸、颈腰椎牵引、磁疗在内的多种中医药适宜技术。2016年12月，严集村卫生室在全镇率先通过省示范化卫生室验收。

【劳动就业】　对9674名适龄农村劳动力实行动态服务，免费职业介绍62人，新增转移农村劳动力65人，密切联系高技能人才29人，支持成功自主创业11人，引领大学生创业3人，创业带动就业61人，培育创业典型2个，职工技能提升培训65人。

【社会保障】　提高城乡低保标准，城镇户口由原来490元提高到520元，农村户口由原来的370元提高到400元。以“金保工程”为依托，提高企业职工社会保险参保覆盖面；完善7个村“便民服务点”运行，放便群众居保缴费和养老金取款等，基本满足“四个不出村”要求。

【妇女儿童工作】　为140对符合生育条件的夫妇免费孕前健康检查。镇中小学安排女童保护课程，开展女童保护公益宣讲，建立女童保护司法援助机制。在普墩村、唐庄村开展2次女童保护活动，普墩村活动到场8名女童及其家人共49人，唐庄村活动到场9名女童及其家人共46人。

【老龄工作】　城乡居保到龄领取养老金3229人，按时发放养老金，每季度资格认证1次。对73名退休人员帮助督促退休证按时年审，安排43名退休人员免费体检，重阳节慰问75岁以上市直企业退休人员12人。新型农村合作医疗全面普及，农村养老保险覆盖率达98%，为65岁以上老人免费健康体检，2016年向全镇35位孤寡老人发放孤寡老人慰问金5250元。为“三无”“五保”老人发放生日慰问金，上半年11位，1650元；下半年18位，2700元。

武墩镇敬老院占地22.28亩，现有老人10名，服务管理人员4人，房屋43间，床位48张。敬老院实现通电、通水、通路、通电话、通数字电视，室内外有健身场所和健身器材，有立棋牌室、阅览室、医务室等专门场所。

【平安创建】　扎实开展“七五”普法，以构建“平安法治武墩”机制为契机，重点开展社会管理服务中心和网格化系统平台建设。建成镇级社会管理服务中心，唐庄、普墩和王桥3个村的村级社会管理中心；7个行政村及镇司法所、派出所综治网格专网数据录入到位并不断更新。

【法制宣传】　开展的法制宣传活动主要有：农民工学法周（2月）、法润江苏活动（2月）、组织条例宣传活动（3月）、综治宣传月（3月）、法制宣传月（5月）等，在春节期间组织开展预防通信诈骗活动，全年印发宣传单、宣传册等法制宣传资料1890份。

【人民调解】　排查受理各类民事纠纷80件，调解成功78件，建议诉讼2件。其中邻里纠纷30件，婚姻家庭纠纷12件，宅基地纠纷21件，损害赔偿纠纷23起，村务管理2起。

【法律援助】 推荐法律援助案件7起，制定调解协议并见证11起，提供法律法规咨询90多人次。聘请古楚律师事务所3名律师为全镇7个村的法律顾问。

【社区矫正】 2016年底，有社区矫正对象16人，缓刑15人，监外执行1人，全年接受矫正对象18人。对“五类”社区服刑人员每月开展一次集中矫正和公益劳动，每次8小时，全年180人次。

【镇党委换届】 2016年5月27日，武墩镇召开第九次党代会，选举卜维银、侯军、赵平（女）、李莉（女）、陈军、朱云根、夏云云（女）、张文帅等8人为中国共产党武墩镇第九届委员会委员；选举朱云根、孙永森、支广龙、张华（女）、张如松等5人为中国共产党武墩镇纪律检查委员会委员；选举伍光云、杨长万、高进锋、卜维银、侯军、赵平（女）、王静（女）、支广龙、鲁玉喜等9人为出席区第八次党代会代表。

【镇人大工作】 2016年12月23日武墩镇召开第十八届人民代表大会，圆满地完成区、乡两级人大选举和政府换届工作，选举朱春梅为武墩镇人大主席团主席，侯军为武墩镇人民政府镇长，董亚东、张艾军、简振龙为武墩镇人民政府副镇长，选出区级代表10名、镇级代表68名。依法依规召开了武墩镇人大代表全体会议2次，组织区、镇两级人大代表分别开展了环境整治和安全生产监督检查2次，对中学、小学和集镇建设视察2次。在“代表接待选民”活动中，接待选民300人次，收集反映问题26件，办结26件。“代表回选区见选民”活动期间，代表收集建议和意见39条，协调化解矛盾28条，交办代表建议19条。

【村两委换届】 顺利完成7个村的两委选举，形成新一届村两委班子共58人，其中王庄村党总支书记王步明、主任闵雪松；普墩村党总支书记张玉芳、主任蒋正云；武墩村党总支书记张治国，主任杨文凤（女）；三闸村党总支书记鲁玉喜、主任史同军；唐庄村党总支书记卜相好、主任薛维亮；严集村党总支书记王俊龙、主任张文虎；王桥村党总支书记乔海军、主任高登柳。

盐河镇

【概况】 淮安市清江浦区盐河镇，因古盐河从镇域流过而得名。盐河镇地处清江浦区南郊，东临京杭大运河，南到淮河入海水道，西与武墩镇接壤，北与黄码乡相邻，淮金路（淮海南路）、宁连高速、宿淮盐高速临镇而过，交通便捷。辖杨庙、甘露、盐河、大李、王元、谢碾6个行政村和一个居民委员会，106个村民小组，全镇地域面积32平方公里。总人口2.3万人。

【财税】 2016年，盐河镇财政总收入8956.88万元。其中公共财政预算收入7982.28万元中，增值税收入完成333.95万元，企业所得税收入完成227.14万元，个人所得税收入完成12.52万元；营业税收入完成4110.98万元，城市维护建设税收入完成313.35万元，车船税收入完成331.54万元，其他税种收入小计完成392.80万元。中央收入974.60万元中，增值税收入完成518.48万元，企业所得税完成340.71万元，个人所得税完成18.78万元，营业税96.63万元。

2016年盐河镇公共财政预算支出为5945.61万元。当年公共财政预算可用财力5896.90万元，可用财力同比增长8.0%。动用上年结余48.71万元，当年实现收支平衡。

【农业经济】 盐河镇积极发展生猪、蔬菜、稻米、花卉等四大支柱产业，至2016年，先后有森通农业科技园、市农业展示园、市蔬菜研究所、市蔬菜科技示范园、登高花卉园艺、谢碾省级蔬菜科技示范园、生态园和盒景园艺大观园等项目落户盐河镇，以上项目已正常生产与经营，从而将盐河镇打造成了集观赏体验、休闲娱乐于一体的生态文明乡镇，融入到了市区农业旅游圈。2016年盐河镇通过国家级生态镇验收。新建了盐河、谢碾等三个高效生猪养殖小区，生猪饲养量35000只，生猪圈存16000头，母猪圈存1300头。2016年全镇蛋鸡饲养量65000只，鸡栏存90000只，鸭栏存5000只，四季鹅栏存3000只。“盐河”“甘露”两个品牌大米蜚声大江南北。农民人均纯收入突破2万元，比2011年增长90.1%.工业经济跨越发展。盐河镇坚持把工业经济建设作为全镇经济发展的龙头，至2016年，建起了1.5平方公里的王元工业集中区，盐河镇始终把招商引资作为全镇经济发展的动力“引擎”，不断强化措施，营造全民招商氛围。着重做好重大工业项目和利用外资两篇文章，积极实施招大引强战略。至2016年，盐河镇围绕电子、机械、织造、彩印包装、新型建材、农贸物流、房产开发、汽车服务等产业，共引进各类企业53个，其中亿万以上项目6个，5000万元以上有潜力的项目13家。新签约宏进物流、食用菌加工、餐厨废弃物、益恒太阳能农光互补等一批重大项目，固定资产协议投资额超12.8亿元。5个亿元三产服务业和2个投资3000万元以上农业深加工项目顺利通过上级考核验收。宏进物流和益恒太阳能农光互补外资项目顺利竣工投产。完成注册外资到账4800万美元，开工项目外资到账3100万美元。

【三产服务业】 盐河镇充分发挥近郊区位优势，在发展城郊经济上创特色，着力打造王元2平方公里盐河新集镇区，把发展现代服务业作为强镇富民、增强发展后劲的有效途径。近年来重点推进了淮扬美食中心村、黄河驾校、市车管所、南北物流、二手车市场、王元生态园等一批全市重点三产项目建设，辐射带动全镇第三产业的迅猛发展。至2013年，王元新镇区常住人口达10000人以上，日均流动人口达5000人，旅馆、饭店达100余家。盐河新集镇道路宽广，楼宇林立，绿化覆盖率高，环境优美，下水道、路灯、花坛、自来水配套整齐，正向着城乡一体化的目标迈进！盐河镇大力推进新农村建设。

【“一村一品”工程】 优质稻米、花卉园艺等集聚效应凸显；现代设施农业发展迅速，新增面积14700亩，新培育市级农业龙头企业2家；新注册农民专业合作社13个，发展家庭农场12家，土地经营面积16000余亩。整治条斗渠沟28条，改造农村危桥35座，新疏浚河道84公里，新建道路20公里，完成武黄路改造升级。开展新型农民免费培训198次，受益人口1.5万余人，学习型、技能型、知法型、创业型、文明型农民数量不断增加。镇村面貌有新改善，至2016年底，圆满完成城乡土地挂钩和占补平衡4000余亩，完成新增耕地指标4460亩；切实加强基本农田保护，清理整治了一批违法违规用地项目；加强对农田水利的投入，完成土方109万立方米；完成武黄路片区污水管网工程和盐河、谢碾、大李、甘露污水管网工程；甘露污水处理、盐河垃圾中转站运营良好；村庄环境全域整治任务顺利通过省级验收；甘露通过省三星级康居示范村考核验收和国家级生态村创建复查。

【文化体育活动中心建设】 2016年，盐河镇投入资金56万余元提升改建标准化乡镇文化体育活动中心，室内面积700平方米，室外活动场地300平方米。建成镇图书室1个，图书阅览室1个，电子阅览室1个，排练室1个，综合展示室1个，乒乓球室1个，健身室1个，老年活动室1个，少儿活动室1个，培训室3个，文艺创作室1个，书画展示室1个等18个功能室。提升充实村级“农家书屋”6个。建成村级综合文化服务中心2个。村农民体育健身广场4个。镇党委\镇政府以留住历史记忆为主题，将打造特色文化活动中心作为全镇的亮点工作，对20世纪70年代前的农村生产生活用品进行收集和展示。镇全年投入15万余元打造和扶持民间特色文艺宣传队，盐河镇高跷、花船、跑驴等民间特色文艺表演在全市享有盛誉。

【盐河中心学校突出导向】 2016年，盐河中心学校突出导向，弘扬正气，真抓实干，取得了较好的成绩：一是中考人均总分在去年增加了73分基础上，又提高了17分，小学毕业水平测试语数英三门学科优秀率均提高了20%左右；二是被市教育局表彰为“义务教育学校教育教学先进单位”和“义务教育标准化管理示范学校”；三是被市教育局、清江浦区委、区政府表彰为“安全工作先进单位”；四是连续两年在清江浦区教育局现代化办学水平综合考评中获得“一等奖”；五是阳光大课间获区“一等奖”；学生体质测试初中部获区“第一名”，小学部获区“第六名”；体育运动会获全区乡镇“第一名”；六是航模社团获全市综合考评一等奖，排球社团获得全大市第二名，舞蹈社团获全区初中部第二名，谢碾教学点小合唱获区一等奖，中心小学街舞社团获区级展示；七是办学经验在全市初中校长培训会议上作典型发言，德育“345”工程在全区德育工作专题大会上作典型发言，被《光明网》、《淮安日报》、淮安《直播县区》专题报道，甘露棚教学点被《江苏教育频道》跟踪报道。

【强化管理卫生工作】 2016年12月，门诊83142人次，同比(76463)增长8.73%；出院人次886人，同比(757)增长17.04%；出院床位日10690，同比(9491)增长12.63%。总收入1213.88万元，同比(939.74)增长29.17%，其中医疗收入682.88万元，同比(611.54)增长11.67%。总支出956.73万元，同比(852.30)增长12.25%，三公经费16.71万元，同比(11.63)增长43.68%。

【社会保障】 2016年，全镇为341户困难群众办理农村最低生活保障，有328名80周岁以上老人享受尊老金，有57人享受五保供养金，其中有14人在敬老院集中供养，全镇农村居民社会养老保险参保率达98%以上。

【社区矫正】 至2016年底，社区矫正在册人数22人，其中，缓刑18人，假释3人，暂予监外执行1人。全年共接收社区矫正人员16人，解除社区矫正人员19人。共开展集中教育和公益劳动各12次96小时，无脱管、漏管和重新犯罪人员。

【法制宣传】 采用多种方式开展宣传活动，扩大法治宣传效果。以“法律六进”活动形式到村、组、学校宣传法律知识，利用重大节假日为活动平台，开展春节、元宵、清明法治宣传活动。宣传环境保护、人民调解、社区矫正等法律知识。共开展“六进”活动12次，法律知识培训8次，印发各种材料九千余份，跨街横幅32条，发表法治宣传相关报道12次。

【基层组织工作】 2016年，盐河镇全面贯彻落实从严治党要求，深入开展“两学一做”学习教育，进一步强化基层党组织建设。一是带头履行职责，压实基层党建责任。明确党委书记主体责任，与各基层党组织书记签订年度党建工作责任状，落实镇三套班子成员基层党建联系点责任制。主持召开党建工作推进会和督查会6次，先后8次约谈村和机关部门党组织一把手，强力推动党建工作上水平。整顿软弱后进基层党组织，对基层党组织书记谈心交流20余次，及时掌握思想动态、社情民意和工作状态。

二是推进基层组织建设，夯实基层党建基础。扎实开展“两学一做”学习教育，和三套班子成员带头学党规、讲党课。坚持用人上的正确导向，圆满完成镇党委和基层党组织换届。村两委换届结束后立即对村新班子人员谈心谈话，确保新班子迅速进入角色、形成战斗力。打造甘露村“家风家规”市级党建工作示范点，谢碾村被评为全省党员干部现代远程教育示范基地。及时落实省定经济薄弱村杨庙村、市定经济薄弱村姚湾村领导干部帮扶整顿责任，多渠道争取帮扶资金和项目，完成大李村村部建设，启动杨庙、姚湾两村村部建设。

三是培养基层干部队伍，助推全镇党建工作上台阶。组织村书记赴浙江滕头村、外桐坞村考察，开阔眼界。赴德园参观，听取区检察院预防职务犯罪报告，强化警示教育。明确“1+5”工作措施(“1”即盐河镇各项工作的制度性安排，“5”指五项工作：对外争取、村两委班子能力建设、村集体增收、创新突破、扶贫开发)，通过突击检查笔记、上台即兴发言、每月考核排名等方式，提升基层党组织书记能力水平。开办盐河大讲坛四期，镇村干部结合工作实绩谈体会、谈收获、谈教训。开展“三个一”活动（读一本书、讲一堂课、记一本笔记），鼓励基层年轻干部读书学习。

【人大工作】 2016年，镇人大主席团认真组织筹备，依法开好代表会议，一是组织人员草拟大会各项报告，并在会前对有关报告征求多方意见，不断修改完善。二是组织代表开展会前活动，广泛调查研究，为审议大会各项报告，提出议案和建议、批评、意见打好基础。三是组织好会议期间的代表审议工作，让代表充分行使民主权利，顺利完成大会各项议程。

加强监督 推进政府工作开展

1.督促做好政府工作报告的责任分解。为使人代会审议通过的政府工作报告得以认真实施，镇人大主席团及时提议镇政府将政府工作报告中提出的经济和社会发展主要任务予以分解落实，明确职责，确保各项任务全面完成。镇政府对政府工作报告进行责任分解，每一项任务都落实了分管领导和责任部门。

2.抓好重点议题的主席团会议审议工作。镇人大主席团根据镇党委的工作部署，紧紧抓住事关全镇经济社会发展的重大事项和人民群众关心的热点难点问题，召开主席团会议，听取并审议政府工作，监督并支持政府加强和改进工作。

3.组织开展好部门评议工作。根据安排，镇人大主席团组织代表对镇水利站、城建所、国土资源所、劳动保障所、工业办、农经站、文化站、计生服务站等8个部门进行了评议。为了切实搞好评议工作，镇人大主席团精心制定工作计划，认真搞好宣传发动，组织代表开展调研，及时召开评议和质询工作。镇人大对代表提出的意见建议进行梳理汇总，并及时反馈给政府和涉及部门，要求制订切实可行的整改措施，认真落实整改。通过评议，既拓宽了人大监督渠道，又对政府工作起到了推动作用。

4.组织代表开展持证视察活动。镇人大主席团始终把调查、视察作为开展代表活动、加强对政府监督的一种主要形式，有计划、有重点、有针对性地组织代表进行持证视察。一年来分别视察了王元农贸市场、英伦玫瑰园、盐河农贸市场、王元集中工业区、康园路、污水管网建设、国家级生态镇创建及村庄环境整治等建设项目。在实地视察的基础上，听取镇政府及有关部门的工作汇报，讨论后提出了意见建议。同时镇人大主席团按照上级人大的统一部署，结合本镇实际，组织代表对法律法规在本镇的贯彻执行情况进行执法检查。

5.协助做好区人大代表小组工作。一年来，镇人大主席团积极协助区人大代表小组开展活动。一是协助区人大代表做好议案和建议、批评、意见的准备工作。一年来共提出议案和建议、批评、意见10件。二是协助区人大代表小组搞好活动。组织区人大代表进行学习、视察、讨论和定向调研活动。五年来，区人大代表小组分别在神农商贸公司、南北物流公司、宏进农副产品物流公司、益恒太阳能发电有限公司、黄河驾校、杨庙泵站新建工作等进行了活动。

加强代表工作，努力发挥代表作用

加强与代表的联系，充分发挥代表作用，是人大主席团行使职权和开展工作的基础。为了使代表更好地履行职责，镇人大主席团大力加强代表工作。

1.加强学习，提高代表素质。镇人大主席团和各代表小组认真组织主席团成员和人大代表，利用培训、会议、视察等活动形式，重点学习宪法、代表法、地方组织法等，进一步提高了代表的政治素质和业务素质。

2.抓住重点，督办代表议案。一年来，镇人大代表在人代会会议期间共提出议案和建议、批评、意见12件，主要涉及经济建设、集镇建设、交通建设、防违控违、社会保障、教育卫生、公共事业、环境治理、社会治安等方面。镇人大主席团对代表议案和建议、批评、意见的办理工作十分重视。一是抓交办。人代会结束后，镇人大主席团及时将代表议案和建议、批评、意见进行分类、梳理、汇总，并交政府进行办理。二是抓督办。镇人大主席团要求政府对办理工作进行统筹安排，提高办结率、面商率、解决问题率和满意率，高质量地抓好办理工作。三是抓答复。镇政府在办理过程中加强调查研究，广泛联系代表，听取代表对办理议案和建议、批评、意见的想法和要求，在此基础上抓紧办理，形成书面答复材料。

3.积极探索，创办3个代表之家，开展代表述职。在甘露村、谢碾村、镇机关分别建立了“人大代表之家”，组织代表接待日活动、广泛听取选民意见，及时汇总问题，并交给镇政府职能部门办理。同时，根据区人大的部署，制定述职评议实施意见，开展区镇两级部分人大代表向选民述职。2016年对进行过口头述职的所有第十二届人大代表全部进行了书面的述职，并向选区选民进行了通报。通过开展代表述职，让代表接受选民监督，受到了广大选民的一致好评，树立了人大代表的良好形象。

4.依法开展区镇两级人大代表换届选举工作。按照区委的统一部署和区选举委员会制定的换届选举工作实施意见，成立了盐河镇选举委员会，结合实际制定了《盐河镇区镇人大换届选举工作实施计划》。从2016年11月下旬开始按照人大换届选举实施计划，进行了宣传发动准备、选民登记、提名推荐候选人、协商确定正式代表候选人、投票选举等阶段的工作。于2016年12月2日依法选举产生了清江浦区第一届人大代表12人，镇第十四届人大代表69人，圆满完成了区镇人大的换届选举工作。

和平镇

【概况】 和平镇地处清江浦区的西南部，西靠淮沭新河与淮阴区陈集镇隔河相望，北与武墩镇相连，东与盐河镇接壤，南临苏北灌溉总渠和淮河入海水道与洪泽区黄集乡搭界，全镇面积72平方公里，其中耕地52000亩。全镇下辖秦墩、大黄、崔葛、唐桥、后左、齐湖、和平、范庄、电站、越闸10个村，1个良种场，173个村民小组，总人口3.37万人，7500余户，镇区常住人口1.2万人。2016年和平镇实现地区生产总值（GDP）21.18亿元，公共财政收入8200万元。

【农业生产】 以科技入户为先导，培养示范户，2016年和平镇共有基层农技示范户220户，蔬菜科技示范户60户；建成水稻高产创建丰产片，核心方重点分布在越闸、范庄、后左、唐桥和神农合作社，全年机插秧和手栽秧面积达4000多亩；全镇全年推广各种农业机械60台，办理农机补贴47户，争取财政补贴资金89万元；完成投资1300万元的灌区改造工程，衬砌中干渠工程7.2千米，北干渠5.6千米，渠首改造建筑物5座。

【招商引资】 2016年，和平镇积极参加区委在杭州、张家港、厦门、漳州开展的招商引资推介会，招商引资新签约项目4个，签约固定资产投资总额12.8亿元。

万盛达包装项目由淮安市万盛达包装有限公司投资，于2016年6月开工建设。项目位于和平镇工业园区云锦路8号，总投资约4500元，占地面积约为20亩。

【城镇建设】 街道环卫工作围绕文明城市创建主题，强力推进环境整治工作，对街道秩序、卫生进行多次集中整治，拆除违建棚20户，约600平方米，切实改善街道面貌；加强防违治违巡查力度和频度，特别针对红线规划范围内的重点区域实行重点盯防，全年共查处违建6处，拆除面积1015平方米，市区两级违法建设交办单两件，均已按时处理回复。

【社会事业】 实施农村饮用水安全改造工程，完成全镇8个行政村和1个农民安置小区自来水入户安装工程，其中2个行政村和1个小区及街道接入市区自来水；完善镇域路网，“一事一议”道路建设工作共涉及7个村，16条路，全长6.8公里，投资168.3万元；加强低保管理，年末全镇共有低保户407户830人，其中农村低保户385户797人，城镇22户33人，共发放低保金2553444.5元，其中城镇低保金146350元，农村低保金2407094.5元；开展计生工作，全镇共有育龄妇女9007人，其中已婚育龄妇女7010人，出生人口343人，其中一孩161人，二孩175人，多孩7人，出生男孩199人，女孩144人，性别比为100∶138，出生政策符合率100%。

【生态环境建设】 注重集镇环境卫生整治，先后规范广告牌90余个，清理牛皮癣600余处，清理垃圾堆、杂草、秸秆堆40余处，为沿街门面画线经营、定点经营，开展文明经商、礼貌经商，努力营造和谐美好的经营环境。加大镇村环境“五位一体”管理力度，集镇设立垃圾中转站，镇村配备保洁员，所有垃圾做到“组保洁、村收集、镇运转”的模式进行，所有垃圾做到日产日清，积极推进中心河流治理项目建设，对辖区内中干渠、南干渠、北干渠、草字河、唐涧河等10条河道进行疏浚、护坡铺设、绿化等工程。

【民主法制】 开展法制宣传月活动，深入各村、各企事业单位进行相关法律法规宣传；设立宣传咨询点1个，在现场接受前来法律咨询100余人次，发放各种法律读本500余册，法制宣传单5000余份；积极预防、及时化解信访矛盾，全年共办结信访案件246件，集中化解突出信访矛盾纠纷10起。

【基层组织建设】

镇党委换届

2016年5月28日，召开中国共产党和平镇委员会第六次代表大会，会议选举吴清扬、许国伟、姬广志、于跃、陈晓梅（女）、涂寅、邱积曹7人为和平镇第六届委员会委员；选举于跃、戴旭、张丽丽（女）、刘翠平（女）、刘斌5人为中国共产党和平镇纪律检查委员会委员；选举朱介进、纪从德、左步飞、刘娟（女）、刘翠平（女）、许国伟、吴清扬、居建云、姬广志9人为出席区第八次党代会代表。

镇人大换届

完成区、乡两级人大选举工作，选举张雪同志为和平镇人大主席团主席，选出区级代表22名、镇级代表70名。

镇政府换届

2016年12月2日，召开和平镇第十八届人民代表大会第一次会议，会议选举许国伟为和平镇人民政府镇长，王勇、姚新健、井文林、宗昊坤4人为和平镇人民政府副镇长。

村两委换届

2016年，完成全镇10个村的两委选举换届，形成新一届村两委班子共97人。

【荣誉表彰】

2016年2月，和平镇被淮安市人口和计划生育工作领导小组评为“十二五”人口和计划生育工作示范镇。

2016年11月10日，和平镇后左村荣获江苏省依法治省领导小组颁发的江苏省民主法治示范村荣誉称号。

2016年11月14日，和平镇被评为“2011—2015年全市普法工作先进集体”。

2016年12月，和平中心卫生院被国家卫生计生委评为“2015—2016年度群众满意的乡镇卫生院”，顺利进入基层医院“国字号”行列。

撰稿人：王　萌

QINGJIANGPU NIANJIAN

人　物

RENWU

- 领导人物
- 组织机构及领导名录
- 清江浦区2016年百岁老人信息

领导人物

（2016年9月30日—2016年12月31日）

【中共淮安市清江浦区委常委会】

仲凤笔

男，汉族，1967年7月出生，1989年8月参加工作，1996年6月加入中国共产党，大学学历，江苏沭阳人。现任清江浦区委书记。

1985年9月入南京农业大学经济管理专业学习；1989年8月为淮阴市经委工作人员；1993年6月任淮阴市经委科员；1995年7月任淮阴市节能技术服务中心副主任（其间：1997年5月至1998年9月在淮阴市纪委挂职锻炼）；1998年9月任淮阴（淮安）市新技术交流推广站站长；2002年7月任淮安市经贸委副主任、党组成员；2006年3月任淮安市经贸委副主任、党组成员，市纺织资产公司总经理、党委书记；2008年10月任淮安工业园区管委会主任、党工委副书记；2011年12月任淮安工业园区党工委书记、管委会主任；2014年7月任淮安工业园区党工委书记；2015年8月任清河区委书记；2016年9月任清江浦区委书记。

张　笑

男，汉族，1971年1月出生，1990年8月参加工作，1991年6月加入中国共产党，党校研究生学历，江苏沭阳人。现任区委副书记、清江浦区政府筹备组组长、党组书记。

1988年9月入淮阴师范专科学校中文系中文专业学习；1990年8月任清河区城北乡政府办事员、办公室副主任；1992年7月任淮阴市民政局双拥办、政秘科办事员、科员；1995年11月任淮阴市民政系统机关团委书记；1996年4月在淮阴市委组织部帮助工作；1996年10月任淮阴市委组织部县区干部科干事（其间：1995年8月—1997年12月参加中央党校经济管理专业本科函授学习）；1999年1月任淮阴市委组织部副科级组织员；2000年2月任淮阴（淮安）市委组织部县区干部科副科长；2001年10月任淮安市委组织部企业组织处副处长；2002年2月任淮安市委组织部企业组织处副处长、正科级组织员；2003年2月任淮安市委组织部企业组织处处长；2005年11月任淮安市委组织部组织处处长；2005年12月任清浦区委常委、组织部部长，淮安市委组织部组织处处长；2006年6月任清浦区委常委、组织部部长（其间：2003年9月—2006年7月参加省委党校区域经济学专业在职研究生学习）；2007年11月任清浦区委常委、副区长（常务）；2012年2月任清浦区委副书记、代区长、区长；2012年3月任清浦区委副书记、区长、政府党组书记；2016年9月任清江浦区委副书记、区政府筹备组组长；2016年10月任清江浦区委副书记、区政府筹备组组长、党组书记。

王　娟

女，汉族，1978年11月出生，1997年10月参加工作，2001年6月加入中国共产党，党校研究生学历，江苏涟水人。现任清江浦区委副书记（正县级）。

1994年9月入江苏省人口学校计划生育管理专业学习（其间：1997.06通过社会管理专业大专自学考试）；1997年10月任涟水县总工会办事员；1999年4月任涟水县总工会女工部副部长；2000年11月任涟水县总工会女工部部长（其间：1999年8月—2001年12月参加中央党校法律专业本科函授学习）；2002年2月任涟水县总工会主席助理；2004年12月任涟水县总工会副主席；2006年3月任涟水县小李集办事处党委副书记、主任；2008年9月任涟水县妇联副主席、主任科员（其间：2006年9月—2009年7月参加省委党校劳动经济学专业在职研究生学习）；2010年9月任涟水县妇联主席；2011年6月任共青团淮安市委副书记、党组成员；2012年12月任淮安市规划局党组成员；2013年6月任淮安市规划局党组成员、机关党委书记（其间：2013年2月—2013年7月在市信访局挂职锻炼）；2014年8月任共青团淮安市委书记、党组书记；2016年7月任清浦区委副书记（正县级）；2016年9月任清江浦区委副书记（正县级）。

杨冬梅

女，汉族，1968年9月出生，1989年7月参加工作，1989年6月加入中国共产党，党校大学学历，江苏泗阳人。现任清江浦区委常委、纪委书记。

1987年9月入盐城纺织工业学校财会专业学习；1989年7月淮阴华丰针织内衣厂会计（其间：1993年9月-1996年6月参加深圳大学财会专业大专函授学习）；1996年10月任江苏正达保健品公司会计；1997年12月起先后为淮阴市纪委办事员、干事（其间：1996.09-1999.07参加淮阴工业专科学校会计电算化专业大专函授学习）；2002年8月任淮安市纪委副科级纪检员（其间：2000年8月-2002年12月参加中央党校法律专业本科函授学习）；2005年6月任淮安市纪委正科级纪检员；2007年12月任淮安市纪委宣教室副主任；2009年2月任淮安市纪委第一纪检监察室副主任；2011年6月任清浦区委常委、纪委书记；2015年8月任清河区委常委、纪委书记；2016年9月任清江浦区委常委、纪委书记。

马乃骏

男，1970年9月出生，1989年8月参加工作，1993年12月加入中国共产党，研究生学历，江苏淮安人。现任清

江浦区委常委、区政府筹备组副组长、区政府党组副书记。

1986年9月入泗洪师范学校普师专业学习；1989年8月任清浦区黄码乡严卓中学教师、团总支书记、教导处副主任(其间：1990年9月—1993年7月参加淮阴教育学院汉语言文学专业大专函授学习)；1994年12月任清浦区武墩乡团委副书记、党委秘书(其间：1993年9月—1996年7月参加南京师范大学汉语言文学专业本科函授学习)；1996年10月任清浦区委组织部干部科组织员，综合科副科长、科长；2000年3月任清浦区委组织部副科级组织员、办公室主任；2000年11月任清浦区政府办公室副主任(在市委组织部帮助工作)；2001年12月任淮安市委组织部研究室副科级组织员、副主任；2005年9月任淮安市委组织部研究室副主任、正科级组织员(主持工作)(其间：2004年12月—2005年7月抽调淮安市先进性教育活动办公室综合组工作)；2007年2月任淮安市委组织部研究室主任(其间：2005年9月—2008年6月参加河海大学工商管理专业硕士研究生在职学习，2008年3月—2008年10月在中央组织部帮助工作；2009年2月—2009年9月抽调淮安市科学发展观教育活动办公室任综合组副组长)；2009年12月任淮安市委组织部机关干部处处长；2011年6月任楚州(淮安)区委常委、组织部部长；2013年9月任清河区委常委、组织部部长；2014年9月任清河区委常委、组织部部长，区总工会主席、党组书记；2016年1月任清河区委常委、副区长、区总工会主席、党组书记；2016年7月任清河区委常委、常务副区长；2016年9月任清江浦区委常委、区政府筹备组副组长；2016年10月任清江浦区委常委、区政府筹备组副组长、党组副书记。

李海波

男，汉族，1963年8月出生，1983年7月参加工作，1990年12月加入中

国共产党，大专学历，江苏金坛人。现任清江浦区委常委、政法委书记。

1981年9月入常州物资学校财会专业学习；1983年7月任清浦区物资公司统计会计；1984年9月任清浦区统计局统计员；1987年9月任清浦区统计局科员(其间：1988年4月通过南京粮食经济学院统计专业大专自学考试)；1995年3月任清浦区统计局副局长；1997年11月任清浦区统计局局长；1999年12月任清浦区武墩乡(镇)党委副书记、乡(镇)长；2000年11月任清浦区清安乡党委副书记、乡长；2001年10月任清浦区武墩镇党委书记；2002年12月任清浦区武墩镇党委书记、人大主席；2004年1月任清河区副区长(其间：2008年5月—2009年5月挂任南京市玄武区区长助理)；2012年1月任清河区委常委、政法委书记；2015年1月任清浦区委常委、政法委书记；2016年9月任清江浦区委常委；2016年10月任清江浦区委常委、政法委书记。

刘玉春

男，汉族，1973年8月出生，1997年8月参加工作，1996年5月加入中国共产党，大学学历，江苏沭阳人。现任清江浦区委常委、组织部部长。

1993年9月入兰州大学国民经济管理学专业学习；1997年8月为淮阴市计划委办事员；2002年12月任淮安市发展计划委综合处副处长；2003年2月在淮安市委组织部帮助工作；2003年9月起先后为淮安市委组织部干部监督处办事员，副科级组织员；2005年9月任淮安市委组织部干部监督处副处长；2008年4月任淮安市委组织部干部监督处副处长、正科级组织员；2010年1月任淮安市委组织部人才处处长；2013年12月任金湖县委常委、组织部部长；2016年9月任清江浦区委常委；2016年11月任清江浦区委常委、组织部部长。

蒋风云

男，汉族，1971年12月出生，1995年8月参加工作，1995年6月加入中国共产党，党校研究生学历，江苏洪泽人。现任清江浦区委常委、宣传部部长。

1991年9月入扬州大学师范学院政法系思想政治教育专业学习；1995年8月任江苏省淮阴中学教师(其间：1996年5月—1997年9月挂职任淮阴县果林中学副校长)；1997年9月任淮阴县委组织部办事员、组织员；1999年4月任淮阴县(区)政府办秘书，信息股副股长(主持工作)、信息科副科长；2001年12月任淮阴区政府办副主任科员；2002年2月任淮安市政府办公室工作人员；2002年9月任淮安市政府办公室副主任科员；2005年5月任淮安市政府办公室信息处副处长；2007年2月任淮安市政府办公室主任科员(其间：2006年9月—2009年7月参加省委党校劳动经济学专业在职研究生学习)；2010年2月任淮安市政府办公室秘书六处处长(其间：2011年9月—2011年12月任借用到淮安市委宣传部帮助工作)；2011年12月任淮安市委外宣办主任助理，市政府办秘书六处处长；2012年9月任淮安市委外宣办主任助理；2013年8月任淮安市委宣传部办公室主任、外宣办主任助理；2014年1月任淮安市委宣传办公室主任、外宣办主任助理、市文明办副主任；2014年9月任淮安市文明办副主任；2015年1月任清浦区委常委、宣传部部长；2016年9月任清江浦区委常委、宣传部部长。

陶效春

男，1974年2月出生，1997年8月参加工作，1997年6月加入中国共产党，大学学历，江苏淮安人。现任清江浦区委常委。

1993年9月入华东政法学院法学专业学习；1997年8月任淮阴市委政法委研究室办事员；1998年9月任淮阴市委政法委研究室科员；2000年3月任淮阴（淮安）市委政法委案件督查协调科副主任科员；2001年12月任淮安市委政法委执法督查处副处长；2004年8月任淮安市委政法委执法督查处副处长、主任科员；2007年5月任淮安市委政法委执法督查处处长；2013年6月任淮安市委政法委委员；2015年11月任淮安市委政法委委员、政治部主任；2016年4月任清河区委常委；2016年7月任清河区委常委、政法委书记；2016年9月任清江浦区委常委。

单　波

男，汉族，1970年7月出生，1987年11月参加工作，1990年7月加入中国共产党，党校研究生学历，江苏沭阳人。现任清江浦区委常委。

1987年11月二十集团军特务连战士、班长；1990年9月—1992年7月任长沙工程兵学院工兵专业学习；1992年7月任二十集团军工兵团排长、助理员；1993年9月—1995年7月任南京工程兵工程学院装备器材管理专业学习；1999年4月任江苏省淮安市涟水县人武部参谋；2000年2月任江苏省淮安军分区参谋（其间：2000年9月任—2002年12月任中央党校函授学院法律专业学习）；2009年3月任江苏省淮安市国防动委综合办副主任（其间：2011年9月—2013年7月任江苏省委党校区域经济管理专业学习）；2012年3月任江苏淮安市清浦区人武部副部长兼军事科长；2013年6月任江苏省淮安市金湖县人武部部长；2015年6月任江苏淮安市清浦区人武部部长；2016年7月任清浦区委常委、人武部部长；2016年9月任清江浦区委常委。

【清江浦区人大筹备组】

史卫东

男，汉族，1966年8月出生，1988年8月参加工作，1988年3月加入中国共产党，党校研究生学历，江苏沭阳人。现任清江浦区人大筹备组组长、党组书记。

1984年7月任上海交大液压传动与控制专业学生；1988年8月任淮阴市科技开发中心助理工程师；1994年10月任淮阴市技术市场工程师（其间：1996年5月—1997年12月挂任淮安市（县级）朱桥镇副镇长）；1997年8月任淮阴市科委成果专利科科员；1997年11月任淮阴市技术市场管理办副主任；1999年12月任淮阴市技术市场管理办主任；2000年12月任淮阴（淮安）市外经委副主任、党委委员；2001年6月任淮安市外经贸局副局长、党组成员（其间：2003年2月任—2004年12月任参加省委党校政治经济学专业研究生学习）；2010年4月任淮安市商务局副局长、党组成员；2012年1月任清浦区委常委、副区长（常务）；2015年1月任清浦区委副书记、区委党校校长；2016年4月任清浦区委副书记、区委党校校长、区人大主任人选；2016年5月任清浦区委副书记、区委党校校长，区人大常委会主任人选、党组书记；2016年7月任清浦区人大主任人选、党组书记、区委党校校长；2016年9月任清江浦区人大常委会筹备组组长；2016年10月任清江浦区人大筹备组组长、党组书记。

徐乃明

男，汉族，1962年10月出生，1983年7月参加工作，本科学历，江苏宿迁人。现任清江浦区人大筹备组副组长。

1983年7月任清河区百货公司会计；1985年4月任清河区商业局会计；1988年10月任清河区商业局计财股副股长；1991年4月任清河区商业局计财股股长；1995年3月任清河区商业局局长助理；1996年6月任清河区商业局副局长；1996年9月任清河区蔬菜局副局长；1997年9月任清河区政府办副主任；1997年12月任清河区政协副主席，区政府办副主任；1998年1月任清河区政协副主席，区审计局局长；2002年7月任清河区政协副主席，区建设局局长；2003年12月任清河区政协副主席，兼区工商联合会会长、商会会长；2006年10月任清河区政协副主席；2007年1月任清河区人大常委会副主任；2016年9月任清江浦区人大筹备组副组长。

卢正苏

男，汉族，1963年3月出生，1979年1月参加工作，1992年1月加入中国共产党，研究生学历，江苏淮安人。现任清江浦区人大筹备组副组长、党组成员。

1979年1月任清江市食品公司工人；1983年4月任区食品公司工人；1985年9月任泗洪县人民法院书记员；1988年11月任市中院办事员、书记员；1990年3月任市中院助理审判；1998年3月任市中院副科级审判员；2000年3月任市中院监察室副主任；2002年9月任明确正科级；2003年12月任市中院监察室主任；2007年11月任市中院副处级审判员、监察室主任（其间：2007年9月至2008年9月挂任楚州区人民法院党组副书记、副院长）；2010年2月任市中院副处级审判员、执行局实施处处长；2010年4月任市中院副处级审判员、执行局副局长、实施处处长；2011年1月任清河区人民法院院长；2011年6月任清河区人民法院院长、党组书记；2016年9月任清江浦区人大筹备组副组长；2016年10月任清江浦区人大筹备组副组长、党组成员。

朱从越

男，汉族，1965年5月出生，1986年7月参加工作，1993年5月加入中国共产党，党校大学学历，江苏淮安人。现任清江浦区人大筹备组副组长、党组成员。

1984年9月淮阴供销学校财务会计专业学生；1986年7月任清浦区财政局办事员；1989年10月任清浦区财政局企业财务管理股副股长（其间：1988年5月—1991年6月任参加南京粮食经济学院财会专业大专函授学习）；1994年3月任清浦区财政局商贸股股长；1995年3月任清浦区财政局副局长；2000年5月任清浦区统计局局长（其间：1999年8月—2001年12月任参加中央党校行政管理专业本科函授学习）；2002年12月任清浦区政府党组成员、政府办主任、机关事务管理局局长（其间：2005年8月任明确副县级）；2006年5月任清浦区副调研员、区委办主任；2008年12月任清浦区人大副主任、区委办主任；2011年5月任清浦区工业园管委会主任、区委办主任；2011年6月任清浦区政府党组成员、区工业园管委会主任、工委委员、区委办主任；2011年10月任清浦区政府党组成员、区工业园管委会主任、工委委员；2013年12月任清浦区副区长、党组成员、清浦工业园工委委员；2014年1月任清浦区副区长、党组成员；2016年9月任清江浦区人大筹备组副组长；2016年10月任清江浦区人大筹备组副组长、党组成员。

高寿江

男，汉族，1961年10月出生，1981年8月参加工作，1995年6月入党，本科学历，江苏淮安人。现任清江浦区人大筹备组副组长、党组成员。

1981年7月任淮阴县三树小学教师、三树中学教师、棉花中学教师；1992年10月任淮阴县民政局办事员；1995年3月任清河区法院秘书；1998年10月任清河区法院助理审判员；1999年6月任清河区法院审判员、办公室主任助理；1999年8月任清河区法院办公室副主任；2000年9月任区法院政治处副主任、明确副科级；2003年8月任清河区法院监察室主任；2003年10月任清河区政府办副主任；2005年1月任清河区委组织部副部长；2006年10月任清河区委组织部副部长、主任科员；2007年6月任清河区委组织部副部长、组织员办主任；2011年6月任清河区委组织部副部长、组织员办主任、副调研员。2011年9月任清河区委组织部副部长、组织员办主任、督查室主任、副调研员；2013年3月任清河区政府党组成员，区政府办公室主任、党组书记，清河区外侨办主任，副调研员；2014年1月任清河区政协副主席、党组成员；2016年9月任清江浦区人大筹备组副组长；2016年10月任清江浦区人大筹备组副组长、党组成员。

赵正府

男，汉族，1963年8月出生，1981年7月参加工作，1994年6月加入中国共产党，党校大学学历，江苏淮安人。现任清江浦区人大筹备组副组长、党组成员。

1978年9月淮阴地区财经学校工业会计专业学生；1981年8月任江苏省地矿局第二水文队办事员（其间：1983年9月任—1986年7月任参加江苏广播电视大学工业企业经营管理专业大专函授学习）；1988年11月任清浦区计经委办事员、工业科副科长（其间：1988年9月—1991年7月任参加江苏省委党校对外经济专业本科函授学习）；1997年3月任清浦区武墩乡乡长助理；1998年11月任清浦区武墩乡副乡长；2001年11月任清浦区盐河镇副镇长；2003年5月任清浦区盐河镇副镇长、经济发展办公室主任；2004年12月任清浦区盐河镇党委副书记；2006年3月任清浦区建设局党委委员、副局长；2007年3月任清浦区建设局党委委员、副局长、工会主席；2009年2月任清浦区建设局党委委员、副局长、工会主席、主任科员；2010年2月任清浦区清江街道党工委副书记、办事处主任；2011年10月任清浦区清江街道党工委书记；2015年1月任清浦区副区长、党组成员；2016年9月任清江浦区人大筹备组副组长；2016年10月任清江浦区人大筹备组副组长、党组成员。

周子健

男，汉族，1957年2月出生，1975年11月参加工作，1977年9月加入中国共产党，党校大学学历，江苏涟水人。现任清江浦区人大党组成员（副县级）。

1975年11月任淮阴制药厂工人；1979年5月任清江市团委办事员；1982年10月任清江市团委青工部副部长；1983年4月任清浦区团委书记（其间：1984年1月—1986年3月参加江苏工学院干部专修科工业管理工程专业学习）；1986年3月任清浦区政府办副主任（其间：1987年10月—1988年10月挂任清江街道办党委副书记）；1988年10月任清浦区委政策研究室主任（其间：1989年9月—1992年7月参加省委党校干部函授学院对外经济专业本科函授学习）；1993年4月任清浦区浦楼街道办事处主任、党委副书记；1995年12月任清浦区委办公室主任；1997年11月任清浦区委统战部部长；1998年12月任清浦区政协副主席、区委统战部部长；2000年11月任清浦区政协副主席；2002年11月任清浦区人大常委会副主任、党组成员；2015年1月任清浦区人大副主任、党组副书记；2016年9月保留副县级；

2016年10月任清江浦区人大党组成员(副县级)。

许晓平

男，汉族，1957年11月出生，1975年7月参加工作，1990年5月加入中国共产党，大专学历，江苏涟水人。现任清江浦区人大党组成员(副县级)。

1975年7月任清江市城南公社韩城大队插队知青；1978年12月淮阴师范专科学校中文系学生；1981年1月任淮阴市第四中学教师；1987年9月任清浦区政府办公室办事员；1988年7月任清浦区政府办公室秘书；1989年1月任清浦区政府办公室综合科副科长；1990年11月任清浦区政府办公室综合科科长；1991年8月任清浦区政府办公室副主任；1995年12月任清浦区闸口街道党工委副书记、主任；1997年1月任清浦区闸口街道党工委书记、主任；1997年11月任清浦区闸口街道党工委书记；1999年1月任清浦区政府党组成员、办公室主任；2001年10月任清浦区政府党组成员、办公室主任、机关事务管理局局长；2002年12月任清浦区委办公室主任；2004年12月任清浦区政协副主席、区委办公室主任；2005年3月任清浦区政协副主席、区总工会主席、区委办公室主任；2006年5月任清浦区政协副主席、区总工会主席；2012年1月任清浦区人大常委会副主任、区总工会主席；2012年3月任清浦区人大常委会副主任、党组成员、区总工会主席；2013年7月任清浦区人大副主任、党组成员；2016年9月保留副县级；2016年10月任清江浦区人大党组成员(副县级)。

安毅之

男，汉族，1957年3月出生，1976年6月参加工作，1985年2月加入中国共产党，本科学历，江苏淮安人。现任清江浦区人大党组成员(正县级)。

1976年6月任淮阴县红旗中学民

办教师；1978年10月入淮阴师范专科学校物理系学习；1981年7月任淮阴县袁集中学教师；1983年9月任淮阴县淮海中学团委书记；1989年9月任淮阴县第一职业中学副校长；1991年10月起先后任清河区委宣传部办事员、副科长、科长(其间:1991年9月至1994年6月参加省教育学院函授行政管理系学习)；1997年4月任清河区委宣传部副部长；2001年6月任清河区教委党委副书记、纪委书记(正科)；2001年11月任清河区建设局局长、兼房产管理局局长；2002年6月任清河区长西街道党委书记；2003年2月任清河区水渡口街道党工委书记；2004年6月任清河区水渡口街道党工委书记、人大工委主任；2007年1月任清河区政协副主席、党组成员；2012年4月任清河区人大常委会副主任、党组副书记；2012年8月任清河区人大常委会副主任、党组副书记，调研员；2014年1月任清河区人大常委会副主任、党组书记，调研员；2015年2月任清河区人大常委会副主任、党组书记(正县级)；2016年9月保留正县级；2016年10月任清江浦区人大党组成员(正县级)。

孙开明

男，汉族，1958年12月出生，1976年8月参加工作，1976年12月加入中国共产党，本科学历，江苏泗阳人。现任清江浦区人大党组成员(副县级)。

1976年7月任泗阳县庄圩公社王荡小学教师；1980年9月入徐州师范学院历史系学习；1984年9月任淮阴师范专科学校组织部教工团总支书记；1986年11月任清河区委办公室秘书；1987年5月任清河区委组织部干部科科长；1990年2月任清河区团委书记；1993年3月任清河区政府办公室主任、区政府党组成员；1996年6月任清河区淮海街道党委书记；1999年1月任清河区政协副主席、区委统战部部长；2002年2月任清河区政协副主席；2006年1月任清河区人大常委会副主任、党组成员；2016年9月保留副县级；2016年10月任清江浦区人大常委会党组成员(副县级)。

孙　勤

女，汉族，1959年9月出生，1977年7月参加工作，1993年3月加入中国共产党，本科学历，江苏淮安人。现任清江浦区人大党组成员(副县级)。

1977年7月在城北乡新建大队插队；1978年11月任清江市第八中学教师；1988年3月任清浦区妇联办事员、秘书；1993年8月任清浦区妇联副主任；1995年9月任清浦区清安乡党委副书记；1997年1月任清浦区清安乡党委副书记、乡长(其间：1998年8月至2000年12月参加中央党校经济管理专业本科函授学习)；2000年11月任清浦区清安乡党委书记；2001年12月任清浦区清安街道党工委书记；2002年12月任清浦区副区长；2006年5月任清河区副区长、党组成员；2012年4月任清河区人大常委会副主任、党组成员；2016年9月保留副县级；2016年10月任清江浦区人大党组成员(副县级)。

【清江浦区人民政府筹备组】

张　笑　(简历见前)
马乃骏　(简历见前)

吴洪刚

男，汉族，1970年9月出生，1991年8月参加工作，1993年8月加入中国共产党，党校研究生学历，江苏盱眙人。现任清江浦区政府筹备副组长、党组成员。

1987年9月常州纺织工业学校染整专业学生；1991年8月任盱眙县官滩镇工业干事、团委副书记；1995年11月任盱眙县官滩镇党委秘书（其间：1994年8月—1997年6月参加中央党校经济管理专业大专函授学习）；1997年10月任盱眙县官滩镇行政监察室主任；1999年6月任盱眙县官滩镇团委书记；1999年12月任盱眙县官滩镇党委委员、宣传统战委员；2000年8月任盱眙县官滩镇党委委员、组织委员、农经助理（其间：1999年8月—2001年7月参加河海大学经济管理专业本科函授学习）；2005年8月任盱眙县官滩镇党委副书记、人大主席；2006年6月任盱眙县官滩镇党委副书记、镇长；2009年1月任盱眙县盱城镇党委副书记、镇长；2009年11月任盱眙县兴隆乡党委书记、人大主席；2012年2月任清浦区副区长（其间：2009年9月—2012年7月参加省委党校社会学专业在职研究生学习）；2012年3月任清浦区政府副区长、政府党组成员；2016年9月任清江浦区政府筹备组副组长；2016年10月任清江浦区政府筹备副组长、党组成员。

戴向峰

男，汉族，1976年12月出生，1999年7月参加工作，1999年6月加入中国共产党，硕士研究生学历，江苏淮安人。现任清江浦区政府筹备副组长、党组成员。

1995年9月徐州师范大学汉语言文学专业学生；1999年7月任淮阴县广播电视台记者（其间：2000年9月—2002年2月在淮阴县（区）委办公室帮助工作）；2002年2月任淮阴区委办公室调研科科长；2003年6月任淮阴区委办公室副主任科员、调研科科长；2003年8月任淮安市发展计划委综合处科员（录用为国家公务员）；2004年11月任淮安市发展计划委办公室副主任；2005年9月任淮安市发改委国民经济综合处（政策法规处）副处长；2007年9月任淮安市发改委国民经济综合处（政策法规处）处长（其间：2006年3月—2008年12月任参加南京农业大学物流工程领域工程硕士专业学位学习）；2010年8月任淮安市发改委工业处处长；2011.05淮安市发改委固定资产投资处处长；2012年2月任清浦区副区长、淮安市发改委固定资产投资处处长；2012年3月任清浦区副区长；2012年3月任清浦区副区长、政府党组成员；2016年9月任清江浦区政府筹备组副组长；2016年10月任清江浦区政府筹备副组长、党组成员。

汪　冲

男，汉族，1970年11月出生，1992年7月参加工作，1992年4月入党，研究生学历，江苏淮安人，现任清江浦区政府筹备副组长、党组成员。

1992年7月任涟水高沟镇组织干事；1995年2月任涟水建安总公司党委委员、组织委员、副总经理；1995年12月任涟水团县委副书记；1996年12月任涟水城东林场党委副书记、场长；1997年11月任涟水河网乡党委副书记、副乡长（正科）；1998年6月任涟水东胡集乡党委副书记、乡长（1999年8月—2001年12月参加中央党校函授学院本科班学习）；2000年2月任涟水东胡集镇党委副书记、镇长；2001年1月任涟水经委党委委员、副主任（正科）；2002年1月任涟水时码办事处党委书记；2004年7月任清河区北京路街道副书记、主任；2005年10月任清河工业园区副书记、副主任；2006年1月任清河区建设局局长、党委书记，兼房管局局长（2003年9月—2006年7月参加省委党校研究生学习）；2007年1月任清河区委办副主任、台办主任；2007年6月任清河区北京路街道党工委书记；2009年5月任清河区北京路街道党工委书记，副调研员；2009年10月任清河区西安路街道党工委书记、人大工委主任，副调研员；2010年6月任柳树湾街道街道党工委书记，副调研员；2014年1月任清河区政府副区长、党组成员；2016年9月任清江浦区政府筹备组副组长；2016年10月任清江浦区政府筹备副组长、党组成员。

朱卫东

男，汉族，1965年5月出生，1987年8月参加工作，1987年4月加入中国共产党，党校研究生学历，江苏涟水人。现任清江浦区政府筹备副组长、党组成员（援疆）。

1984年9月淮阴师专中文系学生；1987年8月任清浦区委党校教师，总务副科长，科长（其间：1989年9月—1992年7月参加南京大学经济法专业本科函授学习）；1995年3月任清浦区清安乡党委宣传委员，党委组织委员；1997年11月任清浦区清安乡副乡长；2000年9月任清浦区清安乡党委委员、副乡长；2000年11月任清浦区清安乡党委副书记；2001年12月任清浦区清安街道工委副书记；2002年10月任清浦区浦楼街道办事处主任、工委副书记（其间：2000年3月—2002年12月参加省委党校政治经济学专业在职研究生学习）；2009年2月任清浦区浦楼街道工委书记；2014年1月任清浦工业园党工委副书记、管委会副主任，挂职第七师天北新区党工委委员、管委会副主任；2015年8月任清浦区区政府副区长、党组成员、清浦工业园副书记、管委会副主任（援疆）；2015年10月任清浦区政府副区长、党组成员（援疆）；2016年9月任清江浦区政府筹备组副组长（援疆）；2016年10月任清江浦区政府筹备副组长、党组成员（援疆）。

谢华山

男，汉族，1974年5月出生，2000年7月参加工作，农工党员，本科学历，江苏沭阳人。现任清江浦区政府筹备组副组长。

1996年9月入扬州大学汉语言文学

专业学习；2000年7月任淮阴区广电局新闻中心记者；2005年7月任淮阴区编办办事员（其间：2002年5月—2006年7月在淮阴区政协办帮助工作）；2006年7月任淮阴区政协办公室秘书；2007年5月任淮阴区政协办秘书科科长；2007年11月任淮阴区政协办副主任；2010年10月任淮阴区政协办副主任、区监察局副局长；2012年2月任淮阴区政协副主席、区监察局副局长；2016年2月任清河区副区长；2016年9月任清江浦区政府筹备组副组长。

薛　莉

女，汉族，1970年11月出生，1989年8月参加工作，1999年10月加入中国共产党，党校大学学历，江苏涟水人。现任清江浦区政府筹备副组长、党组成员。

1986年9月入淮安师范学校体育专业学习；1989年8月任涟水县实验小学教师；1991年9月任洪泽县城南小学教师；2000年10月洪泽团县委办事员（其间：1999年6月任通过江苏省教院体育专业自学考试）；2001年10月任洪泽团县委科员（副股级）、学少部部长；2001年12月任洪泽团县委副书记（其间：2001年9月-2003年12月参加省委党校经济管理专业本科函授学习）；2006年3月任洪泽县委老干部局副局长，2008年1月任洪泽县委老干部局副局长、县第四招商局局长；2010年9月明确正科级；2011年3月任洪泽县委老干部局副局长（正科级）、县旅游招商局局长；2011年11月任洪泽县商务局局长、党委副书记；2012年2月任洪泽县商务局局长、党委副书记、县外资招商局局长；2016年4月任清河区副区长；2016年9月任清江浦区政府筹备组副组长；2016年10月任清江浦区政府筹备副组长、党组成员。

张红梅

女，汉族，1967年1月出生，1985年8月参加工作，1995年12月加入中国共产党，党校大学学历，江苏涟水人。现任清江浦区政府筹备组副组长、党组成员，府前街道党工委书记。

1985年8月在市肉联厂工作；1991年1月任清河区拆迁办办事员；1992年11月任清河区拆迁办副主任；2004年6月任清河区拆迁办主任、清河拆迁公司总经理；2006年3月任清河区拆迁办主任、清河拆迁公司总经理；2006年11月任清河区建设局副局长、党委委员，拆迁办主任、清河拆迁公司总经理；2007年11月任京沪路办事处党工委副书记、主任；2009年10月任长东街道党工委副书记、主任；2011年6月任府前街道党工委书记；2016年7月任清河区政府副区长，府前街道党工委书记；2016年9月任清江浦区政府筹备组副组长、府前街道党工委书记；2016年10月任清江浦区政府筹备组副组长、党组成员、府前街道党工委书记。

杨　忠

男，汉族，1963年8月出生，1986年8月参加工作，1991年6月加入中国共产党，党校大学学历，江苏洪泽人。现任淮安市公安局清江浦分局局长、党委书记、清江浦区政府党组成员（副县级）。

1984年10月，江苏省徐州人民警察学校治安专业学生；1986年8月任洪泽县公安局刑警队办事员；1993年2月任洪泽县公安局刑警队副队长；1995年3月任洪泽县公安局刑警大队副大队长（其间：1997年7月通过江苏公安专科学校公安管理专业大专自考）；1998年1月任洪泽县公安局刑警大队教导员；2000年6月任洪泽县公安局刑警大队大队长（其间：1999年8月—2001年12月任参加中央党校法律专业本科函授学习）；2003年8月任洪泽县公安局党委委员、副局长、刑警大队大队长；2004年2月任洪泽县公安局党委委员、副局长；2005年3月任洪泽县公安局党委委员、副局长，县委610办主任；2009年2月任洪泽县公安局党委委员、政委；2009年10月任洪泽县公安局党委委员、政委，交通局局长、党委副书记、交战办主任；2010年9月任洪泽县公安局党委委员、政委，交通局局长、党委副书记；2012年10月任盱眙县公安局局长、党委书记；2012年12月任盱眙县公安局局长、党委书记、督察长；2013年4月，盱眙县政府党组成员，县公安局局长、党委书记、督察长；2014年1月，盱眙县政府副调研员、党组成员，县公安局局长、党委书记、督察长；2015年8月，盱眙县副县长、县政府党组成员，县公安局局长、党委书记、督察长；2016年10月任淮安市公安局清江浦分局局长；2016年11月任淮安市公安局清江浦分局局长、党委书记，清江浦区政府党组成员（副县级）。

夏　平

男，汉族，1963年9月出生，1987年8月参加工作，1986年12月加入中国共产党，党校大学学历，江苏涟水人。现任清江浦区政府党组成员（副县级）。

1984年9月，淮阴农业学校农师系农学专业学生；1987年8月，涟水县岔庙中学教师；1989年4月，淮阴市城南中学教师（其间：1992年4月—1993年4月在清浦区委宣传部帮助工作）；1993年5月，清浦区委宣传部办事员；1993年9月任清浦区委宣传部秘书、区文明办副主任（其间：1992年8月—1994年12月参加中央党校政治专业本科函授学习）；1997年3月任清浦区文明办副主任；1997年11月清浦区文明办主任；1998年11月任清浦区清安乡副乡长；2001年12月任清浦区清安街道党工委委员、办事处副主任；

2002年7月任清浦区清安街道党工委副书记、办事处主任；2003年12月任清浦区闸口街道党工委副书记、办事处主任；2006年3月任清浦区闸口街道党工委书记；2010年4月任清浦区副调研员、闸口街道党工委书记；2014年1月任清浦区副调研员、区教育局局长、党委书记；2015年11月任清浦区教育局局长、党委书记（副县级）；2016年1月任清浦区教育局局长、教育工委书记（副县级）；2016年5月任清浦区教育局局长、教育工委书记、区文广新、体育、版权局局长（副县级）；2016年10月任清江浦区政府党组成员（副县级）。

【清江浦区政协筹备组】

梁学文

男，汉族，1963年1月出生，1986年7月参加工作，1992年10月加入中国共产党，本科学历，山东荣成人。现任清江浦区政协筹备组组长、党组书记。

1982年9月入西北电讯工程学院电磁场与微波技术专业学习；1986年7月任淮阴电子工业学校教师；1988年11月起先后任淮阴市委保密办公室办事员、助理秘书，市委办公室调研二科助理秘书；1994年11月任淮阴市委办公室副科级秘书；1997年6月任淮阴市委办公室综合三科副科长（其间：1997年5月至1998年6月下派淮安钦工镇任党委副书记）；1998年12月任淮阴市委组织部参照办副主任（其间:1998年12月至1999年12月在盱眙县仁集乡参与园区建设）；2000年2月任淮阴（淮安）市委组织部参照办副主任、正科级组织员；2001年10月任淮安市委组织部干部监督处处长；2004年1月任涟水县委常委、组织部部长；2007年4月任清河区委常委、组织部部长；2010年6月任清河区委副书记；2012年2月任清河区政协主席、党组书记；2016年9月任清江浦区政协筹备组组长；2016年10月任清江浦区政协筹备组组长、党组书记。

伍光云

男，汉族，1960年9月出生，1978年3月参加工作，1979年6月加入中国共产党，党校大学学历，江苏金湖人。现任清江浦区政协筹备副组长、党组成员。

1978年3月部队服役；1987年12月任清浦区人事局办事员；1988年9月任清浦区委组织部干部科组织员、秘书（其间：1989年10月通过南京大学党政专业大专自学考试）；1993年8月任清浦区委组织部干部科科长、副科级组织员；1995年12月任清浦区委组织部副部长；1998年4月任清浦区委组织部副部长、目标办主任；2000年2月任清浦区委组织部副部长、组织员办主任；2002年2月任清浦区委组织部副部长、组织员办主任、人事局局长、编办主任；2002年3月任清浦区委组织部副部长、人事局局长、编办主任；2002年7月任清浦区委办主任、台办主任；2002年12月任清浦区副区长；2004.12清浦区委常委、宣传部部长（其间：2008年3月—2010年7月参加省委党校经济管理专业本科函授学习）；2011年5月任清浦区政协副主席、区委宣传部部长；2011年6月任清浦区政协副主席、党组副书记；2016年9月任清江浦区政协筹备组副组长；2016年10月任清江浦区政协筹备副组长、党组成员。

王应标

男，汉族，1964年11月出生，1984年8月参加工作，民盟，本科学历，江苏淮安人，中学数学特级教师、教授级中学高级教师。现任清江浦区政协筹备组副组长、清江中学副校长。

1980年9月入徐州师范学院数学系学习；1984年8月任江苏省淮阴中学教师；1993年4月任江苏省淮阴中学教研组长和高三年级组长；1996年10月任江苏省淮阴中学教科室副主任；1998年7月任江苏省淮阴中学教科室主任；1999年9月任淮阴市清江中学副校长；2000年9月任江苏省清江中学副校长（升格前）；2004年6月任江苏省清江中学副校长；2007年1月任清河区政协副主席、清江中学副校长；2016年9月任清江浦区政协筹备组副组长、江苏省清江中学副校长。

尹希海

男，汉族，1971年2月出生，1995年8月参加工作，大学学历，江苏灌南人。现任清江浦区政协筹备组副组长、工商联主席。

1991年9月扬州大学农学院食品卫生专业学生；1995年8月任洪泽湖综合开发有限公司质检员；1996年5月任洪泽湖综合开发有限公司湖南分公司质检科长，车间主任，经理助理；1997年10月任洪泽湖综合开发有限公司湖南分公司经理助理、总公司团支部书记（其间：1998年4月—2000年2月任在淮安市经委“治乱减负”办公室帮助工作）；2001年11月任清浦区招商局副局长；2007年3月任清浦区招商局副局长（正科级）；2007年11月任清浦区政协副主席、区招商局副局长；2008年5月任清浦区政协副主席、区招商局副局长、冶金机械工业园招商局局长；2009年2月任清浦区政协副主席、区招商局二局局长；2011年1月任清浦区政协副主席、区招商局一局局长；2011年10月任清浦区政协副主席、区工商联主席；2016年9月任清江浦区政协筹备组长副组长；2016年10月任清江浦区政协筹备组副组长、工商联主席。

薛　睿

女，汉族，1973年1月出生，1992年10月参加工作，2005年1月加入民盟，研究生学历，江苏淮安人。现任

清江浦区政协筹备组副组长。

1992年10月在涟水县科委工作；1997年4月为涟水县人才中心办事员；2000年11月任涟水县人才中心副主任；2004年3月任清河区水渡口街道办副主任；2004年7月任清河区淮海街道办副主任；2006年10月任清河区工商联（商会）副会长、秘书长；2008年10月任清河区工商联副主席、秘书长，商会副会长；2012年2月任清河区政协副主席，工商联主席、商会会长；2016年9月任清江浦区政协筹备组副组长。

杨长万

男，汉族，1959年12月出生，1978年3月参加工作，1984年12月加入中国共产党，党校大学学历，江苏淮安人。现任清江浦区政协筹备组副组长、党组成员。

1978年3月任淮安县黄码乡许庄小学民办教师；1978年12月任淮安师范学校数学专业学生；1981年2月任淮阴市李湾中学教师；1981年9月任淮阴市李集中学教师；1988年8月任淮阴市工农兵小学教师；1989年9月任清浦区委组织部组织科办事员；1990年5月任清浦区委组织员办公室主任；1993年8月任清浦区委组织部组织科副科长（其间：1991年9月—1994年7月参加省委党校行政管理专业大专函授学习）；1995年3月任清浦区委组织部组织科科长；1995年12月任清浦区委组织部副科级组织员、组织科科长（其间：1994年8月—1996年12月参加中央党校党政管理专业本科函授学习）；1997年3月任清浦区清安乡党委副书记、纪委书记；1998年11月任清浦区浦楼街道党工委副书记、办事处主任；2001年10月任清浦区计划生育委员会主任；2002年12月任清浦区清安街道党工委书记（其间：2004年1月明确副县级）；2006年5月任清浦区教育局局长、党委副书记（副县级）；2007年11月任清浦区副调研员、区教育局局长、党委副书记；2014年1月任清浦区政协副主席、党组成员、区委统战部长；2016年5月任清浦区政协副主席、党组成员；2016年9月任清江浦区政协筹备组副组长；2016年10月任清江浦区政协筹备组副组长、党组成员。

张增元

男，1969年5月出生，1992年8月参加工作，1998年11月加入中国共产党，本科学历，江苏泗阳人。现任清江浦区政协筹备组副组长、党组成员。

1992年8月市清江棉纺织厂助工；1994年1月任市地方工业供销公司秘书；1995年3月任江苏洪泽县综合开发公司水产品加工厂副厂长、洪泽湖综合开发公司湖南省安乡分公司副经理；1996年9月任清河区城北乡（繁荣服装厂）办事员；1999年9月任清河区纪委纪检员；2000年9月任清河区政府办副主任；2003年12月任水渡口街道党工委副书记、办事处副主任；2004年7月任水渡口街道党工委副书记、办事处主任；2006年5月任京沪路办党工委书记，新区管委会党工委副书记、副主任；2007年11月任长西街道党工委书记、人大工委主任；2010年4月任长西街道党工委书记、人大工委主任，副调研员；2010年6月任清河区长西街道党工委书记、副调研员；2014年1月任清河区政协副主席、党组成员，区委统战部部长；2016年7月任清河区政协副主席、党组成员；2016年9月任清江浦区政协筹备组副组长；2016年任清江浦区政协筹备组副组长、党组成员。

金中保

男，汉族，1959年6月出生，1976年12月参加工作，1989年11月加入

中国共产党，大专学历，江苏淮安人。现任清江浦区政协党组成员（副县级）。

1976年12月起苏州市武警队中队服兵役；1981年1月为清江市糖果厂统计员；1981年9月为清江市土产公司会计；1983年4月为区供销社办事员；1984年10月为区物价检查所办事员；1990年6月任区物价检查所副所长；1995年4月任区物价检查所所长；1999年8月任区物价局局长助理；1999年12月任水渡口街道组宣委员，明确副科职级；2000年9月任水渡口街道办副主任；2002年7月任水渡口街道办副主任、人武部部长；2003年10月任水渡口街道副书记兼纪工委书记、人武部长；2006年5月任京沪路办副书记、办事处主任；2007年11月任京沪路办事处党工委书记、兼新区管委会副主任；2008年3月任水渡口街道党工委书记、人大工委主任，兼新区管委会副主任；2009年7月任水渡口街道党工委书记、新区管委会副主任；2012年2月任白鹭湖街道党工委书记；2013年6月任清河区白鹭湖街道党工委书记，副调研员；2016年7月任清河区总工会主席（副县级）；2016年10月任清江浦区政协党组成员（副县级）。

章　侠

女，汉族，1957年9月出生，1975年7月参加工作，民进党员，大学学历，江苏淮安人。

1975年7月清江市钵池公社插队；1976年3月任钵池中学教师；1978年3月淮阴师范专科学校数学系学生；1981年1月任东方红（清浦）中学教师（其间：1982年9月—1985年7月参加徐州师范学院数学专业本科函授学习）；1997年9月任清浦区教研室数学教研

员、会计；1999年11月任淮安市建筑工程学校副校长；2002年12月任清浦区政协副主席、淮安市建筑工程学校副校长；2003年12月任清浦区政协副主席、区教育局副局长、教研室主任；2004年12月任清浦区副区长；2011年5月任清浦区政协副主席；2016年9月任保留副县级。

【清江浦区人民法院、检察院筹备组】

颜　赤

女，汉族，1965年9月出生，1987年8月参加工作，1991年11月加入中国共产党，党校研究生学历，江苏涟水人。现任清江浦区法院筹备组组长、党组书记。

1984年9月入江苏省司法学校司法专业学习；1986年9月入常州职业师范学院职业教育师范专科班学习；1987年8月起先后为涟水县法院书记员、助审员、审判员（其间：1990年9月至1993年7月参加南京大学经济法专业本科函授学习）；1998年3月起先后任涟水县法院涟城法庭副庭长、民事审判庭副庭长、审委会委员；2002年5月起先后任涟水县法院院长助理、民庭庭长，院长助理、党组成员，副院长、党组成员（其间：2004年10月明确正科级；2004年9月至2007年7月参加省委党校宪法学与行政法学专业在职研究生学习）；2007年11月任淮阴区法院院长、党组书记；2012年1月任楚州（淮安）区法院院长、党组书记（其间：2012年5月至2015年8月兼任淮安区法院机关党委书记）；2016年9月任清江浦区人民法院筹备组组长；2016年11月任清江浦区法院筹备组组长、党组书记。

黄国梁

男，汉族，1965年6月出生，1987年8月参加工作，1993年5月加入中国共产党，党校大学学历，江苏淮安人。现任清江浦区检察院筹备组副组长、党组书记。

1985年9月江苏省司法学校法律专业学生；1987年8月任淮阴县法院办事员；1989年6月任淮阴县检察院办事员；1989年8月任淮阴县检察院助检员（其间：1988年9月—1991年7月参加全国法院干部业余法律大学法律专业大专学习）；1992年8月任淮阴县检察院检察员；1992年10月任淮阴县检察院起诉科副科长；1994年6月作淮阴县检察院税务检察室副主任；1995年9月任淮阴县检察院办公室主任；1996年4月任淮阴县检察院检委会委员、办公室主任；1998年2月任淮阴县检察院检委会委员、起诉科科长（其间：1998年4月任明确副科级）；2000年9月任淮阴县检察院党组成员、检委会委员、反贪局局长、起诉科科长；2000年10月任淮阴县（区）检察院党组成员、检委会委员、反贪局局长（其间1998年8月—2000年12月参加中央党校政法专业本科函授学习）；2001年12月任淮阴区检察院副检察长、党组成员、检委会委员（其间：2006年7月明确正科级）；2012年2月任清浦区检察院检察长，淮阴区检察院检委会委员；2012年3月任清浦区检察院检察长、党组书记，淮阴区检察院检委会委员；2012年5月任清浦区检察院检察长、党组书记；2016年9月任清江浦区检察院筹备副组长；2016年11月任清江浦区检察院筹备组副组长、党组书记。

【清江浦区其他县处级领导干部】

陆茂兵

男，汉族，1968年9月出生，1990年8月参加工作，1995年6月加入中国共产党，党校大学学历，江苏淮安人。现任淮安现代商务集聚区管委会主任、党委书记。

1988年9月在淮阴师范专科学校大专物理专业学习；1990年8月任淮阴市第一中学教师；1996年9月任淮阴市清浦区团委办事员；1998年10月任淮阴市清浦区闸口街道党委组织委员；2000年9月任淮安市清浦区闸口街道办事处副主任、经济发展办公室副主任；2003年1月任淮安市清浦区闸口街道办事处经济发展办公室副主任、江苏省淮安农业综合开发区经济发展局副局长；2003年5月任江苏省淮安农业综合开发区经济发展局副局长；2003年12月任淮安市清浦区政府办副主任、江苏省淮安农业综合开发区办公室主任；2009年2月任淮安市清安街道办事处工委副书记、办事处主任；2011年12月任淮安市清浦区盐河镇党委书记；2015年1月任淮安市清浦区城南乡党委书记；2016年5月任淮安现代商务集聚区管委会副主任、党委委员；2016年7月任现职。

李　红

男，汉族，1972年2月出生，1994年8月参加工作，1993年12月加入中国共产党，党校研究生学历，江苏涟水人。现任淮安工业园区清浦工业园管委会主任、党工委副书记。

1992年9月，华东理工大学国际企业管理专业学生；1994年8月任清江商场家电部营业员、组长；1995年8月任清江商场烟酒公司经理助理；1996年7月任清江商场百货部经理、公司团委书记；1997年10月任清江商场针纺部经理、总经理助理；1998年7月任清江商场股份有限公司副总经理（其间：2003年6月起借用在淮安外向型农业综合开发区办公室帮助工作）；2003年12月任淮安外向型农业综合开发区经济发展局副局长；2006年3月任淮安外向型农业综合开发区（淮安工业园区）经济发展局局长；2009年2月任淮安工业园区清浦工业园管委会副主任、工委委员，经济发展局局长（其间：2008年3月任—2010年7月任参加省委党校经济管理专业本科函授学习）；2011年4月任清浦区武墩镇党委副书记、镇长（其间：2011年9月—2014年12月参加省委党校政治经济学专业在职研究生学习）；2011年12月任清浦区武墩镇党委书记；2014年1月任淮安工业园区清浦工业园党工委副书记、管委会副主任；2014年8月任现职。

匡映柏

男，汉族，1965年8月出生，1984年7月参加工作，1984年6月加入中国共产党，党校大学学历，江苏淮安人。现任清江浦区总工会主席、党组书记（副县级）。

1981年9月在徐州医学院淮阴专科班医学专业学习；1984年7月任盐河卫生院医生、副院长；1988年3月任清浦区人民医院医教科科长；1988年8月任清浦区卫生局政秘股股长；1991年12月任清浦区委宣传部工作；1992年8月任清浦区委宣传部秘书；1993年9月任清浦区委宣传部党教科科长；1994年2月任城南乡党委副乡级宣传委员；1995年9月任城南乡党委副乡级组织委员；1997年2月任城南乡政府副乡长；1998年11月任清安乡政府副乡长；2001年7月任清浦区卫生局副局长、党组成员；2001年11月任清浦区卫生局副局长、党委委员（其间：2000年8月—2002年12月参加中央党校法律专业函授本科学习）；2002年12月任清浦区政府办公室副主任；2003年10月任清浦区和平镇党委副书记、镇长；2007年11月任清浦区政府党组成员、区政府办主任、机关事务管理局局长；2009年2月任清浦区政府党组成员、区政府办主任；2011年10月任清浦区委办主任；2013年7月任清浦区委办主任、区总工会主席；2014年1月任清浦区副调研员、区总工会主席；2015年11月任清浦区总工会主席（副县级）；2016年10月任清江浦区总工会主席、党组书记（副县级）。

凌其栋

男，汉族，1963年9月出生，1989年7月参加工作，1989年2月加入中国共产党，党校研究生学历，江苏淮安人。现任清江浦区财政局局长、党组书记、国资监管局局长（副县级）。

1985年9月在淮海大学社会科学系工业财务会计专业学习；1989年7月任清浦区财政局办事员；1992年1月任清浦区农业开发局办事员、科员；1994年5月任清浦区人事局借用；1995年8月任清浦区纪委纪检员；1997年11月任清浦区纪委监察室主任；1999年5月任清浦区纪委常委、监察室主任；2001年11月任清浦区纪委常委、监察室主任，清浦区城南乡党委副书记（挂职）；2002年9月任清浦区纪委常委、清浦区城南乡党委副书记（挂职）；2002年11月任清浦区城南乡党委副书记；2002年12月任清浦区统计局局长；2004年3月任清浦区武墩镇党委副书记、镇长；2006年3月任清浦区武墩镇党委书记；2006年5月任清浦区财政局局长、党组副书记；2010年6月任清浦区财政局局长、党组副书记，清浦工业园财政局党支部书记（其间：2007年9月—2010年7月参加省委党校区域经济学专业在职研究生学习）；2014年1月任清浦区副调研员，区财政局局长、党组副书记，清浦工业园财政局党支部书记；2014.08清浦区副调研员，区财政局局长、党组副书记；2015年1月任清浦区副调研员，区财政局局长、党组书记、国资办主任；2015年11月任清浦区财政局局长、党组书记、国资办主任（副县级）；2016年10月任清江浦区财政局局长、党组书记、国资监管局局长（副县级）。

夏海明

男，1962年2月出生，1983年7月参加工作，1986年1月加入中国共产党，大学学历，江苏淮安人。现任清江浦区长东街道党工委书记（副县级）。

1983年7月任省农垦职大教师、团委副书记；1993年3月任清河区人大办秘书；1997年1月明确副科级；1997年8月任清河区人大常委会内司委副主任；1999年12月任清河区经委副主任；2001年6月任清河区体改办副主任；2003年10月任清河区体改办主任；2005年6月任清河区发改委主任；2010年6月任清河区长东街道党工委书记；2012年2月任清河区长东街道党工委书记、副调研员；2015年11月任现职。

【2016年离任县处级干部】

赵春虎

男，汉族，1962年9月出生，1981年7月参加工作，1988年8月加入中国共产党，本科学历，江苏淮安人。

1979年9月入常州财经学校基建财务与信用专业学习；1981年7月为淮阴地区建设银行办事员；1982年3月为淮阴地区人事局办事员；1982年10月为洪泽县人事局办事员；1983年2月为洪泽县商业局会计；1984年6月为洪泽县检察院书记员；1986年2月任洪泽县检察院助理检察员、检察员；1992年7月任洪泽县检察院经济检察科副科长，刑事检察二科副科长（主持工作），控申科长，批捕科科长、检察委员会委员；1999年7月明确副科级；2003年3月任洪泽县检察院侦查监督科科长、副科级检察员、检察委员会委员；2003年9月任洪泽县检察院副检察长、党组成员、职务犯罪侦查局局长；2005年2月任洪泽县检察院副检察长、党组成员；2009年1月明确正科级；2010年7月任洪泽县检察院副检察长、党组副书记（正科级）；2012年2

月清河区人民检察院检察长、党组书记；2016年9月任清江浦区检察院筹备副组长。

刘月进

男，汉族，1966年2月出生，1988年8月参加工作，1991年5月加入中国共产党，硕士研究生学历，江苏淮安人。

1984年9月就读于苏州大学法律系法律专业学习；1988年8月先后任江苏省淮阴市淮阴县人民检察院书记员，助理检察员，检察员；1992年8月任江苏省淮阴市淮阴县人民检察院批捕科副科长；1995年9月先后任江苏省淮阴市淮阴县人民检察院刑事检察一科科长、批捕科科长；1998年2月任江苏省淮安市淮阴区人民检察院副检察长、党组成员（期间：1997年6月挂职任淮阴市人民检察院起诉科副科长；2001年11月，明确为正科级）；2002年1月任江苏省淮安市洪泽县人民检察院检察长、党组成员（期间：2002年3月—2004年12月，华东政法学院法律专业硕士学位学习）；2007年11月任江苏省淮安市楚州区人民检察院检察长、党组书记；2010年6月任江苏省淮安市人民检察院副检察长、党组成员（期间：2014年1月，明确为正处级）；2016年9月任清江浦区检察院筹备组组长。

组织机构与领导名录

中共清江浦区委员会

（2016年10月1日—12月31日）

书　记　仲凤笔（9月任）
副书记　张　笑（9月任）
　　　　王　娟（女，9月任）
常　委　杨冬梅（女，9月任）
　　　　马乃骏（9月任）
　　　　李海波（9月任）
　　　　刘玉春（9月任）
　　　　蒋风云（9月任）
　　　　邓爱华（女，9月任）
　　　　陶效春（9月任）
　　　　单　波（9月任）

清江浦区人民代表大会筹备组

（2016年10月1日—12月31日）

组　长　史卫东（9月任）
成　员　徐乃明（9月任）
　　　　卢正苏（9月任）
　　　　朱从越（9月任）
　　　　高寿江（9月任）
　　　　赵正府（9月任）

清江浦区人民政府筹备组

（2016年10月1日—12月31日）

组　长　张　笑（9月任）
成　员　马乃俊（9月任）
　　　　吴洪刚（9月任）
　　　　戴向峰（9月任）
　　　　汪　冲（9月任）
　　　　朱卫东（9月任）（援疆）
　　　　谢华山（9月任）
　　　　薛　莉（女，9月任）
　　　　张红梅（女，9月任）

清江浦区政协筹备组

（2016年10月1日—12月31日）

组　长　梁学文（9月任）
成　员　伍光云（9月任）
　　　　王应标（9月任）
　　　　尹希海（9月任）
　　　　薛　睿（女，9月任）
　　　　杨长万（9月任）
　　　　张增元（9月任）

清江浦区纪律检查委员会

（2016年10月1日—12月31日）

书　记　杨冬梅（女，9月任）
副书记　潘恩兵（9月任）
　　　　单　渊（9月任）
　　　　周正宁（9月任）
常　委　耿　明（11月任）
　　　　徐学进（11月任）
　　　　周正波（11月任）
　　　　金　梅（女，11月任）

清江浦区人民法院筹备组

（2016年10月1日—12月31日）

组　长　颜　赤（女，9月任）

清江浦区人民检察院筹备组

（2016年10月1日—12月31日）

组　长　刘月进（9月任）
副组长　赵春虎（9月任）
　　　　黄国梁（9月任）

中共清江浦区委工作部门及直属单位

（2016年10月1日—12月31日）

区委办公室

主　任　吴守明（10月任）
副主任　尤　东（11月任）
　　　　尹国庆（女，11月任）
　　　　闵　敏（11月任）
　　　　孙国栋（11月任）
　　　　刘士光（11月任）

区委深化改革领导小组办公室

主　任　吴守明（10月任）
副主任　杨　旭（11月任）

区委督查室

主　任　周　刚（11月任）

区委组织部

部　长　刘玉春（11月任）
副部长　范晓春（12月任）
　　　　汪家云（12月任）
　　　　王崇伟（12月任）
　　　　李兴兵（12月任）
　　　　丁晓中（12月任）

区委党建工作领导小组办公室
主　任　汪家云(10月任)
副主任　王　赓(11月任)

区委组织员办公室
主　任　李兴兵(10月任)
副主任　王尚平(11月任)

区委企业和社会组织工作委员会
书　记　丁晓中(10月任)
副书记　陈忠林(11月任)

区重点项目督查考核办公室
主　任　王　浩(11月任)

区委宣传部
部　长　蒋风云(10月任)
副部长　董方军(10月任)
　　　　金炜宇(10月任)
　　　　王建明(10月任)
　　　　许　艳(女,10月任)
　　　　贺新强(11月任)
　　　　朱月娥(女,挂职,11月任)
　　　　王文军(挂职,11月任)

区精神文明建设指导委员会办公室
主　任　王建明(10月任)
副主任　潘娟娟(女,11月任)

区委对外宣传领导小组办公室
主　任　许　艳(女,10月任)
副主任　吕　云(女,11月任)

区委统一战线工作部
部　长　邓爱华(女,10月任)
副部长　张　波(10月任)
　　　　韩静宇(10月任)
　　　　乔　斌(10月任)
　　　　魏良刚(11月任)

区委政法委员会
书　记　李海波(10月任)
副书记　吕绍波(10月任)
　　　　王树本(10月任)
　　　　冯向东(10月任)
　　　　唐　辉(10月任)
　　　　王朝晖(11月任)
　　　　张文浩(11月任)

区依法治区领导小组办公室
主　任　冯向东(10月任)
副主任　杜　林(11月任)
　　　　刘　宁(女,11月任)

区社会治安综合治理委员会办公室
主　任　吕绍波(10月任)
副主任　胥从飞(11月任)

区国家安全工作办公室
主　任　唐　辉(10月任)

区委农村工作部
部　长　陈　智(10月任)
副部长　朱少严(11月任)
　　　　姚茂余(11月任)
　　　　胡　杰(挂职,11月任)

区机构编制委员会办公室
主　任　李青云(10月任)
副主任　谢　澈(11月任)
　　　　刘　燕(女,11月任)

区委区级机关工作委员会
书　记　董　芳(女,10月任)
副书记　卞　燕(女,11月任)
　　　　张　勇(11月任)
　　　　刘　凯(11月任)

区委台湾工作办公室
主　任　韩静宇(10月任)
副主任　钱春敏(女,11月任)

区委保密委员会办公室
局　长　孙国栋(10月任)

区委老干部局
局　长　陈一刚(10月任)
副局长　居鸿丽(女,11月任)
　　　　宋桂兵(11月任)

区信访局
局　长　吴　勇(10月任)
副局长　杨建松(11月任)
　　　　皇甫青华(11月任)
　　　　彭名跃(11月任)

区委机要局
局　长　郭　锐(10月任)

区委防范和处理邪教问题办公室(区委610办公室)
副主任　常书林(11月任)
　　　　陈东海(11月任)
　　　　颜　明(11月任)

清江浦区人大办事机构

(2016年10月1日—12月31日)

办公室
主　任　席艾锦(10月任)
副主任　陈晓娟(女,11月任)
　　　　张　波(11月任)

财政经济工作委员会
主　任　田云平(10月任)

内务司法(民宗侨台)工作委员会
主　任　朱海燕(女,10月任)

人事代表联络工作委员会
主　任　王　涛(10月任)

教科文卫工作委员会
主　任　叶爱民(女,10月任)

农业经济工作委员会
主　任　孙　超(10月任)

环境资源城乡建设委员会
主　任　苗成广(10月任)

清江浦区政府工作部门

(2016年10月1日—12月31日)

区政府办公室
主　任　孙三俊(10月任)
副主任　胡　军(11月任)
　　　　周建华(11月任)
　　　　周建洋(11月任)
　　　　顾　洪(11月任)
　　　　王志专(11月任)
　　　　朱新秋(11月任)

区政府法制办公室
主　任　孙三俊(10月任)

区政府外事侨务办公室
主　任　孙三俊(10月任)

区人民防空办公室
主　任　孙三俊(10月任)

区政府督查室
主　任　蒋　峰(女,11月任)

区应急管理办公室
主　任　王婉丽(女,11月任)

区发展和改革委员会
主　任　汪　萌(女,10月任)
副主任　程泽军(11月任)
　　　　戈志强(11月任)
　　　　曹昌昭(11月任)
　　　　汪　盛(11月任)
　　　　朱延峰(11月任)
　　　　王晟伟(挂职,11月任)

区物价局
局　长　汪　萌(女,10月任)

区经济和信息化委员会
主　任　朱金龙(10月任)
副主任　王国文(11月任)
　　　　曾　桦(女,11月任)
　　　　孙　龙(11月任)
　　　　焦银峰(11月任)
　　　　李书红(女,11月任)
　　　　张　超(11月任)
　　　　朱　敏(女,挂职,11月任)

区中小企业局
局　长　朱金龙(10月任)

区教育局
局　长　施玉明(10月任)
副局长　王加全(11月任)
　　　　邱子华(11月任)
　　　　傅根生(11月任)
　　　　戚桂荣(11月任)
　　　　黄艳梅(女,11月任)
　　　　朱建飞(11月任)
纪检组长　单广国(11月任)

区体育局
局　长　施玉明(10月任)

区科学技术局
局　长　王澎飞(10月任)
副局长　钱永洪(11月任)
　　　　郭新治(11月任)
　　　　沈　亮(11月任)

区民政局
局　长　卢　军(10月任)
副局长　高　伟(女,11月任)
　　　　刘　军(11月任)
　　　　杨洪祥(11月任)
　　　　陈志化(女,11月任)
　　　　程　坚(11月任)
纪检组长　薛东辉(11月任)

区司法局
局　长　韦　文(女,10月任)
副局长　魏　东(11月任)
　　　　周爱芹(女,11月任)
　　　　张建军(11月任)
　　　　殷　戈(11月任)
纪检组长　赵　超(11月任)

区财政局
局　长　凌其栋(10月任)
副局长　张　铮(11月任)
　　　　朱春生(11月任)
　　　　林　程(11月任)
　　　　李有春(11月任)
　　　　王　焱(女,挂职,11月任)
纪检组长　周超祥(11月任)
总会计师　顾华雪(11月任)

区政府国有资产监督管理局
局　长　凌其栋(10月任)

区人力资源和社会保障局
局　长　王亚民(10月任)
副局长　夏晓峰(11月任)
　　　　左　欣(女,11月任)
　　　　郑志华(女,11月任)
　　　　周　策(11月任)
　　　　刘学东(11月任)

区住房和城乡建设局
局　长　耿晓峰(10月任)
副局长　杨小兵(11月任)
　　　　唐兆海(11月任)
　　　　姜亚东(11月任)
　　　　朱　敏(女,11月任)
　　　　欧　璐(女,11月任)
　　　　佟志伟(挂职,11月任)
纪检组长　丁　涛(11月任)

区交通运输局
局　长　王亚书(10月任)
副局长　刘金龙(11月任)
　　　　谢小春(11月任)

区农业和水利委员会
主　任　蔡伯宁(10月任)
副主任　谢海涛(11月任)
　　　　王家昌(11月任)
　　　　王海波(11月任)
　　　　周　玲(女,11月任)
　　　　朱洪斌(11月任)
　　　　缪海伦(11月任)
　　　　黄正兵(11月任)
　　　　王桂楼(挂职,11月任)
纪检组长　张　胜(11月任)

区卫生和计划生育委员会
主　任　段　波(10月任)
副主任　高新梅(女,11月任)
　　　　庞春年(11月任)
　　　　包季春(女,11月任)
　　　　胡林军(11月任)
　　　　杨绚丽(女,11月任)
　　　　黄　晖(11月任)
　　　　袁　宏(女,11月任)
　　　　王介新(挂职,11月任)
纪检组长　侯钧容(女,11月任)

区市场监督管理局
局　长　徐永怀(10月任)
副局长　秦秀红(女,11月任)
　　　　唐海涛(11月任)
　　　　王凉虎(11月任)
　　　　姜万生(11月任)
　　　　韩　艳(女,11月任)
　　　　穆亚东(11月任)
　　　　王泽民(11月任)
　　　　张晓来(11月任)
　　　　张恒波(11月任)
　　　　武尧天(11月任)
纪检组长　马贵斌(11月任)

区食品药品监督管理局
局　长　徐永怀(10月任)

区食品安全委员会办公室
主　任　徐永怀(10月任)
副主任　卜洪涛(11月任)

区审计局
局　长　徐五川(10月任)
副局长　朱　娟(女,11月任)
　　　　袁利利(女,11月任)

许昌盛(11月任)
邢征宇(11月任)
左建成(11月任)
丁红雨(11月任)

区环境保护局
局　长　耿蓓蓓(女,10月任)
副局长　胡晓平(女,11月任)
张大伟(11月任)
陶建华(11月任)
纪检组长　孙红芹(女,11月任)

区统计局
局　长　郭维华(10月任)
副局长　孙晴厚(11月任)
查海燕(女,11月任)
陈尚林(11月任)
梁学娟(女,11月任)

区安全生产监督管理局
局　长　张家义(10月任)
副局长　张国庆(11月任)
王　勇(11月任)

区商务局
局　长　季淑红(女,10月任)
副局长　杨　睿(11月任)
周　勇(11月任)
张祖峰(11月任)
胡兆茂(女,11月任)
方　慧(女,挂职,11月任)

区粮食局
局　长　季淑红(女,10月任)

区民族宗教事务局
局　长　乔　斌(10月任)
副局长　王树清(11月任)

区文化广电新闻出版局
局　长　杨　靖(10月任)
副局长　姜　跃(11月任)
孙久健(11月任)
王敏媛(女,11月任)

区版权局
局　长　杨　靖(10月任)

区旅游局
局　长　杨　靖(10月任)

区行政审批局
局　长　姚　岚(女,10月任)
副局长　高天安(11月任)
纪检组长　彭胜利(11月任)

区综合行政执法局
局　长　杨利军(10月任)
副局长　贾正亮(11月任)
赵卫东(11月任)
黄兆林(11月任)
石学安(11月任)
纪检组长　穆亚平(11月任)

区城市管理局
局　长　杨利军(10月任)

区城市管理行政执法局
局　长　杨利军(10月任)

区监察局
局　长　单　渊(11月任)
副局长　周正波(11月任)
徐学进(11月任)
夏　浦(11月任)

区维稳办
副主任　张绍宏(11月任)
吉俊山(11月任)
许　亚(11月任)
陈金龙(11月任)
潘红军(11月任)

清江浦区政协办事机构

(2016年10月1日—12月31日)

办公室
主　任　王海凤(女,10月任)
副主任　颜士亮(11月任)
胡雨云(女,11月任)

提案委员会
主　任　赵培华(10月任)

经济科技和城乡建设委员会
主　任　崔士柏(10月任)

学习宣传和文史资料委员会
主　任　卢振山(10月任)

文卫体和人资环委员会
主　任　韩　雨(10月任)

港澳台侨和民宗法制委员会
主　任　林　海(10月任)

清江浦区社会团体

(2016年10月1日—12月31日)

总工会
主　席　匡映柏(10月任)
副主席　唐晓旭(11月任)
姚秀春(女,11月任)

共青团
书　记　郭苏文(10月任)
副书记　王程远(女,11月任)
陶　颖(女,11月任)
杨　艳(女,挂职,11月任)
张海娟(女,挂职,11月任)

妇女联合会
主　席　戴红萍(女,10月任)
副主席　刘小云(女,11月任)
郑红娟(女,11月任)

科学技术协会
主　席　王新宇(10月任)
副主席　高春宏(11月任)

工商业联合会
主　席　尹希海(10月任)
副主席　张晓明(11月任)
周海山(11月任)

残疾人联合会
理事长　葛　亮(10月任)
副理事长　杨　军(11月任)
金　晨(11月任)

红十字会
副会长　李　丽(女,10月任)

文学艺术界联合会
主　席　金炜宇(10月任)

哲学社会科学界联合会
主　席　董方军(10月任)

园区

(2016年1月1日—12月31日)

清河新区管理委员会

副书记　刘　伟
纪工委书记　陶文洪
副主任　刘　伟
　　李桂芹
　　孟凡亮(11月止)
　　王劲松(11月任)
　　梅昌良(11月任,挂职)

淮安工业园区清浦工业园

主　任　李　红
副书记　李　红
副主任　顾　明
　　苏继永
　　尤国宏
　　孙志刚(10月任)
　　赵小娟(女,挂职,11月任)
办公室副主任　秦　臻
经济发展局局长　唐胜军
经济发展局副局长　尚江晋
财政局局长　刘进所
财政局副局长　刘　润
建设房管局副局长　王洪军
工业新区管理办公室主任　杨金华
冶金机械工业园管理办公室
　　主　任　贾文卉

外资招商服务中心

副主任　叶　磊
　　胡海笑
招商局局长　秦家艳(女)
　副局长　石　军
　　陈进宇(女)

淮安现代商务集聚区

书　记　颜海燕(女,5月止)
　　陆茂兵(7月任)
主　任　颜海燕(女,5月止)
　　陆茂兵(7月任)
副主任　陆茂兵(5月-7月)
　　周海山
　　杨二从(5月任)
　　王荣生(5月止)
　　陈东伟(挂职)
　　张鹏远(挂职,11月任)
办公室副主任　王兆森
招商服务局副局长
　　蒋　茹(女)(5月任)
　　王敏媛(女)(5月止)
投资发展局局长　顾华雪
　　(挂职,主持工作)
副局长　许　玲(女)(5月任)
建设管理局局长　夏　浦

淮安市盐河生态科技城管理委员会

主　任　钱　龙
党工委书记　钱　龙
党工委副书记　姜　琴
纪工委书记　陈　俊
副主任　沈　晔
　　王海波

乡镇、街道

(2016年1月1日—12月31日)

城南乡

书　记　陆茂兵(5月止)
　　陈　能(5月任)
乡　长　陈　能(5月止)
　　王荣生(5月任)
人大主席　王爱虎
副书记　陈　能(5月止)
　　田俊浩
　　刘厚兵(5月任)
纪工委书记　赵　平(女)(5月止)
　　汪静静(女)(5月任)
组织委员　张　雷
人武部部长　赵　坤(5月止)
　　张　雷(5月任)
宣传统战委员　李成宽
政法委员　陈前来(5月任)
党委委员　徐红兵(5月任)
副乡长　吴建强
　　鲍立祥
　　吉跃才
　　李军良
　　赵　坤(5月任)

清浦(清安)街道

书　记　李廷明(1月止)
　　任洪玉(1月任)
主　任　郭慧丽(女)
人大工委主任　赵继东
副书记　郭慧丽(女)
　　许国伟(5月止)
　　陈雪冰(5月任)
纪工委书记　葛松梅(女)(5月止)
　　管　韬(5月任)
组织委员　沈　雷
人武部部长　卜红宇
宣传统战委员　崔　利(女)
政法委员　王钰蕾(女)(5月任)
副主任　尹郑炜
　　张爱霞(女)
　　贺国军

浦楼街道

书　记　吴清扬(止)
　　刘立恒(5月任)
主　任　梁国生(1月任)
人大工委主任　李廷成
副书记　梁国生　张秀玲(女)
纪工委书记　李海欣
组织委员　陶开平(女)(5月止)
　　刘　慧(女)(5月任)
人武部部长　周　伟
宣传统战委员　邵　琳(女)
副主任　陶开平(女)(5月任)
　　葛松梅(女)(5月任)
　　刘春雨

闸口街道

书　记　黄克涛(7月止)
主　任　张　进
人大工委主任　许加斌
副书记　张　进　谈银成
纪工委书记　余文明
组织委员　杨　丽(女)
人武部部长　张　飞
宣传统战委员　马　丹(女)
副主任　施雨希(女)
　　赵　红(女)
　　刘素菊(女)

清江街道

书　记　杜风政
主　任　王劲松(11月止)
　　孟凡亮(11月任)
人大工委主任　王继红
副书记　王劲松
　　王伟民(女)
纪工委书记　许　澍
组织委员　金　伟
人武部部长　何　杨
宣传统战委员　薛　磊
副主任　王牧清
　　钱忠芳(女)

孙玉明

长东街道

书　记　夏海明
办事处主任　祁文林
人大工委主任　叶　坤
副书记　祁文林
　　　　陈　阳
纪工委书记　张荣俊
政法委书记　陈　阳
组宣统委员　牧晓丹
人武部部长　朱　健
副主任　朱　健
　　　　荣根妹
　　　　侯志猛

长西街道

书　记　何　喆
办事处主任　杜守涛
人大工委主任　张建华(女)
副书记　杜守涛
　　　　胡梦泽
纪工委书记　朱　勇
政法委书记　胡梦泽
组宣统委员　胡梦泽
人武部长　胡梦泽
副主任　秦　炎　朱　影(女)
　　　　刘家将

淮海街道

书　记　纪礼军
办事处主任　方爱国
人大工委主任　凌智捷
副书记　方爱国
　　　　柏凤亚
纪工委书记　姜　书
政法委书记　柏凤亚
组宣统委员　黄美娟(女)
人武部部长　柏凤亚
副主任　王建国
　　　　王海峰
　　　　赵振杰

府前街道

书　记　张红梅(女)
办事处主任　耿爱忠
人大工委主任　李洪成
副书记　耿爱忠
　　　　何海成
纪工委书记　季　浩
政法委书记　何海成
组宣统委员　何海成
人武部部长　刘逸兵
副主任　李延清
　　　　张林玲
　　　　刘逸兵

柳树湾街道

书　记　郭　军
办事处主任　刘玉梅(女)
人大工委主任　施浩之
副书记　刘玉梅(女)
　　　　丁祖勇
纪工委书记　朱鸿明
政法委书记　丁祖勇
组宣统委员　丁祖勇
人武部部长　周　斌
副主任　周　斌
　　　　马　瑾
　　　　郭海航(7月任)

清河(白鹭湖)街道

书　记　金中保(7月止)
　　　　陈中鸿(7月任)
办事处主任　吴　蓉(女)
人大工委主任　华中安
副书记　吴　蓉
　　　　张腾中
纪工委书记　翟红渠
政法委书记　张腾中
组宣统委员　张腾中
人武部部长　孙　虎
副主任　姜锦美(女)
　　　　孙　虎
　　　　宋彩娟(女)

水渡口街道

书　记　谈竹珂
办事处主任　王　锋
人大工委主任　周安西
副书记　王　锋
　　　　赵　伟
纪工委书记　汪　洁(女)
政法委书记　赵　伟
组宣统委员　赵　伟
人武部部长　徐志山
副主任　徐志山
　　　　胡　莹(女)
　　　　刘　毅

黄码乡

书　记　高　军
乡　长　姜　涛
人大主席　王云陈
副书记　姜　涛
　　　　施金龙
纪工委书记　杨玉宝
组织委员　杨云波(5月止)
　　　　　曹　伟(5月任)
人武部部长　谷照明
宣传统战委员　张丽娟(女)
政法委员　钮顶强(5月任)
副乡长　杨云波
　　　　田志斌
　　　　邵加文
　　　　周建洋(5月止)
　　　　解鸿建(12月任)

武墩镇

书　记　卜维银
镇　长　侯　军
人大主席　朱春梅
副书记　侯　军
　　　　孙富民(5月止)
　　　　赵　平(5月任)
纪工委书记　朱云根
组织委员　夏云云(女)
人武部部长　陈　军
宣传统战委员　李　莉(女)
政法委员　张文帅(5月任)
副镇长　秦　臻(5月止)
　　　　董亚东
　　　　张艾军
　　　　简振龙

盐河镇

书　记　刘震生(女)(5月止)
　　　　沈海波(5月任)
镇　长　沈海波(5月止)
　　　　周　慧(女)(5月任)
人大主席　朱庆海(5月止)
　　　　　左干华(5月任)
副书记　沈海波(5月止)
　　　　周　慧(女)(5月任)
　　　　孙富民
纪工委书记　张　红(女)
组织委员　王登刚(5月止)
　　　　　王晶晶(5月任)
人武部部长　姚新建(5月止)
　　　　　　韩泓澄(5月任)
宣传统战委员　韩泓澄
政法委员　翁开云(5月任)
党委委员　王凤山(5月任)

副镇长　蔡广富(5月止)
梁学娟(5月止)
王登刚(5月任)
王晓明(女)
韩泓澄(12月任)

和平镇

书　记　王亚书(1月止)
吴清扬(1月任)
镇　长　尤国宏(5月止)
许国伟(5月任)
人大主席　左万中(5月止)
张　雪(5月任)
副书记　尤国宏(5月止)
许国伟(5月任)
张　雪(5月止)
姬广志(5月任)
纪工委书记　于　跃
组织委员　涂　寅
人武部部长　陈雪冰(5月止)
邱积曹(5月任)
宣传统战委员　陈晓梅(女)
党委委员　陈雪冰(5月止)
邱积曹(5月任)
副镇长　王　勇
陈雪冰(5月止)
姚新建(5月任)
井文林(12月任)
宗昊坤(12月任)

清江浦区2016年百岁老人信息

表8

乡镇/街道	序号	姓名	出生年月	地　址	家庭基本情况	生活与健康状况
闸口	1	黄裕昌	320811191508140517	区委宿舍4-102	一儿一女	老人身体健康,单独居住
	2	丁承高	320811191602210518	航闸处宿舍1-408	两个儿子	身体状况一般
清浦	3	张惠兰	320811191408101027	解放新村144-16号	子女已去世,跟随孙子、孙媳居住	身体健康、精神状态较好
城南	4	倪贵氏	320811191302202524	城南村1组	三子一女,在三个儿子家轮流居住	双目失明, 前阶段不小心跌倒导致双腿骨折,生活不能自理　需要24小时看护
	5	徐友才	320811140408251	先锋村2组	五个儿子,去世之前一直由大儿子徐正华照顾。	2017年4月去世
和平	6	倪锦华	320811191608163548	大黄村七组	四个子女	2017年年初去世
清河	7	王杜氏	320828191603085429	老坝村5组	育有三子一女,其中一子已去世	跟随儿子居住,身体良好居住坏境较差
长东	8	李家佬	320481191411044227	亿力未来城3-102	现住乐慈养老院	身体健康
	9	吕海明	320802150920052	毛纺厂宿舍	子女去世 孤老 一人独自生活	生活自理
长西	10	沈杨氏	320802191511253022	海神庙西巷97号	跟随儿子居住	身体健康
府前	11	吴志兰	320802141226202	淮安市北京北路77-1号		2016年11月份去世
	12	丁　健	320802191606103027	淮海北路66号-12	三个子女,跟随儿子孙子居住,另两个子女在外地	年纪较大,行动不便
	13	刘学芳	320821191605200123	淮海北路76号9幢401	三个子女,跟随儿子居住	身体状态良好
淮海	14	戴南山	320802191601240516	健康东路22号1撞302室	有一个女儿患有精神分裂症,外孙 外孙媳妇照顾	2016年12月份去世
柳树湾	15	王玉珍	320802191605112028	一院宿舍6-105	3个子女,2个儿子,1个女儿,跟随其中一个儿子居住	身体较差 行动不便
	16	张光亚	320802191610102027	承德路爱尚家二楼201	5个儿子,跟随其中一个儿子居住,	身体健康,经常到居委会活动
	17	夏淑珍	320802191612060529	益兴名流A区2幢506室	一个女儿 共同居住	瘫痪在床
水渡口	18	张登云	320802191601180517	水渡新村8-209	未婚 随继子居住	身体健康,精神面貌较好

土地与人口

表9

项目	单位	数量
一、全区地理面积	平方公里	309.62
二、城市建设用地面积	平方公里	14.64
三、清浦工业园区土地面积	平方公里	23.0
四、淮安现代商务集聚区土地面积	平方公里	17.3
五、清河开发区土地面积	平方公里	13.54
六、盐河生态科技城面积(未划入)	平方公里	2.79
七、全区年末总人口	人	559890
其中:男	人	281076
女	人	278814
年末总户数	户	189109
年平均人口	万人	55.83
年末常住人口	万人	67.4
当年出生人口	人	5801
当年死亡人口	人	1870
人口自然增长率	‰	7.04
人口净增率	‰	14.61

按当年价格计算的地区生产总值构成项目

表10　　单位:亿元

行业	增加值	劳动者报酬	生产税净额	补贴	固定资产折旧	营业盈余
地区生产总值	400.30	154.67	64.71	0.32	60.40	120.52
农、林、牧、渔业	10.57	10.42	-0.32	0.32	0.19	0.27
农业	8.66	8.87	-0.32	0.32	0.04	0.06
林业	0.11	0.07	0.00	0.00	0.02	0.01

续表10-1

行业	增加值	劳动者报酬	生产税净额	补贴	固定资产折旧	营业盈余
畜牧业	1.11	0.99	0.00	0.00	0.04	0.07
渔业	0.38	0.29	0.00	0.00	0.04	0.05
农、林、牧、渔服务业	0.32	0.20	0.00	0.00	0.04	0.07
工业	69.85	24.03	16.17	0.00	7.38	22.27
采矿业	0.09	0.06	0.01	0.00	0.01	0.01
制造业	69.19	23.71	16.07	0.00	7.27	22.14
#金属制品、机械和设备修理业	0.13	0.08	0.01	0.00	0.02	0.02
电力、燃气及水的生产和供应业	0.57	0.27	0.09	0.00	0.10	0.11
建筑业	24.55	12.07	2.18	0.00	1.36	8.94
房屋建筑业	12.29	5.85	1.11	0.00	0.78	4.55
土木工程建筑业	5.06	3.16	0.36	0.00	0.20	1.34
建筑安装业	3.35	1.95	0.28	0.00	0.18	0.94
建筑装饰和其他建筑业	3.84	1.11	0.42	0.00	0.20	2.11
批发和零售业	75.38	17.88	22.57	0.00	8.69	26.24
批发业	45.89	8.42	14.59	0.00	3.67	19.21
零售业	29.49	9.46	7.98	0.00	5.01	7.03
交通运输、仓储和邮政业	16.34	6.44	1.67	0.00	2.85	5.37
道路运输业	7.84	2.59	0.89	0.00	1.25	3.12
水上运输业	4.10	1.73	0.41	0.00	0.82	1.14
装卸搬运和运输代理业	3.16	1.67	0.24	0.00	0.43	0.81
仓储业	0.13	0.07	0.01	0.00	0.01	0.03
邮政业	1.11	0.38	0.13	0.00	0.34	0.27
住宿和餐饮业	20.59	12.07	1.50	0.00	3.04	3.98
住宿业	4.43	1.34	0.36	0.00	1.35	1.38
餐饮业	16.16	10.72	1.14	0.00	1.70	2.59
信息传输、软件和信息技术服务业	24.41	12.00	1.43	0.00	4.55	6.43
电信、广播电视和卫星传输服务	12.72	7.93	0.33	0.00	2.09	2.36
互联网和相关服务	5.74	2.07	0.41	0.00	1.29	1.98
软件和信息技术服务业	5.95	2.00	0.69	0.00	1.16	2.10
房地产业	71.50	12.91	13.99	0.00	14.92	29.68
房地产开发经营业	46.25	6.81	11.64	0.00	2.34	25.46
物业管理业	5.17	3.56	0.39	0.00	0.35	0.87
房地产中介服务业	7.55	1.70	1.93	0.00	0.69	3.24
自有房地产经营活动	11.93	0.42	0.00	0.00	11.51	0.00
其他房地产业	0.60	0.42	0.04	0.00	0.04	0.10
租赁和商务服务业	22.56	7.77	2.75	0.00	3.42	8.62
租赁业	1.85	0.84	0.21	0.00	0.37	0.43

续表10-2

行　业	增加值	劳动者报酬	生产税净额	补贴	固定资产折旧	营业盈余
商务服务业	20.71	6.93	2.53	0.00	3.05	8.19
科学研究和技术服务业	4.12	1.83	0.43	0.00	0.74	1.11
水利、环境和公共设施管理业	4.22	2.17	0.17	0.00	1.11	0.77
居民服务、修理和其他服务业	14.31	5.71	1.10	0.00	2.72	4.77
教育	16.00	11.92	0.05	0.00	3.61	0.42
卫生和社会工作	7.66	5.05	0.15	0.00	1.72	0.75
文化、体育和娱乐业	5.04	3.09	0.28	0.00	0.77	0.90
公共管理、社会保障和社会组织	13.21	9.32	0.57	0.00	3.33	0.00
第一产业	10.25	10.22	(0.32)	0.32	0.15	0.20
第二产业	94.27	36.02	18.34	0.00	8.73	31.19
第三产业	295.78	108.43	46.69	0.00	51.53	89.14

财政收入情况表

表11　　单位：万元

项　　目	2016年	项　　目	2016年
一、公共财政预算收入	500805	契税	10950
税收收入小计	348390	非税收入小计	152415
增值税	26043	专项收入	13055
改征增值税	23753	行政性收费收入	103450
营业税	173594	罚没收入	3314
企业所得税(40%)	23352	国有资本经营收入	0
个人所得税(40%)	9151	国有资源(资产)有偿使用收入	32596
资源税	403	二、政府性基金收入(不含土地出让金)	3678
城市维护建设税	21296	土地出让金	77557
房产税	26479	三、上划中央四税	106853
印花税	2879	增值税	57476
城镇土地使用税	5450	国内消费税	624
土地增值税	23001	企业所得税(60%)	35027
车船使用和牌照税	2029	个人所得税(60%)	13726
耕地占用税	10	财政总收入	607658

财政总收入统计口径2015年财政部规定为：公共预算收入+上划中央四税收入

财政支出情况表

表12

单位：万元

支 出 科 目	2016年	支 出 科 目	2016年
一、公共财政预算支出	463527	医疗卫生支出	34650
一般公共服务支出	44509	节能环保支出	3384
公共安全支出	19706	城乡社区支出	166712
教育支出	84945	农林水事务支出	29854
科学技术支出	9883	其他各项支出	27575
文化体育与传媒支出	2698	二、基金支出合计	99837
社会保障和就业支出	39611	政府性基金支出	99837

城乡住户调查主要指标及其增长情况

表13

主要指标	单位	全体居居		城镇居民		农村居民	
		实现值	增幅	实现值	增幅	实现值	增幅
可支配收入	元	34838.0	7.7	36543.8	7.3	17760.2	8.1
（一）工资性收入	元	21141.9	7.8	21887.9	7.8	13675.0	7.9
（二）经营净收入	元	5436.6	6.9	5750.6	6.4	2292.2	5.1
（三）财产净收入	元	2123.7	9.4	2320.6	7.9	151.7	13.0
（四）转移净收入	元	6135.8	7.5	6584.7	6.3	1641.3	14.4
生活消费支出	元	18625.0	5.9	19170.7	5.6	13531.7	10.8
(一)食品烟酒	元	5456.0	1.1	5620.1	1.1	3924.2	2.0
(二)衣着	元	1998.9	6.5	2121.4	6.1	855.6	5.5
(三)居住	元	3347.6	12.3	3278.7	12.1	3990.0	22.1
(四)生活用品及服务	元	1357.5	6.1	1387.4	5.7	1078.3	13.3
(五)交通通信	元	2158.6	9.9	2286.0	8.7	969.5	26.5
(六)教育文化娱乐	元	2681.8	7.1	2766.2	7.4	1894.4	5.0
(七)医疗保健	元	997.7	2.5	1033.6	2.1	662.6	7.4
(八)其他用品和服务	元	626.9	2.4	677.3	1.5	157.1	8.3

清江浦区统计局2016年国民经济和社会发展统计公报

清江浦区统计局

2016年，面对行政区划调整和经济社会发展双重任务，全区上下奋力拼搏，主动适应经济发展新常态，准确把握稳中求进总基调，完成各项主要目标任务，为清江浦顺利发展奠定了坚实基础。

一、综合

全区实现地区生产总值400.30亿元，按可比价格计算，同比增长8.8%。其中：第一产业实现增加值10.25亿元，同比增长1.8%，第二产业实现增加值94.27亿元，同比增长10.3 %；第三产业实现增加值295.78亿元，同比增长8.6 %。三次产业结构比例为2.6:23.5:73.9。人均地区生产总值112624元，按当年平均汇率折算为16956美元。

2016年在清江浦市场监督管理局登记的年末全部内资企业1147户，注册资本134.54亿元；私营企业13050户，注册资本1283亿元；个体工商户55817户，注册资本45.24亿元。

二、农林牧渔水利业

全年实现农林牧渔业总产值18.73亿元，较上年增长4.60% 。其中农业总产值14.90亿元，增长3.79% ；林业总产值0.18亿元，增长4.35%；畜牧业总产值2.09亿元，增长10.75%；渔业总产值0.94亿元，增长3.50%；农林牧渔服务业产值0.63亿元，增长6.49%。

全年粮食作物播种面积21.90万亩，平均单产483.0公斤，总产量为10.61万吨，因夏粮受秋播连续阴雨，冬季低温寒潮，收获期持续降雨灾害性天气影响赤霉病加剧，夏粮单产总产双降。蔬菜播种面积9.81万亩，增长1.03%，年产蔬菜28.05万吨，同比增长0.14%。

年末森林覆盖率达到24.54%。全年肉类总产量7866吨，比上年下降4.34%。生猪出栏6.54万头，年末存栏量5.18万头；家禽出栏101.84万只，年末存栏量78.42万只。全年禽蛋总产量4641吨，下降12.8%。水产品总量4035吨，同比增长1.38%。全年水产养殖面积稳定在1万亩，2014年淡水养殖产量3600吨，同比增长1.41%。

全区农机总动力23.12万千瓦，同比增长4.15%；拖拉机拥有量达到9216台，其中大中型拖拉机611台，小型拖拉机8605台；年末联合收割机达779台，插秧机保有量达571台，实施机插秧9.38万亩，实施机械化秸秆还田13.73万亩，秸秆捡拾打捆面积3.08万亩。

投入3200万元实施盐河镇、黄码乡、和平镇农村饮水安全工程，解决5.46万人饮水不安全问题，农村自来水普及率达到100%。投入460万元实施唐桥、谢碾等7个行政村的村庄河塘疏浚整治，疏浚土方42.14万立方米。投入2200万元，实施顺河洞节水改造项目，完成村级渠道3条，总长度16.4千米，拆建首闸3座支渠渠首闸12座。投入1600余万元完成主城区文渠河疏浚整治，以及内城河、外城河、圩河沿线疏浚及高家巷泵站综合改造。投入240万元实施10座农村危桥改造。总投资8500万元，实施杨庙泵站更新改造工程。投入500万元完成二河7.8公里的堤防进行护砌和沿线3座取水建筑物加固、拆建工作。完成6个省级节水型载体、2个市级节水型载体创建工作。

三、工业和建筑业

2016年，全区规模以上工业总产值实现405.4亿元，比上年增长12%，其中：外商及港澳台投资企业工业产值62.08亿元，增长15.0%；私营工业产值211.65亿元，增长12.3%。在规模以上工业中，实现产品销售产值403.92亿元，比上年增长13.4%，工业产品销售率为99.6%。全年实现工业新产品产值1.89亿元，比上年下降31.4%。全年规模以上工业实现主营业务收入378.97亿元，比上年增长12.0%；完成利税总额47.97亿元，比上年增长15.5%；完成利润总额33.93亿元，增长19.7%。

2016年规模以上工业主要行业产值(亿元)

表14

行 业	2016年	比上年增减%
医药制造	43.03	4.8
非金属矿物制品	38.50	17.9
金属制品	33.03	16.6
食品加工	32.69	7.0
化学原料	27.50	21.0
纺织	25.50	5.6
通用设备制造	25.35	36.6

2016年,全区实现建筑业增加值24.55亿元,按照可比价计算,比上年增长2.3%。房屋建筑施工面积1185.9万平方米,同比下降7.3%,其中本年新开工面积382.1万平方米,同比下降41.7%。资质以上建筑业企业完成总产值257.6亿元,同比增幅9.3%;竣工产值190.6亿元,同比下降6.3%。

四、固定资产投资

2016年,全区共有列统投资项目402个,全年累计完成规模以上固定资产投资376.05亿元,同比增长19.2%;在全部列统投资中,列入城镇固定资产投资的项目336个,完成投资286.75亿元,同比增长20.1%,其中110个工业项目,完成投资125.28亿元;在全部列统投资中,列入房地产开发投资的企业66户,完成投资89.30亿元,同比增长9.6%。商品房施工面积640.83万平方米,同比增长8.0%;实现商品房销售面积192.12万平方米,同比增长15.7%;实现商品房销售额111.3亿元,同比增长7.8%。优诗美地、信达名府等项目顺利竣工。

五、国内贸易、对外经济

全年实现社会消费品零售总额285.87亿元,比上年增长11.6%,按行业类别划分:批发和零售业实现零售额269.17亿元,增长11.8%;住宿餐饮业实现零售额16.70亿元,增长2.3%;按规模划分:限额以上企业实现零售额177.24亿元,增长11.2%;限额以下单位实现零售额108.63亿元,增长12.3%。

2016年,全区共有列统贸易企业333户,年末营业面积554019平方米,年末从业人数14432人,其中:批发零售业共实现营业收入381.16亿元,住宿餐饮业共实现营业收入24.32亿元,限额以上住宿餐饮业单位共拥有客房数2642间、床位数4302张、餐位数20492个。

全年实际利用外资6869.5万美元,完成进出口总额3.6亿美元,其中出口总额3.1亿美元。

全年实现服务业增加值295.78亿元,占GDP比重73.9%;现代服务业增加值占GDP比重36%。实现服务业税收(不含房地产)26.65亿元。以传化公路港等企业为龙头创新发展"互联网+物流+金融"的新型物流业态,打造苏北地区现代物流服务中心。全年新增规模以上服务业企业29个,服务业规模以上企业总数位居全市首位。2016年度在各类资本市场挂牌上市企业17个。

六、财政

全年实现财政总收入60.77亿元,比上年同期下降14.8%,公共财政预算收入50.08亿元,比上年同期下降21.86%,其中税收收入34.84亿元,比上年同期下降32.5%,非税收入15.24亿元,比上年同期增长22.5%全年实现公共财政预算支出44.16亿元,比上年同期下降23.2%,其中一般公共服务支出4.45亿元,比上年同期下降7.2%。

七、科学技术和人才

全社会研发投入5.86亿元,占GDP比重达1.5%,高新技术产业产值124.92亿元,占规模工业产值比重达31.6%,列统企业研发机构建有率达90%。新增省高新技术企业1家、省高新技术产品3项、市高新技术企业5家、市高新技术产品3项。清城创意谷获批淮安市首家国家级众创空间,江苏顺泰包装印刷科技有限公司、淮安新奥燃气发展有限公司获批省级企业技术中心,淮安市华测检测技术有限公司"淮安市环境检测工程技术研究中心"、淮安市菲力特电子有限公司"淮安市薄膜电容工程技术研究中心"获批市级工程技术研究中心。全年完成专利申请2134件(其中申请发明专利312件),获得专利授权1122件,申请PCT专利4件,万人拥有有效发明专利4.41件。

全区拥有各类专业技术人员2.1万人,其中高技能人才7806人,中级以上职称(兑资人员)为 2349人。

八、文化、卫生和体育

2016年,建成了18个基层综合文化服务中心和10个24小时自助图书驿站;完成图书总分馆一卡通改造工程;举办公益性文艺演出活动240场次、展览20场次,送电影363场次;有9件作品获省级以上奖项;淮扬情大舞台、恒大影院、横店影城等一批功能性文化项目相继营业;老舍茶馆、苏盐生活家、大猫音乐餐厅等一批创意餐饮业项目落户清江浦1415街区。扎实开展"扫黄打非"和文化市场各类专项整治行动,共监督检查文化经营单位1800多次,立案查处各类违法案件42件,核发行政许可申请事项95件。清浦街道成为全市唯一的省"扫黄打非"进基层工作观摩点。

2016年末,全区医疗卫生机构总数达242个。其中:医院25个,基层医疗卫生机构215个,专业公共卫生机构3个,分别为卫生监督所、疾病预防控制中心、妇幼保健所。医院中,公立医院6个,民营医院18个。医院按等级分:三级医院6个(其中:三级甲等医院6个),一级医院18个。医院按床位数分:100张床位以下医院16个,100-199张床位医院1个,200-499张医院3个,500-799张医院2个,800张及以上医院2个。基层医疗卫生机构中,社区卫生服务中心(站)49个,乡镇卫生院4个,诊所和医务室91个,村卫生室42个。政府办基层医疗卫生机构12个。全区卫生技术人员2510人,其中:执业医师166人、执业助理医师598 人,注册护师、护士1746人。

2016年，农村孕产妇住院分娩补助1389人，任务完成率115.75%；全区5岁以下儿童死亡率为2.97%，婴儿死亡率为2.16%。

2016年5月份我们举办原清浦区首届校园“区长杯”中小学生校园足球比赛，全区共有38支小学、初中男女代表队参加了比赛，2016年4月份清浦中学和一中组队代表清浦区参加市高中男子篮球比赛第一名，新民路小学参加市小学生篮球比赛获得女子第一名，人民小学的京剧《打虎上山》和清江浦实验小学的课本剧分别获得市一等奖。

九、环境保护

全年化学需氧量、氨氮、总磷、总氮四项污染物排放削减率均为2.4%，均完成达标完成；全年PM2.5平均浓度53.5微克/立方米，相比2013年数据下降32.1%；水功能区水质达标率100%。生态红线区域调整方案通过省环保厅审核，比重达13%。完成12台锅炉整治及1家挥发性有机物产生企业综合整治工作。

十、人口、社会保障和人民生活

年末全区常住人口67.4万人，户籍总人口为559890人，其中男性281076人，占总人数的50.2%，女性278814人，占总人数的49.8%，总人口性别比100.81(以女性为100)。全年出生人口5801人，出生率为10.44‰；死亡人口1870人，死亡率为3.36‰；自然增长人口8121人，人口自然增长率为7.07‰。

2016年，全区参加企业养老保险103869人，参加居民养老保险41488人，覆盖率分别达98%、99.6%；参加失业保险46324人，覆盖率达98%；参加城镇居民医疗保险 216100人，参加城镇职工医疗保险59317人，覆盖率分别达99.8%、96.9%。事业人员参保人数2657人，事业退休人员月平均工资5129元，全区城乡居民基础养老金每人每月115元，企业职工退休人员月平均工资1840元。

全区城乡低保统筹持续同标，2016年7月起，城乡低保标准分别提高至520元/人/月和400元/人/月，截至12月底，共有城乡低保2358户4519人，累计发放城乡低保金1775万元。2016年，全区救助困难家庭1882人次，累计发放救助金243万元；；救助城乡无固定收入重残3616人，累计发放救助金1185.52万元；医疗救助5284人次，救助金额约610.36万元；有1427人次接受慈善救助，救助金额179.1万元。继续开展“关爱老人”活动，全面开展困难群众帮扶慰问活动，仅今年春节期间，全区慰问困难群体和优抚对象达12210户，发放慰问款物460.76万元。加强养老基础设施建设，截至2016年底，全区共有民办养老机构25家，总计机构养老床位2892张，每千名老人拥有机构养老床位数达32张。积极发展居家养老，已建成“城市居家养老服务中心”76家，覆盖率达100%。累计发放尊老金973.7万元；累计开展各类老年人文体活动上千场次。

2016年，实现全体居民人均可支配收入34838元，增长7.7%，其中：城镇居民人均可支配收入36543.8元，增长7.3%；农村居民人均可支配收入17760.2元，增长8.1%。实现城镇居民人均消费支出19170.7元，农村居民人均消费支出13531.7元。人均住房建筑面积46平方米，其中：城镇人均住房建筑面积42平方米；农村人均住房建筑面积68平方米。

注：1.公报中部分指标数据为快报数，最终数据以《清江浦统计年鉴－2016》公布为准。

2.地区生产总值、规模以上工业增加值增长速度按可比价 计算，为实际增长速度；其他指标除特别说明外，均按现价计算，为名义增长速度。

索引

说明

本索引采用分析索引方法,按汉字拼音字母(同音字按声调)顺序排列。部分首字符为特殊字符或符号的,未按音序排列,而是单独置于前面。

A

B

C

D

E

F

G

H

L

M

N

P

Q

R

S

T

W

X

Y

Z

清江浦区政区图

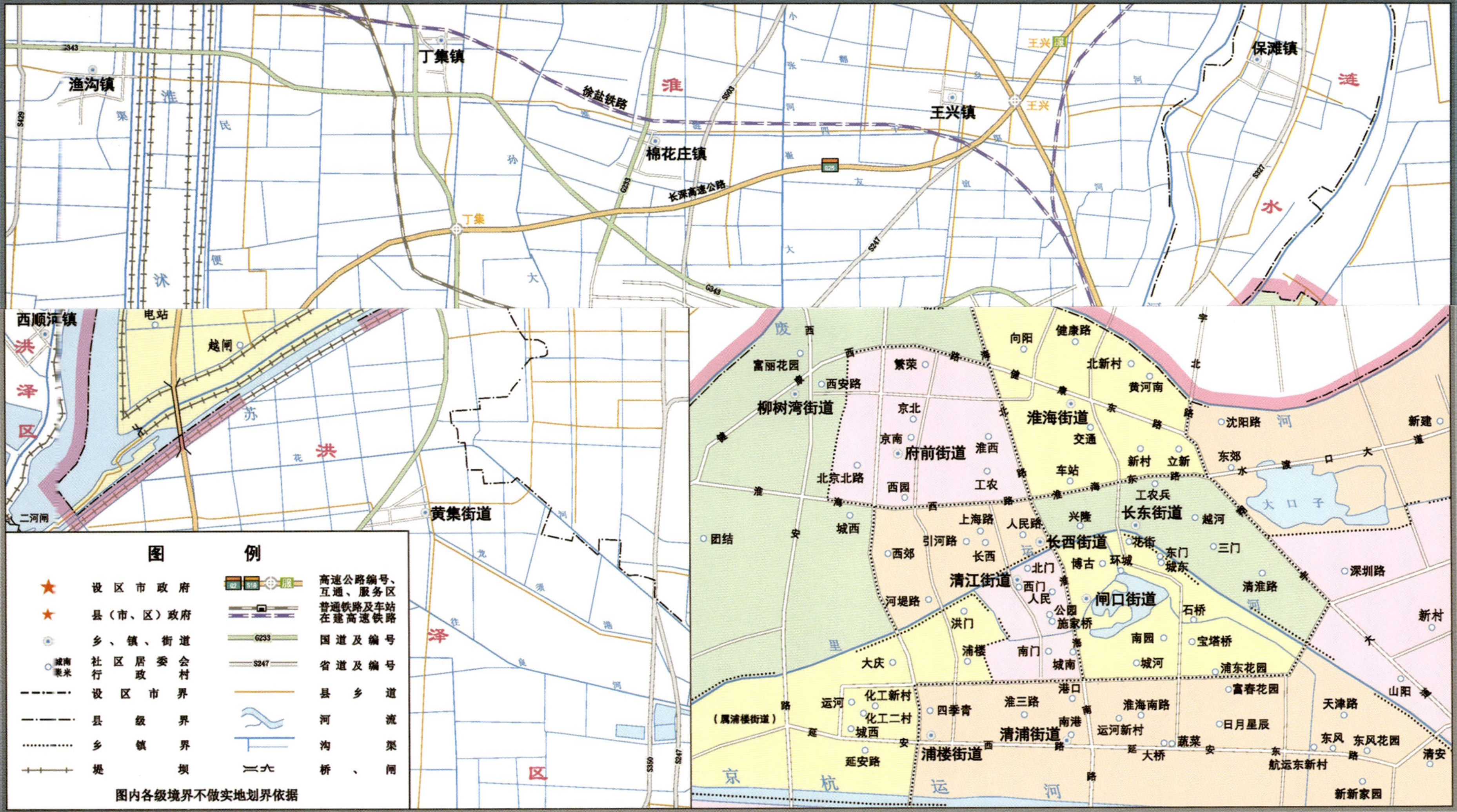

江苏省测绘地理信息局

比例尺：1:100 000

2017年9月